信息技术与课程整合

赵可云 编著

中国社会科学出版社

图书在版编目（CIP）数据

信息技术与课程整合 / 赵可云编著 . —北京：中国社会科学出版社，2020.12

ISBN 978-7-5203-7057-8

Ⅰ.①信… Ⅱ.①赵… Ⅲ.①信息技术—应用—教学研究—教材 Ⅳ.①G423

中国版本图书馆 CIP 数据核字（2020）第 158262 号

出 版 人	赵剑英
责任编辑	高　歌
责任校对	周　昊
责任印制	戴　宽

出　　版	中国社会科学出版社
社　　址	北京鼓楼西大街甲 158 号
邮　　编	100720
网　　址	http://www.csspw.cn
发 行 部	010-84083685
门 市 部	010-84029450
经　　销	新华书店及其他书店
印　　刷	北京明恒达印务有限公司
装　　订	廊坊市广阳区广增装订厂
版　　次	2020 年 12 月第 1 版
印　　次	2020 年 12 月第 1 次印刷
开　　本	710×1000　1/16
印　　张	28.75
插　　页	2
字　　数	387 千字
定　　价	99.00 元

凡购买中国社会科学出版社图书，如有质量问题请与本社营销中心联系调换
电话：010-84083683
版权所有　侵权必究

前　言

随着技术应用的深入、教育形态的变革、教育功能的改变、教育评价方式的转变、教育手段的转型，信息技术与课程整合在教育现代化建设中发挥着越来越重要的作用。《教育信息化 2.0 行动计划》明确指出持续推动信息技术与教育深度融合，促进教育信息化从融合应用向创新发展的高阶演进，加强教育信息化从研究到应用的系统部署、纵深推进。《教育现代化 2035》突出了信息技术对信息化时代教育变革的作用及实践方式：建设智能化校园，统筹建设一体化智能化教学、管理与服务平台。为使教师能力适应教育信息化发展，教育部发布《教育部关于实施全国中小学教师信息技术应用能力提升工程 2.0 的意见》，提出通过示范项目带动各地开展教师信息技术应用能力培训，基本实现校长信息化领导力、教师信息化教学能力、培训团队信息化指导能力显著提升，全面促进信息技术与教育教学融合创新发展。

信息技术与课程整合旨在将信息技术与学科教学融为一体，是在科学的理论政策的引领下，依托新的信息化教学环境，应用新的教学模式及策略，设计使用新的教学资源，实施新的教学过程，开展新的教学评价。基于此，本教材立足现实，结合新时代对教师及师范生提出的新要求，系统地阐述了我国信息技术与课程整合理论与实践领域的成果。此教材既可以作为中小学教师信息化教学素养提升的工具用书，也可以作为师范生信息化教学能力发展的支撑工具。

本教材编写紧紧围绕"实用性"进行设计、撰写。全书分五篇对

前 言

信息技术与课程整合进行了系统梳理,主要包括政策与理论篇、教学模式篇、工具资源篇、信息技术与课程整合案例及研究进展篇。政策与理论篇力求反映出国家层面对于信息技术与课程整合的宏观引导,系统性呈现教育教学理论对信息技术与课程整合的指导意义;教学模式篇,则力求将教育教学理论与教学实践构架起桥梁,为实践者在现实教育教学中践行信息技术与课程整合提供有意义的指导;工具资源篇,则是为学习者提供可操作、实用的工具,为其实现信息技术与课程整合提供支架性帮助;信息技术与课程整合案例,则在各个学科精选案例,为实践者提供实践性素材,帮助其认知信息技术与课程整合具体化教学实操;研究进展篇,则力求为学习者提供目前信息技术与课程整合领域的技术、理论最新进展,开阔视野,拓展认知,助其认知未来信息化教学,助推个体成长发展。每一篇都力求用科学系统的方式呈现此领域的研究现况,为学习者学习提供实用可结构化知识体系,促进学习者信息技术与课程整合系统性知识体系的架构。

本教材是集体工作的成果,是集体智慧的结晶。本书由曲阜师范大学赵可云主编并进行全书统筹,负责从整体上规划书本的写作思路并审订全书。曲阜师范大学教育技术专业的几届研究生(刘雪英、石维雪、陈思含、董乐英、李洋、李慧、卢伟伟、郭琪、王宁、胡善凯、卢言宏、张蓉菲)参与编写,通过搜集、整合大量相关文献及资源,共同完成本教材的编纂。其中,石维雪、刘雪英负责政策理论篇中关于信息化教学及信息技术与课程整合的相关政策的梳理、撰写;陈思含、郭琪完成了第二篇相关教学模式的撰写;董乐英完成了第三篇资源工具篇的资源整合与撰写;胡善凯、卢言宏及张蓉菲对教学案例进行了分类,由李洋、李慧及卢伟伟进行案例搜集、筛选并进行优化修改,形成了第四篇信息技术与课程整合案例;亓建芸负责独立撰写了第五篇信息技术与课程整合的研究进展篇。

真诚感谢中国社会科学出版社对本书出版的大力支持。本教材引用了很多同行的案例及文章(在参考文献和书稿中已注明),在此也

前言

向他们表示衷心的感谢,如有遗漏,恳请谅解。限于编者水平,书中难免存在疏漏和不妥之处,恳请各位专家、同行及广大读者批评指正。

赵可云

2020 年 6 月

目　录

第一篇　政策与理论篇

第一章　信息技术与课程整合政策发展 (5)
　　第一节　从普及教育到中国教育现代化 (6)
　　第二节　教育均衡发展 (16)
　　第三节　现代化教师队伍建设 (19)
　　第四节　教育信息化环境建设 (24)

第二章　信息技术与课程整合基本理论 (27)
　　第一节　信息技术与课程整合的发展史 (27)
　　第二节　信息技术与课程整合的内涵与本质 (33)
　　第三节　信息技术与课程整合的意义 (39)
　　第四节　信息技术与课程整合途径与方法 (41)

第三章　信息技术与课程整合理论基础 (45)
　　第一节　学习理论 (45)
　　第二节　教学理论 (56)
　　第三节　教学设计理论 (67)

第四章　如何进行信息技术与课程整合 (72)
　　第一节　教学结构的转变 (72)

⊙ 目 录

  第二节　"学教并重"的教学设计方法……………………（78）
  第三节　学习资源设计与开发的理念 ……………………（91）
  第四节　信息技术与课程整合评价的基本理论 ……………（95）

参考文献（一） ……………………………………………………（103）

第二篇　教学模式篇

第一章　教学模式相关概念及其分类 ……………………（113）
  第一节　模式与教学模式 …………………………………（113）
  第二节　教学模式的相关概念 ……………………………（117）
  第三节　信息技术与课程整合模式的特点及分类………（125）

第二章　信息技术与课程整合的课内整合模式 …………（130）
  第一节　传递—接受教学模式 ……………………………（131）
  第二节　探究性教学模式 …………………………………（135）
  第三节　基于网络的协作学习模式 ………………………（141）
  第四节　TPACK 整合模式 …………………………………（145）

第三章　信息技术与课程整合的课外整合模式 …………（150）
  第一节　基于研究性学习的教学模式 ……………………（151）
  第二节　WebQuest 整合模式 ……………………………（154）
  第三节　基于问题的学习模式 ……………………………（157）
  第四节　STEM 整合模式 …………………………………（161）
  第五节　创客整合模式 ……………………………………（166）

参考文献（二） ……………………………………………………（169）

第三篇　工具资源篇

第一章　基本教学工具 ………………………………………（177）
第一节　PPT课件制作工具1：101教育PPT ………………（177）
第二节　PPT课件制作工具2：Focusky ……………………（183）
第三节　图像处理工具：Photoshop …………………………（191）
第四节　语音合成工具：InterPhonic …………………………（195）
第五节　格式转换工具：格式工厂 ……………………………（197）

第二章　学科教学工具 ………………………………………（200）
第一节　数学：几何画板 ………………………………………（200）
第二节　化学：ChemDraw ……………………………………（206）
第三节　物理：Algodoo …………………………………………（208）
第四节　文史类科目教学工具 …………………………………（212）

第三章　微课制作工具 ………………………………………（220）
第一节　利用手机制作微课 ……………………………………（220）
第二节　Powerpoint ……………………………………………（222）
第三节　Camtasia Studio ………………………………………（226）

第四章　知识管理工具 ………………………………………（229）
第一节　XMind …………………………………………………（229）
第二节　印象笔记 ………………………………………………（233）

第五章　教学科研工具 ………………………………………（236）
第一节　中国知网 ………………………………………………（236）
第二节　问卷星 …………………………………………………（242）

目 录

第六章 教学互动工具 (247)
 第一节 雨课堂 (247)
 第二节 UMU (251)
 第三节 班级优化大师 (254)

参考文献（三） (259)

第四篇 信息技术与课程整合案例

第一章 文科类案例 (265)
 第一节 信息技术与语文学科教学整合案例
  ——《科罗拉多大峡谷》 (265)
 第二节 信息技术与英语学科教学整合案例
  ——Where did you go on vacation? (272)
 第三节 信息技术与地理学科教学整合案例
  ——《宇宙中的地球》 (277)

第二章 理科案例综合 (283)
 第一节 信息技术与化学学科教学整合案例
  ——以"化学能转化为电能"教学为例 (283)
 第二节 信息技术与物理学科教学整合案例
  ——以"自由落体运动"教学为例 (289)
 第三节 信息技术与生物学科教学整合案例
  ——以"植物的生殖"教学为例 (293)

第三章 综合类案例 (299)
 第一节 创客教育
  ——"智能夜灯"的设计与开发 (299)

第二节　STEM 教学
　　——"太阳高度角"的教学 ………………………………（304）

第四章　实践类案例 ………………………………………（311）
第一节　小学社会实践课
　　——安全自护我能行 ……………………………………（311）
第二节　小学科学实践课
　　——《观天测地学问多》 …………………………………（316）
第三节　小学数学实践课
　　——《规划旅行我能行》 …………………………………（324）

参考文献（四）………………………………………………………（331）

第五篇　研究进展篇

第一章　理论研究进展 ………………………………………（337）
第一节　联通主义学习理论 …………………………………（337）
第二节　认知负荷理论 ………………………………………（340）
第三节　深度学习理论 ………………………………………（343）
第四节　数字化学习理论 ……………………………………（345）
第五节　移动学习理论 ………………………………………（349）

第二章　技术研究进展 ………………………………………（353）
第一节　人工智能技术 ………………………………………（353）
第二节　大数据技术 …………………………………………（354）
第三节　眼动技术 ……………………………………………（356）
第四节　虚拟现实技术 ………………………………………（358）
第五节　机器学习 ……………………………………………（361）

⊙ 目　　录

　　第六节　移动互联技术 …………………………………………（363）
　　第七节　区块链技术 ……………………………………………（365）
　　第八节　人机交互技术 …………………………………………（368）
　　第九节　3D打印技术 ……………………………………………（372）
　　第十节　云计算技术 ……………………………………………（375）

第三章　教学设计研究进展 ………………………………………（379）
　　第一节　教与学方式变革研究进展 ……………………………（381）
　　第二节　教学模式与方法研究进展 ……………………………（392）
　　第三节　教学环境变革研究进展 ………………………………（408）

第四章　教师和学生的信息素养研究进展 ………………………（420）
　　第一节　教师信息素养 …………………………………………（421）
　　第二节　学生信息素养 …………………………………………（424）

第五章　评价研究进展 ……………………………………………（432）
　　第一节　数字教育游戏评价 ……………………………………（433）
　　第二节　电子档案袋在教师评价中的应用 ……………………（434）

参考文献（五） ……………………………………………………（443）

第一篇
政策与理论篇

信息技术与课程整合呼应教育教学改革，落地于教学实践，在多年发展中构建了比较成熟的理论框架，取得了一系列实践成果。在国家性教育文件中不仅强调了其在教育现代化建设中所发挥的作用，还在新一轮教育计划中对其提出了要求。本篇将分四章对信息技术与课程整合的政策和理论进行阐述。

信息技术与课程整合政策介绍意在帮助读者梳理信息技术与课程整合发展脉络、掌握不同时期信息技术与课程整合发展的特点。首先，以时间顺序简要介绍普及教育到中国教育现代化过程中信息技术与课程整合在整体教育发展环境中萌芽、发展与推进的过程。其次，从教育均衡发展角度对教育公平与教育信息化发展相关政策进行介绍。再次，从教师教育与提升的层面对信息技术与课程整合促进教师队伍现代化建设的相关政策进行介绍。最后，从教育信息化环境出发，对支持信息技术与课程整合硬件、平台、规范建设的相关政策进行介绍。

信息技术与课程整合基本理论是对信息技术与课程整合是什么、为什么要进行信息技术与课程整合、怎样进行信息技术与课程整合的回答。信息技术与课程整合基本理论则分别从学习理论、教学理论、教学设计理论三个方面进行介绍。如何进行信息技术与课程整合提供信息技术与课程整合的方法论，从教学结构、教学设计方法、学习资源、评价等角度进行阐释。

第一章　信息技术与课程整合政策发展

　　政策是国家机关、政党及其他政治团体在特定时期为实现或服务于一定政治、经济、文化目标所采取的政治行为或规定的行为准则，它是一系列谋略、法令、方法、办法、条例的总称。我国实行的有关信息技术与课程整合的政策是指由各级政府部门颁布的，由信息技术与课程整合相关人员学习、执行并根据实践加以反馈改进的政策。信息技术与课程整合是教育领域中的重要内容，因而其政策往往包含在一系列教育政策中。它是国家性的信息技术与课程整合的思想和实践指南，也是相关人员进行信息技术与课程整合的规划和实施的依据。

　　信息技术与课程整合包含着丰富的内容，信息技术与课程整合政策的发展随着教育政策的发展体现出不同的内涵，在教育领域的综合政策中可以探讨信息技术与课程整合的来源与发展，可以探讨教学、学生、资源等一系列问题。信息技术与课程整合的目的是促进教育真正发生变革，教育均衡是教育发展的重要内容，也是信息技术与课程整合发展的目的之一，从与教育均衡相关的政策中可以探讨信息技术与课程整合政策的广泛性。教师是信息技术与课程整合的主要实施者，其发展在一定程度上决定了整合的深度与广度，因而与教师队伍建设相关的政策具有重要的意义。信息技术与课程整合随着技术的发展、教育理念的发展而呈现出不同的趋势，因此探讨教育信息化环境建设的相关政策有利于把握信息技术与课程整合政策的发展。据以上阐述，依据教育政策的发展脉络和当前的教育需求，可从教育现代化、教育均衡发展、现代化教师队伍建设、教育信息化环境建设四个

⊙ 第一篇 政策与理论篇

方面进行探讨。教育现代化主要探讨从我国教育的普及与发展到教育信息化发展，再到教育现代化的发展的相关政策是从宏观上阐述信息技术与课程整合的起源、发展；教育均衡发展是教育领域关注的重点问题，也是信息技术与课程整合发展的方向之一；现代化教师队伍建设的相关政策，从教师的角度阐释教育的发展要求，是教师教学的方向和指南；教育信息化环境建设是教育信息化发展的基础，也是信息技术与课程整合发展的重要方面。

第一节 从普及教育到中国教育现代化

信息技术与课程整合发端于教育信息化，综合性教育政策为信息技术与课程整合提供基本的背景基础和政策环境。1978年以来，随着社会发展，我国教育从普及性要求转向现代化要求，从数量要求转向质量要求。因而，我们可以首先从教育整体环境和教育综合政策的角度出发来探索信息技术与课程整合发展因素。以时间为脉络，将其分为社会发展与教育普及、社会发展与教育现代化两个阶段进行梳理。

一 社会发展与教育普及

1978年后，政府层面针对教育教学做出了一系列的指示，做出"三个面向"、恢复高考制度等的重要举措，提出尊重知识、尊重人才的人才观，我国教育逐渐探索出新的道路。1985年，全国教育工作会议上讨论并通过了《中共中央关于教育体制改革的决定》（以下简称《决定》）。这一《决定》是我国进行体制改革框架的重要组成部分，推动了我国现代化的进程。在教育功能层面，提出了"教育必须为社会主义建设服务，社会主义建设必须依靠教育"的方针，是对教育价值认识的重大的进步，也是之后教育发展的基础思想。在义务教育层面，提出"把发展基础教育的责任交给地方，有步骤地实行九

第一章 信息技术与课程整合政策发展

年制义务教育",并提出了在经济发展不平衡的情况下,实现九年义务教育的步骤。进行九年制的义务教育确定了儿童接受教育的重要性,也突出了受教育权,是进行教育普及的阶段性举措。总体上来说,《中共中央关于教育体制改革的决定》是我国进行一系列的教育理论革新和教育改革实践推进的基础性政策。

中国共产党第十四次全国代表大会在建设有中国特色社会主义理论的指导下,确定了20世纪90年代我国改革和建设的主要任务,明确提出"必须把教育摆在优先发展的战略地位,努力提高全民族的思想道德和科学文化水平,这是实现我国现代化的根本大计"。以此为基础,在1993年,发布了《中国教育改革和发展纲要》(本段简称《纲要》)。《纲要》提出教育发展的总目标,对教育质量、受教育者数量和教育整体发展都提出了相应的要求。为提高教育质量,纲要提出了学生的发展要求,强调转变教学方式以促进学生的发展:"中小学要由'应试教育'转向全面提高国民素质的轨道,面向全体学生,全面提高学生的思想道德、文化科学、劳动技能和身体心理素质,促进学生生动活泼地发展。""要按照现代科学技术文化发展的新成果和社会主义现代化建设的实际需要,更新教学内容,调整课程结构。"此外,《纲要》在其"教育事业发展的目标、战略和指导方针"中根据教育环境提出:"积极发展广播电视教育和学校电化教学,推广运用现代化教学手段。要抓好教育卫生电视接收和播放网点的建设,到本世纪末,基本建成全国电教网络,覆盖大多数乡镇和边远地区。"为我国远程教育发展奠定了基础,逐步形成此阶段以广播电视教育和电化教学为主的远程教育网络。《纲要》在整体上更加客观地解释和推进了教育发展,更具有积极意义的是它对学生的重视,提出促进学生全面发展的素质教育而反对应试教育,同时《纲要》中改变教学方式、变革课堂结构、提高学生解决问题的能力等一系列建议也是现今教育改革的重要方向。此外,《纲要》提出教育现代化随着社会现代化的水平逐步实现,这一阐述和当今的教育现代化的一系列政策遥

⊙ 第一篇 政策与理论篇

相呼应。

　　1998年发布的《面向21世纪教育振兴行动计划》（本段简称《行动计划》）是在中国共产党第十五次代表大会提出跨世纪社会现代化建设宏伟目标与任务后发布的21世纪教育发展的蓝图。《行动计划》指出："在即将到来的21世纪，以高新技术为核心的知识经济将占主导地位，国家的综合国力和国际竞争能力将越来越取决于教育发展、科学技术和知识创新的水平，教育将始终处于优先发展的战略地位，现代信息技术在教育中广泛应用并导致教育系统发生深刻的变化，终身教育将是教育发展与社会进步的共同要求"。《行动计划》阐述了信息技术和通信技术在教育发展中的重要作用，尤其强调利用远程教育促进教育普及，"要运用优秀师资力量和现代教育手段，把教育电视节目办好，重点满足边远、海岛、深山、林牧等地区的教育需求"，明确将"实施'现代远程教育工程'，形成开放式教育网络，构建终身学习体系"作为21世纪重要行动计划之一，其中突出了远程教育资源库、教育软件的应用与开发，主要将信息及技术应用于远程教育及以远程教育为主的终身教育体系之中。20世纪80年代改革开放后，与经济体制改革、经济发展相对应，教育发生了体制的改革、教育目标的转变、教育质量的提升、受教者的数量的增加、教育投入的增大等变化。针对培养人才的问题，政府和一些教育单位做出了大胆的尝试，并取得了丰硕的成果。教育部门根据20世纪所取得的教育成绩及遇到的问题，也提出了教育发展的若干计划，这是对之前教育的总结，也是现今教育发展的基础和重要指导。

　　截止到20世纪末期，我国大部分地区实现了九年义务教育，青少年文盲率大幅下降，在受教育者数量增加的同时，培养什么样的人、怎样培养人等问题也越来越受到政府及社会公众的重视。推进教育现代化发展成为重要的任务，这一任务包含着人才的培养及发展问题。

二 社会发展与教育现代化

教育现代化包括教育观念现代化、教育内容现代化、教育装备现代化、师资队伍现代化、教育管理现代化等内容。其核心是人的现代化，体现在教育的普及化、终身化、个性化、科学化等方面。随着几次信息革命的展开，世界教育现代化进入到第三个发展阶段，世界教育水平达到新的高度。我国教育现代化在十一届三中全会后正式展开，教育现代化体现的是中国教育整体的发展。如前所述，在20世纪中后期进行的一系列教育改革促进了教育，尤其是义务教育的大幅度普及，大大提高了受教育人口的数量，并逐渐发现和解决了一些教育问题，是教育现代化发展的基础阶段。在国家科技力量、人才需求、人民要求逐步发展和转变的重要时期，21世纪初期教育现代化更加重视教育质量提升、教育公平发展、人才创新能力提升。

《国家教育事业发展"十一五"规划纲要》是依据《中华人民共和国国民经济和社会发展第十一个五年规划纲要》提出的，首先它总结了教育事业"十五"期间的成就及发展的不足之处。确定以素质教育为主题，以"普及、发展、提高"为主要任务，以协调发展为主线，以加强教师队伍建设为关键。阐述了2010年教育发展的目标，阐述了在不同的教育阶段的受教育人数和在教育质量、区域教育均衡方面的阶段性要求。这一纲要对21世纪前十年的教育发展做出了总结和明确的规划，促进了教育信息化和教育现代化的稳步发展。《国家教育事业发展"十一五"规划纲要》提出"运用远程教育，共享优质教育资源"和"继续推进农村中小学现代远程教育工程，使所有农村初中具备计算机教室，所有农村小学具备卫星教学接收和播放系统，普及利用光盘教学或辅助教学，基本建成遍及乡村学校的远程教育网络"，突出了信息技术在推进教育均衡发展和改善农村学校办学条件上的作用。《国家教育事业发展"十一五"规划纲要》明确将"加快教育信息化步伐"作为国家教育事业发展的任务，"以教育信

⊙ 第一篇 政策与理论篇

息化带动教育现代化","实现信息技术与教育教学的有机结合"。

2010年国家中长期教育改革和发展规划纲要工作小组办公室发布《国家中长期教育改革和发展规划纲要（2010—2020年）》，这是我国21世纪第一个中长期发展规划纲要，它既适应国情，又符合时代需要。它在总体战略部分明确了今后的工作方针、战略目标和战略主题。它是立足于现有的教育问题和教育的未来发展而提出的，目的是促进教育进一步发展。《国家中长期教育改革和发展规划纲要（2010—2020年）》提出了教育发展的保障措施，尤其提出了教育信息化发展的一系列措施，为信息技术与课程整合发展提供理念环境和硬件基础。在教育信息基础建设中提出"把教育信息化纳入国家信息化发展整体战略，超前部署教育信息网络"等任务；在教育资源开发与应用中提出"加强网络教学资源体系建设，引进国际优质数字化教学资源，开发网络学习课程"等任务；在信息技术应用中提出"提高应用信息技术的水平，鼓励学生利用信息手段主动学习、自主学习"等任务；在构建国家教育管理信息系统中提出"加快学校管理信息化进程，推进政府教育管理信息化，整合各级各类教育管理资源"等任务。

2010年中共中央、国务院发布《国家中长期人才发展规划纲要（2010—2020年）》（本段简称《人才规划纲要》），这是我国第一个中长期人才发展规划，是今后一个时期内全国人才工作的指导性文件。《人才规划纲要》确定了人才发展的体制机制创新，包括改进完善人才工作管理体制、创新人才工作机制；在"构建灵活开放的终身教育体系"中尤其突出"统筹扩大继续教育资源，大力发展现代远程教育"；在"创新人才培养模式"中，除倡导启发式、探究式、谈论式等培养模式外，还提出"充分发挥现代信息技术作用，促进优质教育资源共享"。《人才规划纲要》强调了教育信息化对人才培养的作用，具体体现在"加快教育信息化进程"任务中。

1. 加快教育信息基础设施建设。信息技术对教育发展具有革命性影响，必须予以高度重视，要把教育信息化纳入国家信息化发展整体战略，超前部署教育信息网络；到 2020 年，基本建成覆盖城乡各级各类学校的教育信息化体系，促进教育内容、教学手段和方法现代化；充分利用优质资源和先进技术，创新运行机制和管理模式，整合现有资源，构建先进、高效、实用的数字化教育基础设施；加快终端设施普及，推进数字化校园建设，实现多种方式接入互联网；重点加强农村学校信息基础建设，缩小城乡数字化差距；加快中国教育和科研计算机网、中国教育卫星宽带传输网升级换代；制定教育信息化基本标准，促进信息系统互联互通。

2. 加强优质教育资源开发与应用。加强网络教学资源体系建设；引进国际优质数字化教学资源；开发网络学习课程；建立数字图书馆和虚拟实验室；建立开放灵活的教育资源公共服务平台，促进优质教育资源普及共享；创新网络教学模式，开展高质量高水平远程学历教育；继续推进农村中小学远程教育，使农村和边远地区师生能够享受优质教育资源；强化信息技术应用；提高教师应用信息技术水平，更新教学观念，改进教学方法，提高教学效果；鼓励学生利用信息手段主动学习、自主学习，增强运用信息技术分析解决问题能力；加快全民信息技术普及和应用。

3. 构建国家教育管理信息系统。制定学校基础信息管理要求，加快学校管理信息化进程，促进学校管理标准化、规范化；推进政府教育管理信息化，积累基础资料，掌握总体状况，加强动态监测，提高管理效率；整合各级各类教育管理资源，搭建国家教育管理公共服务平台，为宏观决策提供科学依据，为公众提供公共教育信息，不断提高教育管理现代化水平。

教育部于 2012 年 3 月正式颁布了《教育信息化十年发展规划（2010—2020 年）》（简称《十年规划》），描绘了未来十年的教育信息化蓝图。此规划在"信息技术对教育具有革命性影响"的思想指引下，强调推进教育信息化能力体系建设，推动信息技术与教育的双

⊙ 第一篇 政策与理论篇

向融合创新；指出教育信息化对教育的支撑作用的同时，更加强调其引领性作用。《十年规划》指出："教育信息化充分发挥现代信息技术优势，注重信息技术与教育的全面深度融合，在促进教育公平和实现优质教育资源广泛共享、提高教育质量和建设学习型社会、推动教育理念变革和培养具有国际竞争力的创新人才等方面具有独特的重要作用，是实现我国教育现代化宏伟目标不可或缺的动力与支撑。"《十年规划》提出了教育信息化的发展目标：到 2020 年，全面完成《教育规划纲要》所提出的教育信息化目标任务，形成与国家教育现代化发展目标相适应的教育信息化体系，基本建成人人可享有优质教育资源的信息化学习环境，基本形成学习型社会的信息化支撑服务体系，基本实现所有地区和各级各类学校宽带网络的全面覆盖，教育管理信息化水平显著提高，信息技术与教育融合发展的水平显著提升。在教育信息化发展的任务中，提到通过优质数字教育资源共建共享、信息技术与教育全面深度融合、促进教育教学和管理创新，助力破解教育改革和发展的难点问题，促进教育公平、提高教育质量、建设学习型社会；通过建设信息化公共支撑环境、增强队伍能力、创新体制机制，解决教育信息化发展的重点问题，实现教育信息化可持续发展。

2016 年 6 月 7 日，《教育信息化"十三五"规划》（简称《"十三五"规划》）正式颁布，这是继 2012 年 3 月颁布《教育信息化十年发展规划（2011—2020 年）》后，教育部再次对教育信息化工作进行的规划部署。《"十三五"规划》重在深化应用，深度推进信息技术与教育的融合创新，不仅具有前瞻指引、聚焦落实、面向全局、关注差异的特点，"四个提升"和"四个拓展"的主要任务也为未来五年教育信息化在提高教育质量、提升教育治理能力、促进教育公平、推进教育现代化和服务社会经济发展等方面，提供了针对性高、执行性强的实施蓝图。《"十三五"规划》用"巩固成果、深化应用、融合创新"十二字来概括今后五年教育信息化的工作重点。其一，延续巩固已经取得的教育信息化重要成果，持续发挥信息技术在教育教学和管理中的促进作用；其二，强化信息技术在教育中的深度应用，创新探索其在转变教/学模式和人才培养方式中的支撑作用；其三，进一步提升教育信息化的创新融合效能；其四，进一步提升教育信息化的创新融合效能，释放其在促进教育供给侧改革、提高教育信息治理能力和服务国家"互联网+"等战略中的创新活力。

"十三五"时期是全面建成小康社会决胜阶段，为了加快推进教育现代化，依据《中华人民共和国国民经济和社会发展第十三个五年规划纲要》和《国家中长期教育改革和发展规划纲要（2010—2020年）》，国务院于2017年1月制定《国家教育事业发展"十三五"规划》，从提高质量、促进公平、优化结构等方面提出了一系列战略任务。在提高教育质量方面，提出要全面落实立德树人根本任务，全面实施素质教育，着力提升学生思想道德水平、社会责任感和法治意识，培养创新创业精神与能力，强化实践动手能力；在促进教育公平方面，提出实施教育脱贫攻坚行动计划，加大职业教育脱贫力度，扩大农村贫困地区学生接受优质高等教育机会；在优化教育结构方面，规划提出要优化教育资源配置结构，统筹规划学校布局，推进区域、城乡教育协调发展；还强调要促进和规范民办教育发展，鼓励社会力量和民间资本以多种方式进入教育领域，提供多样化教育产品和服务；大力推进教育信息化，推动"互联网+教育"新业态发展；统筹推动教育开放，强化教育对外交流与合作，完善中外人文教育机制，积极参与全球教育治理。《国家教育事业发展"十三五"规划》的提出契合了信息技术与课程整合的目标，即在新的教育理念指导下创建新的教学环境，改变教学结构，促进学生创新能力的培养；更加重视教育公平发展，进一步扩展技术发展、资源建设的深度和广度，在有限的时间内实现教育质量的飞跃等，为信息技术与课程整合的发展奠定了基础。

2017年9月，《关于深化教育体制机制改革的意见》（本段简称

第一篇 政策与理论篇

《意见》)颁布,《意见》指出,深化教育体制机制改革的主要目标是:"到2020年,教育基础性制度体系基本建立,形成充满活力、富有效率、更加开放、有利于科学发展的教育体制机制,人民群众关心的教育热点难点问题进一步缓解,政府依法宏观管理、学校依法自主办学、社会有序参与、各方合力推进的格局更加完善,为发展具有中国特色、世界水平的现代教育提供制度支撑。"《意见》从宏观层面指出了教育教学改革的目标和路径,是深化教育体制机制改革的指导性文件,为教育教学实践提供了保障,信息技术与课程整合是教育改革进行过程中的重要措施之一,《意见》所提出的教育目标需要信息技术与课程整合的参与才能更好地实现,通过将信息技术和原学科或原学习项目的结合,促进学生学习的生成,调动学校整体创造性教学的积极性,衍生更多的可供借鉴的课程与课堂改革案例。

2018年4月,教育部印发《教育信息化2.0行动计划》(本段简称《行动计划》),《行动计划》指出,经过多年来的探索实践,信息技术对教育的革命性影响已初步显现,但与新时代的要求仍存在较大差距。通过实施教育信息化2.0行动计划,到2022年基本实现"三全两高一大"的发展目标,即教学应用覆盖全体教师、学习应用覆盖全体适龄学生、数字校园建设覆盖全体学校,信息化应用水平和师生信息素养普遍提高,建成"互联网+教育"大平台,推动从教育专用资源向教育大资源转变、从提升师生信息技术应用能力向全面提升其信息素养转变、从融合应用向创新发展转变,努力构建"互联网+"条件下的人才培养新模式、发展基于互联网的教育服务新模式、探索信息时代教育治理新模式。其中,行动计划强调了信息技术与课程的深度融合:"持续推动信息技术与教育深度融合,促进两个方面水平提高。促进教育信息化从融合应用向创新发展的高阶演进,信息技术和智能技术深度融入教育全过程,推动改进教学、优化管理、提升绩效。全面提升师生信息素养,推动从技术应用向能力素质拓展,使之具备良好的信息思维,适应信息社会发展的要求,应用信

第一章 信息技术与课程整合政策发展

息技术解决教学、学习、生活中问题的能力成为必备的基本素质。加强教育信息化从研究到应用的系统部署、纵深推进，形成研究一代、示范一代、应用一代、普及一代的创新引领、压茬推进的可持续发展态势。"《行动计划》强调技术与教育的融合是近年来我国推进教育信息化的基本原则，但在实践中，更多的是技术对教育的"单向融合"，而非技术与教育的"双向融合"。从其他领域的发展历程来看，要推动领域全方位的跨越式变革，仅仅依靠"单向融合"是远远不够的；相反，从技术本身入手，通过对其可能性的充分评估，转而以"技术逻辑"对领域原有的运行逻辑进行改造，才有可能实现领域的整体"革命"。

2019年2月，中共中央、国务院印发《加快推进教育现代化实施方案（2018—2022年）》，提出了推进教育现代化的十项重点任务。主要包括：实施新时代立德树人工程；推进基础教育巩固提高；深化职业教育产教融合；推进高等教育内涵发展；全面加强新时代教师队伍建设；大力推进教育信息化；实施中西部教育振兴发展计划；推进教育现代化区域创新试验；推进共建"一带一路"教育行动；深化重点领域教育综合改革。其中，立德树人是基础工程，基础教育巩固提高、职业教育产教融合、高等教育内涵发展是构建现代教育体系的重要着力点，教师队伍建设、教育信息化是推进教育现代化的有力支撑，推进教育现代化区域创新试验是推动形成区域教育发展新格局的战略重点，推进共建"一带一路"教育行动是提升我国教育国际影响力的重要举措，深化重点领域教育综合改革是教育现代化的动力源泉。

2019年2月，中共中央、国务院印发《中国教育现代化2035》。《中国教育现代化2035》提出了推进教育现代化的八大基本理念：更加注重以德为先，更加注重全面发展，更加注重面向人，更加注重终身学习，更加注重因材施教，更加注重知行合一，更加注重融合发展，更加注重共建共享。它明确了推进教育现代化的基本原则：坚持

⊙ 第一篇　政策与理论篇

党的领导、坚持中国特色、坚持优先发展、坚持服务人民、坚持改革创新、坚持依法治教、坚持统筹推进。它指出2035年我国教育主要发展的目标是建成服务全民终身学习的现代教育体系、普及有质量的学前教育、实现优质均衡的义务教育、全面普及高中阶段教育、职业教育服务能力显著提升、高等教育竞争力明显提升、残疾儿童少年享有适合的教育、形成全社会共同参与的教育治理新格局。《中国教育现代化2035》从更加宏观的角度阐述了教育现代化发展的阶段性任务，还突出了信息技术对信息化时代教育变革的作用及实践方式：建设智能化校园，统筹建设一体化智能化教学、管理与服务平台；利用现代技术加快推动人才培养模式改革，实现规模化教育与个性化培养的有机结合；创新教育服务业态，建立数字教育资源共建共享机制，完善利益分配机制、知识产权保护制度和新型教育服务监管制度；推进教育治理方式变革，加快形成现代化的教育管理与监测体系，推进管理精准化和决策科学化。

第二节　教育均衡发展

教育均衡是现代教育改革的重要目标，也是国家教育水平的重要体现。在我国建设社会主义和谐社会的进程中，人们对教育公平问题的关注程度显著提高，教育均衡实质上是指在教育公平思想和教育平等原则的支配下，教育机构、受教育者在教育活动中得到平等待遇的教育理想和确保其实际操作的教育政策和法律制度，其最基本的要求是在教育机构和教育群体之间，平等地分配教育资源，达到教育需求与教育供给的相对平衡，并最终落实在人们对教育资源的分配和使用上。在综合性的教育政策中，教育均衡发展也是其中重要的中心思想，如普及九年义务教育，施行远程教育、进行教育精准扶贫等措施。除综合性教育政策外，国家针对教育前期发展的不均衡问题，在进行教育改革时针对学生的发展，推进教育均衡发展。

第一章　信息技术与课程整合政策发展

教育均衡发展既是信息技术与课程整合得以发展的必要条件，也是其目标。信息技术与课程整合为教师提供了新的教育理念和教学手段，促进学生创新能力的发展，能够有效提高教育质量，因而应将其在更大的范围推广，但因为地区资源不足等因素，信息技术与课程整合不能在落后地区普及，而只在部分地区施行则失去其原本的意义，因而要更好地进行信息技术与课程整合，就要考虑教育均衡发展的问题。信息技术与课程整合的技术优势及衍生的多种教育形式和教学模式能够有效促进不同地区教育交流、推进现有教育资源的再分配和新资源的建设。信息技术与课程整合和教育均衡发展密不可分，近年来教育部门更加重视教育均衡发展，通过了一系列相关政策，这些政策直接推动了信息技术与课程整合的发展，也促进了更为精细的信息技术与课程整合政策的制定和施行。

2007年，教育部国家发展改革委印发《"十一五"期间中西部地区特殊教育学校建设规划（2008—2010年）》（本段简称《规划》），指出由于我国特殊教育基础薄弱，总体发展水平还不高，特别是特殊教育办学条件差、质量低，远不能满足广大残疾儿童少年接受教育的需求，其指导原则是：坚持以邓小平理论和"三个代表"重要思想为指导，全面落实科学发展观和构建社会主义和谐社会的要求，按照《国家教育事业发展"十一五"规划纲要》《中国残疾人事业"十一五"发展纲要（2006年—2010年）》的要求，以改善特殊教育学校基本办学条件、提高教育质量为重点，有计划、有步骤地推进中西部地区特殊教育学校建设，努力普及和巩固有学习能力的残疾儿童少年九年义务教育，加快实现区域内义务教育的均衡发展，促进教育公平。在此指导下，《规划》提出"十一五"期间的建设目标和实施步骤，对其提供相应的资金支持和保障措施。《规划》针对特殊教育学校教育资源及教育设施问题提出建设目标："十一五"期间所有项目学校达到或基本达到国家颁布的特殊教育学校建设标准和设施配备要求，基本满足残疾儿童少年接受九年义务教育的需求。

⊙ 第一篇 政策与理论篇

2012年，国务院发布《国务院关于深入推进义务教育均衡发展的意见》（本段简称《意见》），指出深入推进义务教育均衡发展，着力提升农村学校和薄弱学校办学水平，全面提高义务教育质量，努力实现所有适龄儿童少年"上好学"，对于坚持以人为本、促进人的全面发展，解决义务教育深层次矛盾、推动教育事业科学发展，促进教育公平、构建社会主义和谐社会，进一步提升国民素质、建设人力资源强国，具有重大的现实意义和深远的历史意义。《意见》突出了教育均衡发展中教育资源共享的重要性。首先，提出"扩大优质教育资源覆盖面"，以优质学校、优秀教师等推动学校办学水平；其次，在教育硬件设备方面，提出"加强学校宽带网络建设"，解决地方宽带接入问题；再次，在教育资源方面，提出"开发丰富优质数字化课程教学资源"，并强调开发师资短缺课程资源等资源。此外，《意见》亦针对教师网络学习环境等方面提出了符合教育均衡发展的建设方法。

教育扶贫，是对贫困地区和贫困人口进行教育投入和资助服务，以提高贫困地区教育服务水平，帮助贫困人口掌握脱贫致富知识和技能，并最终摆脱贫困的一种扶贫方式。2016年12月教育部等六部门发布《教育脱贫攻坚"十三五"规划》（本段简称《规划》），提出实现"人人有学上、个个有技能、家家有希望、县县有帮扶"，促进教育强民、技能富民、就业安民，坚决打赢教育脱贫攻坚战。《规划》还提出了贫困地区教育的基本原则和目标。在具体措施方面，加大对贫困地区教师的重视和培训力度；加大对特殊教育的关注；进行区域性的改革创新；在党的领导下进行贫困地区教育倾斜和依法推进教育扶贫。《规划》明确和强调了信息技术对现代教育脱贫攻坚的作用，在"夯实教育脱贫根基"任务中提出"提高农村教师信息素养，强化信息技术应用能力，转变教育教学方式"，助力乡村教师队伍的建设。在"集聚教育脱贫力量"中，更是提出"加大现代信息技术应用"，通过"建档立卡贫困人口数据库""加快实现'三通两平台'""推进优质资源共享""线上线下结合,办好远程教育"等方式促进教育脱贫力量的发挥。

第三节 现代化教师队伍建设

教师作为教学系统的四大要素之一,在教育教学的过程中起着主导的作用。信息技术与课程整合要求下的教师则是技术应用的决策者、指导者和实践者,是课堂创新的直接作用者,只有在有力、可行的教师培养政策的指导下才能够有效跟进甚至引领教育改革,因而要促进教师队伍整体的现代化建设。

2004年为提高中小学教师教育技术能力水平,促进教师专业能力发展,根据《中华人民共和国教师法》和《中小学教师继续教育规定》有关精神,教育部制定并颁布《中小学教师教育技术能力标准(试行)》。这一标准适用于中小学教学人员、中小学管理人员、中小学技术支持人员教育技术能力的培训与考核。首先在意识态度方面,明确教师应认识到教育技术对教育现代化、对教师的发展、对优化教学的重要作用。其次,明确教师在教育技术应用中所应具有的意识:"具有在教学中应用教育技术的意识""具有在教学中开展信息技术与课程整合、进行教学改革研究的意识""具有运用教育技术不断丰富学习资源的意识""具有关注新技术发展并尝试将新技术应用于教学的意识"。再次,在评价与反思阶段突出了对教学资源应用和教学过程的反思。最后,针对"终身学习",提倡教师不断学习新技术,并利用教育技术进行终身学习以实现终身发展。在基本技能方面,则集中于教师所掌握的教育技术手段及技术应用。此外,《中小学教师教育技术能力标准(试行)》还将"信息技术与课程整合""技术实践"等作为教学设计与实施创新的重要方面。整体而言,《中小学教师教育技术能力标准(试行)》是较为全面的中小学教师教育技术应用规范,在21世纪初期对中小学教师技术应用及教育技

○ 第一篇 政策与理论篇

术能力的提高起到了重要的指导作用。

2014年5月27日，教育部颁布了《中小学教师信息技术应用能力标准（试行）》（本段简称《能力标准》）。这一标准与其他教师能力标准有所不同：它是《教育部关于实施全国中小学教师信息技术应用能力提升工程的实施意见》（简称"能力提升工程"）中顶层设计的一部分，因而它的研制背景与实施路径，都与"能力提升工程"密不可分。《能力标准》对中小学教师的信息技术应用能力提出了基本要求和发展性要求，是规范与引领中小学教师在教育教学和专业发展中有效应用信息技术的准则，是各地开展信息技术应用能力培训、应用和测评等工作的基本依据。《能力标准》根据我国中小学校信息技术实际条件的不同、师生信息技术应用情境的差异，对教师在教育教学和专业发展中应用信息技术提出了基本要求和发展性要求：（1）应用信息技术优化课堂教学的能力为基本要求，主要指教师利用信息技术进行讲解、启发、示范、指导、评价等教学活动的能力；（2）应用信息技术转变学习方式的能力为发展性要求，主要指教师在学生具备网络学习环境或相应设备的条件下应具有利用信息技术支持学生开展自主、合作、探究等学习活动的能力。本标准根据教师教育教学工作与专业发展主线，将信息技术应用能力分为技术素养、计划与准备、组织与管理、评估与诊断、学习与发展五个维度。

2014年，教育部办公厅印发《中小学教师信息技术应用能力培训课程标准（试行）》（本段简称《课程标准》），用于规范、引领教师信息技术应用能力培训课程建设与实施工作。能力标准提出了信息技术应用能力的基本要求与发展性要求，即五个发展维度，针对五个维度形成了25个指标项。而课程标准制订的核心工作是课程与课程内容的设计，使教师通过培训在25个指标项上得到提高与发展，使各县区、学校甚至教师能够根据自己的发展水平，合理选择相应的课程进行学习，实现差异性培训，提升信息技术应用能力。在实际培训的操作中，要明确能力提升工程的培训是发展性培训，不是达标性培训，是教师在现有能力基础上，经过 50 课时的学习，提升最需要的信息技术应用能力。《课程标准》要求实施主题式培训，强化任务驱动，突出实践导向，将问题解决与案例分析相结合，将线上学习与线下实践相结合，促进各地采取符合信息技术特点的培训新模式，推行网络研修与教学实践相结合的混合式培训，推动教师学用结合。《课程标准》依据能力标准对中小学教师信息技术应用能力的基本要求和发展性要求，设置"应用信息技术优化课堂教学"、"应用信息技术转变学习方式"和"应用信息技术支持教师专业发展"3 个系列的课程，共 27 个主题，帮助教师提升信息技术素养，并应用信息技术提高自身学科教学能力、促进专业发展。《课程标准》对教师在培训中的实践任务和学习成果提出明确要求，旨在推动教育行政部门、教师培训机构和中小学校协同开展教师应用成效评价，做好中小学教师信息技术应用能力测评工作，确保教师信息技术应用能力切实得到提升。此外，《课程标准》还提出了课程建设和实施的建议，为地域性课程建设提供支撑。

2017 年，教育部印发《关于全面推进教师管理信息化的意见》（本段简称《意见》），明确将高效采集、有效整合教师系统及相关教育管理服务平台生成的教师信息，形成教师队伍大数据，将其作为教师工作决策的基础支撑和重要依据，通过信息系统与教师培养、教师培训、教师资源配置、教师管理评价等核心工作的深度融合，逐步推进教师管理方式重构、教师管理流程再造。《意见》提出要以教师系统为支撑，并明确了建立教师管理信息化体系、形成教师队伍大数据、优化教师工作决策和提升教师队伍治理水平 4 项核心任务。在具体操作层面，《意见》提出，要做好教师系统建设与管理。《意见》提出，要利用教师基础信息库，结合教育改革发展需求，为相关部门和高校制定招生计划提供可靠依据，支持教师精准培养，还要利用教师基础信息库，分析全国、区域、城乡、校际等不同层面和各级各类教师的资源配置，研究教师的数量、工资待遇、流动等信息，为优化

⊙ 第一篇 政策与理论篇

教师编制配备、合理设置教师岗位、开展教师招聘补充提供基本依据。《意见》明确指出要利用教师队伍大数据，分析教师培训需求，为设计培训项目、开发培训课程、评估培训质量等提供有力支持，促进教师培训专业化。

2018年6月教育部"师范生信息化教学能力标准与培养模式实证研究"课题组颁布《师范生信息化教学能力标准》，指出师范生作为未来教师的预备力量，其信息化教学能力将直接影响未来教育质量，理应在职前阶段进行良好培养，以适应信息化时代对教师提出的新要求。回顾我国已有的关于教师信息化教学能力的研究，发现其中面向师范生的相关研究明显不足。主要体现在：（1）从研究对象看，偏重职后教师研究，对师范生关注度远远不够；（2）从研究内容看，如果涉及师范生，基本上也是聚焦于培养策略，而对师范生应该具备什么样的信息化教学能力的研究很少涉及，目前尚无适用标准；（3）从研究依据看，往往以在职教师的能力标准作为研究师范生相应能力的依据，忽略了师范生与在职教师的区别。与在职教师相比，当代师范生有着明显的特质，包括作为数字原住民的成长背景、信息时代所形成的学习方式偏好、未入职者实践匮乏的现实，以及"以学生为中心"的可迁移体验不足等，因此，对他们的培养直接套用在职教师标准并不合适，需要研制面向师范生的专有标准，这对于规范和引导我国师范生信息化教学能力培养具有重要意义。

2018年3月教育部等五部门颁发《教师教育振兴行动计划（2018—2022年）》（本段简称《计划》）。为实现教师教育振兴发展的目标任务，《计划》将主要措施明确为十大行动，具体包括师德养成教育全面推进行动、教师培养层次提升行动、乡村教师素质提高行动、师范生生源质量改善行动、"互联网+教师教育"创新行动、教师教育改革实验区建设行动、高水平教师教育基地建设行动、教师教育师资队伍优化行动、教师教育学科专业建设行动和教师教育质量保障体系构建行动。针对"互联网+教师教育"创新行动，《计划》提

第一章 信息技术与课程整合政策发展

出，要充分利用云计算、大数据、虚拟现实、人工智能等新技术，推进教师教育信息化教学服务平台建设和应用，推动以自主、合作、探究为主要特征的教学方式变革；启动实施教师教育在线开放课程建设计划，遴选认定200门教师教育国家精品在线开放课程，推动在线开放课程广泛应用共享；实施新一周期中小学教师信息技术应用能力提升工程，引领带动中小学教师校长将现代信息技术有效运用于教育教学和学校管理；研究制定师范生信息技术应用能力标准，提高师范生信息素养和信息化教学能力；依托全国教师管理信息系统，加强在职教师培训信息化管理，建设教师专业发展"学分银行"。在"教师教育改革试验区建设行动"中则提出"加强教师培训需求诊断，优化培训内容，推动信息技术与教师培训的有机融合，实行线上线下相结合的混合式培训"的教师培训方式，促进教师教育改革。

2019年3月，教育部发布《关于实施全国中小学教师信息技术应用能力提升工程2.0的意见》（本段简称《意见》），着力推动全国中小学教师（含幼儿园、普通中小学、中等职业学校）提升信息技术应用能力。《意见》突出以学校信息化教育教学改革发展引领教师信息技术应用能力培训，抓住"关键人群"，提出九项主要措施和四大任务，总体目标为到2022年构建以校为本、基于课堂、应用驱动、注重创新、精准测评的教师信息素养发展新机制，通过示范项目带动各地开展教师信息技术应用能力培训，基本实现校长信息化领导力、教师信息化教学能力、培训团队信息化指导能力显著提升，全面促进信息技术与教育教学融合创新发展。其九项主要措施则以中小学教师信息技术应用能力提升为目标，突出了管理团队、教学创新、教育帮扶、教师培训、教师发展和培训资源、评价体系等方面能力的提升。其目标任务包括：整校推进教师应用能力培训，服务教育教学改革；缩小城乡教师应用能力差距，促进教育均衡发展；打造信息化教学创新团队，引领未来教育方向；全方位升级支持服务体系，保障融合创新发展。

第四节　教育信息化环境建设

教育信息化主要是指把信息技术手段有效应用于教学与科研，注重教育信息资源的开发和利用，教育信息化的核心内容是教学信息化。教育信息化环境建设的相关政策包括保证教育信息化顺利实施的一切平台建设、设施建设、学校和相关的社会环境准备、管理措施等。

2012年，教育部联合高校出台了一系列有关教育管理的标准，在其中突出了信息化管理的重要性，也将信息技术在现代教育中的作用凸显了出来。《教育管理信息教育管理基础信息》《教育管理信息教育行政管理信息》《教育管理信息普通中小学校管理信息》《教育管理信息中职学校管理信息》根据教育教学管理的组织形式进行分类，以说明不同的标准。比如，《教育管理信息教育管理基础信息》中就说明了教育管理的术语、规范、基础信息体系结构等。

2015年7月4日，国务院印发《关于积极推进"互联网+"行动的指导意见》（本段简称《指导意见》），这是推动互联网由消费领域向生产领域拓展，加速提升产业发展水平，增强各行业创新能力，构筑经济社会发展新优势和新动能的重要举措。《指导意见》提出，要坚持开放共享、融合创新、变革转型、引领跨越、安全有序的基本原则，充分发挥我国互联网的规模优势和应用优势，坚持改革创新和市场需求导向，大力拓展互联网与经济社会各领域融合的广度和深度。目标是到2018年，互联网与经济社会各领域的融合发展进一步深化，基于互联网的新业态成为新的经济增长动力，互联网支撑大众创业、万众创新的作用进一步增强，互联网成为提供公共服务的重要手段，网络经济与实体经济协同互动的发展格局基本形成；到2025年，"互联网+"新经济形态初步形成，"互联网+"成为我国经济社会创新发展的重要驱动力量。其总体思路是：顺应世界"互联网+"发展趋势，充分发挥我国互联网的规模优势和应用优势，推动

第一章　信息技术与课程整合政策发展

互联网由消费领域向生产领域拓展，加速提升产业发展水平，增强各行业创新能力，构筑经济社会发展新优势和新动能；坚持改革创新和市场需求导向，突出企业的主体作用，大力拓展互联网与经济社会各领域融合的广度和深度。着力深化体制机制改革，释放发展潜力和活力；着力做优存量，推动经济提质增效和转型升级；着力做大增量，培育新兴业态，打造新的增长点；着力创新政府服务模式，夯实网络发展基础，营造安全网络环境，提升公共服务水平。

2018年4月，教育部发布《中小学数字校园建设规范（试行）》（本段简称《规范》），这是中小学数字校园建设的指导性文件，是建设的总目标、总原则，具有指引方向和基础规约的作用。数字校园具体的建设目标可概括为"三实现一创新"，即实现校园环境数字化、信息系统互通互联、用户信息素养提升，创新学习方式和教育教学模式。《规范》提出了数字校园的三大建设原则，即应用驱动、融合创新；重组整合、资源共享；适度超前、特色发展。《规范》强调的具有信息素养的用户是一个群体，不仅包含教师，还包含学生、管理人员和技术人员，内容包括信息意识和应用能力两方面。信息意识包含技术认同意识、信息道德与安全意识、终身学习意识、解决问题意识；应用能力包含学生能力、教师能力、管理人员能力、技术人员能力。《规范》在信息化应用部分从教育教学、教育管理、教育评价、生活服务四个方面覆盖了学校开展信息化应用的主要场域，并从功能需求角度规定了四类信息化应用服务的总体要求。《规范》在基础设施建设部分基于现实问题，提出从虚拟网络环境和现实物理空间两个方面入手建设数字校园的基础设施，将数字校园的基础设施划分为五类，分别是网络环境、数字终端、数字化教学空间、创新创造空间以及文化生活空间。《规范》根据《网络安全法》的指导思想，以数字校园建设中面临的网络安全问题为导向，从组织管理、网络应用与校园环境三个方面对数字校园网络空间安全的建设进行规定。此外，《规范》在保障机制方面聚焦困扰数字校园建设发展的关键难题，将

第一篇 政策与理论篇

保障机制划分为组织架构、全员培训、制度建设、资金投入以及多方协同五个方面。在组织架构方面，明确了建立以校长为负责人的数字校园领导小组以及 CIO 制度，要求地方教育信息化相关机构协同参与数字校园建设的组织、实施和指导工作，保障数字校园建设工作有序进行；在全员培训方面，提出国家、地方、学校要组织信息技术应用能力培训，提升教师在课堂教学中的技术应用能力，使信息化设备和资源在课堂中发挥更大作用。

2018 年 4 月，教育部发布《网络学习空间建设与应用指南》（本段简称《指南》）。"网络学习空间人人通"是"三通两平台"的重要组成部分，是构建网络化、数字化、个性化、终身化的教育体系与推动教育教学模式创新的有效途径。本指南适用于基础教育、职业教育、高等教育等各级各类教育的网络学习空间建设与应用。《指南》体现了当前空间建设与应用的实践成果和对未来发展的引领，充分考虑网络技术、大数据、人工智能等信息技术的聚合对教育教学的支撑与变革作用。《指南》中明确定义网络学习空间是由教育主管部门或学校认定的，融资源、服务、数据为一体，支持共享、交互、创新的实名制网络学习场所。《指南》中认为网络学习空间分为个人空间和机构空间，并集成公共应用服务和数据分析服务。《指南》重新阐述了空间建设的应用目标——重构学习环境，指出要建立人人皆学、处处能学、时时可学的泛在学习环境，适应信息化条件下的教与学需求，推动正式学习与非正式学习融合，实现有效支持个性化、适应性学习的智能化学习支持环境。在空间资源供给方面，《指南》提出"通过利用教育资源公共服务平台、企业与社会教育资源，共享智力资源等方式，汇聚适应区域教育发展需求的优质资源，缩短资源生成、进化周期，支持个性化资源推送，实现精准服务，创新资源供给模式"。同时在"变革教学模式""重塑评价方式""创新服务模式""提升治理水平"等方面也更加重视通过教学方式、评价方式等的转变促进学生个性发展。

第二章　信息技术与课程整合基本理论

第一节　信息技术与课程整合的发展史

一般认为，信息技术与课程整合是信息技术应用于教育的第三个阶段。自 20 世纪 90 年代中期至今，经过二十多年的研究和实践，信息技术与课程整合的形式和内容都有了长足发展。信息技术与课程整合大致分为三个阶段：封闭式的、以知识为中心的课程整合阶段；开放式的、以资源为中心的课程整合阶段；全方位的课程整合阶段。

一　封闭式的、以知识为中心的课程整合阶段

在这个阶段，整个教学都在"以知识为中心"的指导下进行，教学目标、教学内容、教学形式及教学组织和传统课堂教学没有什么区别，整个教学过程仍以教师的讲授为主，学生仍然是被动的反应者、知识灌输的对象。信息技术的引入，只在帮助教师减轻教学工作量方面取得了一些进步，而对学生思维与能力的发展，较之传统方式并没有实质性的进步，按照教学对技术的依赖程度和学生的投入程度，此阶段可细化为以下三个层次。

（一）信息技术作为演示工具

这是信息技术用于学科教学的最初表现形式，是信息技术和课程整合的最低层次。教师使用现成的计算机辅助教学软件或多媒体素材库，选择其中合适的部分用于自己的讲解；也可以利用 PowerPoint 或

第一篇　政策与理论篇

者其他多媒体制作工具，综合利用各种教学素材，编写自己的演示文稿或多媒体课件，清楚地说明讲解的结构，形象地演示其中某些难以理解的内容，或用图表、动画等展示动态的变化过程和理论模型等。另外，教师也可以利用模拟软件或者计算机外接传感器来演示某些实验现象，帮助学生理解所学的知识。通过合理的设计与选择，计算机代替了幻灯、投影、粉笔、黑板等传统媒体，实现了它们无法实现的教育功能。

（二）信息技术作为交流工具

"信息技术作为交流工具"就是指将信息技术以辅助教学的方式引入教学，主要起到师生之间情感交流的作用。要实现上述目的，并不需要复杂的信息技术，只需在有互联网或局域网的硬件环境下，采用简单交流平台或社交软件即可。教师可根据教学的需要或学生的兴趣开设一些论坛或聊天室等，使学生在课后有机会对课程的形式、教师的优缺点、无法解决的问题等进行充分的交流。讲授式教学仍然是此层次的主要教学策略，学生仍以个体作业形式完成学习任务，评价方式也与前一层次相同，教师的角色和学生的角色也基本没有变化。但是，教师需要对交流进行组织和管理，同时由于学生感情和学习兴趣被激起，其对学习产生的积极性优于前一层次。

（三）信息技术作为个别辅导工具

随着计算机软件技术的飞速发展，出现了大量的操练与练习型软件和计算机辅助测验软件，让学生在练习和测验中巩固、熟练所学的知识，决定下一步学习方向，从而实现了个别辅导式教学。在此层次，计算机软件实现了教师职能的部分代替，如出题、评定等，因此，教学的发生对技术有较强的依赖性。此外，此种教学还能在一定程度上注意到学生的个别差异，提高学生学习投入性。其主要应用技术有个别辅导软件以及教师与学生之间的交流工具。

根据不同的学习内容和学习目标，个别辅导软件提供的交互方式也有所不同，体现了不同的教学（或学习）方法，从而产生了不同形式的个别辅导软件，反映了利用计算机进行学习的交互方式，包括操练和练习、对话、游戏、模拟、测试、问题解答等。

这个层次主要采取的教学策略有个别辅导式教学和个别化学习等，虽然教学仍是封闭的，仍以知识为中心，但是，学生有与优秀软件相接触的机会，对学习有较高的积极性，有问题时可以向教师或其他学生请教。在这个层次，教师要时刻关注学生的学习进展，在其遇到障碍或问题时，给予及时辅导和帮助，对学生最后的评价仍以测验为主。

二 开放式的、以资源为中心的课程整合阶段

信息技术与课程整合的第一阶段基本上是封闭的，以个别化学习为主。在第二阶段，教学观念、教学设计的指导思想、教师的角色和学生的角色等都会发生较大的变化。教育者日益重视学生对所学知识的意义建构，教学设计从"以知识为中心"转变为"以资源为中心""以学为中心"，整个教学的资源是开放的，学生在学习某一学科内的知识时可以同时获得许多其他学科的知识，学生在占有丰富资源的基础上完成各种能力的培养，学生成为学习的主体，教师成为学生学习的指导者、帮助者、组织者。按照对学生能力由低到高的培养顺序，可以将此阶段细化为四个层次，每层着重培养学生不同的能力，分别是信息获取和分析能力、信息加工能力、协作能力、探索和创新能力。

（一）信息技术提供资源环境

在此层次，主要培养学生信息能力中获取信息、分析信息的能力，目的是学生在对大量信息进行筛选的过程中，实现对事物的多层面了解。教师可以在课前将所需的资源整理好，保存在某一特定文件夹下或做成内部网站，让学生访问该文件夹来选择有用信息；也可为学生提供适当的参考信息，如网址、搜索引擎、相关人物等，由学生自己去互联网或资源库中搜集素材。相比较来说，后者比前者更能培

养学生获取信息、分析信息的能力。但是，由于现实环境的限制，如上网速度慢、学生信息处理能力低等原因，也可以采用第一种方式，但要求教师提供尽可能多的资源，有让学生对信息进行"筛选"的可能。这一层次是所有后续层次教学的基础，在信息社会中，学生只有找到资源才有创作、发明的条件。

（二）信息技术作为信息加工工具

本层主要通过思考和协作培养学生信息能力中分析信息、加工信息的能力，强调学生在对大量信息进行提取的过程中，对信息进行重组、加工和再应用的能力。在本层次的教学中，重点是信息加工能力和思维的流畅表达能力，使学生达到对大量知识的内化。在教学过程中，教师要密切注意学生整个的信息加工处理过程，在其遇到困难的时候给予及时的辅导和帮助。

（三）信息技术作为协作工具

和个别化学习相比，协作学习有利于促进学生高级认知能力的发展，有助于学生协作意识、技巧、能力、责任心等方面素质的培养，因而受到广大教育工作者的普遍关注。但是，在传统的课堂教学中，由于人数、教学内容等因素的限制，常常使教师对于协作式学习有心无力。计算机网络技术为实现协作式学习提供了良好的技术基础和支持环境。计算机网络环境大大扩充了协作的范围，减少了协作的非必要性精力的支出。在基于网络的协作学习过程，基本的协作模式有四种：竞争、协同、伙伴和角色扮演。组织不同类型的协作学习对技术的要求程度不同。

竞争是指两个或多个学习者针对同一学习内容或学习情境，通过Internet进行竞争学习，看谁能够首先达到教学目标的要求，旨在培养学生技巧和能力的同时，培养学生的竞争意识和能力。基于竞争模式的网络协作学习，一般是由学习系统先提出一个问题或目标，并提供学生解决问题或达到目标的相关信息，学习者在开始学习时，先从网上在线学习者名单中选择一位竞争对手（也可选择计算机作为竞争对手），并商量好竞争协议，然后各自开始独立地解决学习问题。在学习过程中，学习者可看到竞争对手所处的状态以及自己所处的状态，学习者可根据自己和对方的状态调整自己的学习策略。竞争一般在智能性较强的网络教学软件支持下才能进行。

协同是指多个学习者共同完成某个学习任务，在共同完成任务的过程中，学习者发挥各自的认知特点，相互争论、相互帮助、相互提示或者是进行分工合作。学习者对学习内容的深刻理解和领悟就在这种和同伴紧密沟通与协调合作的过程中逐渐形成，协同需要多种网络技术的支持，如视频会议系统、聊天室、留言板等。

伙伴就是在网络环境下找到与现实环境中的伙伴相类似的学生，然后共同协作、共同进步。另一种伙伴形式是由智能计算机扮演伙伴角色，和学生共同学习、共同玩耍，在必要时给予忠告等。

角色扮演指在用网络技术创设的与现实或历史相类似的情境中，学生扮演其中的某一角色，在角色中互相学习。要实现角色扮演一般采用实时交互的网络工具，如多功能聊天室等。

（四）信息技术作为研发工具

虽然我们强调对学生信息加工、处理以及协作能力的培养，但最重要的还是要培养学生的探索能力、自己发现问题和解决问题的能力以及创造性思维能力，这才是教育的最终目标。在实现这一目标的教学中，信息技术扮演着"研发工具"的角色。

很多工具型教学软件都可以为该层次的教学和学习提供很好的支持。如在中学数学教学中，几何画板可为学生提供自己动手、探索问题的机会：当面对问题时，学生可以通过思考和协作，提出自己的假设和推理，然后用几何画板进行验证。探究式教学和问题解决式教学等都是将信息技术作为研发工具的教学模式，而且也取得了一定的成果。但是，如何更好地发挥信息技术的作用，设计能更好地培养学生创造性思维能力的模式仍有待教育工作者努力探索。

第一篇　政策与理论篇

三　全方位的课程整合阶段

前两个阶段的七个层次虽然彼此之间有很大的差异，但他们都没有对教学内容、教学目标、教学组织架构进行全面的改革和信息化。当前七个层次在较大范围内得到推广和使用，并取得很大成功时，当教育理论和学习理论得到充分发展和利用时，当信息技术在教学中的应用得到更系统、更科学的探讨和细化时，必然会推动教育发生重大的变革，促进教育内容、教学目标、教学组织架构的改革，从而完成整个教学的信息化，将信息技术无缝地融合到教育的每一个环节，达到信息技术和课程改革的更高目标。

（一）教学内容改革

信息技术在教学中的应用，给传统教学内容结构带来了强大的冲击。那些强调知识内在联系、基本理论、与真实世界相关的教学内容变得越来越重要，而那些大量脱离实际、简单的知识传授和技术培训的教学内容则成为一种冗余和障碍。

教学内容的表现形式也会发生很大变化，将由原来的文本性、线性结构形式变为多媒化、超链接结构形式。如利用多媒体，尤其是超媒体技术，建立教学内容的结构化、动态化、形象化表示，使学生在学习某一内容时，可跳转到和该内容相关的任何知识点和资源。目前，已经有越来越多的教材和工具书实现多媒体化，它们不但包含文字和图形，还能呈现声音、动画、录像以及模拟三维景象教材的信息化表述。

（二）教学目标改革

教育内容的一系列改革会对现有的以知识为中心的教学目标产生强烈冲击，以能力为核心的教学目标将成为主体。而这些能力包括：信息处理（获取组织、操作和评价）能力、问题解决能力、批判性思维能力、学习能力、与他人合作和协作的能力。以能力为核心的教学目标已经在一定程度上受到了人们的重视。

（三）教学组织架构改革

随着教育内容和教学目标的改革，教学组织架构和形式也会发生相应的变革。教学目标强调以真实性问题为学习的核心，这就要求教学必须打破传统的学生坐在教室中听课的时间和空间限制，而必须以项目和问题为单位，对学习的时间和空间进行重新设计和规划。在教学的组织形式上和活动安排的分组上，也要打破传统的按能力同质分组的方式，实行异质分组。

第二节　信息技术与课程整合的内涵与本质

一　信息技术与课程整合的内涵

目前国内对信息技术与课程整合比较主流的理解是把计算机技术融入到各学科教学中，使用计算机技术就像使用黑板、粉笔、纸和笔一样自然流畅。这种观点将课程整合的重点放在 CAI，即计算机辅助教学上，它突出以计算机作为工具，去辅助各传统学科的教学。在具体做法上，它有三个要点：一是软件方面寻求合适的教学平台，提倡教师利用现有平台，而不提倡教师人人做课件；二是相应的教师培训，一方面着重提倡一般化的信息技术基本技能培训，另一方面是对学科素养、学科教学论及教育技术理论（如教学设计）方面的培训；三是在教师熟练掌握技术的基础上，通过信息检索、师生交流、学生自主探究学习、多媒体演示等手段实施课程整合。从整合的目标价值来看，这种观点看重的是被辅助的其他各学科教育（包括突破难、重点，提高教学效率乃至改变教学模式），而非信息技术教育本身。

另外一种对信息技术课程整合的理解主要指信息技术课程的内部整合。例如，可以让整体的信息技术课程由正规的学科课程（排入正规课表、教材）、活动课程（如网页制作、网络知识电脑美术、编程等兴趣小组）和其他隐性课程（如学校与周边社会的信息环境）组合而成，通过协调这些环节来培养学生的信息意识、信息能力。这一

⊙ 第一篇 政策与理论篇

类课程整合有时也涵盖调整信息技术课程的教学内容、创新教学方法、改革评价方法等。总的来说，这一类整合从目标价值观看，主要着眼于达成信息技术教育的目标，即培养学生对信息技术的兴趣和意识，让学生了解并掌握信息技术基本知识和技能，使学生具有获取信息、传输信息、处理信息和应用信息技术手段的能力，形成良好的文化素养，为他们适应信息社会的学习、工作和生活打下必要的基础。

我们认为，以上对信息技术与课程整合的认识，或是从计算机辅助教学的角度出发，或是从信息技术教育本身出发，并没有完全揭示信息技术与课程整合的本质。

"信息技术与课程整合"最早源自西方"课程整合"的概念。在英文中，"整合"一词表述为"Integration"，这一单词在汉语中有多重含义，如综合、融合、集成、一体化等，但其主要含义是"整合"，即由系统的整体性及其在系统核心的统摄、凝聚作用而导致若干相关部分因素合成为一个新的统一整体的建构、程序化的过程。基于此，当前对信息技术与课程整合的界定，有以下几种观点。

南国农教授认为："信息技术与课程整合是指将信息技术以工具的形式与课程融为一体，也就是将信息技术融入课程教学各要素中，使之成为教师的教学工具，学生的认知工具，重要的教材形态，主要的教学媒体；或者将信息技术融入课程教学的各个领域，成为既是学习的对象，又是学习的手段。"

李克东教授认为数字化学习是信息技术与课程整合的核心："信息技术与课程整合是指在学科课程教学中，把信息技术、信息资源、信息方法、人力资源与课程内容有机结合，共同完成课程教学任务的一种新型的教学方式。"

何克抗教授认为："信息技术与学科课程的整合，就是通过将信息技术有效地融合于各学科的教学过程来营造一种信息化教学环境，实现一种既能发挥教师主导作用又能充分体现学生主体地位的以'自主、探究、合作'为特征的新的教与学方式，从而把学生的主动性、积极性、创造性较充分地发挥出来，使传统的以教师为中心的课堂教学结构发生根本性变革，从而使学生的创新精神与实践能力的培养真正落到实处。"

当前，何克抗教授对信息技术与课程整合的描述得到了广泛的认可。该定义可简称为：所谓信息技术与学科课程的整合，就是通过将信息技术有效地融合于各学科的教学过程来营造一种新型的教学环境，以实现一种能充分体现学生主体地位的以"自主、探究、合作"为特征的新型的教与学方式，从而使传统的以教师为中心的课堂教学结构发生根本变革。

由这一定义可见，它包含三个基本属性：营造（或建构）信息化教学环境、实现新型教与学方式、变革传统教学结构。应当指出，这三个属性并非平行并列的关系，而是逐步递进的关系——信息化教学环境的建构是为了支持新型教与学方式，新型教与学方式是为了变革传统教学结构，变革传统教学结构则是为了最终达到培养创新精神与实践能力的目标。可见，"整合"的实质与落脚点是变革传统的教学结构，即改变"以教师为中心"教学结构。我们认为，只有从这三个基本属性出发，特别是从变革传统教学结构这一属性去理解整合的内涵，才能真正把握信息技术与课程整合的实质。

由于"环境"这一概念含义很广（教学过程主体以外的一切人力因素与非人力因素都属于教学环境的范畴），所以上述定义就信息技术在教育领域的应用而言，和把计算机为核心的信息技术仅仅看成工具、手段的 CAI 或 CAL 相比，显然要广泛得多、深刻得多，实际意义也要重大得多。CAI 主要是对教学方法与教学手段的改变，它基本上没有体现新的学习方式，更没有改变教学结构，因此，它和信息技术与课程整合之间绝不能画等号。当然，课程整合过程中，有时候也会将 CAI 课件用于促进学生的自主学习，所以"整合"并不排斥 CAI。不过，整合过程中运用 CAI 课件是把它作为促进学生自主学习的认知工具与协作交流工具，这种场合中的 CAI 只是整合过程中的一

⊙ 第一篇 政策与理论篇

个环节、一个局部；而传统的以教师为中心的计算机辅助教学是把CAI课件作为辅助教师突破教学中的重点与难点的直观教具、演示教具，这种场合中的CAI就是信息技术应用于教育的全部内容（而不是其中的一个局部或环节）。可见，这两种场合中的CAI课件运用，即使不从其内涵实质而仅从其应用方式上看，也是不一样的。

由此可见，信息技术与课程整合，不是把信息技术仅仅作为辅助教或辅助学的工具，而是强调要利用信息技术营造一种信息化教学环境。该环境是支持情境创设、启发思考、信息获取、资源共享、多重交互、自主探究、协作学习等多方面要求的新型教与学方式，从而把学生的主动性、积极性充分调动起来，使课堂的教学结构发生根本变革，使学生的创新精神与实践能力培养落到实处，而这正是我们素质教育培养创新人才所需要的。

二 信息技术与课程整合的本质

我们知道，教学结构是指在一定的教育思想、教学理论、学习理论指导下的教学活动进程的稳定结构形式，是教学系统四个要素（教师、学生、教学媒体、教学内容）相互联系、相互作用的具体体现。多年来，我国各级各类学校的传统教学结构就是"以教师为中心"的教学结构，在这种结构下，教学系统中教师、学生、教学媒体、教学内容四个要素的关系是：教师是主动的施教者，是教学过程的绝对权威，通过口头讲授、板书把知识传递给学生；作为学习过程主体的学生，在整个教学过程中主要是用耳朵听，并用手记笔记，完全处于被动接受状态，是外部刺激的接受器；教学媒体在教学过程中主要是作为教师辅助，即用于突破教学中重点、难点的演示教具；教材（教学内容）是学生获取知识的唯一来源，教师以教材为依据进行讲授，学生学习、复习和考试都是依据教材。

以教师为中心的教学结构的优点是有利于教师主导作用的发挥，有利于教师对课堂教学的组织、管理与控制。但它存在一个很大的缺陷，就是忽视了学生主动性与积极性的发挥，不能把学生的主体地位很好地体现出来。作为学习过程主体的学生，如果在整个教学过程中一直处于比较被动的地位，肯定难以达到理想的学习效果，更不可能成为富有创造性的创新型人才。这正是传统的以教师为中心的教学结构的最大弊病。

构建"主导—主体"相结合的教学结构的重要突破口之一就是信息技术与各学科课程的整合，这是因为信息技术与课程整合可为新型教学结构的创建提供最理想的教学环境。以计算机为核心的信息技术主要指多媒体计算机、教室网络、校园网和因特网等，作为新型的教学媒体，将它们与各学科的课程加以整合，即与各学科的教学进程密切结合，它们就能体现出以下对于教育、教学过程来说极为宝贵的特性，从而为新型教学结构的创建提供最理想的教学环境：多媒体计算机的交互性有利于激发学生的学习兴趣；多媒体系统的超文本特性可实现对教学信息最有效的组织与管理；计算机网络特性充分体现学习主体作用；多媒体计算机提供外部刺激的多样性有利于知识的获取与保持，有利于实现能培养合作精神并促进高级认知能力发展的协作式学习；超文本特性与网络特性的结合有利于实现能培养创新精神和促进信息能力发展的发现式学习。以计算机为核心的信息技术若能与各学科的课程加以有机整合，确实可以发挥其优化教育、教学过程的多种宝贵特性，这些特性的集中体现就是能充分发挥学生的主动性与创造性，为学生创新能力和信息能力的培养营造最理想的教学环境，而这样的环境正是创建新的教学结构所必不可少的。

所以说，信息技术与课程整合的本质是要改变传统的以教师为中心的教学结构，构建既能体现教师主导作用又能充分体现学生主体地位的"主导—主体"相结合的教学结构，以便激发学生的主动性、积极性与创造性，从而使创新人才培养的目标适应学习者在信息时代的学习方式，包括学会利用各种学习资源进行学习；学会在数字化情境中进行自主学习；学会利用网络通信工具进行协作学习；学会利用信

⊙ 第一篇 政策与理论篇

息技术进行创造性学习。

我国各级各类学校的传统教学结构,用一句话来概括就是以教师为中心的教学结构。以教师为中心的教学结构的优点是有利于教师主导作用的发挥,有利于教师监控整个教学活动进程,有利于教学目标的完成;其缺点是限制了学生的主动性和首创精神,束缚了学生的发散思维和想象力,容易使学生迷信书本、迷信老师、迷信权威,从而不利于创新精神与创新能力的培养。而 21 世纪需要的创新人才是既有创新精神和创新能力又有系统丰富的科学知识的人才。为了适应创新人才培养的需要,必须改变传统的以教师为中心的教学结构,创建新型的既发挥教师主导作用又充分体现学生主体地位的教学结构,即"主导—主体"相结合的教学结构。实现这样的教学结构改革,就是要彻底改变教学系统中四个要素的地位、作用和它们之间的关系,而其核心则是要改变教师与学生的地位、作用及相互关系,使教师由课堂的主宰,改变为课堂教学的组织者、指导者,学生建构知识意义的帮助者、促进者。学生则由外部刺激的被动接受器,改变为信息加工的主体和知识的主动建构者。除此之外,媒体也要由仅作为教师辅助的直观演示教具,改变为既能辅助教师教课又能促进学生自主地学,即要成为学生自主探究的认知工具、协作交流工具与情感激励工具。教材则应由学生知识的唯一来源,改变为学生多种学习资源中的一种,这样才不至于使学生迷信教材和迷信教师。

多年来,由于我们的各级各类学校忽视教学结构改革,从而使这种教学结构赖以存在的传统教育思想、教学理论、学习理论一直未曾受到冲击,其严重后果就是抑制了一大批创新人才的成长。由此可见改变传统的以教师为中心的教学结构的重要性与迫切性,而这种教学结构的改变,如上所述,有赖于信息技术与课程整合所营造的信息化教学环境和由此形成的新型教与学方式。这正是信息技术与课程整合的根本意义及其本质所在。

第三节 信息技术与课程整合的意义

信息技术对当今的社会发展产生了深远的影响，它不仅大大提高了社会生产力的发展速度，而且对社会生活方式与社会结构都产生了深层的影响，从而加快了人类进入信息化社会的步伐。信息、知识成为社会中的基本资源，信息产业成为社会中的核心产业之一，信息技术渗透到社会生活与工作的方方面面，它无处不在，无孔不入，信息素养成为信息社会每个公民必须具备的一种基本素质，信息的获取、分析、加工、利用的知识与能力与传统的"读、写、算"方面的知识与能力一样重要。可见，信息社会对我们的教育提出了新的要求与新的挑战。

首先，信息时代的知识爆炸，要求人们快速发现并掌握有用的知识。信息技术为存储和检索海量的知识提供了便利和可能，它要求人们掌握学习知识的技能，而不是知识的记忆。信息时代产业的交叉与融合，迫切需要具备综合能力的应用型人才。这些需求客观上要求教育要从以传授知识为主转变为以培养能力、促进个性与思维发展、培养学生终身学习的意识与终身学习的能力为主，也就是要从知识型人才的培养转变为素质型人才的培养。

其次，信息时代的主导经济将是知识经济，主导产业将是知识产业。知识经济客观上需要大量的高素质人才，整个社会对人才的知识结构与能力结构的要求呈稳步的上扬态势，极大地提高人才培养的效率，才能满足知识经济对人才的呼唤与需求。

信息技术对教育提出了前所未有的挑战，但同时提供了应对这些挑战的模式和方法。信息技术与课程整合为教育的变革提供了可能。

为什么应该进行信息技术与课程整合？借鉴美国国际教育技术协会的信息技术标准的基本思想，可以从以下几个方面理解信息技术与课程整合的意义。

第一篇　政策与理论篇

一　有利于实现教育、教学的根本目的

信息技术与课程整合属于教育教学范围之中的行为，信息技术与课程整合追求的目的应该是教育、教学方面的目的，信息技术应该在促进教师教学、学生学习和学生全面发展等方面起到积极作用。信息技术与课程整合确实有利于实现教育、教学的根本目的，因为它为课程设计提供了丰富的手段，拓宽了课程设计的范围，使得教学形式呈现出多样化的特征。

二　可以帮助教师教学

信息技术与课程整合可以充分利用各种资源的最大潜力，实施高质量和高效率的教学。学科教师利用信息技术授课，延长了师生交流的时间，也更有利于学生与教师的深层次的交流与沟通。而且，通过计算机联网，可以大大减少教师的重复劳动，教师可以从大量的备课和讲课的任务中解放出来，能把较多的精力投入教学和科研活动中，使教学活动从劳动密集型转变为技术密集型，从而提高教学活动的效率。

三　有利于提高学生的信息素养

信息素养是指人们能够敏锐察觉信息需求，并能进行相应的信息检索、评价和有效利用所需信息的意识和能力。信息技术与课程整合可以培养学生信息素养，使学生具有一定的信息意识和信息能力。

四　可以帮助学生学习

信息技术与课程的整合使得传统的认知工具得到了充实，学生可以利用信息技术作为认知工具进行更有效的学习。认知工具可以包括以下几个方面。

1. 作为课程学习内容和学习资源的获取工具。获取信息是处理

和应用信息的前提，将信息技术作为信息获取工具，是学生发现和获取信息的一种良好途径。

2. 作为情境探究和发现学习的工具。信息技术与课程整合可以根据一定的课程学习内容，利用多媒体和网络开发工具将课程内容以多媒体、超文本等方式转化为数字化学习资源，并根据教学需要，创设一定的情境，让学生在这些情境中探究和发现。

3. 作为协作学习和交流的通信工具。在传统的课堂教学中，由于人数、教学内容和课时等因素限制，协作学习常常无法顺利进行，而信息技术为有效实现协作学习提供了良好的技术基础和支持环境。

4. 作为自我评测和信息反馈的工具。信息技术可以为学生提供十分高效和准确的学习评测系统，学生可以不断地了解自己的学习情况，发现各种问题，为不断进步打下基础。

五　有利于培养学生的创新能力

学生创新能力的培养需要理想的教学和学习环境的支持，信息技术整合于教学过程之中，正好可以为培养创新能力营造理想的环境。在这样的环境中，信息技术作为学生的创造工具，表现出了巨大的优势。

第四节　信息技术与课程整合途径与方法

由于"教无定法"，谁也不可能提出一种适合所有学科的"包医百病"的整合方法。不同学科要实现与信息技术的整合都需要信息技术环境的支持，因而需要遵循共同的指导思想，在教学实践中结合相应的学科创造出多种多样、实用有效的整合模式与整合方法。

一　运用先进的教育理论作为指导

信息技术与课程整合的过程绝不仅仅是现代信息技术手段的运用

第一篇 政策与理论篇

过程,它必将伴随着教育、教学领域的深刻变革。换句话说,整合的过程是教育深化改革的过程,既然是改革,就必须要有先进的理论做指导,没有理论指导的实践是盲目的实践,将会事倍功半甚至徒劳无功。在国内外信息技术与课程整合实践中,建构主义理论成为指导整合实践的重要理论之一。这里之所以要特别强调建构主义理论,并非因为建构主义十全十美,而是因为它对于我国教育界的现状特别有针对性,它所强调的"以学为主"、学生主要通过自主建构获取知识意义的教育思想和教学观念,对于多年来统治我国各级各类学校的以教师为中心的传统教学结构能够产生极大的冲击;此外,建构主义的学习理论与教学理论以及建构主义学习环境下的教学设计方法可以为信息技术环境下的教学也就是信息技术与各学科课程的整合,提供最强有力的理论支持。

二 围绕新型教学结构的创建来进行整合

"整合"的实质与落脚点是变革传统的教学结构,即改变以教师为中心的教学结构,创建新型的、既能发挥教师主导作用又能充分体现学生主体地位的"主导—主体"相结合教学结构。既然如此,信息技术与课程整合的实施当然应该紧紧围绕新型教学结构的创建来进行,否则将会迷失方向,一场深刻的教育革命(教学过程的深化改革)将变成纯技术手段的运用与操作。紧紧围绕新型教学结构的创建这一实质来整合,就要求教师在进行课程整合的过程中密切关注教学系统四个要素的地位与作用:看看通过自己进行的整合,能否使这四个要素的地位、作用和传统教学结构相比之前发生某种改变?改变的程度有多大?哪些要素改变了,哪些还没有?原因在哪里?只有紧紧围绕这些问题进行认真分析,并采取相应的措施,才能实现有效的深层次的整合,事实上,这也正是衡量整合效果与整合层次的主要依据。

三 运用"学教并重"的教学设计方法

目前流行的教学设计理论主要有"以教为主"的教学设计和"以学为主"的教学设计两大类。由于这两种教学设计理论有各自的优势与不足,所以最好是将二者结合起来,取长补短,形成优势互补的"学教并重"教学设计理论。这种技术理论正好能支持"既要发挥教师主导作用,又要充分体现学生主体地位的新型教学结构"的创建要求。在运用这种理论进行教学设计时,应当注意的是,对于以计算机为核心的信息技术(不管是多媒体还是计算机网络),不能把它们仅仅看作是辅助教师教课的形象化教学工具,而应当把它们作为促进学生自主学习的认知工具与协作交流工具。

四 建设丰富而优质的学科教学资源

没有丰富的、高质量的教学资源,就谈不上学生的自主学习,更不可能让学生进行自主发现和自主探索,教师主宰课堂、学生被动接受知识的状态就难以改变,新型教学结构的创建也就无从说起。新型教学结构的创建如果落不到实处,创新人才的培养自然也会落空。

但是需要说明的是:重视教学资源的建设,并非要求所有教师都去开发多媒体课件,而是要求广大教师努力搜集、整理和充分利用互联网上的已有资源,只要是网站上有的,不管是国内的还是国外的(国外也有不少免费教学软件),都可以采取"拿来主义"。但"拿来"以后只能用于教学,而不能用于谋取商业利益,只有在确实找不到与学习主题相关的资源的情况下,才有必要由教师自己去进行开发。

五 创建能实现新型教学结构的各学科教学模式

新型教学结构的创建要通过全新的教学模式来实现。教学模式属于教学方法、教学策略的范畴,但又不等同于教学方法或教学策略。

⊙ **第一篇 政策与理论篇**

教学方法或教学策略一般是指单一的教学方法或策略,而教学模式则是指两种或两种以上教学方法或教学策略的稳定组合。在教学过程中,为了实现某种预期的效果或目标(如创建新型教学结构),往往要综合运用多种不同的方法与策略,当这些教学方法与策略的联合运用总能达到预期的效果或目标时,就形成了一种有效的教学模式。能实现新型教学结构的教学模式很多,且因学科和教学单元而异。每位教师都应结合本学科的特点,通过信息技术与课程的深层次整合去创建既能发挥教师主导作用又能充分体现学生主体地位的"主导—主体"相结合的新型教学结构。教学模式的类型是多种多样的,基于信息技术与课程整合的教学模式也不例外。

第三章 信息技术与课程整合理论基础

信息技术与课程整合是在先进的教育思想、教育理论的指导下进行的。探索学习理论、教学理论、教学设计理论等对信息技术与课程整合的指导作用，对于更好地实现信息技术与课程整合的目标具有很强的现实意义和价值。

第一节 学习理论

学习的实质和过程是怎样的？如何才能促进有效的学习？近一百年来，心理学家对于学习进行了深入研究，学习理论为信息技术与课程整合奠定了坚实的理论基础，为我们提供了探讨学习中问题的不同视角，使我们较为全面地理解学习的性质、条件和规律，从而为教学理论和实践提供科学的基础。

一 行为主义学习理论

行为主义学习理论产生于 20 世纪 20 年代的美国，其主要代表人物有华生、桑代克、斯金纳等。在行为主义学习理论中虽然有不同的研究框架和对象，但都有一个重要的共同特征：即认为学习是"刺激—反应"之间的联结。这一理论把外在的环境看作刺激，把伴随而来的有机体行为看作反应。因而，这些学说关注的是环境在个体学习中的重要性。学习者学到些什么不是由学习者个体决定的，而是取决于环境。学习者行为的产生主要是他们对环境刺激做出反应，所有行

⊙ 第一篇 政策与理论篇

为都是习得的。行为主义学者并不否认心理的存在，但却认为心理是无法直接观察和测量的，因而无法对心理进行科学研究和探讨，所以，他们把研究的对象转向心理活动的外在表现——"行为"上，认为心理学是一门研究行为的科学。因此人们将这类派别的理论称为行为主义学习理论。

行为主义学习理论强调客观环境因素对学习者的影响，行为主义者们认为学习是刺激与反应的联结，有什么样的刺激，就会有怎样的反应；学习过程是一种渐进的过程，认识事物要从部分到整体；强化是学习成功的关键，学习应该重技能、重外部行为的研究。行为主义学习理论启示我们：学习者要想获得有效的学习效果，就必须及时给予适当的强化，为了实现这种强化，最好的办法是让学生知道自己的学习效果，正确的学习行为得到肯定，错误的学习行为得到纠正。行为主义学习理论在指导对错误行为的矫正和正确行为的建立等方面有着重要作用，为早期的教学设计奠定了理论基础。但是，行为主义学习理论是基于动物试验提出的，因而有较浓的生物性色彩。

二 认知主义学习理论

从 20 世纪 60 年代起，随着人们对脑科学的进一步研究，认知主义学习理论占据了主导地位。认知主义的学习理论探讨学习的角度正好与行为主义相反。行为主义强调客观环境对个体带来的刺激导致个体的反应，从而产生行为，但它忽视了个体所拥有的内在的心理结构的作用。认知主义的学习理论认为是个体作用于环境，而不是环境引起个体的行为，环境只是提供潜在的刺激，至于这些刺激是否受到注意或被加工，取决于学习者内部的心理结构。客观环境中潜在的刺激是多种多样的，并时时刻刻存在，但个体对这些刺激未必都会产生反应，其原因就是个体会根据自己内部的认知结构对外在刺激进行选择和加工，赋予特定的意义。因而，个体的心理结构和认知结构在学习活动中有着举足轻重的作用。

第三章 信息技术与课程整合理论基础

认知主义的学习理论起源于格式塔心理学，具有代表性的有皮亚杰的认知学习理论、布鲁纳的认知结构学习理论和加涅的信息加工论等。瑞士心理学家皮亚杰是认知主义学习理论的重要代表。皮亚杰将华生的刺激反应（S-R）发展为 S-AT-R（其中 A 代表认知同化，T 代表主体的认知结构）。个体刺激（S）只有被主体同化（A）于认知结构（T）之中，才能引起对刺激的行为反应（R），学习才能发生。他提出的认知模型在认知理论中占有重要的地位。

美国最有影响的认知学派代表人物布鲁纳认为学习是一个认知过程，是学生主动地形成认知结构的过程，他提出了"认知结构说"。他认为人的认识活动是按照一定阶段的顺序形成和发展的心理结构来进行的。所谓心理结构，就是指学习者知觉和概括自然社会和人类社会的方式，而认知结构是这些方式的符号表征系统。个体在自身的心理结构的影响下，与客观环境相互作用的过程中，不断地修正自己的心理结构，反过来又影响未来与环境的相互作用。当新的经验改变了学习者现有的心理结构时，学习就发生了。布鲁纳强调学习的主动性，强调已有的认知结构、学习内容的结构、学生独立思考等的重要作用，其理论对培养具有创新能力的人才具有积极的意义。

人脑究竟如何与新材料发生相互作用？如何加工处理信息？认知理论中派别之一的信息加工理论，以电脑加工、处理信息的过程为依据，提出了学习的信息加工观点。之所以能将人脑的信息加工过程与电脑相类比，是因为两者有相类似的功能和过程。据此，认知信息加工理论认为人的学习过程与电脑的信息处理过程一样，是一个对信息进行探测、编码、储存和重现的过程。

加涅根据信息加工理论提出了学习过程的基本模式，认为学习过程就是一个信息加工的过程。外界的各类信息以光能和声能的形式刺激人体感觉器官，感觉器官受到刺激后，将其输入感觉登记器（非常短暂的记忆储存），然后进入短时记忆；接下来将信息编码进入长时记忆里储存，长时记忆被假定为永久的储存仓库。若学习时需要回忆

· 47 ·

⊙ 第一篇　政策与理论篇

先前习得的某些事物，就要在长时记忆中进行检索，检索到的信息重新回到短时记忆中。短时记忆信息或长时记忆中被恢复的信息到达反应发生器，反应发生器把指令转换成行动，即激起效应器的活动，作用于环境。

认知主义的学习理论要研究的是个体处理环境刺激时的认知过程，而不是外显的刺激与反应。作为认知的主体，人们在认识周围的环境并与周围的环境相互作用时，具有一定的认知结构，人们是以一定的认知结构来认识周围的环境和适应周围的环境的，是以自己的经验去解释周围的事物的，人们将这种事物纳入自己已有的经验系统之中，这种现象被称为认知结构的"同化"作用。对于人们的认知结构，外部环境并不总是处于被动地位，环境对人们的认知结构也会产生一定的反作用，这种反作用可能导致人们认知结构的变化。外部环境的这种功能被称为认知结构的"调节"作用。人们与环境相互作用的过程中，同化与调节将不断地、反复地发生，当这种作用趋于某种平衡时，人们的认知结构将达到一种新的水平和状态。"同化—调节—平衡"过程的多次反复，使人们的认知结构产生了某种变化，因此，学习的过程是个体内部心理结构的改组和形成的过程。这就是认知主义的学习理论对人类学习的基本看法。

认知主义学习理论基本观点可以概括为：学习是认知结构的组织与再组织；客体刺激只有被主体同化于认知结构之中，才能引起对刺激的行为反应；学习过程是信息加工过程；人脑好比电脑，应建立学习过程的计算机模型，用计算机程序的解释去理解人的学习行为；学习要凭借智力与理解，决非盲目的尝试；认识事物首先要整体理解，整体理解有问题，就很难实现学习任务；学习应重视人的智能的培养。

三　建构主义学习理论

建构主义学习理论的起源可追溯至皮亚杰的儿童思维发展理论，

该理论经科尔伯格、斯滕伯格、斯皮罗等人的研究而得到进一步完善、发展。在建构主义理论的研究中，虽然各有侧重，但这些研究对于学习的基本解释比较一致。

（一）建构主义的学习观

建构主义学习理论的基本观点认为：知识不是通过教师传授得到的，而是学习者在一定的情境即社会文化背景下，借助其他人（包括教师和学习伙伴）的帮助，利用必要的学习资料，通过建构意义的方式而获得的。建构主义提倡在教师指导下的、以学习者为中心的学习，也就是说，它既强调学习者的认知主体作用，又不忽视教师的指导作用，认为学生是意义的主动建构者，而不是外部刺激的被动接受者和被灌输的对象。

行为主义看重客观因素，即重视分析人类外在的行为，而不考虑人类内在的意识活动；认知理论虽看重客观因素，认为世界是由客观实体及其特征、客观事物之间的关系所构成的，但该理论也强调学习者自己内在的认知结构。而建构主义则认为：世界是客观存在的，但是对世界的理解和意义的赋予却由每个人自己决定，是由每个人根据自己的经验来建构和解释的。由于个人的经验多种多样且有差异，因而对客观世界的解释和建构也是多样的。可见，建构主义理论不否认客观因素的存在，但与行为主义和认知理论相比，它更偏重主观内在的东西，更倾向于学习者主观认知在建构知识中的作用。

1. 关于"学习的含义"。

建构主义认为，知识不是通过教师传授得到的，而是学习者在一定的情境即社会文化背景下，借助其他人（包括教师和学习伙伴）的帮助，利用必要的学习资料，通过意义建构的方式而获得的。由于学习是在一定情境即社会文化背景下，借助其他人的帮助即通过人际间的协作活动而实现的意义建构过程，因此建构主义学习理论认为"情境"、"协作"、"会话"和"意义建构"是学习环境中的四大要素或四大属性。

第一篇　政策与理论篇

（1）"情境"：学习环境中的情境必须有利于学生对所学内容的意义建构。这就对教学设计提出了新的要求，也就是说，在建构主义学习环境下，教学设计不仅要考虑教学目标分析、学习者特征分析以及媒体的选择与利用，还要考虑有利于学生建构意义的情境的创设问题，并把情境创设问题看作是教学设计的重要内容之一。

（2）"协作"：协作发生在学习过程的始终。协作对学习资料的搜集与分析、假设的提出与验证、学习成果的评价乃至意义的最终建构均有重要作用。

（3）"会话"：会话是协作过程中不可缺少的环节。学习小组成员之间必须通过会话商讨如何完成规定的学习任务的计划；此外，协作学习过程也是会话过程，在此过程中，每个学习者的思维成果（智慧）为整个学习群体所共享，因此会话是达到意义建构的重要手段之一。

（4）"意义建构"：这是整个学习过程的最终目标。在学习过程中帮助学生建构意义就是要帮助学生对当前学习内容所反映事物的性质、规律以及该事物与其他事物之间的内在联系达到较深刻的理解。这种理解在大脑中的长期存储形式就是关于当前所学内容的认知结构。由上述的"学习的含义"可知，获得知识的多少取决于学习者根据自身经验建构有关知识的意义的能力，而不取决于学习者记忆和背诵教师讲授内容的能力。

2. 关于"学习的方法"。

建构主义提倡在教师指导下的以学习者为中心的学习，也就是说，既强调学习者的认知主体作用，又不忽视教师的主导作用。教师是意义建构的帮助者、促进者，而不是知识的提供者与灌输者。学生是信息加工的主体、是意义的主动建构者，而不是知识的被动接受者和被灌输的对象。

学生要成为意义的主动建构者，就要在学习过程中从以下几个方面发挥主体作用。

（1）要用探索法、发现法去建构知识的意义。

（2）在建构意义过程中要主动搜集并分析有关的数据和资料，对所学习的问题要提出各种假设并努力加以验证。

（3）要把当前学习内容所反映的事物尽量和自己已经知道的事物相联系，并对这种联系加以认真的思考。"联系"与"思考"是意义构建的关键。如果能把联系与思考的过程与协作学习中的协商过程（即交流、讨论的过程）结合起来，则学生建构意义的效率会更高，质量会更好。协商有"自我协商"与"交际协商"（也称为"内部协商"与"社会协商"）两种，自我协商是指自己和自己辩论什么是正确的；交际协商则是指学习小组内部相互之间的讨论与辩论。

教师要成为学生建构意义的帮助者，就要在教学过程中从以下几个方面发挥主导作用。

（1）激发学生的学习兴趣，帮助学生形成学习动机。

（2）通过创设符合教学内容要求的情境和提示新旧知识之间联系的线索，帮助学生建构当前所学知识的意义。

（3）为了使意义建构更有效，教师应在可能的条件下，组织协作学习。如：提出适当的问题以引起学生的思考和讨论；在讨论中设法把问题一步步引向深入，并对协作学习过程进行引导，使之朝着有利于意义建构的方向发展。教师在引导时要注意学生对所学内容的理解；要启发和诱导学生自己发现规律、自己纠正和补充错误片面的认识。

（二）建构主义学习理论的基本观

建构主义学习理论认为，学生的知识和智慧不是先天就有的，也不是学校和教师给予的，而是学生在与有特定文化背景的学校教育相互作用过程中逐步建构的，这就是建构主义对学习的认识。

1. 学习是一种建构的过程。知识来自于人们与环境的交互作用。学习者在学习新的知识单元时，不是通过教师的传授而获得知识，而是通过个体对知识单元的经验从而将知识转变成自己的内部表述，知

第一篇 政策与理论篇

识的获得是学习个体与外部环境交互的结果。人们对事物的理解与其先前的经验有关,因而对知识正误的判断是相对的,不是绝对的。学习者在形成自己对知识的内部表述时,不断对知识进行修改和完善、产生新的表述,因而这一内部表述是一个开放的体系。学习者在对知识单元进行学习时,形成了一个个的知识体,每一个知识体就是一个小的结构,一个新的知识单元的学习是建立在原有的知识结构的基础之上的。每一个知识结构包括两个基本要素单元和链,链就是一个开放的、等待完善的连接体,它保证了新的知识单元的追加。只有当学习者真正掌握了所学的内容之后才能形成可靠的知识结构;也只有可靠的知识结构才是追加新知识单元的基础。当然,这些知识结构并不一定是线性的,随着学习者认知发展阶段的变化,知识结构应当朝着多分支的方向拓展,也就是说,可以同时有着许多链等待新知识单元的追加。

2. 学习是一种活动的过程。学习过程并非是机械的接受过程,在知识的传递过程中,学习者是一个极活跃的因素。知识的传递者不仅肩负着"传"的使命,还肩负追加最适合的新的知识单元的活动从而确保新的知识单元被建构到原有的知识结构中,并调动学习者积极性的使命。对于学习者们的许多开放着的知识结构链,教师要能让其中适合追加的新的知识结构链活动起来,这样才能确保新的知识单元被建构到原有的知识结构中,形成一个新的、开放的结构。学习的发展是以人的经验为基础的。由于每一个学习者对现实世界都有自己的经验解释,因而不同的学习者对知识的理解可能会不完全一样,从而导致有的学习者在学习中所获得的信息与真实世界的情况不相吻合。此时,只有通过社会"协商",经过一定时间的磨合之后才能达成共识。

3. 学习必须处于丰富的情境中。学习发生的最佳境态不应是简单抽象的,相反,只有在真实世界的情境中才能使学习变得更为有效。学习的目的不仅仅是要让学生懂得某些知识,更要让学生能真正运用所学知识去解决现实世界中的问题。在一些真实世界境态中,学习者的知识结构怎样发挥作用,学习者如何运用自身的知识结构进行思维，是衡量学习是否成功的关键。如果学生在学校学习中对知识记得很"熟"，却不能用它来解决现实生活中的某些具体问题，这种学习可以说是不成功的。

建构主义学习观对教学的启示有两点：其一，教学要以学习者为中心，要注重培养学习者主动建构知识的能力；其二，由于知识是由学习者主动建构的，因此他们的学习方式也应是灵活多样的。学生学习的主动性和灵活性恰恰能被多媒体技术所支持，所以，建构主义与多媒体技术之间就结成了亲密的"伴侣"。建构主义理论成为多媒体技术教育应用的指导思想；多媒体技术也成为建构主义实现其理论主张的技术手段。

建构主义理论的内容很丰富，在教学上，其核心意义可以用一句话概括为：以学生为中心，强调学生对知识的主动探索、主动发现和对所学知识意义的主动建构。建构主义所要求的学习环境得到了当代最新信息技术成果的强有力支持，使建构主义理论日益与广大教师的教学实践普遍地结合起来，从而成为国内外学校深化教学改革的指导思想。

依据建构主义学习理论的教学原则有如下几个。

1. 把所有的学习任务都置于以能够更有效地适应世界为目的的学习中。

2. 教学目标应该与学生的学习环境中的目标相符合；教师确定的问题应该使学生感到就是他们所遇到的问题。

3. 设计真实的任务。真实的活动是学习环境的重要特征，应该在课堂教学中使用真实的任务和日常的活动或实践，整合多重的内容或技能。

4. 设计能够使学生在学习结束后就从事有效行动的复杂环境。

5. 给予学生解决问题的自主权。教师应该刺激学生的思维，激发他们自己解决问题。

6. 设计支持和激发学生思维的学习环境。

7. 鼓励学生在社会背景中检测自己的观点。

第一篇 政策与理论篇

8. 支持学生对所学内容与学习过程的反思，发展学生的自我控制的技能，使学生成为独立的学习者。

四 人本主义学习理论

人本主义心理学是 20 世纪五六十年代在美国兴起的一种心理学思潮，其主要代表人物是马斯洛和罗杰斯。它一方面反对行为主义把人看作动物或机器，不重视人类本身的特征的观点，另一方面也批判认知主义虽然重视人类的认知结构，但却忽视了人类情感、价值、态度等方面对学习的影响的观点。

（一）人本主义的学习观

行为主义、认知理论和建构主义等理论均以西方的科学主义哲学为基础。西方科学主义哲学的各种观点也并不一致，但它们的共同特点是：要把哲学改造成像实证科学一样的科学或与世界观无关的所谓科学方法论。科学主义不否认人和社会的问题，但它用自然科学的观点和方法来解释和说明人和社会的问题。当科学主义走向极端后，其视野中就只有客观事物、逻辑关系、知识和方法，而人自身则显得不重要了。科学主义以人的本质、情感和人的价值为研究对象，轻视对科学知识的研究。

（二）人本主义学习理论的基本观点

人本主义心理学对学习本质的揭示不像行为主义和认知理论那样给予其严格的定义，而是从人的自我实现和个人意义的角度对学习的本质加以描述，认为学习是个人自主发起的、使个人整体投入其中并产生全面变化的活动。人本主义学习观有几个特点：一是自主性，即学习是个人主动发起的（而不是被动地等待刺激），学习者内在的思维和情感活动极为重要。二是全面性，即个人对学习的投入不仅涉及认知方面，还涉及情感、行为、个性等方面。三是渗透性，即学习不单是对认知领域产生影响，而且在行为、态度、情感等多方面发生作用。其基本观点如下。

第三章　信息技术与课程整合理论基础

1. 学习不仅是对知识的掌握，更要促进人的心智、道德和情感等方面的发展。因而学习不仅仅涉及认知领域，也要涉及情感、道德和行为等领域。教学就是培养心智、体魄等方面全面发展的完整的人。

2. 学习是个人主动发起的。学习者内在的思维和情感活动对学习有极为重要的影响。罗杰斯认为，人类具有学习的自然倾向或学习的内在潜能。人类的学习是一种自发的、有目的、有选择的过程，所以教学要以学习者为中心。学生是学习活动的主体，必须受到尊重。

3. 最有用的学习是学会如何进行学习。罗杰斯认为很多有意义的知识或经验不是从现成的知识中学到的，而是在做的过程中获得的。学生通过参加实际活动，进行自我发现、自我评价和自我改造，从而获得有价值的、有意义的经验。罗杰斯还认为在学习过程中不仅仅要获得知识，更重要的是获得如何进行学习的方法和经验，这些方法和经验可以运用到以后的学习中去。在教学和学习的层面上，每一种学习理论都具有其特定的正确性，但是，一旦推广到实践中却没有一种理论显现出普遍的合理性，换而言之，无论哪一个学习理论都不能涵盖其他理论而成为唯一的指导理论，否则就会误入二元分立的思维方式，导致为了克服一种片面性而又陷入另一种片面性。行为主义学习理论对需要机械记忆知识或具有操练和训练教学目标的学习有其合理成分；认知主义学习理论的指导作用主要体现在激发学生的学习兴趣、控制和维持学生的学习动机；建构主义学习理论提倡给学生提供建构理解所需要的环境和广阔的建构空间，让学生自主地、发现式地学习，较适合于非良构领域知识的高级学习。因此，在信息技术与课程整合的应用中应该兼顾各种理论的合理成分，根据教学对象、教学内容及教学媒体等多种变量的情况，灵活地运用这些学习理论指导实践。

⊙ 第一篇 政策与理论篇

第二节 教学理论

一 布鲁纳的"结构发现"教学理论

布鲁纳是美国著名的心理学家和教育家。他认为学习是个体主动的认知过程，提倡发现学习。为此，他提出了著名的"三个任何"的观点，即任何学科的基本结构都可以用某种形式教给任何年龄的任何儿童。布鲁纳的"结构—发现"教学理论的基本观点包括以下三个方面。

（一）学习和掌握学科的基本结构

布鲁纳认为美国当时的中小学教学内容，由于受到杜威经验论的影响，片面强调具体事实和个人经验的重要性而忽视了理论知识的价值，因此不利于学生智力的发展。他主张提高教学内容的学术水平和抽象理论水平，让学生学习和掌握学科的基本结构。即"不论我们选教什么学科，务必使学生理解该学科的基本结构"。学科的基本结构，具体地讲就是指每门学科的基本概念、基本原理和法则的体系。

（二）组织螺旋式课程

由于学科的结构有较高程度的抽象性和概括性，因此在组织以学科结构为中心的课程时，也有相应的要求。"一门课程在他的教学进程中，应反复地回到这些基本概念，以这些基本概念为基础，直到学生掌握了与这些基本概念相适应的完全新式的体系为止。"具体说，就是打通中小学和大学同一学科的界限，组织循环往复从而达到较高水平的螺旋式课程，使学科内容围绕基本结构在范围上逐渐展开、在难度上逐渐加深。

（三）广泛使用发现法教学

布鲁纳在教学上提倡发现法教学，主张引导学生通过自己的主动发现来学习，要把学习知识的过程和探索知识的过程统一起来，使学生通过体验所学概念原理的形成过程来发展归纳、推理等思维能力，掌握探究思维的方法。

布鲁纳的"结构—发现"教学理论对美国20世纪60年代的中小学教学改革产生了重要的影响。但是他过分强调学习者主观努力的作用，却忽视了环境和学习者自身条件等因素对学习的影响。

二 奥苏贝尔的教学理论

奥苏贝尔是美国著名的教育心理学家。其教学理论内容主要涉及"有意义接受学习"理论、"先行组织者"教学策略和"动机"理论三个方面。

（一）"有意义接受学习"理论

奥苏贝尔在对学习类型进行深入研究的基础上，提出了要想实现有意义的学习（真正习得知识的意义，即通过学习形成对知识所反映事物的性质规律及事物之间关联的认识），关键是要在当前所学的新概念、新知识与学者原有认知结构中的某个方面之间建立起非任意的实质性联系。奥苏贝尔认为，能否建立起新旧知识之间的这种联系，是唯一的最重要因素，是教育心理学中最基本、最核心的一条原理。

奥苏贝尔指出，实现有意义学习可以有两种不同的途径或方式：接受学习和发现学习。接受学习的基本特点是："所学知识的全部内容都以确定的方式被（教师）传递给学习者。学习课题并不涉及学生方面的任何独立的发现。学习者只需要把呈现出来的材料加以内化或组织，以便在将来某个时候可以利用它或把它再现出来。"发现学习的基本特点则是："要学的主要内容不是由教师传递的，而是在从意义上被纳入学生的认知结构以前必须由学习者自己去发现出来。"可见，前者主要是依靠教师发挥主导作用并通过"传递—接受"教学方式（奥苏贝尔简称之为"接受学习"）来实现；后者则主要是依靠学生发挥认知主体作用，并通过"自主发现"学习方式（也称"发现式"教学，奥苏贝尔则简称之为"发现学习"或"发现教学法"）来实现。奥苏贝尔认为这两种教学方式都可以有效地实现有意义学

⊙ 第一篇 政策与理论篇

习,其关键是要能在新概念、新知识与学习者原有认知结构之间建立起非任意的实质性联系。反之,如不能建立起这种联系,不仅"传递接受"教学方式将是机械的、无意义的,就连"发现式教学"也不可能实现有意义学习的目标。奥苏贝尔还指出,如果根据学习引起的能力变化来区分学习类型(能否实现有意义学习是引起能力发展变化的关键),即根据用何种方式来引起能力变化(也就是用何种方式来实现有意义学习)来区分学生类型,那么,就只能区分"接受学习"与"发现学习"两种学习类型,而所有其他学习类型皆可并入这两大类型中。

（二）先行组织者教学策略

奥苏贝尔不仅正确地指出通过"发现学习"和"接受学习"均可实现有意义的学习,而且还对在这两种学习方式下具体实现有意义学习的教学策略进行了研究,特别是对"传递—接受"教学方式下的教学策略作了更为深入的探索,并取得了堪称教学论领域一座丰碑的出色成果——"先行组织者"教学策略。由于"先行组织者"教学策略既有认知学习理论做基础,又有很强的可操作性,自奥苏贝尔于1978年提出以来,其影响日益扩大,目前,它已成为实现"有意义接受学习"理论最有代表性、最具影响力、最见实际效果的教学策略之一。

（三）"动机"理论

奥苏贝尔不仅在对学习过程的认知条件、认知因素进行深入研究的基础上提出了"有意义接受学习"理论和"先行组织者"教学策略,而且他还注意到影响学习过程的另一重要因素即情感因素的作用,并在这方面给出了独到的见解。他认为"有意义接受学习"的影响主要是通过动机在以下三个方面起作用。

1. 动机并不能直接影响有意义学习的发生,但是动机能通过使学习者在"集中注意"、"加强努力"、"学习持久性"和"挫折忍受力"等方面发挥出更大潜能而加强新旧观念知识的相互作用(起到催化剂作用），从而有效地促进有意义的学习。

2. 动机可以影响习得意义的保持。由于动机并不参与建立新旧知识之间的联系和新旧知识的相互作用，所以也不能直接影响习得意义的保持，但是保持总是要通过复习环节来实现，而在复习过程中动机仍可通过学习者在"集中注意"、"加强努力"和"持久性"等方面发挥出更大潜能来提高新获得意义的清晰性和巩固性，从而有效地促进保持。

3. 动机可以影响对知识的提取。动机过强，可能对知识提取产生抑制作用，使本来可以提取的知识提取不了，考试时由于心理紧张，动机过强，影响正常水平发挥就是一个例子；反之，有时动机过弱，不能调动起学习者神经系统的全部潜力，也会减弱对已有知识的提取。奥苏贝尔认为，动机是由三种内驱力组成的：由于动机是驱使人们行动的内部力量，所以心理学家常把动机和内驱力视为同义词。奥苏贝尔认为人们通常所说的动机是由"认知内驱力"、"自我提高内驱力"和"附属内驱力"三种成分组成的。认知内驱力是指获得知识、了解周围世界、阐明问题和解决问题的欲望与动机，与通常所说的好奇心、求知欲大致同义。这种内驱力是从求知活动本身得到满足，所以是一种内在的学习动机。由于有意义学习的结果就是对学习者的一种激励，所以奥苏贝尔认为，这是"有意义学习中的一种最重要的动机"。例如，儿童生来就有好奇心，他们越是不断探索周围世界，了解周围世界，就越是能从中得到满足，这种满足感又会进一步强化他们的求知欲，即增强他们学习的内驱力。自我提高内驱力是指儿童希望通过获得好成绩来提高自己在家庭和学校中地位的学习动机。随着年龄增长，儿童自我意识增强，他们希望在家庭和学校集体中受到尊重。这种愿望也可以推动儿童努力学习，争取好成绩，以赢得与其成绩相当的地位。自我提高内驱力强的学习者所追求的不是知识本身，而是知识之外的地位满足（受人敬重、有地位），所以这是一种外在的学习动机。附属内驱力是指通过顺从、听话，希望从父母

⊙ 第一篇 政策与理论篇

和老师那里得到认可，从而获得派生地位的一种动机。这种动机也不是追求知识本身，而是追求知识之外的自尊满足（家长和老师认可），所以也是一种外在的学习动机。

　　对每个人来说上述三种不同的动机都可能具有，但三种成分所占的不同比例，则依年龄、性别、文化、社会地位和人格特征等因素而定。在童年时期，附属内驱力是获得良好学业成绩的主要动机；童年晚期和少年期，附属内驱力降低，从追求家长认可转向追求同龄伙伴的认可；到了青年期和成年期，自我提高内驱力则逐渐成为动机的主要成分。前面强调了内在动机（认知内驱力）的重要性，但不应由此贬低外部动机（特别是自我提高内驱力）的作用。在个人的学术生涯和职业生涯中自我提高内驱力是一种可以长期起作用的强大动机。这是因为，与其他动机相比，这种动机包含更为强烈的情感因素：既有对成功和随之而来的声名鹊起的期盼与渴望，又有对失败和随之而来的地位、自尊丧失的焦虑、不安与恐惧。

　　由上面关于"动机"理论的介绍可以看出，奥苏贝尔确实对情感因素在认知过程中的作用与影响作了较深入的研究。如果我们在教学设计过程中能根据学习者的不同年龄特征，有意识地帮助学习者逐步形成与不断强化上述三种动机，并在教学过程的不同阶段（如在有意义学习发生、习得意义保持及知识提取等阶段）恰当地利用这些动机，同时使学习过程中认知因素与情感因素得到较好的配合，就能取得更为良好的教学效果。

三　赞可夫的发展教学理论

　　赞可夫是苏联心理学家，他把毕生精力献给了"教学与发展问题"的实验研究。他通过教学实验完整地提出了"教学与发展问题"理论，构建了"实验教学论"体系。他对教学与发展的关系做出了科学的解释和确切的论证，并对如何创设最佳的教学体系和学生的一般发展，做出了精辟的论述。

第三章　信息技术与课程整合理论基础

在教学理论方面，赞可夫的发展教学理论的基本观点是："只有当教学走在发展前面的时候，才是好的教学。"赞可夫根据苏联心理学家维果茨基的"最近发展区"理论把学生在教学过程中的发展分为两个水平。一个是"现有发展水平"，即学生已经达到的、能独立解决问题的水平，另一个是"最近发展区"，即在教师的引导和帮助下能达到的解决问题的水平，它介于学生潜在的发展水平和现有发展水平之间。赞可夫认为教学应为学生发展创造"最近发展区"，然后使学生"最近发展区"转化为"现有发展水平"。他认为"教学结构是学生一般发展的一定过程发生的原因""教学的结构是因，学生的发展是果，这种因果联系很重要，因为它能决定学生的发展进程"。

赞可夫从实验教学论体系的主导思想出发，依据维果茨基的教学与发展的关系及最近发展区的理论，提出了用整体性观点安排教学结构，组织教学过程时必须遵循的五条基本教学论原则。

1. 以高难度进行教学的原则。高难度含义之一是，加大教材难度，更新教学内容，体现近代科学技术的进步，以充分满足儿童的求知欲望和认识的可能性。因为"儿童的智力也像肌肉一样，如果不给以适当的负担，加以锻炼，它就会萎缩、退化"。就是说，教学要为儿童的精神成长提供足够的食粮，不要使它营养不良。"高难度"并不意味着越难越好，困难的程度要控制在学生"最近发展区"的范围内。教学的安排如果超过学生的理解能力，就会使他们"不由自主地走上机械记忆的道路"，难以达到促进一般发展的目的。

2. 以高速度进行教学的原则。高难度原则的贯彻在一定程度上依赖于高速度的原则。这一原则对高难度原则而言是一个辅助原则，但有其独立性。它要求"不断地向前运动"，反对多余的重复和烦琐的讲解以及机械的练习，以节约时间，加快进度。实验证明，各年级学生不仅可以学好本学年教学大纲内的材料，还可以多学一些下学年教学大纲材料。

3. 理论知识起主导作用的原则。这个原则绝非忽视儿童获得知

⊙ 第一篇 政策与理论篇

识和技巧的意义，而是要求学生在一般发展的基础上，尽可能深入领会有关概念和规律性的认识。同时，在人们认识过程中，感性认识和理性认识本来就是有机地交织在一起的，经验和理论处在不断的相互作用之中，因而不能只强调一面。如实验教学法在一年级就引入一些必要的定义和概念，要求学生懂得加法和乘法的交换律并使用代数符号等，由此大大地加强了运算的可论证性，能够举一反三。

4. 使学生理解教学过程的原则。这一原则强调让学生学会学习，掌握学习过程和方法，赞可夫指出一般教学论中的自觉性原则和实验教学论中的使学生理解学习过程的原则，就其掌握的对象而言存在区别。后者把知识、技能、技巧作为掌握的对象，即这一原则要求掌握知识之间的内在联系。例如学习乘法表，传统做法是让学生背诵乘法表，实验教学不仅要让学生会背，而且要求了解这一部分教材编排的根据，教会学生总结学习的方法，使学生会分析、比较、综合、归纳，了解所学知识之间的联系，知道产生错误与避免错误的心理机制等。这样做有利于发展学生的思维能力，提高他们学习的主动性与创造性，教会他们学习。

5. 使全班学生都得到一般发展的原则，这一条原则要求教师充分关心和重视每个学生，尤其是关注差生的一般发展。这一原则与一般教学论不同，强调差生比一般学生更多地需要教师"在他们的发展上系统地下工夫"。人们通常认为补课和大量练习是提高差生学业水平的有效手段。实际上，大量作业使差生负担过重，不仅不能促进他们的发展，反而使他们更加落后。赞可夫强调，实验教学论体系的每条原则都有自己的作用，同时又是互相联系、相辅相成的。贯彻上述教学法原则主要是为了激发、增加和深化学生学习的内部诱因，而不是借助分数以及类似的外部手段对学生施加压力。实验教学论教学原则的另一特点是给个性以发挥作用的余地，也就是要求尊重学生个人的特点和愿望。

四　巴班斯基的教学过程最优化理论

巴班斯基是苏联很有影响的教育家、教学论专家，毕生致力于教育科学研究。教学过程最优化是巴班斯基教育思想的核心。

（一）教学过程最优化的基本观点

巴班斯基的教学过程最优化理论具有兼收并蓄的特点。巴班斯基从辩证的系统结构论出发，使发展性教学的所有研究成果都在教学过程最优化理论体系中占据恰当的位置，通过教学过程最优化体现出发展性教学的最优效果。他认为："在现代学校中，教学过程最优化，被理解为这样一种教学方法，它能使教师和学生在花费最少的必要时间和精力的情况下获得最好的效果。最优化教学的最一般的定义是在全面考虑教学规律、原则、现代教学的形式和方法、该教学系统的特征以及外部条件的基础上，为了使过程从既定的标准看发挥最有效即最优的作用而组织的控制。"

（二）教学过程最优化的基本标准和原则

巴班斯基认为，教学过程是否达到最优有两个基本标准：一是效果与质量的标准，即在具体的条件下，尽可能地发挥最高效率，使学生获得最大限度的发展。二是时间标准，指使教师必须在尽可能少的时间内去完成教学的要求。为满足这两个基本标准，教师在思考最优化教学方案选择之前，应考虑以下六个方面的原则。（1）所选择的方案要完整地包括教学过程的所有基本成分。（2）选择方案时应依据教学论的全部原则。（3）选择方案时要循序渐进地考虑教学目的，系统的可能性，教学任务、内容的特点及教学组织的形式。（4）应充分注意到，每一种教学手段与策略都有其优点与缺点。（5）为了尽可能综合地实现全部教学任务，教师选择教学方法时，应有合理的多样化思考。（6）要以动态的观点来看待方案，应随着学生学业成就的变化来改善方案。

巴班斯基要求在教学过程中实现社会的、心理的、控制的三方面

⊙ 第一篇 政策与理论篇

因素的统一,也就是要求在确定教学的目的、任务、内容、规则和原则、组织、方法及最后的评价的时候,全部都要从系统的角度考虑问题,这实际上也是他的教学论体系的构建原则。

教学目的和任务方面的最优化,他认为教学不仅要完成知识传授的任务,而且要完成教养、教育、发展三个方面的任务。教养性的目的,是指让学生在教学中掌握多方面的知识和技能,并为学生奠定科学世界观的基础;教育性的目的,包括使学生完成德智体美劳各方面的不可分割的任务,使学生树立崇高的理想和积极的生活态度;发展性目的主要是要求促进学生各种心理素质的健康发展,并培养学习活动的技能技巧,发展学生的兴趣、能力、禀赋等。教养、教育和发展三个方面的目的和任务是紧密联系、不可分割的。

教学内容方面的最优化,就是要求在设计每一个具体的教学内容时都必须符合教学的三方面目的与任务:必须突出内容中主要的本质的因素,从而节省教学时间和减轻学生的负担;要考虑相邻学科间的联系,相互协调,以避免教学的重复;要考虑补充最新的学习材料等。

教学的组织形式和方法方面的最优化,总的原则仍然是综合考虑目的、任务、师生的条件等因素来加以选定。巴班斯基仍然肯定班级教学是教学过程的基本组织形式,但他同时也认为必须区分面向全班的、分组的、个别的三种工作形式,了解它们的优缺点,在具体教学中,应视具体情况,以某一种形式为主,将三者结合起来运行。巴班斯基把教学方法分为三类:激发和形成学习动机的方法;组织和实施学习活动的方法;检查和自我检查的方法。他要求在具体情况下选择教学方法时要注意六条基本准则:必须符合教学规律和教学原则;必须符合教学目的和任务;必须与教学内容的特征相适应;必须考虑学生及班集体学习的可能性;必须考虑教学的现有条件和规定的时限;必须适合教师本身的可能性。这六条准则中,第一条符合教学规律和教学原则是总纲。

教学规律和教学准则方面的最优化,巴班斯基认为过去的教学论偏重于对教学准则的论述,而对教学规律的分析不足,研究得很不够。但教学准则是来自于教学规律的,所以,对教学规律的忽视不利于对教学准则的阐述和理解。

五 加德纳的多元智能理论

多元智能理论是由美国哈佛大学心理学教授加德纳及其助手经过多年研究和观察而提出的。多元智能理论认为,个体身上相对独立地存在着与特定的认知领域或知识范畴相联系的八种智能。

(一) 语言智能

语言智能是指有效地运用口头语言或文字表达自己的思想并理解他人,灵活掌握语音、语义、语法,具备用言语思维、用言语表达和欣赏语言深层内涵的能力结合在一起并运用自如的能力。其适合的职业是:政治活动家、主持人、律师、演说家、编辑、记者、教师等。

(二) 数学逻辑智能

数学逻辑智能是指有效地计算、测量、推理、归纳、分类,并进行复杂数学运算的能力。这项智能包括对逻辑的方式和关系、陈述和主张、功能及其他相关的抽象概念的敏感性。其适合的职业是:科学家、会计师、统计学家、工程师、电脑软件研发人员等。

(三) 空间智能

空间智能是指准确感知视觉空间及周围一切事物,并且能把所感觉到的形象以图画的形式表现出来的能力,这项智能包括对色彩、线条、形状、形式、空间关系的敏感。其适合的职业是:室内设计师、建筑师、摄影师、画家、飞行员等。

(四) 身体运动智能

身体运动智能是指善于运用整个身体来表达思想和情感、灵巧地运用双手制作或操作物体的能力。这项智能包括特殊的身体技巧,如平衡、协调、敏捷、力量、弹性和速度以及由触觉所引起的能力。其适合的职业是：运动员、演员、舞蹈家、外科医生、宝石匠、机械师等。

（五）音乐智能

音乐智能是指人能够敏锐地感知音调、旋律、节奏、音色等的能力。这项智能强的人对节奏、音调、旋律或音色的敏感性强，与生俱来就拥有音乐的天赋，具有较高的表演、创作及思考音乐的能力。其适合的职业是：歌唱家、作曲家、指挥家、音乐评论家、调琴师等。

（六）人际智能

人际智能是指能很好地理解别人和与人交往的能力。这项智能强的人善于察觉他人的情绪、情感，体会他人的感觉感受，辨别不同人际关系的暗示以及对这些暗示做出适当反应。其适合的职业是：政治家、外交家、领导者、心理咨询师、公关人员、推销等。

（七）自我认知智能

自我认知智能是指自我认识和善于有自知之明并据此做出适当行为的能力。这项智能能够使人认识自己的长处和短处，意识到自己的内在爱好、情绪、意向、脾气和自尊，喜欢独立思考。其适合的职业是：哲学家、政治家、思想家、心理学家等。

（八）自然认知智能

自然认知智能是指善于观察自然界中的各种事物，对物体进行辩论和分类的能力。这项智能强的人有着强烈的好奇心和求知欲，有着敏锐的观察能力，能了解各种事物的细微差别。其适合的职业是：天文学家、生物学家、地质学家、考古学家、环境设计师等。

多元智能理论是一种"内在建构性"的学习观，在对教学本质及特点的理解上，多元智能理论与建构主义的学习理论有相同之处，即都特别强调每个人都是以自己的方式来理解知识和建构自己对事物的认识的。因此，多元智能理论在教学中特别关注学习者个体智能的差异对教学的意义。将多元智能理论应用于教学中，教师首先要树立新型的学生观，即"每个学生都是一个潜在的天才儿童，只是经常表现为不同的方式"。在教师教学中要尽可能创造一个开放的环境，根据学生的不同情况，因材施教，通过开发学生的多种智能，最大限度地发掘每个学生的潜在能力。

第三节　教学设计理论

一　教学设计概述

教学是人类的一项有明确目的的活动。它的目的是使学生在教师的指导下，积极、主动地掌握系统文化科学基础知识和基本技能，发展能力，并形成一定的思想品德。任何教学活动，事先都是经过认真考虑的。每一位教师都要依据一定的教育思想和自己对教育、教学过程的理解，以各种方式、方法对教与学双边活动进行安排和考虑。这种对教学活动进行的规划和安排就是教学设计。

（一）教学设计的定义

教学设计是以学习理论、教学理论和传播理论为基础，应用系统论的观点和方法，分析教学中的问题和需求，从而找到最佳解决方案的一种理论和方法。从这个定义可看出：

1. 教学设计的理论基础是学习理论、教学理论和传播理论。
2. 教学设计的方法论基础是系统科学理论。
3. 教学设计的依据是对学习需求的分析。
4. 教学设计的任务是提出解决问题的最佳方案。

教学设计根本目的是解决教学中的问题，而对数学系统的核心要素进行系统设计，也是为了促进学习而对学习过程和学习资源进行系统设计和安排。

（二）教学设计理论

前面我们已经讨论了几种不同的学习理论和教学理论，学习理论是从心理学角度告诉我们学习是如何发生的，教学理论依据学习理论成果对如何进行教学进行了有益的整合，它们本质上都属于描述性的理论。但是单凭描述性的理论还不能指导我们设计出有效的教学系

第一篇 政策与理论篇

统,因为它没有能够为如何设计满足一定教学需求的系统提供方法性的指示,我们还需要规定性的教学设计理论。

教学设计理论是连接学习理论、教学理论与教学实践的桥梁。是一门用来指导实际教学过程、为"如何教"及"如何学"提供具体处方的规定性理论。雷杰卢斯认为一个教学系统包含教学条件、教学方法和学习结果三类可变因素,描述性的教学设计理论是在给定条件和方法的情况下对出现的结果作出合理的解释或预报可能产生的结果,规定性理论是在给定条件和预期结果的情况下寻求适用的方法。因此,教学设计不可避免地受学习理论、教学理论的影响,这些理论为教学设计提供了理论基础。另外,教学过程也是一个信息传播的过程,因而教学设计也受到传播理论的影响。所以,教学设计的理论基础是学习理论、教学理论和传播理论,教学设计的方法论基础是系统科学理论。

(三)教学设计的模式

近年来,教学设计模式的研究取得了很大的进展,出现了数量众多的教学设计模式,尽管这些模式各不相同,但是它们具有一些共同的属性。从构成要素来看,所有的教学设计过程模式都包括学习者、目标、策略与评价;从涉及的步骤来看,所有的教学设计过程模式都包括教学目标设计、教学策略设计、教学评价设计;从其理论基础和实施方法来看,大致分为"以教为主"的教学设计、"以学为主"的教学设计和"学教并重"的教学设计三大类。"学教并重"的教学设计吸收了前两类教学设计的优点,既能充分发挥教学过程中教师的主导作用,又能突出学生在学习过程中的主体地位,是实现信息技术与课程整合的有效的教学设计方法。

二 "以教为主"的教学设计

"以教为主"的教学设计,有时又被称为基于课堂教学的教学设计。20世纪90年代以前的教学设计基本上是"以教为主"的,其主要内容是研究如何帮助教师把课备好、教好,而很少考虑如何促进学生自主地学。

传统的"以教为主"的教学设计主要基于行为主义学习理论、认知主义学习理论以及奥苏贝尔的"有意义接受学习"理论、"动机"理论和"先行组织者"理论等,设计的焦点在"教学"上,有利于教师主导作用的发挥,有利于系统科学知识的传授和教学目标的完成。但它也存在一个较大的弊病:以教师为中心,只强调教师的教而忽视学生的学,全部教学设计都是围绕如何教而展开,很少涉及如何促进学生自主地学。按这样的理论设计的课堂教学,学生参与教学活动的机会少,大部分时间处于被动接受状态,学生的主动性、积极性难以发挥,不利于创造型人才的成长。

三 "以学为主"的教学设计

在研究儿童认知发展基础上产生的建构主义,不仅形成了全新的学习理论,也正在形成全新的教学理论。建构主义学习理论强调以学生为中心,不仅要求学生由外部刺激的被动接受者和知识的灌输对象转变为信息加工的主体、知识意义的主动建构者,而且要求教师要由知识的传授者、灌输者转变为学生主动建构意义的帮助者、促进者。可见在建构主义学习环境下,教师和学生的地位、作用和传统教学相比已发生很大变化。这就意味着教师应当在教学过程中采用全新的教学模式(彻底摒弃以教师为中心、强调知识传授、把学生当作知识灌输对象的传统教学模式)、全新的教学方法和全新的教学设计思想。"以学为主"的教学设计理论正是顺应了建构主义学习环境的要求而提出来的,因而建构主义的学习理论自然就成为"以学为主"的教学设计的理论基础。

基于建构主义的"以学为主"的教学设计以问题为核心,建立学习"定向点",然后围绕这个"定向点",通过"学习情境""学习资源""学习策略""认知工具""管理和帮助"展开,它们共同服

第一篇 政策与理论篇

务于由教学目标、学习者、学习内容决定的学习任务。

"以学为主"的教学设计由于强调学生是认知过程的主体，是意义的主动建构者，因而有利于学生的自主探究、自主发现，有利于创造型人才的培养，这是其突出优点。但是，这种教学设计在强调学生自主学习的同时，往往忽视教师的主导作用的发挥，忽视师生之间的情感交流和情感因素在学习过程中的重要作用，由于忽视教师的主导作用，学生在自主学习过程中，很容易偏离教学目标的要求，这是"以学为主"教学设计的不足之处。

四 "学教并重"的教学设计

由以上分析可见，"以教为主"的教学设计和"以学为主"的教学设计各有其优势与不足，不能简单地用后者去取代或否定前者，也不能反过来用前者去否定或取代后者，应当取长补短，使二者相辅相成，要根据教学目标、教学内容和教学对象的不同，将二者结合起来并加以灵活运用，努力做到既发挥教师在教学过程中的主导作用，又充分体现学生在学习过程中的主体地位；既注意教师的教，又注意学生的学。把教师和学生两方面的主动性、积极性都调动起来，最终目标是要通过新的教学设计思想来优化教学过程和教学效果，以便培养出既有系统宽厚的知识基础、又有高度创新能力的21世纪新型人才。为了与前面的"以教为主"的教学设计和"以学为主"的教学设计相区别，把按照这种思想和目标实现的教学设计称为"学教并重"的教学设计（从而强调这种教学设计既要发挥教师的主导作用，又要充分体现学生的主体地位，即要调动教与学两个方面的积极性）。

如上所述，"以学为主"的教学设计包括两个方面：一方面是学习环境的设计，另一方面是自主学习策略的设计，而这两个方面中的任何一个环节都离不开教师的主导作用。比如学习环境设计通常包括"创设情境""提供信息资源""组织协作学习"等环节。以学习诗词为例：要求学生领会诗中的内涵、意境，就需要创设和该诗词相关的环境、氛围，使学生有身临其境的感觉，才能与作者的心灵相通，这样的情境不可能由学生自己创设，而要由老师来完成。又如信息资源提供的获取，网上的信息浩如烟海，垃圾信息也很多，老师如果不事先仔细挑选，不去引导学生进入相关的学科站点，就会浪费很多时间，而有用的东西却没有学到多少。再如组织协作式学习有多种方法，有讨论、有辩论、有竞赛、有角色扮演等，以讨论为例，围绕什么主题来讨论，如何提出初始题，以及怎样提出后续问题，以便把讨论一步步引向深入而不致纠缠在枝节问题上浪费时间等，这些都得靠老师设计，即要发挥教师的主导作用。至于自主学习策略的设计，由于策略必须适合学生的认知特点与原有认知水平，即要考虑因材施教，所以更离不开教师的主导作用。可见，尽管建构主义强调以学生为中心，但是建构主义教学设计的每一个环节要真正落到实处，都离不开教师的主导作用。所以，教师主导作用的发挥和学生主体地位的体现，这二者实际上是不矛盾的，它们完全可以在新型教育思想的指引下统一起来，而统一的实现就要通过"学教并重"的教学设计。当前，"以学为主"的教学设计日益引起人们的重视，但是也要注意出现的一些误区。例如：忽视教学目标的分析；忽视教师的指导作用；忽视自主学习设计；忽视教学结构设计等。"学教并重"的教学设计是"以教为主"的教学设计和"以学为主"的教学设计两种设计方法相结合的产物；"学教并重"的教学设计从方法和步骤上来说，是"以教为主"和"以学为主"的教学设计方法和步骤的综合。

第四章　如何进行信息技术与课程整合

第一节　教学结构的转变

一　教学结构的定义及其特征

教学结构是指在一定的教育思想、教学理论和学习理论指导下的，在一定的环境中展开的教学活动进程的稳定结构形式，是教学系统四个组成要素（教师、学生、教学内容和教学媒体）相互联系、相互作用的具体体现。简单说，教学结构就是指按照什么样的教育思想、教与学的理论来组织教学活动的进程。教学结构是教育思想、教与学理论的集中体现。教学结构的改变将引起教学过程的根本改变，也必将带来教育思想、教学观念、教与学理论的深刻变革。

信息技术与课程整合的本质是要改变传统的以教师为中心的教学结构，建构一种既能发挥教师的主导作用又能充分体现学生主体地位的新型教学结构，即"主导—主体相结合"的教学结构。在此基础上逐步实现教学模式、教学内容、教学手段和教学方法的全面改革。

按照前面所定义的教学结构，有如下五个特征。

依附性——教学结构强烈地依附于教育思想、教学理论和学习理论，即用不同的教育思想、教学理论和学习理论指导就必然形成不同的教学活动进程结构。

动态性——教学结构是"教学活动进程"的稳定结构形式，这里强调的是"进程"，即必须是在教学活动进行过程当中表现出来的稳定结构形式才是我们所说的教学结构，脱离"进程"也就无所谓教学结构，因而教学结构具有动态性。

整体性——教学结构是由教学系统的四个要素在教学活动进程中相互联系、相互作用而形成的稳定结构形式，离开四个要素就不可能产生教学结构形式。所以教学结构是教学系统整体性能的体现，而不是系统局部性能的体现，更不是其中某个要素的个别特性或某几个要素的若干种特性的体现。

层次性——由于教学结构是由四个要素相互联系、相互作用而形成的，四要素中的"教学内容"则与学科有关，因此在不涉及学科具体内容时，我们可以讨论不同学科共同遵循的"总体教学结构"；而在涉及学科的具体内容时则应分别考虑不同学科教学进程的"子结构"，或同一学科内不同教学（如中学物理中的力学、热学、声学、光学等不同教学单元）的教学进程甚至是某节课教学进程更低层次的"子结构"，从而表现出教学进程结构的层次性。

稳定性——尽管教学进程结构具有动态性，但它不是随意变化、不可捉摸的，而是具有一种稳定的结构形式。这种稳定性与教学进程结构强烈依附于某种教育思想、教学理论与学习理论有关。

二　现行的两种教学结构

目前各级各类学校采用的教学结构主要有两种：一是以教师为中心的教学结构，二是以学生为中心的教学结构。

（一）以教师为中心的教学结构

从我国的现实情况看，20世纪90年代以前的教学结构基本上是以教师为中心的教学结构。以教师为中心教学结构的特点是：教师是知识的传授者，是主动的施教者，并且监控整个教学活动的进程；学生是知识传授对象，是外部刺激的被动接受者；教学媒体是辅助教师教的演示工具；教材是学生唯一的学习内容，是学生知识的主要来源。

⊙ 第一篇 政策与理论篇

四大教学要素在以教师为中心的教学结构中表现出如下六个特点。(1) 教师是教学过程中的灌输者,向学生传递大量的知识和信息;而学生主要处于被动接受的状态,是被灌输的对象,偶尔对教师的讲授做出反应或提出疑问。(2) 教材是教师教学的基础,所有教学内容的安排和教学过程的展开都基于教材,教师主要依赖教材确定教学内容,教师一般不会对教材进行修改或变动。(3) 教学媒体是辅助教师教的演示工具,教师的教学主要依赖于传统的教学媒体(粉笔、黑板、幻灯、投影等)。(4) 教材是学生学习的主要内容,但教材中的内容主要通过教师讲授的形式传递,学生课后会通过教材来复习,使学习的内容系统化;学生对教材内容一般很少怀疑,更不可能变更学习内容。(5) 学生通过教学媒体获得教师传递的信息和观点,但教学媒体向学生传递的信息有限,主要依赖于教师的讲解;学生一般不能对教学媒体操作或控制。(6) 教材是教学媒体选择、设计的基础和前提,它决定了教学媒体的类型及表现形式。

以教师为中心的教学结构的优点是:有利于教师主导作用的发挥;便于教师组织、监控整个教学活动进程;便于师生之间的情感交流,因而有利于科学知识的系统传授,并能充分考虑情感因素在学习过程中的重要作用。其缺点是:完全由教师主宰课堂,忽视学生在学习过程中的主体地位,不利于具有创新思维和创新能力的创造型人才的培养,这种结构培养出的大部分是知识应用型人才而非创造型人才。

(二) 以学生为中心的教学结构

以学生为中心的教学结构则是进入20世纪90年代以后随着教育改革的不断深入,教育新理念的日益普及,以及多媒体和网络技术的日益普及,才逐渐发展起来的。以学生为中心的教学结构的特点是:学生是信息加工的主体,是知识意义的主动建构者;教师是课堂教学的组织者、指导者,是学生自主建构意义的帮助者、促进者;教学媒体是促进学生自主学习的认知工具和协作交流工具;教材不是学生的唯一学习内容，通过自主学习，学生还可以从其他途径（如图书馆、资料室及网络）获取大量知识。

四大教学要素在以学生为中心的教学结构中表现出如下六个特点。（1）教师是学生学习的帮助者、促进者，只在必要时为学生提供指导和帮助；学生是信息加工的主体，在很大程度上脱离了教师的"管教"，只在自己认为需要时才向教师寻求帮助或提出问题。（2）学生从教材和各种学习资源中获得大量的知识和信息；学生可以对教材和各种学习资源进行挑选、重组、整合，可以自由选择感兴趣的内容。（3）学生依赖教学媒体获得信息，教学媒体为学生学习创设了良好的学习环境，该环境可提供学生所需的大量知识内容和各种类型的操练、练习等；同时学生可根据自己的兴趣和要求选择知识内容并自主调节呈现的形式和进度。（4）教师要进行教学资源的收集、整理工作，要为学生提供丰富的教学内容，并设计内容的呈现方式。（5）教师要为学生的学习选择教学媒体，并设计教学媒体的呈现方式。（6）教学媒体的选择要以教学内容和教学资源为依据。

以学生为中心的教学结构注重在学习过程中发挥学生的主动性、积极性，相应的教学设计主要围绕"自主学习策略"和"学习环境"两个方面进行。前者通过各种学习策略去激发和帮助学生主动建构知识的意义（诱发学习的内因）；后者则为学生主动建构创造必要的环境和条件（提供学习的外因）。这种教学结构由于强调学生是学习过程的主体，是知识意义的主动建构者，因而有利于学生的主动探索、主动发现，有利于创造型人才的培养，这是其突出的优点。但是，这种教学结构由于过分强调学生的"学"，往往忽视教师主导作用的发挥，忽视师生之间的情感交流和情感因素在学习过程中的重要作用。另外，由于忽视教师主导作用，学生自主学习的自由度过大，容易偏离教学目标的要求，这也是其不足之处。

三 "主导—主体相结合"的教学结构

"主导—主体相结合"的教学结构，介于以教师为中心的教学结

⊙ 第一篇 政策与理论篇

构和以学生为中心的教学结构之间，既不以教师为中心也不以学生为中心，而是既发挥教师的主导作用，又充分体现学生在学习过程中的主体地位，这就要求在基本保留"传递—接受"式教学活动进程的条件下，对这种进程加以认真改造，即要在此进程中积极利用以计算机为核心的信息技术，并在建构主义理论指导下通过人机交互，让学生更多地去主动思考、主动探索、主动发现，从而形成一种新的教学活动进程的稳定结构形式。在整个进程中，教师有时处于中心地位（以便起主导作用），但并非始终如此；学生有时处于"传递—接受"的学习状态，但更多的时候是在教师指导下进行主动思考与研究；教学媒体有时作为辅助"教"的形象化教学工具，有时作为学生自主"学"的认知工具和协作交流工具；教材既为教师向学生传递知识提供内容，也为学生自主建构意义提供材料。可见，教师、学生、教材和媒体四个要素在此进程中有各自不同的地位、作用，从而形成"主导—主体相结合"的教学结构。

"主导—主体相结合"教学结构有如下特点。（1）学生是信息加工与情感体验的主体，是知识意义的主动建构者。（2）教师是教学过程的组织者、指导者，是意义建构的帮助者、促进者，是学生良好情操的培育者。（3）教学媒体既可以是辅助教师教的形象化教学工具，也可以是促进学生自主学习的认知工具与协作交流工具。（4）教材不是唯一的教学内容，通过教师指导、自主学习与协作交流，学生可以从多种学习对象和多种教学资源中获取多方面的知识。

四大教学要素在"主导—主体相结合"教学结构中表现出如下六个特点。（1）教师和学生之间存在双向的强交互，学生在教师的帮助下学习，不断与教师进行各种形式的交流，向教师汇报学习成果并获得教师的反馈。（2）学生从教材和各种学习资源中获得大量的知识与信息，从不同侧面找到与主题相关的内容，同时还可对各种学习资源进行挑选、重组或整合。（3）教师要为学生的学习选择适当的教学媒体，并对教学媒体的呈现内容及呈现形式进行设计。（4）学生也可通过教学媒体自主创设学习情境，并可根据自己的兴趣调节媒体呈现的内容和方式，从而在一定范围内自主调节学习进度与学习内容。（5）教师要围绕教材搜集、整理相关的教学资源，要为学生提供比传统教材丰富得多的教学内容，并依据这些教学内容设计相关的教学活动。（6）教材和教学内容要通过适当的教学媒体呈现，所以教学媒体的选择与设计也要依据教材和教学内容。

在这种"主导—主体相结合"的教学结构中，学生处于开放的、互动的学习环境中，拥有大量经过教师精心选择的信息资源，有利于其主动性和积极性的发挥，有利于创新思维和实践能力的培养。这种教学结构通过教师对教学内容、教学媒体、学习活动等的设计既使学生在学习过程中有很大的自主权，又能保证其学习不会偏离教学目标，并能在适当的时机得到教师的指导或伙伴的帮助，从而有效地提高学习的效果和效率。

四 教学结构与教学深化改革

为了加快我国教育的改革与发展，促进具有创新精神、创新能力人才的成长，我们必须认清教学过程的本质，在先进的教育理论的指导下，把改变传统的以教师为中心的教学结构，创建既能发挥教师主导作用又能充分体现学生主体地位的新型教学结构作为当前各级各类学校深化学科教学改革的主要目标。

传统教学结构的弊病，并不在于主张发挥教师的主导作用，而在于把教师的主导作用恣意夸大并绝对化。达到教学过程最优化，使学生获得最佳的学习效果，教师的主导作用必不可少。所以，新型教学结构的创建绝不应忽视这方面而走到另一个极端——片面强调以学生为中心，完全让学生自主去探究而忽视教师的主导作用。与此同时，考虑到几十年来以教师为中心的教学结构的传统，即由教师主宰整个教学活动进程而把学生置于被动地位的传统教学习惯，当前的教学改革更多地强调要发挥学生的主动性，要充分体现学生的主体地位，甚

⊙ 第一篇 政策与理论篇

至提出应以建构主义理论为指导（建构主义主张教师指导下的以学生为中心的学习）来创建新型的教学结构，这种主张也是完全必要的，它对于冲击多年来以教师为中心的片面性，批判机械的"外因论"都是大有好处的。换句话说，当前深化学科教学改革的关键在于充分发挥学生在学习过程中的主动性、积极性与创造性，使学生在学习过程中真正成为信息加工的主体和知识意义的主动建构者，而不是外部刺激的被动接受器和知识灌输的对象；教师则应成为课堂教学的组织者、指导者，学生建构意义的帮助者、促进者，而不是知识的灌输者和课堂的主宰——这正是"主导—主体相结合"教学结构的核心内容，也是我们把改变传统的以教师为中心的教学结构，创建既能发挥教师主导作用又能充分体现学生主体地位的新型教学结构作为当前各级各类学校深化学科教学改革主要目标的根据所在。

第二节 "学教并重"的教学设计方法

教学设计是教育技术学的核心理论与方法，它是连接学习理论、教学理论与教学实践的桥梁，是一门用来指导实际教学过程、为"如何教"及"如何学"提供具体处方的规定性理论。因此，教学设计不可避免地受学习理论、教学理论的影响，这些理论为教学设计提供了理论基础。学习理论和教学理论研究的是学与教两个方面，要求教学设计不仅要特别重视学习者分析和学习内容的分析，确保学科结构与学习者的认知结构相协调，按照信息加工模型来组织教学活动，还要遵循教学规律。由于学习理论和教学理论的发展不是同步的，因此，旨在应用现有理论和方法解决教学问题的教学设计就必须同时关注这两方面理论的最新发展，将最新的理论成果应用于教育教学问题。教学过程也是一个信息传播的过程，当我们用信息传播的模式来解释教学活动时，教学设计也要受到传播理论的影响。

近些年来，教学设计模式的研究取得了很大的进展，出现了数量

第四章　如何进行信息技术与课程整合

众多的教学设计模式,尽管这些模式各不相同,但是它们具备一些共同的属性。从构成要素来看,所有的教学设计过程模式都包括学习者、目标策略、评价;从涉及的步骤来看,所有的教学设计模式都包括教学目标设计、教学策略设计、教学评价设计;从其理论基础和实施方法来看,大致分为三大类:以"教"为主的教学设计模式、以"学"为主的教学设计模式、"学教并重"的教学设计模式。由于理论基础不同,以"学"为主的教学设计和以"教"为主的教学设计各有利弊,而"学教并重"的教学设计模式吸收了这两类教学设计模式的优点,既能充分发挥教学过程中教师的主导作用,又能凸显学生在学习过程中的主体地位,是实现信息技术与课程整合的有效的教学设计方法。

一　"学教并重"教学设计的一般过程

对于中小学的课程(或教学单元)来说,其教学目标通常已由课程标准给出,因而可以省去"确定教学目标"这一环节。"分析学习者特征"这一环节一般包含对学习者的知识基础、认知能力和认知结构变量三方面的分析,根据奥苏贝尔的教学理论,要实现"有意义的接受学习"(即有意义的"传递—接受"教学),比较有效的教学策略是"先行组织者"。由于"先行组织者"实际上是对学习者的认知结构变量进行操纵的一种策略,所以我们可以根据学习者的认知结构变量是否适合于运用"先行组织者"策略来决定是否选用"传递—接受"教学方式,从而形成如图1-4-1所示的教学设计流程的两个分支:"传递—接受"教学分支(右分支)和"发现式"教学分支(左分支)。

另外,在实施"先行组织者"策略的过程中,如通过形成性评价发现实际效果并不理想,则除了可以调整教学内容和修正"先行组织者"策略的实施方式以外,还可以采取其他的"传递—接受"教学策略作为补充,以求达到更佳的教学效果。在"传递—接受"分支

⊙ 第一篇 政策与理论篇

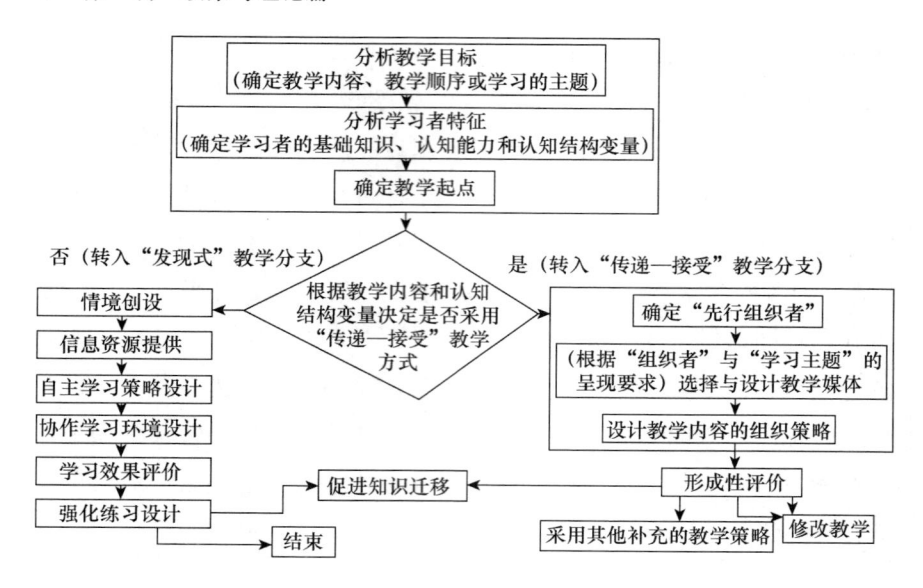

```
           ┌──────────────────────────────────┐
           │         分析教学目标              │
           │(确定教学内容、教学顺序或学习的主题)│
           ├──────────────────────────────────┤
           │         分析学习者特征            │
           │(确定学习者的基础知识、认知能力和  │
           │         认知结构变量)             │
           ├──────────────────────────────────┤
           │         确定教学起点              │
           └──────────────────────────────────┘
```

图 1-4-1 "学教并重"教学设计流程

（右分支）中，由于强调教师主导作用的发挥，且促进知识的巩固与迁移是教师主导作用的基本内容之一，所以"传递—接受"教学往往比较重视最后的"知识迁移"环节，但在"发现式"教学分支（左分支）中，这一环节则容易被忽视。

二 "学教并重"教学设计的核心要素

（一）教学目标的分析

1. 教学目标的确定。

教学目标的分析与确立是学科教学设计中的一个至关重要的环节，它决定着教学的总方向。学习内容的选择、教与学的活动设计、教学策略和教学模式的选择与设计、教学环境的设计、学习评价的设计都要以教学目标为依据来展开。教学目标是作为统贯教学活动全局的一种指导思想而存在的，它是在教学领域为实现教育目的而提出的一种概括性的总体要求，它所把握的是各科教学的总方向。教学目标分析是教学设计面临的首要任务。

根据教学目标含义和表述方式的不同，可以将其分为"总教学目标"和"子教学目标"两类。"总目标"是针对某个课程（或某个教学单元）的整体内容提出的要求，一般具有概括性和原则性，通常在课程标准中有明确的表述。但这类目标一般是总体上的教学要求，不够具体，因此我们不能直接根据总目标来选择教学内容，安排教学进度，甚至选择教学的活动。为了更好地落实教学的要求，必须对总教学目标进行认真分析，得出实现总目标所需完成的具体教学要求和教学步骤，这些具体的教学要求和教学步骤就是"子教学目标"；通常还需对这些子目标继续进行分析，看是否还能找出实现该子目标所需的更具体的教学要求和步骤，即是否还能分解出更低一级的子目标。如此进行下去，直至找到不能再划分的最低一级的子目标为止。这里所说的各级子目标即教材中的"知识元素"，也称"知识点"。

在以"教"为主的教学设计中，进行教学目标分析的目的是从课程标准所规定的总教学目标出发，逐步确定各级子目标并画出它们之间的形成关系图。有了形成关系图可进一步确定达到规定的教学目标所需的教学内容和教学顺序。在以"学"为主的教学设计中，进行教学设计的目的，是确定当前所学知识的"主题"。由于主题包含在教学目标所需要的教学内容之中，通过教学目标分析得出总目标与子目标的形成关系图，就意味着得到了达到该教学目标所需的全部知识点，据此即可确定当前所学知识的主题。

在教学内容庞杂的情况下，教学目标之间的形成关系将呈现出多层次的复杂网状结构。在这种情况下，要想由总目标出发，根据学科内容确定各级子目标以及各级子目标之间的形成关系图，并不是一件简单的事情。但是确定各级子目标之间的形成关系图，正是确定教学内容与顺序、选择教学活动与策略、选择媒体等的必要前提，也是进行教学目标分析的意义所在。

2. 描述教学/学习目标时的注意事项。

其一，正确定位目标对象。教学目标分析与设计的对象是学习

⊙ 第一篇 政策与理论篇

者,因此教学目标阐述的是学习者学习后应达到的结果,是指学生在教师与同伴的帮助下,利用资源和工具学会了什么,而不是教师应该做什么或是通过该课教给学生什么。在教学实践中,目标编写时最容易出现的问题就是目标对象的错误定位,如将学习目标描述为教师应做什么或是描述为对教学活动、教学手段的设计。例如"给出特定的词句,让学生说一段话,培养学生语言综合能力""借助网络课件,培养学生看图说话能力",上述两个目标都是教师为了培养学生的某种能力拟采取什么方法或活动,而不是教学后学生能做什么、能达到什么水平。

其二,学习目标的编写应尽可能明确、具体。在学习目标的编写上,一般要求目标的表述力求具体、明确,可以观察和测量,对学生"完成学习任务后能够做什么"有一个具体的、明确的描述。教学/学习目标的描述要可评价,便于师生双方在教学过程中了解是否已达到目标,从而及时调整教学/学习的策略。学习目标编写的常见问题是采用笼统、模糊的术语来描述学生具体的知识、能力和情感学习目标,特别是在情感学习目标的表述上,这种问题更为突出。在知识目标方面,我们能常用"学习……""掌握……"等行为术语描述具体的学习目标,如"学习新单词 moon, star, sun, earth……扩大学生词汇量,为自主学习和阅读奠定基础"。在技能方面,常常用"培养学生的……能力""学生能力灵活运用……"等术语描述具体的技能目标,如"培养学生口语表达能力"等。在情感目标方面,最常用的描述方法是"培养学生……的兴趣和积极性"等。上述目标描述使我们无法确定在一堂课里学生的知识和技能应该达到什么样的水平——是理解、模仿还是简单运用或综合运用?怎样才能知道学生对当前的学习主题表现出了兴趣和积极性?笼统的、模糊的目标描述容易造成教师课堂教学活动设计偏离学习目标,课堂教学重点不明等问题,也会使课堂教学评价无据可依或是脱离目标进行评价。

其三,目标设计要有层次性。关注每个学生的发展是当前教育改革的一个基本理念。要承认学生的差异性，允许不同学生有不同的发展，尤其是关注每个学生不同的潜在智能。每个学生在学习上所表现出的兴趣、能力和天赋是不同的，对学习的需求也是不同的，这就要求教学者设计课堂教学目标时具有一定的灵活性，需要教师认真分析学习内容，区分哪些是最低限的学习内容，哪些是基本的学习内容，哪些是加深或扩展的学习内容，提出与学生能力发展水平相适应的不同层次的学习目标，使每个学生都有成功感，而不是要求不同能力水平的学生都达到同一学习目标。如：学习同样的词汇时，针对不同水平的学生，教师可以提出几个不同层次的目标。

由于任何知识和技能的学习都存在一定的层次性，因此，在不同的课时里，对知识和技能的学习目标要求应有所不同，相应的教学活动设计、教学的重点也应有所不同。

3. 从教学/学习目标到学习内容。

进行教学目标分析的最终目的要确定实现给定教学目标所需的教学内容，即确定各个知识元素。至于这些元素的排列顺序，即教学内容序列，可以在教学目标形成关系图的基础上来确定，也可以运用"传递—接受"教学分支设计中所介绍的教学内容组织策略来确定。这里我们先介绍前一种方法。通过做出教学目标形成关系图，已经解决了如何选择知识元素的问题，对于已选定的元素在时间轴上应当如何排列，即教学内容序列应如何确定，则尚需在目标形成关系图的基础上按下列原则加以考虑：

目标形成关系图的直线（即无分支）部分，按低级子目标先于高级子目标的原则排列；在多个同一级别的教学目标中，先安排有较多直接子目标的教学目标；在多个同一级别的教学目标中，先安排基础性的教学目标；在多个同一级别的教学目标中，当基础性目标和直接子目标数目相同时，可根据教师经验决定排列的顺序。

（二）学习者特征分析

教学设计的最终目的是有效促进学习者的学习，而学习者是学习

⊙ 第一篇　政策与理论篇

活动的主体，学习者具有的认知的、情感的、社会的特征都会对学习的信息加工过程产生影响。因此，设计的教学是否与学习者的特点相适应或在多大程度上能很好地适应学习者的特征，是衡量一个教学设计成功与否的重要指标。

　　学习者的特征涉及智力因素和非智力因素两个方面。与智力因素有关的特征主要包括知识基础、认知能力和认知结构变量；与非智力因素有关的特征则包括兴趣、动机、情感、意志和性格。分析学习者特征时，既要考虑学习者之间的稳定的、相似的特征，又要分析学习者之间的变化的、差异性的特征。相似性特征的研究可以为集体化教学提供理论指导，差异性特征的研究能够为个别化教学提供理论指导。

　　影响技术环境中学习者特征的因素很多，各因素之间也存在着错综复杂的关系，这些因素既与技术环境有关，也与学习者的学习心理有关，还同教学设计有关。此外，针对不同的学习内容，基于不同的教学环境，学习者的学习也会表现出新的特征，这些都使学习者特征表现出一定的复杂性。理论上讲，一种教学设计理论包含的学生特征越丰富，这种教学设计理论就越先进。但是，为每个学习者单独设计一套个性化的教学方案或学习方案，既是不可能的，也是没有必要的。学习者之间虽然有区别，但同一年龄段的学生在学习方面还是会表现出很多共同的特征。在具体的教学设计实践中，我们可以根据学习者的相同特征来设计教学方案的基本内容和框架，再根据学习者的不同特征在某些设计要素上增加可选择性，以此来最大限度地适应学习者的个体差异。

　　（三）"发现式"教学分支设计

　　1. 学习任务设计。

　　学习任务是指对学习者要完成的具体学习活动的目标、内容、形式、操作流程和结果的描述。学习任务可以是一个问题、案例、项目或观点分歧，它们都代表连续性的复杂问题。提出学习任务，是整个教学设计的核心和重点，它为学习者提供了明确的目标。其他辅助设计使得任务更加明确具体，使得学习者解决问题成为可能，进而在解决问题的过程中能够达到教学目标的要求。教师进行"任务"设计时，要仔细推敲每个知识点，统筹兼顾，为学生设计、构造出一系列典型的操作型"任务"，让学生在完成"任务"的过程中掌握知识、技能与方法。

2. 学习情境设计。

建构主义强烈推荐学生在真实的情境下进行学习，要缩小知识与解决问题之间的差距，强调知识的迁移能力的培养。因此，建构主义的教学设计需要将设计的问题具体化。教科书上的知识内容是对现实生活的抽象和提炼，而设计学习情境则是要还原知识的背景，恢复其原来的生动性、丰富性，因为同一个问题在不同的情境中的表现是不同的。

学习情境设计是指为学生提供一个完整、真实的问题背景，以此为支撑物启动教学，使学生产生学习的需要；同时，支撑物的表征、视觉本质又促进了学习共同体中成员间的互动、交流，即合作学习，驱动学习者进行自主学习，从而达到主动建构知识意义的目的。

建构学习情境有以下三个要素。其一，描述学习情境的上下文或背景，描述问题产生的背景有利于控制、定义问题；其二，学习情境的表述及模拟，具有吸引力的表征，它要为学习者提供一个真实、富有挑战的上下文背景，使学习者在学习过程中自然而然地遇到各种锻炼机会；其三，学习情境的操作空间，为学习者感知真实问题提供所需要的工具、符号等。

3. 学习资源的设计和认知工具的提供。

学习资源是指与问题解决有关的各种信息资源，包括文本、图形、声音、视频和动画的信息。丰富的学习资源是建构主义学习的一个必不可少的条件。另外，还要注意怎样才能合理地使用现有的资源管理系统，提供引导学生正确使用搜索引擎的方法，从大量信息中找寻有用信息,避免信息污染。因此,教学设计中要建立系统的信息资源库(或使用现有的资源管理系统)提供引导学生正确使用搜索引擎的方法。

认知工具是支持、指引、扩充使用者思维过程的心智模式和设备。在现代教学环境中,主要是指在计算机上生成的、用于帮助和促进认知过程的工具,通常是可视化的智能信息处理软件,如知识库、语义网络、几何图形证明树、专家系统等。学习者可以用它来进行信息与资源的获取、处理、编辑、制作等,也可以用它来表征自己的思想,替代部分思维,与他人通信协作等。

认知工具可帮助学习者更好地表述问题(如视频工具),更好地表述学习者所知道的知识以及正在学习的客体(如图表工具),或者通过认知工具自动实现一些低层任务或代替做一些任务来简化某些认知活动(如计算工具)。最终,认知工具帮助学习者搜集并处理解决问题所必需的重要信息。

认知工具在帮助和促进认知过程和培养学生批判性思维、创造性思维和综合思维中起着重要作用。常用的认知工具有六种:问题任务表征工具、静态动态知识建模工具、绩效支持工具、信息搜集工具、协同工作工具、管理与评价工具。

4. 自主学习策略的设计。

学习策略的设计是以学为主的教学设计中促进学生主动完成意义建构的关键环节。其中自主学习策略的设计是保证学生充分发挥主动性,体现学生主体地位的重要保证,是学生意义建构的基础。自主学习策略的核心是发挥学生学习的主动性、积极性,充分体现学生的认知主体作用,其着眼点是如何帮助学生学。因此,这类策略的具体形式虽然多种多样,但始终有一条主线——"自主探索、自主发现"。常见的自主学习策略有:教练策略、建模策略、支架式策略、反思策略、启发式策略、自我反馈策略、抛锚策略、学徒策略、随机进入式策略等。

在设计自主学习策略时,主要考虑主、客观两方面的因素。客观方面的因素主要指知识内容的特征，它决定了学习策略的选择。譬如对于复杂的事物具有多面性的问题，从不同的角度考虑可以得出不同的结论。对这一类教学内容，在教学中就要在不同的时间、不同的情境下，为达到不同的教学目的，用不同的方式加以呈现。这样学习者就可以随意通过不同途径、不同方式进入相同教学内容的学习，从而获得对同一事物或同一问题的多方面的认识与理解。因此，对于此类问题我们采用随机进入学习策略。主观方面的因素则指认知主体的学生所具有的认知能力、认知结构和学习风格。学生是认知的主体，学习者的特征对学习策略的选择至关重要。

5. 协作学习策略的设计。

协作学习策略的设计是为了使学生在个体意义建构的基础上，通过与他人的协商，进一步完善和深化对主题的意义建构。在谈到学习策略时，我们通常对自主学习策略和协作学习策略分别进行介绍，但在实际的教学中，各种学习策略是很少孤立使用的，它们常常是相互交叉、相互渗透的。

协作式学习策略是一种既适合于教师主导作用的发挥（即以教为主），又适合于学生自主探索、自主发现（即以学为主）的学习策略，所以协作式学习策略也可称为教与学通用的策略。常用的协作式学习策略有课堂讨论、角色扮演、竞争、协同和伙伴五种，而实际教学中往往包含多种协作式教学策略。

（四）"传递—接受"教学分支的设计

1. 确定先行组织者。

如上所述，先行组织者实际上是学习者认知结构中"原有观念"的具体体现。而学习者认知结构中是否存在与当前所学内容具有某种关系（例如下位关系、上位关系或并列组合关系）的"原有观念"这一问题，在"学习者特征分析"环节中已经解决（若未能解决这一问题，就无法确定当前学习内容与学习者认知结构中的哪一部分具有某种相关性，则不可能运用"先行组织者"策略）。因而当前要确

⊙ 第一篇 政策与理论篇

定先行组织者不会有任何困难，只需把"学习者特征分析"环节中已选定的"原有观念"用适当的语言文字表述出来或用某种媒体呈现出来（也可以文字表述和媒体呈现二者相结合）就是先行组织者。至于先行组织者如何用语言文字表述，用何种媒体呈现以及呈现的方式等问题，由于要考虑"注意""感知"等心理因素的影响，所以通常在"教学媒体的选择与设计"环节中专门予以讨论。

2. 教学媒体的选择与运用。

由于不同教学媒体的特性不同，各种媒体都有自己的优缺点，因此不存在对任何教学目标都最优的"超级媒体"。换句话说，没有一种媒体能对任何学习目标和任何学习者发生最佳的相互作用。所谓教学媒体的选择就是指在一定的教学要求和条件下，选出一种或一组适宜可行的教学媒体。教学媒体的选择可采取问题表、矩阵式、算式法、流程度等方法。

3. 教学内容的组织策略。

三种不同的先行组织者（上位组织者、下位组织者、并列组织者），对应不同的教学内容组织策略。

（1）"渐进分化"策略。

当先行组织者在包容性和抽象概括程度上均高于当前教学内容，即组织者为上位观念时，奥苏贝尔建议对教学内容的组织采用"渐进分化"策略。所谓渐进分化是指，首先讲授最一般的，即包容性最广、抽象概括程度最高的知识，然后再根据包容性和抽象程度递减的次序逐渐将教学内容一步步分化，使之越来越具体、深入。按这种渐进分化的策略组织教学内容，人们习得知识的顺序将和大脑认知结构中的组织层次、存储方式完全吻合。显然，对于学习者来说，为了建立新旧知识之间的实质性联系，这种情况所要求付出的认知加工量是最小的，因而最有利于知识意义的习得与保持。在贯彻这种策略时应注意的是，不仅整门课程的内容要按渐进分化组织，课程内各个教学单元的内容以及各单元之内的各种概念也要按照包容性递减的次序渐进分化地组织。

此外，美国著名教育技术学家瑞奇鲁斯（C. M. Reigeluth）经过多年研究提出了一套比较完善而且便于操作的理论方法细化理论（Elaboration Theory，ET），大大方便了"渐进分化"策略的实施。

（2）"逐级归纳"策略。

当先行组织者在包容性和抽象概括程度上均低于当前教学内容，即组织者为下位观念时，对于教学内容的组织可以采用"逐级归纳"策略。所谓逐级归纳是指，先讲授包容性最小、抽象概括程度最低的知识，然后再根据包容性和抽象程度递增的次序逐级将教学内容一步步归纳，每归纳一步，包容性和抽象程度便提高一级。就某门课程或某个教学单元来说，当组织者为下位观念、教学内容为上位观念时，其教学内容只是在组织顺序上和第一种策略相反，而内容本身则毫无差别。

（3）"整合协调"策略。

当先行组织者在包容性和抽象概括程度上既不高于、也不低于当前教学内容，但二者之间具有某种或某些相关的甚至是共同的属性时，对于教学内容的组织可以采用"整合协调"策略。所谓整合协调是指，通过分析、比较先行组织者与当前教学内容在哪些方面具有类似的或共同的属性，以及在哪些方面并不相同，来帮助和促进学习者认知结构中的有关要素的重新整合协调，以便把当前所学的新概念纳入认知结构的某一层次之中，并类属于包容范围更广、抽象概括程度更高的概念系统之下的过程。当先行组织者和当前教学内容并无上位关系或下位关系时，要想实现有意义学习原本是困难的，但是通过整合协调策略的运用，可使学习者原有认知结构中的有关要素被重新整合，从而得到新的稳定而协调的认知结构形式。在这种新的结构形式中，通过间接上、下位概念与教学内容建立联系，达到对新知识的同化或吸收，比较容易实现有意义的学习。

⊙ 第一篇 政策与理论篇

4. 其他教学策略。

如上所述,在"传递—接受"教学过程中基本采用"先行组织者"教学策略,同时也可采用协作式教学策略和"发现式"教学分支中的自主学习策略。除此之外,此环节还可采取其他的"传递—接受"策略,如凯洛夫的五段教学策略、加涅的九段教学策略、适合于动作技能教学示范的模仿教学策略等。

(五)评价的设计

适时进行教学总结可有效地帮助学生将自学的、零散的知识系统化。但总结时不能太细,应简明扼要的知识体系串讲,否则会重蹈传统教育的覆辙,限制学生的思维。教师总结之后应为学生设计一套可供选择并有一定针对性的补充学习材料,以强化练习、检测、巩固、拓展所学知识。这类材料和练习应经过精心挑选,既能反映基本概念、基本原理,又能适应不同学生的要求,以便通过强化练习纠正学生原有的错误理解或片面认识,最终达到符合要求的意义建构。

评价意味着根据某些标准对一个人或他(她)的业绩进行一种鉴定或价值判断。建构主义结果评价中最基本的变化或许就在确定评价的目标方面。如果学习是知识自我建构的过程,那么是否还需提出最适宜的目标?事实上,有谁能比建构者更好地评价知识的建构呢?因此,源于建构观的评价应该较少使用强化和行为控制工具,而较多使用自我分析和元认知工具。建构主义的学习并不是用来支持学习者像镜子一样反映现实的,而是用来支持对富有意义的解释进行建构的。但评价应参照目标,否则便会陷入无标准的虚无主义。对于一些基本的教学要求,评价要以客观的教学目标为依据,但这不是评价的全部。评价应该包括学习任务的整体性评价、学习参与度的评价等。评价通常包括形成性评价和总结性评价,它们在教学过程中起着不同的作用。

形成性评价是在某项教学活动过程中,为了能更好地达到教学目标的要求,取得更佳的效果而不断进行的评价。它能及时了解阶段教学的结果和学生学习的进展情况及存在的问题,据此及时调整和改进教学工作。形成性评价在教学过程中使用得最频繁。需要注意的是，由于学生进行的都是自我建构的学习，对于同样的教学环境，不同学生学习的内容、途径可能相关性不大，如何客观公正地对他们学习的结果做出评价就变得相当困难。很明显，对他们实施统一的客观性评价是不合适的。目前，人们比较赞同的是通过让学生去实际完成一个真实任务来检测学生学习结果的优劣。

总结性评价又称事后评价，一般是在教学活动告一段落后，为了解教学活动的最终效果而进行的评价。学期末进行的各科考试、考核都属于这种评价，其目的是检验学生的学业是否最终达到了各科教学目标的要求。建构主义所说的考试、考核与以往的不同之处在于，它更注意分出等级，并对整个教学活动的效果做出评定，同时更重视学生个人实际解决问题的能力。总结性评价重视的是结果，借以对被评价者做出全面鉴定，区分等级并对整个教学活动的效果做出评定。教学过程中进行的评价主要是形成性评价，对于提高教学质量来说，重视形成性评价比重视总结性评价更有实际意义。

第三节　学习资源设计与开发的理念

各学科学习资源的建设是实现信息技术与课程整合的前提，也是信息技术与课程深层次整合的基本途径与方法之一。如果没有丰富的高质量的学习资源，就谈不上学生的自主学习，更谈不上学生自主发现和自主探索，教师主宰课堂、学生被动接受知识的状态就难以改变，新型教学结构的创建也就无从说起。

一　关于学习资源的基本概念

美国的教育传播与技术协会（AECT）是教育技术界的权威学术机构，这一机构在1994年对教育技术这一学科进行了定义，为大家所普遍接受。在这一定义的阐述中，学习资源被认为由教学材料、支

⊙ 第一篇 政策与理论篇

持系统、学习环境等组成。

教学材料是学习者学习过程直接作用的客体，具体指符合一定教学目标和教学要求的、经选可用于教学并促进学习的一切信息及其组织。教学材料作为学习者学习活动中操作的对象，作为意义的载体存在于资源概念之中，与资源组成的内容相关联，是我们认识学习资源概念的对象性视角。

支持系统主要指支持学习者有效学习的内外部条件，包括学习能量的支持、设备的支持、信息的支持、人员的支持等。支持系统作为资源的内容对象与学习者沟通的途径，实现了媒介的功能，它与资源组成的构成相关联，是我们认识学习资源概念的结构性视角。

学习环境不仅是指教学过程发生的地点，更重要的是指学习者与教学材料、支持系统之间在进行交流的过程中所形成的氛围，其最主要的特征在于交互方式以及由此带来的交流效果。学习环境是学习者运用资源开展学习的具体情境，体现了资源组成诸要素之间的各类相互作用，是我们认识学习资源概念的关系性视角。

从 AECT 的定义可以看出，学习资源是指能够帮助学习者有效学习的任何东西，不仅包括设备、场所、教材等物化的资源，还包括学习者自身内部的、学习者之间的智力资源，例如学习同伴在某个问题上的认识完全可以作为其他同学的一种学习资源而存在。

信息化学习资源是信息时代的产物，从广义上讲，它涵盖了上述学习资源定义的所有方面，即在信息技术支持下的学习资源，包括信息化教学材料、信息化支持系统、信息化教学环境、狭义上的一种特殊的信息资源。在信息技术与课程整合过程中，在很多场合，信息化学习资源属于信息资源的范畴，是狭义理解上的一种特殊的信息资源，是"经过选取、组织，使之有序化的，适合学习者发展自身的有用信息的集合"。例如一个课件、一个专题网站中的专题材料等。

二 信息化学习资源的分类

根据《教育资源建设技术规范（征求意见稿）》，我国目前可建设的信息化资源主要包括：媒体素材（又包括文本、图形图像、音频、视频和动画）、试题、试卷、课件与网络课件、案例、文献资料、常见问题解答、资源目录索引、网络课程等。另外，还可根据实际需求，增加其他类型的资源，如电子图书、工具软件和影片等。

我们将这些信息化学习资源概括为三大类型。

一是素材类学习资源，主要包括文本、图形图像、音频、视频和动画等媒体素材。

二是集成型学习资源，这些资源一般是根据特定的教学目的和应用目的，将多媒体素材和资源进行有效的组织，是一种"复合型"的资源。按照这些资源的实际应用形态，我们又可以将其分为以下类别，即课件与网络课件、案例、操作与练习型、虚拟实验型、微世界、教育游戏类、电子期刊类、教学模拟类、教育专题网站、研究性学习专题、问题解答型、信息检索型、练习测试型、认知工具类和探究性学习对象等。

三是网络课程，指通过网络表现的某门学科的教学内容及实施的教学活动的总和。它包括两个组成部分：按一定的教学目标、教学策略组织起来的教学内容；网络教学支撑环境。其中网络教学支撑环境特指支持网络教学的软件工具、学习资源以及在网络教学平台上实施的教学活动。网络课程顺应人们越来越有终身学习的需求这一趋势，给人们随时获取新知识提供了便利条件和强有力的支持。

三 信息化学习资源的特点

信息化学习资源的技术基础是网络与多媒体技术相结合的超媒体技术。超媒体不是各种信息媒体的简单复合，它是一种把文本、图形、图像、动画和声音等形式的信息通过超文本的形式结合在一起，并通过计算机网络广泛传播的新型信息组织方式。信息化学习资源有如下基本特征。

（1）处理数字化：是指将声音、文本图形、图像、动画、视频等

⊙ 第一篇　政策与理论篇

信息经过转换器抽样量化由模拟信号转换成数字信号。数字信号的可靠性远比模拟信号高，对它的纠错处理也容易实现。（2）存储海量化、管理智能化：信息化资源一般包括大量视音频数据，需要海量的存储设备，一般是大容量的磁盘阵列或者光盘库。通过大型数据库管理，可以实现快速地查询和检索。（3）显示多媒体化：这是指利用多媒体计算机技术存储、传输、处理多种媒体学习资源，如声音、文本、图形、图像、动画等。显示多媒体化与传统的单纯用文字或图片处理信息资源的方式相比要丰富得多。（4）超媒体非线性组织：信息化学习资源采用超媒体技术构建，支持文本、音频、视频、图形（图像）、动画等多媒体信息，并采用超文本的方式组织信息，非常适合表现非线性的网状知识，非常适合人脑的认知思维方式，也有利于有效地组织教学信息，促进知识的迁移。（5）传输网络化：信息可以通过网络实现远距离传输，学习者可以在任何一台上网的计算机上获取自己需要的信息。（6）交互性：交互性是新一代以"学"为中心的学习资源的核心特征，也是有别于传统信息交流媒体的主要特点之一。传统信息交流媒体只能单向地、被动地传播信息，而交互性的信息化学习资源则可以实现人对信息的主动选择和控制。（7）教学过程智能化：包括教学软件的专家系统对教学过程中的信息资源使用的实时监控、数据采集、分析、提供帮助等机制，能根据学生的不同特点选择最适当的教学内容和教学方法，并可对学生进行有针对性的指导，不仅能发现学生的错误，而且能指出学生错误的根源，以便做出有针对性的辅导或学习建议。（8）信息结构的动态性：对于各种学习资源，用户可以按照自己的目的和认知特征重新组织信息，增加、删除或修改节点，重新建立链接。（9）探索性：网络上的学习资源是一个资源宝藏，是一个全球性的数字图书馆，无论你需要什么样的信息，都可以在其中找到。Web 用超媒体的方式组织信息，比较符合人们的认知结构。另外，还有极其强大的搜索机制，使人们能很方便地找到所需的信息。

第四节 信息技术与课程整合评价的基本理论

一 教学评价概念及功能

教学评价是指以教学目标为依据，制定科学的标准，运用一切有效的技术手段，对教学活动过程及其结果进行测定、衡量，并给予价值判断。教育心理学和教学论专门研究了教学评价在提高教学效果中的功能，具体可以概括如下。

（一）诊断功能

评价是对教学结果及其成因的分析，借此可以了解教学各方面的情况，从而判断它的成效、缺陷、矛盾和问题。全面的评价工作不仅能估计学生的成绩在多大程度上实现了教学目标，而且能解释成绩不良的原因，如学校、家庭、社会和个人中哪方面的因素是主要的，如分析就学生个人来说，主要是由于智力因素，还是学习动机等其他非智力因素的影响，抑或是两者兼而有之。在评价活动中，通过对搜集到的信息资料进行整理分析，常能发现评价对象如教育方案、课程计划、教师工作、教学方法、学生学习等的优点及存在的问题。

（二）激励功能

评价对教学过程有监督和控制作用，对教师和学生则是一种促进和激励。通过评价反映教师的教学效果和学生的学习成绩。经验和研究都表明，在一定限度内，经常进行记录成绩的测验对学生的学习动机具有很大的激发作用。这是因为，较高的评价能给教师、学生以心理上的满足和精神上的鼓舞，可激发他们向更高目标努力的积极性；而即使评价较低，也能催人深思，激起师生奋进的情绪，起到推动和督促作用。

（三）调控功能

评价的结果必然是产生反馈信息。反馈信息可以及时指导教师的教学情况，也可以使学生获得学习成功或失败的体验，从而为师生调整教与学的行为提供客观依据。教师据此修订教学计划，改进教学方

⊙ 第一篇 政策与理论篇

法，完善教学指导；学生据此变更学习策略，改进学习方法，增强学习的自觉性。教学评价有利于使教学过程成为一个随时得到反馈调节的可控系统，使教学效果越来越接近预期的目标。

（四）教学功能

评价本身也是一种教学活动。在这种活动中，学生的知识、技能将获得长进，甚至飞跃。如测验就是一种重要的学习经验，它要求学生事先对教材进行复习，巩固和整合已学到的知识技能，通过事后对试题的分析，又可以确认、澄清和纠正一些观念。另外，教师可以在估计学生水平的前提下，将有关学习内容用测试题形式呈现，使题目包含某些有意义的启示，让学生自己探索、领悟，使其获得新的学习经验或达到更高的学习目标。

（五）导向功能

评价是根据一定的价值标准进行的价值判断活动。在评价活动中，评价者常以国家和社会的价值和需要为准绳设计一套评价指标和评价标准。被评价者为追求好的评价结果和达到其他目的，就会致力于满足评价标准的要求，评价指标和标准就成为被评者的努力方向。

评价是对设计者关于工作成果的价值观念进行认同的重要措施，而价值观念被认同是对教师最直接、最有力的奖赏，能使其在心理上获得成功感和满足感。因此教学评价是教学设计过程中非常重要的内部动力，是使结果臻于完美的重要途径。

二 教学评价分类

教学评价的具体类型很多，从不同的角度和标准可以划分不同的评价种类。在具体的运用过程中，不同类型的评价有着不同的特点、内容和用途。

（一）按评价基准的不同，可分为相对评价、绝对评价和自身评价

相对评价是在被评价对象的群体或集合中建立基准，然后把各个对象逐一与基准进行比较来判断群体中每个成员的相对优劣。对学习

成绩的评定通常是以群体的平均水平为基准，以个人成绩在这个群体中所处的位置来判断优劣。为相对评价而进行的测验一般称作常模参照测验。它的试题取样范围广泛，命题方式直接明确，测验成绩主要表明学生学业的相对等级。由于所谓的常模实际上近似学生群体的平均水平，所以这种测验的成绩就形成了正态分布或近似正态分布。利用相对评价可以了解学生的总体表现和学生之间的差异，比较群体学习成绩的优劣。相对评价的缺点是基准会随着群体的不同而发生变化，因而易使评价标准偏离教学目标，不能充分反映教学上的优缺点，难以为改进教学提供依据。

绝对评价是将教学评价的基准建立在被评价对象的群体或集合之外，把群体中每个成员的某种指标逐一与基准进行对照，从而判断其优劣。教学评价的标准一般是教学大纲以及由此确定的评判细则。为绝对评价而进行的测验一般称作标准参照测验。它的试题取样就是预先规定的教学目标，测验成绩主要表明教学目标的达到程度，所以这种测验的成绩分布通常是偏态的，如低分多高分少为正偏态，反之则为负偏态。绝对评价的优点是评价标准比较客观，如果使用得当，可使每个被评价者都能看到自己与客观标准之间的差距，以便不断向标准靠近。另外，教学管理部门通过这种评价，可以直接鉴别各项教学目标的完成情况，明确今后的工作重点。它的缺点是在制定和掌握评价标准时，容易受评价者的原有经验和主观意愿的影响，同时不易分析出学生之间的学习差异。

自身评价既不是在被评价群体之内确立基准，也不是在群体之外确立基准，而是对被评价的个体的过去和现在进行比较，或者是对其若干侧面进行比较。例如，某男生上学期的数学成绩是70分，这学期是80分，说明他的数学进步了；若该生的语文成绩两个学期都在80分以上，说明他的语文比数学要好些。自身评价的优点是尊重个性特点，照顾个别差异，通过对个体内部的各个方面进行纵横比较，判断其学习的现状和趋势。但在这种评价中，由于被评价者未与具有

第一篇 政策与理论篇

相同条件的其他学生做比较，难以判定他的实际水平和差距，激励功能不明显。因此，在实践中常需把自身评价和相对评价结合起来使用。

（二）按评价的功能不同，可分为诊断性评价、形成性评价和总结性评价

诊断性评价也称教学前评价或前置评价，一般是在单元、学期、学年开始时，正常的教学活动尚未纳入轨道之前，对学生的知识和技能、智力和体力以及情感等状况进行"摸底"。这种评价方法通过了解学生的实际水平和准备状况，判断他们是否具有实现新的教学目标所必需的基本条件，为教学决策提供依据，使教学活动适合学生的需要和背景。教育中的"诊断"是一个范围较大的概念，除了包括辨认缺陷和问题，还包括对各种优点和特殊才能禀赋的识别。因此，诊断性评价的目的是设计出可以满足不同起点水平和不同学习风格的学生所需的教学方案，并分别将学生置于最有益的教学程序中。

形成性评价是在教学过程中或教学设计和产品开发过程中，为使教学设计、教学过程更为完善而进行的对学生学习结果的评价。课堂上的提问可以看成是最简单的形成性评价。通过形成性评价，教师和研究人员就可以有效地把握每一个阶段的学习成效或者研究成果，了解存在的问题和不足，以及时地调整和改进教学。因此，形成性评价可以说是一个有效反馈机制，能够使教学设计、教学过程等沿着预定的目标进行，也可以让教师和研究人员能够及时修改不当的目标。形成性评价一般采用绝对评价的方式进行，以评定教学、计划、产品在进行过程中是否达到了预期的效果。这种评价方式实际上也是对学习过程和研究过程的评价，在建构主义理论中受到特别的重视，对提高教学质量、改善计划和产品具有更大的作用和价值。

总结性评价是在教学活动、某个计划和产品设计完成之后对其最终的活动成果进行的评价，如期末考试、毕业会考、产品鉴定会就是这种评价。由于总结性评价总是在活动完成之后进行的，所以也常常

被称为事后评价。

（三）按评价分析方法的不同，可分为定性评价和定量评价

定性评价是对评价作"质"的分析，是运用分析和综合、比较和分类、归纳和演绎等逻辑分析的方法，对评价所获取的数据资料进行思维加工。分析的结果一般是描述性材料，它的数量化水平较低甚至为零。一般情况下，定性评价不仅用于对成果或产品的评价分析，也重视对过程和相互关系的动态分析，以评价变量之间相互影响的过程。

定量评价则是从量的角度运用统计分析、多元分析等数学方法，从复杂纷乱的评价数据中总结出规律性的结论。由于教学涉及的人的因素、变量及其关系是比较复杂的，因此为了揭示数据的特征和规律性，定量评价的方向、范围必须由定性评价来规定。可以说，定性评价与定量评价互为基础、互相补充，不可片面强调一方面而偏废另一方面。

三　信息技术与课程整合评价内容

信息技术与课程整合的评价属于教学评价范畴，是推进信息技术与课程有效整合的重要环节。根据实际教学中教育教学活动发展的进程，我们可以将围绕一节课或一个单元的信息技术与课程整合教学划分为两个阶段，一是教学设计阶段，二是教学实施阶段，每个阶段都伴随着教学评价的发生。

教学设计是教学的前期规划与准备。教学设计阶段的成果主要有三种表现形式：一是教学设计方案，这是常规教学设计阶段的典型成果，被广大中小学教师所熟悉；二是教学资源，即支持教师教和学生学的相关教学素材、课件和网络课程等；三是教学设计单元包，是信息技术与课程整合的教学设计成果体现，不仅包含了常见的教学设计方案，还包括教学资源、学习工具、评价量表、活动过程模板等。在教学设计的过程中及教学设计结束后，我们都需要对上述相关教学设计成果进行评价。

教学实施是将教学设计阶段的成果应用于具体的教学实践，开展

⊙ 第一篇 政策与理论篇

教学活动的过程。教学实施阶段是教师、学生、媒体、资源等教学要素充分互动的阶段,其成果表现形式比较丰富,包括现场课、录像课、教学后说课,也包括录像课、教学设计方案、教学资源等的综合课例。对任何教学实施阶段的成果表现形式的评价,都可以从以下几个方面进行考虑:学生的学习方式和效果、教师教学方式和效果、媒体与资源的应用方式。

四 信息技术与课程整合评价的特征

（一）评价地位发生变化

评价由活动过程之外的部分变成活动的一部分。传统意义上的评价活动都是在课程或者学习活动结束之后进行,作为这个过程以外的一个部分,但是这样往往延误了评价的最佳时期。整合评价在整合开始的阶段就考虑评价,使评价贯穿整合研究的全过程,是整合研究不可分割的部分。

（二）评价目的发生变化

我国过去的教育评价的目的主要是总结、选拔,过多地关注对书本知识的掌握,过于重视总结性评价,过于重视纸笔测试和自上而下的评价。随着基础教育改革的展开,全面推进素质教育已经成为我国教育改革的根本任务。为适应教育改革和整合研究的要求,整合评价应该凸显其发展性功能,促进学生成长、教师发展、学校教学质量的提高。评价目的不再局限于单一的划分等级,而是多目的、多标准的评价。

（三）评价主体发生变化

过去的教育评价主要由上级行政主管部门掌管,行政主管部门再委托评价专家或者教育策略工具编制者利用相应的评价工具对被评价者实施评价。评价某种程度上带有行政上下级的色彩。随着评价的发展,越来越多的人员参与到评价过程中来。整合评价提倡合作性评价,即专家、教师、学生和家长,甚至社区人员都参与到评价过程中来，共同承担职责，共同完成评价。

（四）评价观点发生变化

评价的观点从行为主义观点转向了认知观点，具体表现如下：由原来的一味强调学生学习的结果转向关注学习过程；由被动反应转向积极的意义建构；从评价具体的、独立的技能转变成整体和跨学科评价；注重元认知和认知技能；注重知识和技能的应用——从零散的知识和技能的积累转变为强调知识的应用。

（五）评价价值发生变化

评价价值多元化。传统的评价强调追求客观性、科学性，而现在的评价开始强调尊重个体的主体性、创造性和不可预测性，开始重视评价过程中可能出现的各种可能。这样更符合人的高级心理活动规律，评价结果也更合理全面。

（六）评价方法发生变化

过去，由于受评价对象窄化的影响，加之传统考试的束缚，致使人们常常将课程评价与考试画上等号。考试成为万能钥匙，似乎唯有考试，才能客观、科学，才能甄别学生，才能提供课程调控的信息。事实上，考试只是检查学习效果的一种方法，评价学习效果决不能迷信考试。

新课改推动下的信息技术与课程整合的评价应根据不同的评价对象和评价的不同阶段采用口试、笔试、"档案袋"评价、表现性评价等多种评价手段，而且测验内容要兼顾不同的"文化团体"，必要时进行跟踪评价，力争做到公平、公正、合理、合法。

（七）评价标准发生变化

在一般课程评价过程中，人们往往只注重相对标准的评价，而忽视绝对标准及自我标准的评价。所谓相对标准即评价者认定的同一层次上的参照标准，绝对标准是指预先界定的合格标准，自我标准是以被评价者自身不同阶段表现为评价指标的。

相对标准的评价可以调动评价对象力争上游，调动其主动性与积

⊙ 第一篇 政策与理论篇

极性，在很大程度上能普遍提高被评者的整体水平，因此经常被采用。然而由于不同地区、不同学校的情况有很大差别，即使是同一学校内的不同班级也存在着不同程度的差异，所以相对标准的评价容易加深被评者之间的内部矛盾，显示出相对标准的局限性，因此不宜经常使用相对标准进行评价。

信息技术与课程整合评价将针对不同的情景、不同的时段、不同的对象而有差别地合理运用相对标准、绝对标准以及自我标准进行评价，必要时同时运用三者之中的两者或全部进行评价。

参考文献（一）

《绘制新时代加快推进教育现代化建设教育强国的宏伟蓝图——教育部负责人就〈中国教育现代化2035〉和〈加快推进教育现代化实施方案（2018—2022年）〉答记者问》，《人民教育》2019年第5期。

蔡耘、黄天元、蒋宇等：《〈中小学数字校园建设规范（试行）〉解读》，《中国电化教育》2018年第10期。

郭绍青：《中小学教师信息技术应用能力培训课程标准（试行）》，《电化教育研究》2015年第9期。

《国务院印发〈国家教育事业发展"十三五"规划〉》，《教育现代化》2017年第32期。

何克抗、吴娟：《信息技术与课程整合》，高等教育出版社2007年版。

何克抗、谢幼如、郑永柏：《教学系统设计》，北京师范大学出版社2002年版。

何克抗：《信息技术与课程整合的目标与意义》，《教育研究》2002年第4期。

何克抗：《建构主义革新传统教学的理论基础》，《中学语文教学》2002年第8期。

何克抗：《从Blending Learning看教育技术理论的新发展（下）》，《中国电化教育》2004年第4期。

何克抗：《信息技术与课程深层次整合的理论与方法》，《电化教育研

第一篇 政策与理论篇

究》2005 年第 1 期。

何克抗：《对国内外信息技术与课程整合途径与方法的比较分析》，《中国电化教育》2009 年第 9 期。

和汇等：《信息化教育技术》，科学出版社 2008 年版。

李谨：《纵论信息技术与课程整合——何克抗教授专访》，《中小学信息技术教育》2002 年第 9 期。

李克东、谢幼如：《信息技术与课程整合的理论与实践》，北京师范大学出版社 2002 年版。

李芒：《论信息技术与课程整合的含义、意义及原则》，《电化教育研究》2004 年第 5 期。

马宁、余胜泉：《信息技术与课程整合的层次》，《中国电化教育》2002 年第 1 期。

南国农：《教育信息化建设的几个理论和实际问题（上）》，《电化教育研究》2002 年第 11 期。

任友群、闫寒冰、李笑樱：《〈师范生信息化教学能力标准〉解读》，《电化教育研究》2018 年第 10 期。

任友群、郑旭东、吴旻瑜：《深度推进信息技术与教育的融合创新——〈教育信息化"十三五"规划（2016）〉解读》，《现代远程教育研究》2016 年第 5 期。

任友群：《走进新时代的中国教育信息化——〈教育信息化 2.0 行动计划〉解读之一》，《电化教育研究》2018 年第 6 期。

万玉凤：《教育部出台新规 全面推进教师管理信息化》，《中国农村教育》2017 年第 5 期。

乌美娜：《教学设计》，高等教育出版社 1994 年版。

谢幼如：《信息技术与小学课程整合》，高等教育出版社 2007 年版。

有宝华：《综合课程论》，上海教育出版社 2002 年版。

余胜泉、吴娟：《信息技术与课程整合——网络时代的教学模式与方法》，上海教育出版社 2005 年版。

余胜泉：《推进技术与教育的双向融合——〈教育信息化十年发展规划（2011—2020年）〉解读》，《中国电化教育》2012年第5期。

张剑平、熊才平：《信息技术与课程整合》，浙江大学出版社2006年版。

赵呈领、杨琳、刘清堂：《信息技术与课程整合》，北京大学出版社2010年版。

中华人民共和国教育部：《"十一五"期间中西部地区特殊教育学校建设规划（2008-2010年）》，2007年10月17日，http://www.moe.gov.cn/s78/A03/s7050/201410/t20141021_178468.html，最后浏览日期：2020年6月15日。

中华人民共和国教育部：《关于积极推进"互联网+"行动的指导意见》，2015年4月7日，http://www.moe.gov.cn/s78/A16/s5886/xtp_left/s5895/201507/t20150715_193924.html，最后浏览日期：2020年6月15日。

中华人民共和国教育部：《关于全面推进教师管理信息化的意见》，2017年4月5日，http://www.moe.gov.cn/srcsite/A10/s7151/201704/t20170419_302874.html，最后浏览日期：2020年6月15日。

中华人民共和国教育部：《关于深化教育体制机制改革的意见》，2017年9月25日，http://www.moe.gov.cn/jyb_xwfb/s6052/moe_838/201709/t20170925_315201.html，最后浏览日期：2020年6月15日。

中华人民共和国教育部：《关于实施全国中小学教师信息技术应用能力提升工程2.0的意见》，2019年3月21日，http://www.moe.gov.cn/srcsite/A10/s7034/201904/t20190402_376493.html，最后浏览日期：2020年6月15日。

中华人民共和国教育部：《国家教育事业发展"十三五"规划》，2017年1月10日，http://www.moe.gov.cn/jyb_xxgk/moe_1777/moe_1778/201701/t20170119_295319.html，最后浏览日期：2020年6月15日。

第一篇　政策与理论篇

中华人民共和国教育部：《国家教育事业发展"十一五"规划纲要》，2007年5月31日，http：//www. moe. gov. cn/jyb_ xwfb/gzdt_ gzdt/moe_ 1485/tnull_ 22875. html，最后浏览日期：2020年6月15日。

中华人民共和国教育部：《国家中长期教育改革和发展规划纲要（2010—2020年）》，2010年7月29日，http：//www. moe. gov. cn/jyb_ xwfb/s6052/moe_ 838/201008/t20100802_ 93704. html，最后浏览日期：2020年6月15日。

中华人民共和国教育部：《国家中长期人才发展规划纲要（2010—2020年）》，2010年6月7日，http：//www. moe. gov. cn/jyb_ xwfb/s6052/moe_ 838/201006/t20100607_ 88754. html，最后浏览日期：2020年6月15日。

中华人民共和国教育部：《国务院关于深入推进义务教育均衡发展的意见》，2012年9月7日，http：//www. moe. gov. cn/jyb_ xxgk/moe_ 1777/moe_ 1778/201209/t20120907_ 141773. html，最后浏览日期：2020年6月15日。

中华人民共和国教育部：《加快推进教育现代化实施方案（2018－2022年）》，2019年2月23日，http：//www. moe. gov. cn/jyb_ xwfb/s6052/moe_ 838/201902/t20190223_ 370859. html，最后浏览日期：2020年6月15日。

中华人民共和国教育部：《教师教育振兴行动计划（2018—2022年）》，2018年3月22日，http：//www. moe. gov. cn/srcsite/A10/s7034/201803/t20180323_ 331063. html，最后浏览日期：2020年6月15日。

中华人民共和国教育部：《教育管理信息教育管理基础信息》《教育管理信息教育行政管理信息》《教育管理信息普通中小学校管理信息》《教育管理信息中职学校管理信息》，2012年3月28日，http//www. moe. gov. cn/s78/A16/s5886/xtp_ left/s5889/201204/t20120416_ 134097. html，最后浏览日期：2020年6月15日。

参考文献（一）

中华人民共和国教育部：《教育脱贫攻坚"十三五"规划》，2012年12月27日，http：//www.moe.gov.cn/srcsite/A03/moe_1892/moe_630/201612/t20161229_293351.html，最后浏览日期：2020年6月15日。

中华人民共和国教育部：《教育信息化2.0行动计划》，2018年4月18日，http：//www.moe.gov.cn/srcsite/A16/s3342/201804/t20180425_334188.html，最后浏览日期：2020年6月15日。

中华人民共和国教育部：《教育信息化"十三五"规划》，2016年6月7日，http：//www.moe.gov.cn/srcsite/A16/s3342/2 中华人民共和国教育部.01606/t20160622_269367.html，最后浏览日期：2020年6月15日。

中华人民共和国教育部：《面向21世纪教育振兴行动计划》，1998年12月24日，http：//www.moe.gov.cn/jybsjzl/moe_177/tnull_2487.html，最后浏览日期：2020年6月15日。

中华人民共和国教育部：《网络学习空间建设与应用指南》，2018年4月17日，http：//www.moe.gov.cn/srcsite/A16/s3342/201805/t20180502_334758.html，最后浏览日期：2020年6月15日。

中华人民共和国教育部：《中共中央关于教育体制改革的决定》，1985年5月27日，http：//www.moe.gov.cn/jyb_sjzl/moe_177/tnull_2482.html，最后浏览日期：2020年6月15日。

中华人民共和国教育部：《中国教育改革和发展纲要》，1993年2月13日，http：//www.moe.gov.cn/jyb_sjzl/moe177/tnull_2484.html，最后浏览日期：2020年6月15日。

中华人民共和国教育部：《中国教育现代化2035》2019年2月23日，http：//www.moe.gov.cn/jyb_xwfb/s6052/moe_838/201902/t20190223_370857.html，最后浏览日期：2020年6月15日。

中华人民共和国教育部：《中华人民共和国教育部教育信息化十年发展规划（2010—2020年）》，2012年3月13日，http：//www.moe.gov.cn/srcsite/A16/s3342/201203/t20120313_133322.html，最后浏览日期：

◉ 第一篇 政策与理论篇

2020 年 6 月 15 日。

中华人民共和国教育部：《中小学教师教育技术能力标准（试行）》，2004 年 12 月 15 日，http：//www.moe.gv.cn/srcsite/A10/s6991/200412/t20041215_145623.html，最后浏览日期：2020 年 6 月 15 日。

中华人民共和国教育部：《中小学教师信息技术应用能力标准（试行）》，2014 年 5 月 28 日，http：//www.moe.gov.cn/srcsite/A10/s6991/201405/t20140528_170123.html，最后浏览日期：2020 年 6 月 15 日。

中华人民共和国教育部：《中小学教师信息技术应用能力培训课程标准（试行）》，2014 年 5 月 19 日，http：//www.moe.gov.cn/srcsite/A10/s7034/201405/t20140519_170126.html，最后浏览日期：2020 年 6 月 15 日。

中华人民共和国教育部：《中小学数字校园建设规范（试行）》，2018 年 4 月 17 日，http：//www.moe.gov.cn/srcsite/A16/s3342/201805/t20180502_334759.html，最后浏览日期：2020 年 6 月 15 日。

祝智庭、闫寒冰：《〈中小学教师信息技术应用能力标准（试行）〉解读》，《电化教育研究》2015 年第 9 期。

第二篇
教学模式篇

在教育史上,教学模式经历了一个长期的复杂的发展过程,演变出多种不同的教学模式,适用于不同的教学情境和教学内容。每种模式都有自己的优势,也有一定的局限性,因此,不能用单一的教学模式完成所有的教学任务,需要根据教学目的、教学内容、教学情境、教学资源、师生情况等因素灵活选择、运用。

信息技术与课程整合的实质与落脚点是变革传统的教学结构,即要改变以教师为中心的教学结构,创建新型的、既能发挥教师主导作用又能充分体现学生主体地位的"主导—主体相结合"的教学结构。而新型教学结构的创建要通过全新的教学模式才能实现。本篇分为三章,对教学模式的相关概念以及信息技术与课程整合的常用教学模式等内容进行具体的阐述。

教学模式相关概念介绍了教学模式、教学策略、教学方法、教学结构的含义及其之间的关系辨析,帮助读者厘清基本概念。教学模式是多种多样的,信息技术与课程整合的教学模式也不例外,按照所涉及的教学阶段,将信息技术与课程整合的教学模式分为课内整合模式与课外整合模式:课内整合模式主要介绍传递—接受教学模式、探究性教学模式、基于网络的协作学习模式、TPACK整合模式;课外整合模式选取基于研究性学习的教学模式、WebQuest整合模式、基于问题的学习模式、STEM整合模式、创客整合模式等几种常用模式进行介绍。各种教学模式有不同的特点,新的信息技术与课程整合的教学模式也在不断涌现,反映着教育观、学习观、人才观、评价观、技术应用观等方面的变化。

第一章　教学模式相关概念及其分类

教学模式、教学策略、教学方法是传统教学论领域中使用频率很高的名词，它们共同解决"如何教"这类问题。随着教育信息化的发展，教育信息化带动教育现代化、深化教育改革，教学结构、教学模式和教学策略等概念常被提及，也较易混淆。本章具体介绍这几个概念的含义及其关系，并对信息技术与课程整合的教学模式进行合理的分类。

第一节　模式与教学模式

一　模式的含义及其特征

模式在《现代汉语词典》中的定义是："某种事物的标准形式或使人可以照着做的标准样式。"模式通常被认为是再现现实过程或系统的一种理论性简化形式，其目的是帮助人们形象地把握某些难以直接观察或过于抽象复杂的事物。一种模式蕴含着某种显性的或隐性的理论倾向，代表某种对象的活动结构或过程，一般通过数学、图形或文字等简洁的形式再现对象的活动结构和操作程序。

模式具有以下基本特征。

1. **典型性**：指模式的范型、样本特点。
2. **简洁性**：指模式表达方式简单、概括、清晰。
3. **再现性**：指模式反映现实或描述现实具有真实性和准确性。

⊙ 第二篇 教学模式篇

4. 中介性：指模式具有连接理论与实践的作用，模式是将理论知识转化为实践经验的中介环节。

二 教学模式的含义及其特征

关于教学模式的定义，不同的学者有不同的观点。有些学者认为模式属于方法范畴，有的学者认为模式是方法，有的学者认为模式是多种方法的综合，也有学者认为模式与方法既有联系又有区别，各种方法在具体时间、地点和条件下表现为不同的空间结构和时间序列，从而形成不同的模式。

教学模式的概念最早于1972年出版的《教学模式》一书中被提出，作者是美国教育家布鲁斯·乔伊斯（Bruce Joyce）和玛莎·威尔（Marsha Weil）等。他们认为："教学模式是构成课程（长时的学习课程）、选择教材、提示教师活动的一种范型或计划。"他们把教学模式定义为一种教学范型或计划。

学者顾明远对教学模式进行了详细的阐述："教学模式是一种稳定、详细的教学结构，通过教学模式可以得到特定教学理论的逻辑轮廓，有助于更好地完成教学目标。"

叶澜教授认为，"教学模式俗称大方法。它不仅是一种教学手段，而且是从教学原理、教学内容、教学的目标和任务、教学过程直到教学组织形式的整体、系统的操作样式，这种操作样式是加以理论化的。"

何克抗教授认为："教学模式是在一定的教育思想、教学理论和学习理论指导下的，为完成特定的教学目标和内容而围绕某一主题形成的、比较稳定且简明的教学结构理论框架及其具体可操作的教学活动方式，通常是两种以上方法策略的组合运用。"

从上述教学模式的定义可以看出，教学模式是在一定的理念指导下，围绕某一主题或目标，为实现特定的教学目标而形成的系统化教学基本流程，可以被借鉴并不断地改进和完善。教学模式的意义在于

第一章 教学模式相关概念及其分类

运用，教学模式是从大量教育实践经验中提取的，相对稳定的教学方法和策略的组合和应用。在教学模式中，教学理论和教学实践是有着密切关系的重要组合，是为教师教学服务的。教学模式是教与学理论的具体化，同时又直接指导教学实践，具有可操作性。它是教学理论与教学实践之间的桥梁。

教学模式具有以下特征。

1. 指向性。

任何一种教学模式都围绕着一定的教学目标而设计，而且每种教学模式的有效运用也需要一定的条件，因此不存在对任何教学过程都具有普适性的模式，也不能说哪一种教学模式是最好的。好的教学模式是在一定的情境中达到特定目标的最有效的教学模式。教学过程中，在选择教学模式时必须注意不同教学模式的特点。

2. 中介性。

教学模式是连接教学理论与教学实践的桥梁。教学模式是一种具体化、操作化的教学思想或理论，它把某种教学理论或活动方式中最核心的部分用概括的形式反映出来，为人们提供一个比较抽象的理论，具体地规范教师的教学行为，便于教师理解、把握和运用教学理论。

3. 稳定性。

教学模式是大量教学实践活动的理论概括，在一定程度上揭示了教学活动具有的普遍性规律。一般情况下教学模式并不涉及具体的学科内容，它所提供的程序对教学起着普遍的参考作用，具有一定的稳定性。但是教学模式是依据一定的理论或教学思想提出来的，受到一定历史时期社会政治、经济、科学、文化以及教育方针和教育目的等因素的制约，因此这种稳定性不是绝对的。

4. 灵活性。

教学模式并不针对特定的教学内容，所以教学模式在运用的过程中必须考虑到学科的特点、教学的内容、现有的教学条件和师生的具体情

⊙ 第二篇 教学模式篇

况,从而进行细微的方法上的调整,以体现对具体学科的灵活适应性。

5. 模范性。

在一定范围内,教学模式具有一定的代表性和示范性,任何教学模式都具有一定的适用范围,有其独特的运作条件和系统的策略方法。教学模式是理论基础、教学目标、实现条件、操作程序以及评价的有机整合,是对教学空间和时间关系的概括。它在空间上表现为多要素的相互作用方式,在时间上表现为操作的过程和顺序。它具有启示、借鉴、模仿和迁移的价值。

三 教学模式的构成要素

教学模式是教学理论与教学实践之间的桥梁,是教学理论的具体化。一个完整的教学模式有理论基础、教学目标、操作程序、实现条件、评价五个要素。每一种教学模式都有其特定的逻辑步骤和操作程序,它规定了在教学活动中师生先做什么、后做什么,以及各步骤应当完成的任务。

1. 理论基础。

教学模式以哲学、心理学、教育学、社会动机等为基础,反映一定理论或思想的范式,是人的有意识的心理活动、无意识的心理活动、理智与情感活动在认知中的统一。理论基础是教学模式的前提。

2. 教学目标。

任何教学模式都指向和完成一定的教学目标。教学目标对构成教学模式的其他因素起着制约作用,它决定着教学模式的操作程序和师生的教学活动,也是教学评价的标准和尺度。不同的教学模式侧重的教学目标是不同的。

3. 操作程序。

操作程序可以根据实际的教学情境而灵活变通。

4. 实现条件。

实现条件指为完成目标、促使教学模式发挥功效的一系列条件

（教师、学生、内容、技术、途径、策略、方法、环境、时间等）的体系结构。

5. 评价。

由于不同教学模式的目标、程序、条件不同，其评价的方法和标准也有所不同。评价包括对过程的评价和对结果的评价。目前一些比较成熟的教学模式已经形成了一套相应的评价方法和标准，但也有不少教学模式还没有形成自己独特的评价方法和标准。

第二节　教学模式的相关概念

一　关于教学策略的概念

（一）教学策略的含义

教学目标的实现和教学任务的完成离不开有效的教学策略。目前对教学策略的界定仁者见仁，智者见智。

施良方、崔允漷在《教学理论：课堂教学的原理、策略与研究》一书中指出，"教学策略是教师为实现教学目标或教学意图（难以明确或无须明确的目标）所采取的一系列问题解决行为"。教学策略要根据教学情境的要求和学生的需要随时变化。无论在国内还是在国外的教学理论和教学实践中，绝大多数教学策略都涉及如何提炼或转化课程内容的问题。

袁振国教授在1998年提出："所谓教学策略，是在教学目标确定以后，根据已有的教学任务和学生特征，有针对性地选择与组合相关的教学内容、教学组织形式、教学方法和技术，形成具有效率意义的特定教学方案。教学策略具有综合性、可操作性和灵活性等基本特征。"

和学新教授认为："教学策略是为了达到教学目的，完成教学任务，在对教学活动清晰认识的基础上对教学活动进行调节和控制的一系列执行过程。"

⊙ 第二篇 教学模式篇

何克抗教授认为:"教学策略是指在不同的教学条件下,为达到不同的教学结果所采用的方式、方法、媒体总和,它具体体现在教与学的相互作用的互动中。"

教学策略定义有广义和狭义。广义的教学策略既包括教的策略又包括学的策略,而狭义的教学策略则专指教的策略,属于教学设计的有机组成部分,即在特定教学情境中为完成教学目标和适应学生认知需要而制定的教学程序计划和采取的教学实施措施。学界对教学策略含义的认识存在两个共同点:第一,将教学策略视为实施教学方案的具体行动,强调了教学策略的执行性,即可操作性;第二,教学策略可以看成教学方法、教学技术的总和,但又不同于教学方法,教学策略是教学方法的宏观表现,注重对教学方法的具体实施,而教学方法是教学策略的一部分。本书认为,教学策略是在教学理论指导下,为实现特定的教学目标所选择的合理的教学方法和措施,并且教学策略随着教学内容和教学目标灵活选择。灵活选择教学策略包括以下含义:第一,教学策略的选择与运用要考虑教学活动的全过程,兼顾教学内容、教学资源等,灵活选择教学方法,完成教学活动;第二,教学策略具有针对性,不同的教学内容和教学目标,其相应的教学策略会有所不同,同时,教学策略并非简单的单一方法的运用,而是不同方法之间的相互配合;第三,教学策略是有计划地、动态地执行教学活动的过程,包括教学过程中师生互动、教学活动的推进和教学活动的反馈等环节。

(二)教学策略的特点

教学策略主要有如下特点。

第一,教学策略具有综合性。教师对教学策略的选择和制订,需要综合考虑具体的教学要求和条件,将教学方法、教学媒体、组织形式等要素组成一个切合实际的教学方案。此外,教师在使用教学策略时,应该将多种教学策略优化、组合使用,以获得最佳的教学效果。

第二,教学策略具有可操作性。在教学过程中,要求有相应的方法、技术或手段，通过对解决教学问题或改善教学质量制定相应的策略，将策略应用于教学过程中，在实施过程中及时反馈和调整，并最终体现在实践中。

第三，教学策略具有灵活性。应根据学习者学习情况、教学内容安排、教学环境条件等要素的不同，灵活地调整教学策略以适应实际教学需要，以确保教学效果达到最优化。不同的教学策略可以解决同一个教学问题，而同一个教学策略也可以解决不同的教学问题。

第四，教学策略具有指向性。任何一种教学策略都指向一个特定的教学目标、特定的教学内容、特定的问题情景，没有适用于一切教学的教学策略。

（三）教学策略的分类

依据不同的分类标准，可以对教学策略进行不同的分类。

依据教学策略是否具有特殊性，可以将教学策略分为一般性教学策略与特殊性教学策略。一般性教学策略，是指在一般情况下都需要运用的、用来解决一般性的教学问题的策略，比如课堂管理策略、教材呈现策略、教学资源管理策略、教学评价策略等。特殊性教学策略，是指只有在遇到特殊的问题情境时才会运用的或者是在运用时带有个人特点的教学策略。

依据教学策略活动的指向进行分类，可以将教学策略分为问题指向型教学策略和自我指向型教学策略。问题指向型教学策略指向具体的教学问题，即不同的问题有不同的教学策略，比如启发式教学策略、行为矫正策略、动机激发策略、合作教学策略等。自我指向型教学策略指向教学策略运用者自身的思维活动，比如思维方向转换策略、思维方式变换策略等。

依据教学策略的层次性，可以将教学策略分为监控策略和应对策略。监控策略的主要功能是指示策略运用者应该做什么，体现在四个方面：支配——告诉人们该项策略的作用如何、能解决何种教学问题；控制——告诉人们必须按照何种规则去运用才是正确的；监

⊙ 第二篇 教学模式篇

督——指示人们怎样做才不偏离教学目标；调节——指示策略运用者应该做什么而不应该做什么。应对策略的功能是指示策略运用者应该怎么做，它由判断策略、计划策略、执行策略、评价策略构成。

依据目标管理的教学流程，可以将教学策略分为教学准备策略、教学实施策略和教学评价策略。

教学策略在教学过程中具有不可代替的重要性，有效的教学策略可以让学习更加高效，让学生在规定的时间内完成预定学习目标，有助于提高课堂教学效率，提升教学质量。

二 关于教学方法的概念

（一）教学方法的含义

教学方法作为教师达成教育目的的手段的体系，是教师教学实践力的最直观表现。理解教学方法的一般含义，是熟练掌握和有效运用教学方法的前提和基础。教学方法首先是一种方法，在日常用语中，方法一般是指人们有目的地进行某种活动时采用的程序、手段或途径，是主体接近、达到或者改造客体的工具或者桥梁。做任何事情，都要讲究一定的方法，方法得当则事半功倍，方法失当则事倍功半，这句话说明的是在做事情时运用好的方法的意义和价值。从哲学层面来看，黑格尔指出："方法也同样被列为工具，是站在主观方面的某个手段、主观方面通过它而与客体相关。"同时，方法是从"对象本身去采取规定的东西"，是"对象的内在原则和灵魂"，黑格尔的论述指明了方法的真正含义。方法是手段或者工具的主观方面，是人的主观能动性作用于手段或者工具的策略体现。方法不同，即使采用同样的工具或手段，其产生的结果可能完全不同。方法的本质有如下几方面：第一，方法是旨在实现目标的手段；第二，方法受客体的制约，并适合于客体的操作系列，即方法是受内容制约的；第三，方法的基础是理论，方法接受理论的指导；第四，方法是规则的体系，具有指令性；第五，方法具有结构，它是构成一个体系有计划的一连串的行为或操作。

第一章　教学模式相关概念及其分类

明晰教学方法的概念特征，特别是把握教学方法的基础——教育关系，有助于将教学方法从单纯的"育分"上升到"育人"的高度。苏联教育家巴班斯基认为，教学方法是教学过程最重要的组成部分之一，如果没有运用适当的教学方法，就不可能实现教学的目的和任务，因此他将教学方法定义为"为了解决教养、教育和发展学生的一定任务，教师和学生相互联系活动的种种方式"。现代教学论中，关于教学方法的概念，有广义和狭义之分。广义的教学方法是为达到教学目的，完成教学任务而采用的一切手段、途径和方法的总称，即某种教学理论、原则和方法及其实践的统称。这一概念具有普适性，教学原则和教学规律都包括在广义的教学方法内。而狭义的教学方法指为达到既定的教学目标，完成预定的教学内容，在一定的教学原则指导下师生相互作用的活动方式和措施，它既包括教师的教法、学生的学法，也包括教师与学生的交流互动的方法，是教与学的双边活动。本书中所讨论的教学方法即指这种狭义的理解，如讲授法、演示法、实验法、练习法、讨论法、研究法等。需要注意的是，教学方法不同于教学工具或教学手段，它包括对工具和手段的选择与运用。教学是否成功、教学目标能否实现、教学效果的好与坏、教学效率的高与低，都与教学方法的选用是否得当有着直接的关系，教学方法有着很强的实践意义，极大地影响着教学效率和教学效果。

（二）教学方法的特征

从教学方法的定义我们可以发现教学方法具有如下特征。

一是双边性，教学方法包括教师的教法、学生的学法、教学互动的方法，其中更强调的是学生在教师的引导、帮助下获取知识、交流互动、操作实践。

二是多样性，指教学方法的种类的多样化，教学方法服务于教学目标和教学内容，但同时又受制于教学原则。

三是综合性，课堂教学需要对教学方法的综合性和多样性加以重视，在实际的课堂教学过程中，我们非常有必要把各种不同的教学方

⊙ 第二篇 教学模式篇

法合理地组合运用，根据教学目标和教学内容的不同来进行教学。

四是微观性，在教育教学活动体系中，教学方法显然不属于宏观层面的概念或范畴，微观性是教学方法的实际处境，只有认识到这一点，才能准确分析教学方法的各种内在问题。

教学方法是一种复杂的、动态发展的概念。需要注意的是，没有万能的和一成不变的教学方法，教学的目标不同、内容不同、对象不同、环境不同，所运用的方法也不尽相同。

三 关于教学结构的概念

在第一篇中已经提到，教学结构是在一定的教育思想、教学理论、学习理论指导下的，在某种环境中开展的教学活动进程的稳定结构形式。它直接反映教师按照什么样的教育思想、理论来组织自己的教学活动进程，是教育思想、教学理论、学习理论的集中体现，也是教学系统四要素（教师、学生、教学媒体、教学内容）相互联系和相互作用的具体体现，如图 2-1-1 所示。

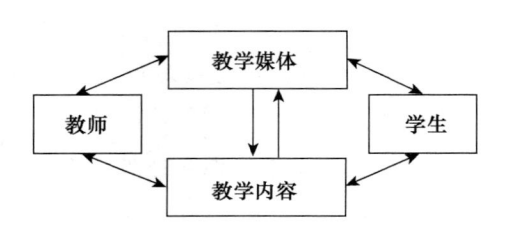

图 2-1-1 教学系统四要素

目前各级各类学校采用的教学结构主要有两种：一是以教师为中心的教学结构，二是以学生为中心的教学结构。以教师为中心的教学结构的优点是有利于教师主导作用的发挥，有利于教师对课堂教学的组织、管理与监控，但是它存在一个很大的缺陷，就是忽视学生的主动性与积极性，不能很好地体现学生的主体地位，因而难以培养富有创造性的创新型人才。以学生为中心的教学结构在教学中注重发挥学生的积极性和主动性,强调学生是认知过程的主体,这种教学结构有利于学生的主动探索、主动发现,但往往忽视教师主导作用的发挥,当学生自主学习的自由度过大时,容易偏离教学目标的要求。

"整合"的实质是改变以教师为中心的教学结构和以学生为中心的教学结构,创建新型的、既能发挥教师主导作用又能充分体现学生主体作用的"主导—主体相结合"教学结构,以便更好发挥教师的组织、引导作用,激发学生的主动性、积极性与创造性,从而使创新人才培养的目标真正落到实处。

四 相关概念之间的区别与联系

(一) 教学模式与教学策略

教学模式是一种理论化的、简约化的教学范式,一个具体的教学模式通常情况下包含理论依据、教学目标、操作程序和操作策略四个部分。教学理论转化成教学实践,一般是按照这样的次序:教学理论—教学模式—教学策略—教学方法—教学实践。从这个次序我们可以明显看出,教学策略是教学模式的具体化。教学模式是能用于构成课程和课业、选择教材、提示教师在课堂或者其他场合教学的一种计划或范型,具有简约性、概括性、理论性和相对稳定性的特点。教学模式规定教学策略、教学方法,属于较高层次。教学策略比教学模式更加具体,受到教学模式的制约。从教学研究的发展来看,先有教学模式研究才有教学策略研究,这也反映出了二者之间的区别与联系。

教学模式会对教学策略的选择产生相当重大的影响,反过来教学策略的建构和使用又有助于教学模式的形成。教学策略主要是对教学活动起调控的作用,比教学模式对教学活动的作用更为具体和详细。教学模式是比较稳定的教学范式,而教学策略是灵活的、变通的调控技能,会伴随着对象或目标的变化而变化。另外,教学模式与教学策略又不完全是上位和下位的关系。在一些比较特殊的情况下,教学策略也会包括选择教学模式。在很多情况下,教师在使用有效的教学策

⊙ 第二篇 教学模式篇

略时，往往需要摆脱一定的教学模式的束缚，需要根据具体的教学活动不断地对教学策略进行补充和调整。

（二）教学模式与教学方法

教学论研讨的两个重点——教学方法和教学模式，都是教学活动的重要构成因素，两者之间既有联系又有区别。它们之间的联系表现为：两者都是师生为了完成教学目标而采取的各种方法、手段、途径的总称。它们的区别表现在：教学模式是一个大的概念，教学方法相对于教学模式是一个小的概念。教学方法是在教学过程中，为了适应学习材料的特点和学习者的身心特征而采取的具体的操作活动，如讲授法、讨论法、角色扮演法、协作法等；而教学模式是依据一定的教育教学思想和教学理论进行教学活动的一种范型或计划。教学模式是对多种教学方法的提炼和组合，它是比较稳定的、系统的课堂教学结构框架。我们认为，教学方法是教学模式的组成部分，教学模式是对教学方法的体系化。教学模式不仅包括教学方法，还包括教学目标、教学内容、教学过程、教学评价等一系列教学因素。教学方法是教学模式的重要构成部分，教学模式要想成功实践，必须选好教学方法，并对各种教学方法加以优化组合运用，只有这样，教学模式的运用才会成功。

（三）教学策略与教学方法

教学方法是为完成教学任务而采取的方式、手段和途径。教学方法是详细、具体的方式、手段和途径，它是教学策略的具体化，介于教学策略与教学实践之间，教学方法要受制于教学策略。教学目标、教学内容、教学环境与条件等是教学方法的客观方面，教学方法的科学选择要合乎这些客观方面的要求和逻辑。教学展开过程中选择和采用什么方法，受教学策略支配。教学策略从层次上高于教学方法。教学方法是具体的、可操作的，教学策略则包含监控、反馈等内容，外延上要大于教学方法。

（四）教学结构、教学模式与教学策略

教学结构、教学模式以及教学策略三者的关系一度是学术界辨析的焦点。从结构性强弱的视角出发，我们认为教学结构、教学模式与教学策略是处于三个不同层次上的概念，教学结构处于较为宏观的层次，用于反映一定教育教学理论中四个核心要素在教学中展开的比较稳定的作用关系，它不依赖于具体的教学内容与教学对象；教学模式则是教学结构在具体的学科领域教学过程中体现，同一教学结构在不同的教学内容、教学环境与教学对象中展开，可衍生多个用于指导具体教学进程的教学模式；教学策略是一个最下位的概念，指教学过程中所使用的技巧，在某个教学模式中，可以采用多种教学策略，同时，一个教学策略可用于多种教学模式。

教学结构是客观的，它的各个要素之间存在着相互作用、相互依存的关系，受一定构成规律的制约；教学模式带有主观性，它是人们在对教学规律（其中包含教学结构要素及其构成规律）认识的基础上，从教学实践中探索、创作出来的。

教学方法或教学策略一般是指教学上采用的单一的方法或策略，而教学模式则是指两种或两种以上教学方法或教学策略的稳定组合。在教学过程中，为了实现某种预期的效果或目标（例如创建新型教学结构），往往要综合运用多种不同的方法与策略，当这些教学方法与策略的联合运用总能达到预期的效果或目标时，就成为一种有效的教学模式。

第三节　信息技术与课程整合模式的特点及分类

一　信息技术与课程整合模式的特点

（一）资源丰富，有利于情境的创设

信息技术手段为课堂教学提供了更好的教学环境，使课堂上信息的来源变得丰富，教师和课本不再是唯一的信息来源，多种教学媒体的运用扩大了信息量和信息的来源，还可以充分调动学生的多种感

⊙ 第二篇 教学模式篇

官,为学生创设良好的学习情境。

(二)有利于提高学生的积极性、主动性

信息技术作为教学手段应用在课堂教学中,有利于培养学生自主获取信息、识别信息、应用信息的能力。教师指导学生进行学习探索活动,引导学生主动思考、积极探索,进而形成新的教学活动进程的稳定结构形式。在整个教学进程中,教学媒体有时作为教学辅助工具,有时作为学生自主学习的认知工具,教学内容既是学生主动建构的对象,也是教师向学生传递的内容。这样的教学模式有利于激发学生学习的积极性和主动性。

(三)便于开展个别化教学,有利于因材施教

计算机的交互性为学生提供了个别化学习的可能,学生可以通过教学媒体接收被呈现的学习内容与过程,自主选择学习内容的难易,自主控制学习进度,并随时与教师、同学进行交互,由被动学习向独立的主动学习转变,促进学生个体发展、综合素质的提升,有利于因材施教。

(四)合作助学,有利于培养团队精神和协作意识

信息技术有利于促进高级认知能力的发展。学习者通过协同、竞争、合作等不同形式参加学习活动,有利于知识的掌握、运用和对问题的深入理解,对合作精神的培养和良好的人际关系的形成也有促进作用。

(五)激发创新意识,培养创造性人才

多媒体的超文本特性和网络特性相结合,为学生信息获取、信息分析、信息加工能力的提升营造了理想的环境,为学生发散性思维、创造性思维的发展提供了肥沃的土壤。

二 信息技术与课程整合模式的分类

教学模式是连接教学理论和教学实践的桥梁,任何教学模式都是一定的教学理论的具体体现,构建教学模式的教学理论不同,教学模式的特征也就不同。从理论上看,无论是行为主义、认知主义还是建构主义教学理论都可引申出有效的教学模式,关键是模式能否对课堂

教学要素进行优化组合，能否提升课堂教学效果。

随着信息技术与课程整合的研究不断深入，人们对信息技术与课程整合的教学模式的构建和创新的关注程度不断加深，不同的学者从不同的角度提出了信息技术与课程整合的教学模式分类。

乔纳森从建构主义的角度提出了技术支持的探究性学习、视觉化学习、反思性学习和协作性学习。

祝智庭教授提出了教育文化分类框架，从个体主义、集体主义、客观主义、建构主义四个维度来分析信息技术支持的教学模式。

根据对信息化学习资源利用方式的不同，李克东把"整合"分为以下三种模式：一是"L-about IT"模式，在中小学开设信息技术课程。二是"L-from IT"模式，把信息技术当作辅助教学的工具。在讲授型教学中，利用信息技术创设情境，指导学生进行探索。三是"L-with IT"模式，把信息技术当作学生认知的工具，表现形式有"小组合作—远程协商""专题探索—网站开发"和"资源利用—主题探究—合作学习"。

钟志贤根据学习活动的性质（接受—探究）和组织形式（个体—群体），提出了个体—接受、群体—接受、个体—探究、群体—探究四种信息化教学模式。

在罗布耶（Roblyer，M. D.）的专著 *Integrating Educational Technology into Teaching*（《教育技术整合与教学》）中，关于如何有效实施信息技术与课程整合，作者首先强调，各种教与学理论（包括支持教师"讲授为主"的教与学理论和支持学生"自主探究为主"的教与学理论）对信息技术与各学科教学整合的意义与作用，并分析了不同教育思想指引下的三种主要整合模式：以教师讲授为主的"主导型模式"；以学生自主探究、自主建构为主的"建构型模式"；教师讲授与学生探究相结合的"混合型模式"。

何克抗等对课内整合教学模式（"传递—接受教学模式"和"探究性教学模式"）和课外整合教学模式（"研究性学习模式"、"WebQuest模

第二篇 教学模式篇

式"和"适时教学（JiTT）模式"）作了较深入的介绍和评述。

通过分析信息化教学模式的分类依据可以发现，信息化教学模式对信息技术工具的依赖程度非常大。信息化教学模式种类繁多，而每种教学模式都有特定的适用范畴，要想全面地把握信息化教学，就需要从整体上综合考虑这些模式的应用范畴和背景，了解每一类模式应用的基础条件和基本原则，避免将信息化教学模式生搬硬套。

作为教育技术学新兴的研究领域和方向，信息技术与课程整合成为我国基础教育信息化近20年发展的推进器，也成为教育技术学科发展的新生长点。因此，信息技术与课程整合研究一开始，就有学者持续关注其作为一个新生长点和新领域得以自觉自立的本体论问题——信息技术与课程整合的理论基础问题。

理论基础是指知识、原理和方法得以生发的前提条件和科学依据，而学科理论基础是指某学科知识体系中重要的原理、理论产生和形成的条件、依据，它们为原理、理论的形成提供最基本的概念、术语和范畴，为其提供分析和综合、演绎和归纳、描述和解释的话语体系及研究方法论。信息技术与课程整合的理论基础问题是阐明二者的整合何以产生、它的研究重心和研究问题域因何确定、它的主要研究问题应该运用什么方法解决等，理论基础应该包含下述三个方面：一是理论基础为信息技术与课程整合发展提供知识论依据；二是理论基础为信息技术与课程整合发展提供研究问题，划定研究边界；三是理论基础为二者整合发展提供方法论依据。综合来看，关于信息技术与课程整合的理论基础问题，主要有两种观点。

一是从二者整合的本质角度出发，认为信息技术与课程整合的理论基础应该包括"学与教的理论"和"教学设计理论"。"学与教的理论"又分为"学习理论"与"教学理论"，"学与教的理论"主要有行为主义学习理论、认知主义学习理论、建构主义学习理论、人本主义学习理论、"最近发展区"理论、布鲁纳的"结构—发现"教学理论、巴班斯基的教学过程最优化理论、加德纳的多元智能理论等；

第一章　教学模式相关概念及其分类

"教学设计理论"包括基于建构主义的教学设计和信息技术支撑的教学设计。二是从二者整合的功能角度出发，认为信息技术与课程整合的理论基础应该包括教学结构理论、建构主义理论、创造性思维理论和多元智能理论。两种观点都强调从学习（教学）理论对教学实践的指导意义和价值取向角度来分析和阐释理论基础问题，较少从信息科学技术对课程教学影响的角度来论述和阐释理论基础问题。随着移动互联网技术、数字技术和人工智能技术的发展，新一代信息技术与课程整合的时代课题已初现端倪，从信息科学与技术理论角度寻找二者整合的理论基础和方法论依据，已经成为这一研究领域未来发展的逻辑必然。

现在常说的专题探究模式、网络探究模式、基于问题的学习模式、基于项目的学习等都可视为发现式学习教学模式的变体，只是在形式上有所发展，在指导思想上有更多建构主义成分。在传统的"以教师为中心"的教学结构中，教师通过口头讲授、板书把知识传递给学生，在教学过程中，学生通过耳朵听讲、动手做笔记，被动接受知识。在这个过程中，有利于教师发挥主导作用，把控课堂，顺利完成教学任务。其缺点是无法发挥学生的积极主动性，不利于培养学生的创新精神和发散思维。何克抗教授提到："信息技术与课程整合就是实现一种既能发挥教师主导作用又能充分体现学生主体地位的'自主、探究、合作'为特征的教与学方式。"

在学术研究和实际运用中，我们常常将教学方法与教学策略、教学手段、教学模式混为一谈，这种混淆极大弱化了教学方法本身独有的特点和本质规定性。教学模式、教学策略和教学方法都是具体化的概念，它们相互之间既有联系又有区别。而教学结构、教学模式与教学策略是三个不同层次的概念，教学结构的宏观程度更高、教学模式次之，教学策略更为具体。信息技术与课程整合所产生的各种教学模式从表面上看是信息技术的应用，但深层特征则涉及教育观、学习观、人才观、技术观、评价观等方面的变化。

第二章　信息技术与课程整合的课内整合模式

　　由于课堂教学涉及不同学科、不同教学策略和不同的技术支撑环境等多种因素，所以实现课内整合的教学模式的分类要复杂得多。任何教学策略的运用都不可能脱离某个具体学科的教学来进行，涉及各自学科的课内整合教学模式显然比较简单，而涉及不同技术支撑环境的课内整合教学模式则要复杂一些，对于学科老师来说，最难以掌握的应当是涉及不同教学策略的课内整合教学模式。

　　本书对涉及不同教学策略的主要课内整合教学模式进行较深入的论述，而不再对不同学科的课内整合教学模式做专门的探讨。根据选用教学策略的不同，"课内整合教学模式"一般可以分为自主探究、协作学习、演示、讲授、讨论、辩论、角色扮演等多种不同的教学模式类型。但如上所述，教学模式是指教学过程中两种或两种以上方法或策略的稳定组合与运用——在教学过程中，为了实现某种预期的效果或目标（例如创建新型教学结构）往往要综合运用多种不同的方法与策略，当这些教学方法与策略的联合运用总能达到预期的效果或目标时，就成为一种有效的教学模式。所以教学模式尽管原则上可以按照某一种教学策略来划分，但实际上由于教学过程是多种方法与策略的综合运用（例如，开始引入新课可以采用"创设情境"策略；讲授新知可以采用"先行组织者"策略或"课件演示"策略；巩固新知可以采用"操练与练习"策略；知识迁移可以采用"小组讨论"或"角色扮演"策略，等等），所以通常课内整合教学模式也涉及多种教学方法与策略。两种以上的教学方法、策略原则上可进行任意排列、组合，由此而形成的教学模式可以有无限多种，但其中真正有效且易于操作的教学模式却并不多，本章介绍的四种课内整合教学模式都能对"主导—主体相结合"教学结构提供强有力的支持，都既能很好地发挥教师在教学过程中的主导作用又能充分体现学生在学习过程中的主体地位。

第一节　传递—接受教学模式

一　传递—接受教学模式概述及实施步骤

教师讲、学生听的教学模式可以称为"传递—接受"教学模式，这是传统教学的主要模式。"传递—接受"教学的主要思想来源是美国著名教育心理学家奥苏贝尔提出的有意义接受学习。奥苏贝尔认为，学生的学习主要是接受学习，而不是发现学习，学生要通过教师所呈现的材料来掌握现成的知识。但是，这种接受学习应该是有意义的，而不是机械的，新知识必须与原有观念之间建立适当的、有意义的联系。发生有意义学习的条件是学习者必须积极主动地使具有潜在意义的新知识与其认知结构中有关的旧知识发生相互作用，从而使旧知识得到改造，使新知识获得实际意义，这种教学的主要目标是促进学生对知识的掌握，尤其是对意义的理解、保持和应用，强调依据知识的内在逻辑联系形成良好的认知结构。

在这种教学模式中，教师的主导作用体现在：激发学习者的学习动机；选择适当的教学内容与教学媒体；运用"先行组织者"策略以帮助学习者建立起新旧知之间的有意义联系（即帮助学习者认识到新知与旧知之间存在怎样的"类属关系"、"总括关系"或"并列组合关系"）；选择和设计适当的自主学习策略和协作学习策略以促进学习者对知识意义的自主建构、深入理解和应用迁移。学习者在学习过程中的主体地位则体现在：积极主动地建立起新旧知识之间的有意

第二篇 教学模式篇

义联系,从而获得新知识的意义,与此同时,新知识将通过"同化"被吸纳到原有认知结构中,使原有认知结构得以扩展。

所谓"传递—接受"教学模式是指在教学过程中教师主要通过口授、板书、演示,学生则主要通过耳听、眼看、手记(用耳朵聆听教师的讲解、用眼睛观看教师的板书、用手记下教师讲授要点和板书内容——记笔记;对于小学生尤其是低年级小学生来说,主要是耳听和眼看)来完成知识与技能传授,从而达到教学目标要求的一种教学模式。奥苏贝尔认为,"传递—接受"教学不一定是机械的,发现式教学也不一定是有意义的。教学能否做到有意义——使学生能够真正理解、掌握所教的知识("掌握"意味着不仅能理解,而且能将所学的知识用于解决实际问题),而不是死记硬背、机械地生搬硬套、不求甚解,关键在于是否能将当前所学的新知识和原有认知结构(它保存在大脑的长时记忆内)中的旧知识之间建立起某种内在的联系(即新知与旧知之间是否能建立起上面所述的"类属关系"、"总括关系"或是"并列组合关系"三者中的某一种关系)。如果能够发现或找到这种联系,这种教学就是有意义的,否则就是机械的。教师的责任就在于帮助或启发学生自己去发现或找出这种内在联系,而不是越俎代庖,直接把结果告诉学生。"传递—接受"教学模式的教学流程如图 2-2-1 所示。

1. 呈现先行组织者。

这个步骤包括阐明课程目标、呈现并讲解先行组织者、唤起学习者先前的知识体验。阐明课程目标是引起学生注意并引导他们明确学习的方向。先行组织者就是在学习之前呈现给学习者比新知识包摄性更广、更清晰、更稳定的引导性材料,是新知识与原有认知结构之间的联系桥梁,促使学习者建立有意义学习的心向。这里要指出的是,先行组织者并不是教师在教学开始前,对之前相关教学内容的复习或让学生回忆一下已学的内容,也不是学生先前经验的回忆,其实质是一种比学习材料更为抽象和概括的概念,是对概念或原理基本特点明

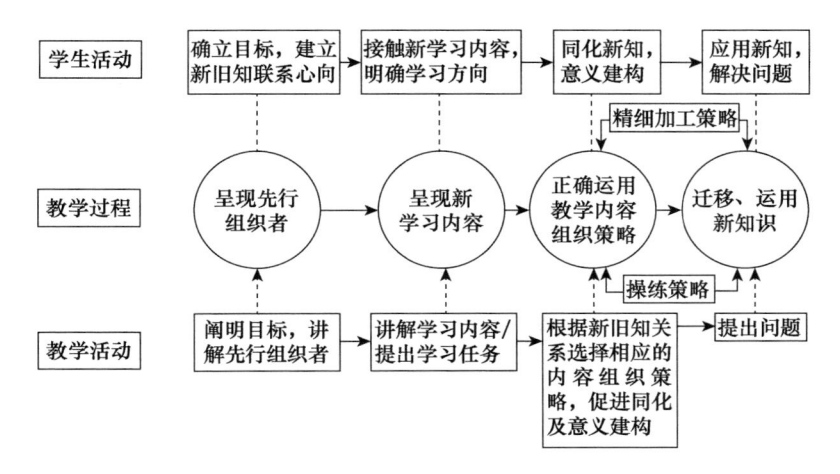

第二章 信息技术与课程整合的课内整合模式

图2-2-1 传递—接受教学模式

确而详细的说明。帮助唤起学习者先前的知识和体验相当重要，这些经验可能与新知识的学习和先行组织者有关。

2. 呈现新的学习内容。

对于当前所学的新概念、新命题、新知识（新观念）来说，有可能起固定、吸收作用的原有观念与新观念之间通常有三种不同的关系——类属关系、总括关系、并列组合关系，由此派生出三类先行组织者。

上位组织者——组织者在包容性和抽象概括程度上均高于当前所学的新内容，即组织者为上位观念，新学习内容为下位观念，新学习内容类属于组织者。

下位组织者——组织者在包容性和抽象概括程度上均低于当前所学新内容，即组织者为下位观念，新学习内容为上位观念，组织者类属于新学习内容。

并列组织者——组织者在包容性和抽象概括程度上既不高于、也不低于新学习内容，但二者之间具有某种相关的甚至是共同的属性，这时组织者与新学习内容之间存在的是并列组合关系。

教师在组织教学时，通过讲解、讨论、录像、实验、阅读或作业等形式来介绍学习材料，同时将先行组织者与新学内容、当前学习的

⊙ 第二篇 教学模式篇

新观念与原有观念之间的关系呈现出来,使学习材料的呈现逻辑清晰。由此,学生能很容易地了解当前的学习内容在原有知识体系、单元知识体系,甚至学科知识体系中的位置,把握各个概念、原理之间的关联性,对整个学习过程有明确的方向感。在此过程中,教师要注意集中和维持学生的注意力。

3. 正确运用教学内容组织策略。

这个步骤的目的是新知识的同化,即学生把新学习的内容纳入到自己的认知结构之中。对于不同类型的先行组织者,其教学内容的组织策略是不同的,所以教师要选择相应的内容组织策略,以促进学生对新知的同化及意义建构。当先行组织者是上位观念时,教学内容应采用"渐进分化"的组织策略,应先讲授最一般的,即包容性最广、抽象概括程度最高的知识,然后根据包容性和抽象程度递减的次序将教学内容逐步分化,使之越来越具体、越深入;当先行组织者为下位观念时,应采用"逐级归纳"的教学内容组织策略,应先讲授包容性最小、抽象概括程度最低的知识,然后根据包容性和抽象程度递增的次序逐级将教学内容一步步归纳,每归纳一步,包容性和抽象程度即提高一级;对于并列组织者,教学内容的组织需运用"整合协调"策略,通过分析、比较先行组织者与当前教学内容在哪些方面具有类似的或共同的属性,以及在哪些方面二者不相同,来帮助和促进学习者认知结构中的有关要素进行重新整合协调,以便把当前所学的新概念纳入认知结构的某一层次之中,并使之类属于包容范围更广、抽象概括程度更高的概念系统之下。

4. 迁移、运用新学知识。

这一个阶段类似于我们通常所说的"练习",就是用新学的知识来解决相关的问题。在此过程中,学习者要应用精细加工策略和操练策略来巩固知识意义的建构,并反思自己的学习过程,促进知识学习和策略应用的迁移。

第二章 信息技术与课程整合的课内整合模式

二 传递—接受教学模式的特征

"传递—接受"教学模式的基本特征可以用一句话来概括，就是"以教为主"。具体表现在以下两个方面。

1. 强调充分发挥教师在教学过程中的主导作用。

"传递—接受"教学模式要求教师不仅是主动的教授者、知识的传递者，还要求教师始终引导并监控整个教学过程。显然，这种模式有利于教师主导作用的发挥，便于教师组织课堂的各种教学活动与师生之间的情感交流，因而有利于对学科知识的系统传授，有利于学生对知识经验的学习与掌握，也有利于情感因素有效地在学习过程中起作用。

2. 对学生在学习过程中的主体地位虽然关注，但有不足。

在这种教学模式下，自主学习、自主探究、自主发现的学习方式并没有被排除，但却被置于较次要的从属位置。尽管在建立新知与旧知联系的过程中，学习者也需要积极开动脑筋、认真思考，从而需要发挥一定的主动性与积极性，但是这种主动性与积极性完全是在教师的引导、启发下形成的，和学生在自主学习、自主探究的环境下，独立而自觉地形成的主动性与积极性不能相提并论。在前者的基础上，虽然可以用较短的时间（即以较高的效率）达到对知识技能的理解与掌握，但难以培养出创新的思维与创新的能力；而在后者的基础上，则不仅可以较深入地达到对知识技能的理解与掌握，还有利于创新思维与创新能力的形成与发展，即更有利于创新人才的成长。所以尽管"传递—接受"教学模式存在不足，但是在当前教育环境中，它仍然是我们各级各类学校教学中不可或缺的一种重要教学模式，也是实现课内整合的常用模式之一。

第二节 探究性教学模式

一 探究性教学模式概述及实施步骤

随着信息技术的应用和教育信息化的开展，依靠技术支持，信息

⊙ **第二篇 教学模式篇**

化教学成为课堂教学发展的趋势。探究性教学模式是指在教学过程中,要求学生在教师指导下,通过以"自主、探究、合作"为特征的学习方式对当前教学内容中的主要知识点进行自主学习、深入探究并进行小组合作交流,从而较好地达到课程标准中关于认知目标与情感目标要求的一种教学模式。其中认知目标涉及学科相关知识、概念、原理与能力的掌握;情感目标则涉及思想感情与道德品质的培养。

学习方式(Learning Style)是当代学习理论中的一个重要概念,多数学者认为学习方式是指学生在完成学习任务过程中的基本行为和认知取向。学习方式不是指具体的学习方法和学习策略,而是指学习者在学习过程中发挥自主性、探究性与合作性方面的基本特征。传统的学习方式把学习建立在人的客体性、受动性和依赖性的基础之上,而忽视了学习者的主动性、能动性和独立性。转变学生的学习方式就是要转变这种他主的、被动的和依赖的学习方式,倡导自主、探究与合作的学习方式,使学生的主体意识、能动性和创造性不断得到发展,并真正成为学习的主人。2001年以来实施的《基础教育课程改革纲要(试行)》提出了要转变学生学习方式的任务,要促进学生在教师指导下更加主动地、富有个性地学习,并明确倡导以"自主、探究、合作"为特征的学习方式,从而改变传统的以教师为中心、以书本为中心的局面。探究性教学模式正是在这样的背景下逐渐形成并发展起来的。

由于探究性教学模式的学习对象(即学习主题)是课文中的某一个或几个知识点(这与下一章课外整合模式中的"研究性学习"教学模式的学习主题总是围绕自然界或社会生活中的某个真实问题有本质上的不同)。由于任何课程的教材都是由一篇篇课文组成的,而每篇课文又总是包含一个或几个知识点,这就表明,信息技术与课程整合的几乎所有日常教学活动(包括各种不同学科的常规课堂教学活动)都可以采用这种模式。事实上,探究性教学模式目前已经成为能

第二章　信息技术与课程整合的课内整合模式

满足各学科常规课堂教学需要的、最有效也是最常用的课内整合模式之一。探究性教学模式是指在教学过程中，要求学生在教师指导下，通过以"自主、探究、合作"为特征的学习方式对当前教学内容中的主要知识点进行自主学习、深入探究并进行小组合作交流，从而较好地达到课程标准中关于认知目标与情感目标要求的一种教学模式。认知目标涉及与学科相关的知识、概念、原理与能力的理解与掌握；情感目标则涉及感情、态度、价值观与思想品德的培养。在实施信息技术与课程深层次整合的过程中，各学科知识与能力（如阅读、写作、计算、看图、识图、实验以及上机操作等能力）的培养以及健康情感、正确价值观与优秀思想品德的形成，都可通过探究性教学模式逐步落实。探究性教学模式的教学流程如图2-2-2所示。

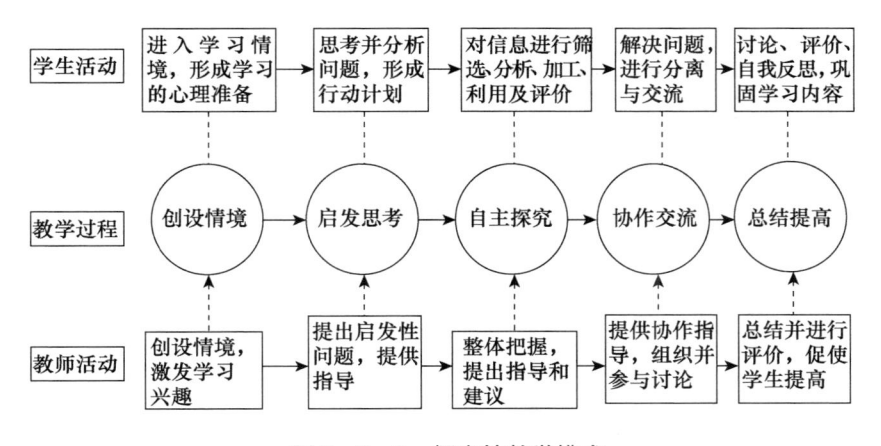

图2-2-2　探究性教学模式

1. 创设情境。

创设情境这一环节不仅是教师导入课题的环节，也是激发学生的探究动机和学习动机的环节。教师通过各种方式创设能激发学生学习动机和探究动机的情境，学生进入教师创设的学习情境并形成学习的心理准备。教师创设情境的方式是多种多样的：可以是设置一个需要用到新知识来解决的问题，也可以是与学习主题相关的音乐、视频、

⊙ 第二篇 教学模式篇

动画，还可以是一个典型案例，但是这些活动都必须与当前的学习主题相关。

2. 启发思考。

当学生在被创设的情境下激发出学习的兴趣时，教师便及时提出与当前学习主题相关的问题，启发学生积极思考，带着问题去主动学习知识与技能。学生思考并分析教师提出的问题，在教师的指导和建议下，利用学习工具和学习资源，选择解决问题的方式和途径，形成问题解决思路。

3. 自主探究。

在这一阶段，学生利用教师提供的学习工具和学习资源，对教师提出的与学习主题相关的问题进行自主学习与自主探究。这一阶段的任务是在对信息筛选、分析、加工、利用及评价的基础上进行的。教师要对整个过程进行整体性把握，并适时地对学生提出建议，进行指导。

4. 协作交流。

为了进一步强化学生对知识的认识，提高学生的合作能力，应开展小组协作交流活动，通过展示交流环节共享学习成果，并进行学生与学生之间的评价。教师作为协作交流的中介，应指导学生开展讨论，必要时参与学生之间的讨论与评价。

5. 总结提高。

总结的内容包括知识与技能、过程与方法、情感、态度、价值观等方面。这是实施探究性学习的最后一个阶段，需要师生的共同努力。学生进行讨论、评价以及自我反思，教师要组织学生进行总结，评价学生的学习情况。学生通过总结阶段再次巩固所学内容，并弄清自己仍存在的问题，以便更好地消化吸收课程。

二 探究性教学模式的特征

探究性教学模式的基本特征用一句话来概括就是："主导—主体

第二章 信息技术与课程整合的课内整合模式

相结合"既重视发挥教师在教学过程中的主导作用,又充分体现学生在学习过程中的主体地位。具体表现在以下两个方面。

1. 高度重视教师在教学过程中的主导作用。

尽管探究性教学模式主要采用"自主、合作、探究"的学习方式,在教学过程中强调学生的自主学习和自主探究,但是它并不忽视教师在教学过程中的主导作用。相反,它通过下面四个环节使教师的主导作用在整个教学过程中得到全面的发挥。

(1) 当前探究性学习的对象要由教师确定

探究性模式的教学总是围绕课程中的某个知识点,即探究性学习的对象而展开,知识点不是随意确定的,不能由学生自由选择,而是要由教师根据教学目标的要求和教学的进度来确定。

(2) 进行探究之前的启发性问题要由教师提出

学习的对象确定后,为了使探究性学习切实取得成效,需要在探究之前向全班学生提出若干富有启发性、能引起学生深入思考、与当前学习对象密切相关的问题。这一环节至关重要,所提出的问题是否具有启发性、是否能引起学生的深入思考,这是探究性学习能否取得效果乃至成败的关键。而这类问题必须由教师提出,也只能由教师提出,因为学生对当前学习对象初次接触,尚不了解,不可能由他们自己提出与当前学习对象密切相关、富有启发性的问题。

(3) 探究过程中要由教师提供多方面的帮助与指导

带着问题进行探究的过程,是由学生个人或学习小组去完成的,但在这一过程中需要教师提供有关的探究工具,如几何画板、建模软件、仿真实验系统等和相关的教学资源,以及虚拟社区学习平台等的支持,并对探究性学习中的方法、策略作必要的指导。如果教师在这方面的学习支持与指导不落实、不到位,将会挫伤学生们的学习信心与学习积极性,使探究性学习的效果大打折扣,甚至完全落空。

(4) 探究过程完成后要由教师帮助总结与提高

探究过程完成后,一般要先由学生个人或学习小组做总结,而不

⊙ **第二篇　教学模式篇**

是直接由教师做总结。通过一次探究性学习虽然能取得不小的收获，但学生毕竟是初学者，总结起来难免有片面甚至错误之处，通过全班的讨论交流，集思广益、取长补短，在一定程度上可以克服这些片面甚至错误之处。不过，如果要让全班学生都能对当前的学习对象达到比较深入的理解与掌握，即对所学的知识点都能从感性认识上升至理性认识，做到不仅知其然，而且知其所以然，那就还需要教师的帮助，毕竟和学生相比，教师对整门课程有比较全面、透彻、深入的把握。

2. 充分体现学生在学习过程中的主体地位。

探究性教学模式因为采用"自主、合作、探究"的学习方式，所以在教学过程中特别强调学生的自主学习和自主探究，以及在此基础上实施的小组合作学习活动，一节课的教学目标主要靠学生个人的自主探究和学习小组的合作学习活动来完成。由于在此过程中，学生们的主动性、积极性、创造性都能普遍地得到比较充分的发挥，因而这种教学模式不仅可以较深入地达到对知识技能的理解与掌握，更有利于创新思维与创新能力的形成与发展，即有利于创新人才的培养。可见，对于这种教学模式来说，能否取得成效的关键是学生在学习过程中的主体地位是否能得到比较充分的体现。但是，这只是问题的一个方面，为了使探究性教学模式真正取得成效，除了要充分调动学生的主动性、积极性以外，如前所述，在探究过程中还需要有若干"富有启发性问题"的启发与引导，要有相关"探究工具"、"教学资源""方法策略"的帮助与支持。而启发性问题的提出和相关工具、资源、策略的提供，都离不开教师主导作用的发挥。

可见，探究性教学模式要想真正成功实施，仅靠学生的主动性、积极性还是不够的，还需要有来自教师的引导、帮助与支持。换句话说，探究性教学模式的成功实施涉及两个方面：既要充分体现学生在学习过程中的主体地位，又要重视发挥教师在教学过程中的主导作用。离开其中的任何一方，探究性学习都只能无果而终，不可能有良好效果。正因为如此，我们才认为"主导—主体相结合"是这种教学模式的最本质的特征。

第三节 基于网络的协作学习模式

一 基于网络的协作学习模式概述及实施步骤

协作学习（Collaborative Learning）是 20 世纪 70 年代初兴起于美国，并在 70 年代中期至 80 年代中期取得实质性进展的一种教学理论与策略。协作学习是通过小组或团队的形式组织学生进行学习的一种策略。黄荣怀教授将协作学习定义为：学习者设定共同的学习目标，将学生进行分组，学习者在一定的鼓励体制下为达到促进学习成果的最大化而互相协作交流的一切相关行为。相比其他的个别化学习组织形式，协作学习因其小组成员之间协作完成任务而具有较明显的优势。第一，以学习者为中心。成员之间通过团队知识共享进行协作学习，每个人都可以根据自己的学习风格、学习思维方式，积极发现问题，分享学习资源，通过分享自己的观点、意见、看法，形成集体智慧的结晶。通过共享的过程，还可以加深学习者对知识的掌握，帮助学生逐步形成个人的学习方式和思维方式。第二，师生之间平等对话。在协作学习模式中，教师作为学习的组织者，不再是权威，这种师生关系为学生日常的教育和学习提供了一个良好的学术环境和学习平台，能够有效地解决目前师生之间、生生之间交流协作较弱的问题，促进师生之间、生生之间的情感互动，提高问题解决效率。协作完成任务的过程，也是有效地培养学生信息收集、处理、利用以及科研创新能力的过程，同时也很好地培养了学生的团队合作能力与创新思维。

Web2.0 的出现与发展，要求知识经济时代的学习者具有终身学习与协作共处的能力。在协作学习中如何贯穿 Web2.0 的理念，如何让学习者利用 Web2.0 的工具更好地获取知识、积累知识、交流知

⊙ 第二篇 教学模式篇

识、共享知识、创新知识，如何更好地提高学习者分析与解决问题、与人协作的能力，并最终最大化小组协作学习的绩效等问题，成为研究的热点与重点，在此基础上就产生了网络协作学习的概念。

网络协作学习（Web-Based Collaborative Learning，WBCL）是指利用计算机网络以及多媒体等相关技术，由多个学习者针对同一学习内容彼此交互和协作，以达到对教学内容比较深刻的理解与掌握的过程。相比传统的教育模式，网络协作学习更强调协作学习环境的作用，小组成员借助虚拟的网络协作平台进行交流协作，平台中必须具备多样的协作机制。基于网络的协作学习是协作学习发展的新阶段，需要建立在网络技术的基础上，为学生达到共同的学习目标打破时空限制，使学生可以进行协作、交流、练习等学习活动。教师主要起引导作用，安排教学内容和教学计划，利用网络工具进行学习进程的监督、管理和评价。基于网络的协作学习模式如图2-2-3所示。

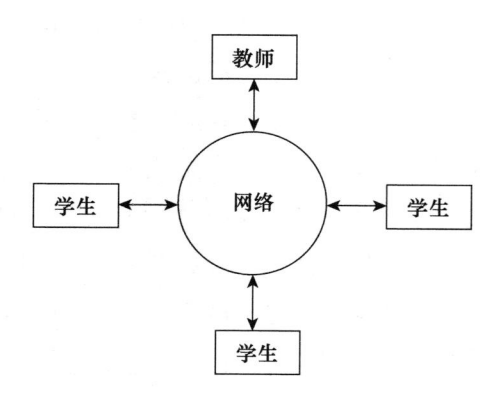

图2-2-3 基于网络的协作学习模式

在网络协作学习中，第一个阶段需要明确学习目标，并进行诊断性评价。在这个阶段，要明确学习共同体学习和研究的目标，并将这个目标作为统贯整个协作学习过程的中心指导思想，要提出学习研究的总体要求，同时，也要进行必要的诊断性评价，主要是了解潜在的学习共同体成员在本研究课题上已有的认知程度。第二个阶段可以利

第二章 信息技术与课程整合的课内整合模式

用网络工具进行协作学习平台的构建，使得每一个学习者都可以通过该平台向伙伴或教师进行提问，并及时分享自己的观点与看法。第三阶段需要对学习目标进行分解，并对学习者进行分工，从而保证每一个学习者都能够对自己感兴趣的子课题展开研究。在第四阶段，需要使用各种Web2.0技术工具分享学习者的观点与看法，方便进行知识的共享与交流，当然这也是协作学习最为关键的环节与内容。第五个阶段，还需要形成协作学习成果，进行总结性评价。在课题研究学习即将结束的时候，每一位学习者都需要在协作学习的平台中展示自己的学习成果，并通过学习共同体成员的讨论和评价来确认自己是否达到了最初设立的学习目标，同时通过对所有学习者成果的汇聚来确认整个学习共同体的学习目标是否完成，最后完成总结性评价。

根据上述协作学习过程，我们不难发现，协作学习主要由工作小组、小组成员（学习者）、任务分配（教师）和协作学习环境四部分组成。但在Web2.0时代的网络协作学习中，还需要配备资源，如与学习相关的学产设施、学习资源、学习平台和通信工具等。学习设施是指小组成员所使用的各种设备及网络，如电子白板、校园网络、多媒体网络教室和互联网等；学习资源是指为学生提供的学习材料体现共享的多样化；学习平台是指使教学活动得以实现的社会网络软件；通信工具则指用于实现远程讨论和远程沟通交流的一些技术设备。

基于网络的协作学习模式主要有7种：竞争、辩论、协同、问题解决、伙伴、设计和角色扮演。

1. 竞争：竞争模式是指两个或两个以上学习者参与共同的学习过程，教师起辅助作用。教师将任务分解成多个小任务，分配给不同的学生，看谁完成得又快又好。教师对学习者的任务完成过程及结果进行评价，学习者之间也可以进行互评。竞争可以在小组内进行，也可以在组间进行。学习者在竞争与协作中完成任务，有利于激发学生的学习主动性和积极性，增强学生的进取心，但过分的竞争不利于协作的进行。

◉ 第二篇　教学模式篇

2. 辩论：辩论模式中，教师一般担任裁判员，学习者围绕学习主题从不同角度确认自己的观点，借助学习工具及网络资源，围绕观点叙述自己的认识及看法，相互之间展开辩论，学习者可以陈述自己的观点，也可以反驳他方观点，最终能够说服他方的学习者获胜。辩论可在组内进行，也可在组间进行。辩论模式可以帮助学习者批判思维的形成以及语言表达能力的提高，但过激的辩论不利于协作的顺利进行。

3. 协同：协同指多个学习者分工完成某个学习任务，学习者根据自身认知特点，利用网络工具和资源相互学习、相互配合、分工协作，共同促进任务的完成。协同模式有利于协作学习的完成。

4. 问题解决：学习者借助网络查询与待解决问题有关的资料，经过系统的思考、分析，整理出解决该问题的答案。问题解决可以采取竞争、辩论、协同等方式。问题解决是一种综合性的学习模式，有利于提高学习者对信息的利用能力。

5. 伙伴：伙伴是指学习者与其他学习者或计算机通过共同完成学习任务而形成的关系。学习者与学习者之间的伙伴关系可以是合作，也可以是竞争，他们通过不同模式展开讨论，进行头脑风暴，促进学习。在学习者与计算机形成的伙伴关系中，计算机可以通过智能软件向学习者提出问题或给学习者提供答案。

6. 设计：教师给出设计主题，学习者通过合作进行设计。设计可以是实验设计、问题设计、流程设计等，学习者利用网络查阅相关文献资料与案例，对教师给出的主题进行设计。设计模式中，教师需及时总结具有创新性的想法和优秀案例，可以提高学生创新能力和综合运用能力。

7. 角色扮演：不同学生分别扮演学习者和教师的角色，教师角色提出问题，学习者角色进行回答，教师角色对学习者角色的回答进行评价，如果学习者角色遇到解决不了的问题，则由教师角色进行帮助或利用网络解决。角色扮演中的角色可以互相转换。通过角色扮演，可以使学习者体会不同角色的重要性及责任感，可以激发学习者

第二章 信息技术与课程整合的课内整合模式

的学习兴趣和学习成就感。

二 基于网络的协作学习模式的特征

1. 突破时间和空间的限制。

网络学习使学生突破时间、空间的限制，可以随时随地进行学习活动，促进了学习型社会的构建，增强了学生的自主学习能力和终身学习能力。

2. 灵活的协作性。

在网络环境中，协作小组成员不仅仅局限于本班级同学，也可以是学习同一课程的任何学习者，还可以根据学习任务灵活地调整、更换协作小组。基于网络的协作学习支持信息共享、集体讨论、轮流发言、角色扮演、交互操作等一系列协作活动，有利于促进学习目标的共同实现。

3. 交互的可控性。

与传统的学校教室环境相比，基于网络的协作学习是在通过计算机技术和网络技术搭建的协作学习平台开展的，教师和学生不能脱离平台进行教学和学习活动，所以交互性受到相对稳定的控制。另外，可以按照非顺序式自由发表观点，师生交流互不干扰。

4. 资源的丰富性。

虚拟学习社区、3D 打印、人工智能、眼动技术等现代化技术为基于网络的协作学习提供了丰富的资源，学习者可以随时获得并使用相关信息资源，以解决遇到的问题。

第四节 TPACK 整合模式

一 TPACK 整合模式概述及实施步骤

2008 年，美国全美教师教育学院协会创新与技术委员会编著的《整合技术的学科教学知识：教育者手册》正式出版，其中提出的

⊙ **第二篇 教学模式篇**

TPCK（后改为 TPACK）不仅仅是一种整合了技术的全新学科教学知识，还日渐发展成为一种能将信息技术整合于各学科教学过程的全新可操作模式。Matthew J. Koehler 和 Punya Mishra 把 TPACK（Technological Pedagogical Content Knowledge）定义为"整合技术的学科教学知识"，强调教学过程中要关注学科内容知识（CK）、教学法知识（PK）和技术知识（TK）这三个基础知识要素。三个基础知识要素交互，产生了四个符合要素：学科教学法知识（PCK）、整合技术的学科内容知识（TCK）、整合技术的教学法知识（TPK）、整合技术的学科教学知识（TPACK）。

　　学科内容知识（CK）可以理解为关于所教学科内容的知识；教学法知识（PK）为普通教学法知识，指对所有和教与学过程、实践或方法相关的知识，如关于学生、教学目标、教学策略、课堂管理和评价等知识的深刻理解；技术知识（TK）包括传统技术和数字技术。Shulman 提出学科教学法知识（PCK）是具体学科知识的"教学转化"，它包括使人易懂的该学科内容的表达和阐述方式，如最有效的类比、举例和解释等，以及不同学生所拥有的前概念和迷思概念等，是学习和教学研究的结合点；整合技术的学科内容知识（TCK），按照 Matthew J. Koehler 和 Punya Mishra 的解释，这种知识涉及"在技术和学科内容之间彼此相互限制的方式"；整合技术的教学法知识（TPK）是指在有具体技术应用于"教与学"过程的条件下，"教与学"应如何有效开展的知识，包括对相关技术工具可提供哪些教学功能以及对这些功能的适用性及局限性的了解。TPACK 知识之间的互动如图 2-2-4 所示。

　　TPACK 整合模式的实施，和其他"信息技术与课程整合"模式的实施相比，在许多方面都存在较大的区别，其中最重要的有两点：一是这种整合模式在贯彻、实施过程中特别强调要关注"境脉"（Context）；二是这种整合模式在贯彻、实施过程中特别强调教师应具备 TPACK 知识，并要充分发挥教师在整合过程中的重要作用。"境

第二章 信息技术与课程整合的课内整合模式

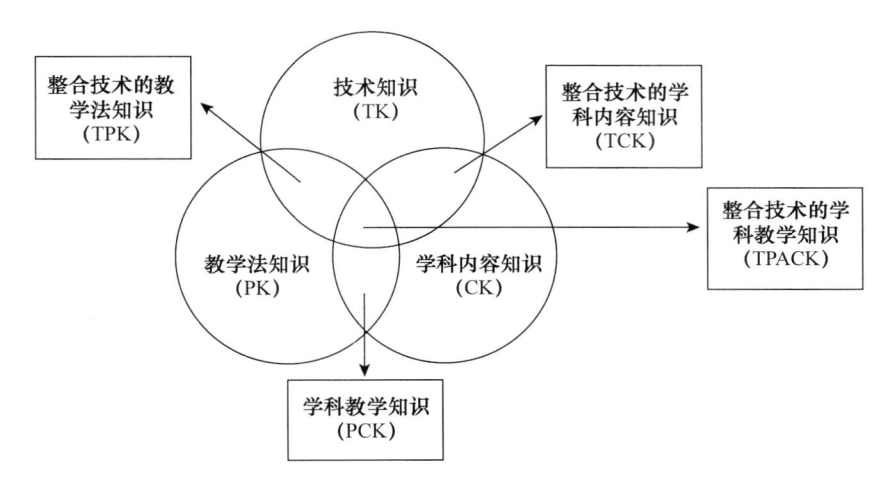

图 2-2-4 TPACK 框架及其知识要素

脉"是其他的整合模式不太关注，其至完全没有提到的概念。由于TPACK 的境脉和 TPACK 整合模式的贯彻、实施密切相关，为此，全面阐述 TPACK 的理论手册——《整合技术的学科教学知识：教育者手册》中，用了不少篇幅专门阐述 TPACK 境脉这一概念的内涵及其对整合模式在贯彻、实施过程中的不容置疑的影响，也就是对整合的途径与方法的影响。按照 Mario Antonio Kelly 博士给出的定义，TPACK 的境脉是指："学生和教师组成的一个具体班级中，由包括课堂的物理环境（软硬件基础设施）、学生的家庭背景、认知特点、心理素质和班级的精神面貌等诸多因素结合在一起的协同作用。"可见，境脉涉及生理、心理、认知、语言、社会、文化等方方面面。需要注意的是，广大教师在运用 TPACK 知识进行整合的过程中，不仅要考虑技术知识（TK）、教学法知识（PK）和学科内容知识（CK）这三个要素，而且对相关的"境脉"也绝不能忽视。为此，今后的教师培训和教师的专业发展应当更多地引导广大教师关注境脉的复杂性，特别是要关注构成境脉的诸多因素之间的协同作用，并要努力探索各种不同境脉下的有效整合途径与方法。另外，TPACK 是教师应当具备且必须具备的全新知识，它的贯彻、实施离不开教师，所以，在通

⊙ 第二篇 教学模式篇

过 TPACK 将信息技术整合于学科教学的过程中，必须强调教师是课堂教学的设计者、实施者，教学过程的引导者、监控者，即教师必须在整合过程中起主导作用。换句话说，在通过 TPACK 模式实现信息技术与课程整合的过程中，教师除了必须认真学习、掌握 TPACK 这种全新知识以外，更重要的是要在头脑中确立自身在信息技术整合于学科教学的过程中应当起主导作用的教育思想。

TPACK 整合模式分为以下四步：预习课题、分组探究、讨论分享、总结反思。TPACK 整合模式的教学流程如图 2-2-5 所示。

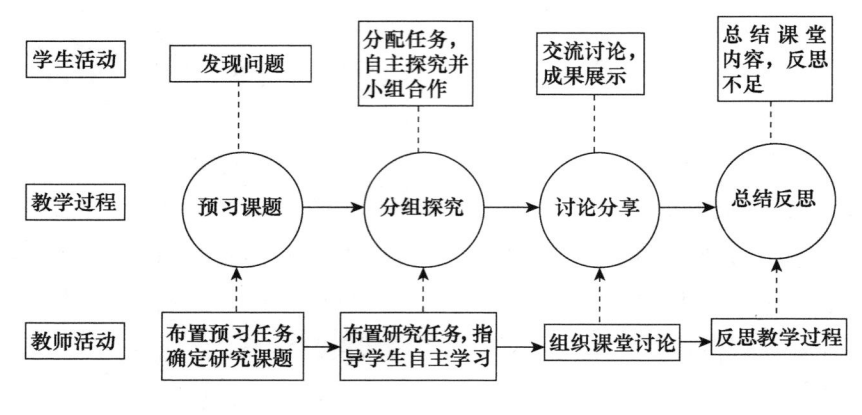

图 2-2-5 TPACK 整合模式

1. 预习课题：教师创设教学情境，布置预习任务，并确定研究课题。学生在预习课题的过程中发现问题，心存疑惑，带着问题进行下一步的学习。

2. 分组探究：学生分成若干小组，分配任务后每个成员进行自主探究，解决不了的问题可通过小组合作的方式解决，这样可以提高学生的协作能力和团队意识。教师可以通过网络监督或线下监督的方式来指导学生进行学习。

3. 讨论分享：这一阶段是学生完成任务后，选取代表进行成果展示，其他同学可提出疑问或发表评论，营造开放的学习环境。教师应认真听取每个学生的发言,并对学生的成果做出评价。

4. 总结反思:交流分享结束后,学生进行课堂总结和自我反思,并提出针对性的改进措施。教师不仅要对学生的表现和成果进行总结,还要对整个教学过程进行总结和反思,以期完善教学。

二 TPACK 整合模式的特征

1. TPACK 是教师应当具备且必须具备的全新知识,它的贯彻、实施离不开教师,所以在推广、应用 TPACK 过程中,必须强调教师是教学改革的积极参与者,是课堂教学的设计者、实施者,强调在教学过程中教师应起引导和监控作用,这对教师教育和教师专业发展具有重要指导意义。

2. TPACK 涉及学科内容、教学法和技术三种知识要素,但它并非这三种知识的简单组合或叠加,而是将技术"整合",即"融入"具体学科内容教学的教学法知识当中去。这就意味着对 TPACK 的学习和应用,不能只是单纯地强调技术,而应当更多地关注信息技术环境下的"教与学理论"及方法,也就是信息化"教与学"理论及方法。

3. TPACK 是整合了三种知识要素以后形成的新知识,由于涉及的条件、因素较多,且彼此交互作用,因此 Matthew J. Koehler 和 Unya Mishra 认为这是一种"结构不良"的知识,这种知识将要解决的问题,即信息技术整合于学科教学过程所遇到的问题,都属于"劣构问题",解决劣构问题的方案只能依赖每位教师的认知灵活性,在三种知识的结合与交叉中寻找。

4. TPACK 具有丰富的应用价值,应对教师 TPACK 知识进行测量与评价,行之有效的测量与评价工具不仅可以作为教师教学实践的参照,而且可以帮助教师促进自身的 TPACK 发展。TPACK 理论的价值在于指导教师利用自己所具备的 TPACK 知识来促进教学与学生的学习,明确 TPACK 在特定学科中的具体体现对教师 TPACK 的发展有重要的意义。

第三章　信息技术与课程整合的课外整合模式

西方发达国家比较关注信息技术与"课前""课后"教学过程的整合，即比较重视"课外整合模式"的研究；中国则相反，我们历来强调信息技术在课堂上的有效运用，即比较重视"课内整合模式"的研究。显然，这种差异源自东西方社会文化背景的不同，尤其是教育思想观念上的不同，西方特别是美国的教育思想大多强调以学为主，而东方特别是中国的教育思想历来强调以教为主。在这个问题上，不能说西方一定比东方好，也不能说东方一定比西方好，而是东西方具有各自的优势与不足，二者之间存在互相学习、优势互补的关系，而不是互相排斥、彼此取代的关系。

多年来西方在课外整合模式方面进行了大量的研究与探索，并取得了许多成功的经验。其中影响最大、也最为有效的课外整合模式是WebQuest整合模式，这一模式不仅在全球范围内广为流传，在我们国内也有较大的影响。目前，在中国教育界，不论是基础教育还是高等教育领域，类似于WebQuest的课外整合教学模式一般都被称为"专题研究性学习"或"研究性学习"。随着信息浪潮的席卷，STEM整合模式和创客整合模式初具规模，成为较为完善的信息技术与课程整合的常用课外整合模式。下面是对几种国内外常用的课外整合教学模式的介绍。

第一节 基于研究性学习的教学模式

一 基于研究性学习的教学模式概述及实施步骤

研究性学习是以问题或项目为载体,以研究为手段,以促进学生的发展为根本目的,以信息技术为支持工具的学习方式。研究性学习指在教师的指导下,学生从自然界或社会生活中选择某个真实的问题作为课题进行研究,在这个学习过程中,学生主动获取知识,并应用已有知识解决问题。基于研究性学习的教学模式就是在学科教师与信息技术教师的指导下,将研究性学习与学科教学结合起来的教学模式,要求学生在研究过程中主动地获取知识,并要应用所学知识去解决选定的真实问题。研究性学习教学模式对教学方式方法、教学内容有极大的影响,可以与各个学科进行整合,形成新的教学模式,在教学中发挥着重要的作用。

教师作为研究性学习的组织者、促进者,在学习过程中要给予学生帮助和指导,学生作为研究性学习的主体,应积极主动参与学习过程,认识和理解所学内容,创新性地解决真实的问题。能较好体现新型教与学方式的研究性学习,与传统的教与学方式相比,其实施、指导、管理和评价的内容和方法都有很大的差异,如何在信息化时代背景下实施好基于研究性学习的教学模式,是一线教师必须面对的挑战。与此同时,中国多数学校的信息化基础设施建设已形成规模,充分、有效地利用以多媒体和网络技术为代表的信息技术的优势,对广大青少年学生在信息技术环境下的研究性学习进行正确的指导,已是当前社会的迫切需求,也是当代教师的必备技能。

"研究性学习"教学模式通常包含以下五个教学环节:提出问题、分析问题、解决问题(通过深入的调查研究和广泛收集信息,形成解决问题的初步方案;通过小组的协作交流,进一步优化解决问题的方案)、实施方案、总结评价(包括形成性评价、总结性评价;自我总

◉ 第二篇 教学模式篇

结、小组总结、教师总结）等。在实施上述各个环节的过程中，教师和学生的有关活动以及教学流程如图 2-3-1 所示。

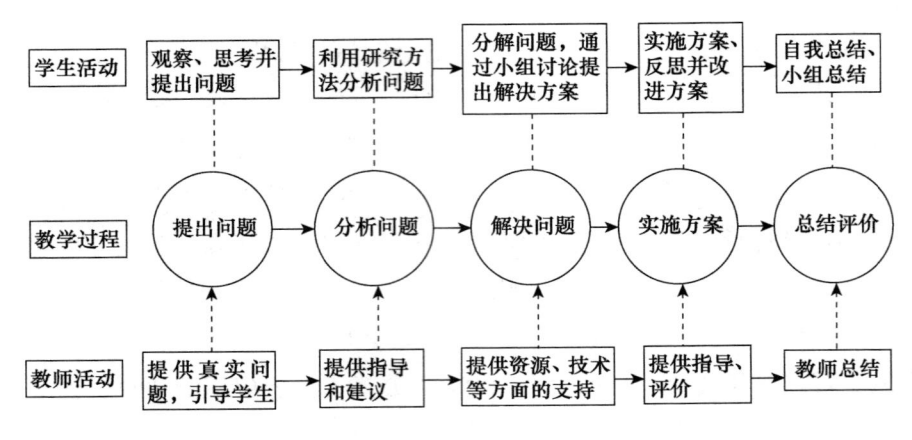

图 2-3-1 基于研究性学习的教学模式

1. 提出问题：教师直接给出问题或学生通过观察、思考，自主提出问题，进行研究性学习，在自然界或社会生活中的真实问题中选择有意义的或具有研究价值的问题作为主题。

2. 分析问题：学生利用一种或多种研究方法（如问卷调查法、访谈法、内容分析法、文献研究法、行动研究法、社会网络分析法等），在教师的建议和指导下，联系已有知识，思考并分析问题。学习者需分析要解决的问题是什么，以及如何来解决这个问题。

3. 解决问题：学生可以将复杂的真实问题分解成为若干小任务，为每个小任务找到切实可行的解决方案，再将这些小任务贯穿起来，从而解决第一步所提出的问题。学生个人解决不了的问题可通过小组讨论的方式共同解决。教师要及时为需要帮助的学习者提供资源、技术等方面的支持，把握好整体的学习进度。

4. 实施方案：学生在实施方案的过程中应随时反思，不断改进，在实践中呈现出更好的解决方案。教师在实施方案阶段应给予适时地指导和评价，帮助学生更好地进步。

5. 总结评价：总结环节包括自我总结、小组总结、教师总结三部分。总结内容包括整个学习过程、结果以及不足之处。教师总结在自我总结和小组总结的基础上进行，应该更全面、更深刻，达到促进学生提高的目的。

二 基于研究性学习的教学模式的特征

与其他的教学模式相比较，研究性学习教学模式具有以下几方面的特征。

1. 强调学习的研究性。

研究性学习强调选择自然界和社会生活中的真实问题作为学习与研究的主题，即以问题或项目作为研究性学习的载体。学生的知识获得与能力培养，都是在对自然和社会的客观规律进行科学研究的过程中、在解决实际问题的探索过程中完成的。

2. 强调学习的实践性。

研究性学习强调理论知识与自然界、与社会生活实际的紧密联系；强调学习与研究的主题必须具有实践性，即必须具有现实意义和实用价值。所以研究性学习特别关注环境问题、生态问题、人类与大自然和谐相处问题，特别关注社会现实问题、国际热点问题以及现代科学技术对人类生活和社会发展产生重大影响的问题。

3. 强调学习的体验性。

研究性学习强调学生的学习过程，特别是学生在学习过程中的真实感受和亲身体验。之所以特别关注学生的真实感受和体验，是因为感性认识是人类全部认识的基础。按照马克思主义认识论的观点，人类的一切认识都来源于感性认识，但感性认识应当提高到理性认识，并将理性认识运用于实践，才能完成对客观事物，包括自然界和社会上的各种事物的完整认识过程。这就是研究性学习不仅重视学习过程中的理性认识，如对概念、原理的理解，还十分重视感性认识，即真实的感受、体验和实践运用的理论依据所在。

4. 强调学习的自主性。

学习的主题，既可以由指导教师确定，也可以由学生根据当前所学课程内容并结合自己的兴趣、爱好自主选择。可以说，从开始选题、收集资料、撰写研究报告，到成果展示和进行答辩、交流、总结的全部学习过程，都是学生自主学习、自主探究、自主发现的过程，都可以由学生个人或小组自主完成，教师在学习过程中起组织者、指导者和学生自主建构意义的帮助者、促进者的作用。

5. 强调学习的开放性。

研究性学习的主题和由该主题展开的学习内容并非已经确定的知识体系，也没有相关学科的研究性学习专用教材，研究性学习的主题和内容是来源于自然界和社会生活的真实问题，所以，如上所述，研究性学习特别关注社会现实问题、国际热点问题等，而这些显然都是与时俱进的、不断更新的、涉及领域极为宽广的开放性问题。

由以上分析可见，研究性主要体现研究性学习在"学习目的"方面的特征，对知识、技能的学习，不仅要从原理、概念上认识与理解，而且要能够真正掌握知识、技能，能运用所学的知识、技能去解决自然和社会中的真实问题。体验性主要反映研究性学习在"认知"方面的特征——不仅重视理性认识，也重视感性认识。自主性则体现出研究性学习在"学习方式"上的特征。而从研究性学习在"学习内容"方面的特征看，则主要体现了实践性与开放性。

第二节　WebQuest 整合模式

一　WebQuest 整合模式概述及实施步骤

WebQuest 教学模式由美国圣地亚哥州立大学伯尼·道奇和汤姆·马奇于 1995 年提出。Web 的意思是"网络"，Quest 指"探究"，WebQuest 可以理解为基于网络的探究活动。伯尼·道奇等人给出 WebQuest 的定义为："一种以探究为取向、利用因特网资源的课程单

第三章 信息技术与课程整合的课外整合模式

元教学活动,在这种活动中,学生使用的全部或大部分信息都是从网上获得的。"教师呈现给学生一项任务,并给学生提供学习资源,学生利用网络对学习资源进行分析和使用,创造性地完成该任务。

我们认为,WebQuest 包括以下六个环节:引言、任务、过程、资源、评价、总结。

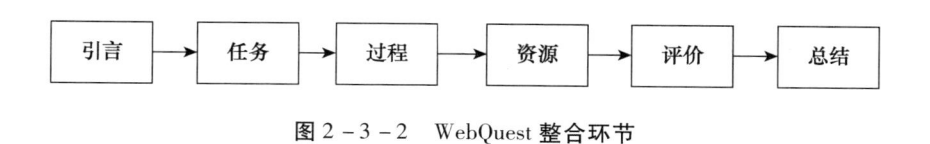

引言 → 任务 → 过程 → 资源 → 评价 → 总结

图 2-3-2 WebQuest 整合环节

1. 引言:引言指设计一个合适的 WebQuest 课程单元,设计课程单元时需考虑四个方面:是否符合课程标准、是否可以取代令人不满意的课程、是否合理地利用网络资源、是否能够促进学生学习。只有这四个方面都为"是"的时候,我们认为才是合适的课程单元。

2. 任务:任务被认为是 WebQuest 模式中最重要的组成要素之一,任务是需要创造力的。任务的类型是多种多样的,按照伯尼·道奇的观点,促进高级认知发展的任务有以下几种:复述、汇编、神秘性任务、撰写新闻、设计、创造性作品、达成共识、劝说、认识自我、分析、判断、科学任务。任务为学生的学习、研究活动提供了基础,一个好的任务是可操作的、具有吸引力的,并能激发学生的深入思考而不是死记硬背为学生制定任务有一些可供参考、借鉴的做法,如表 2-3-1 所示:

表 2-3-1 WebQuest 任务

任务类型	任务描述
复述	要求学生获取某种信息,并通过一定的方式表明自己理解了这一信息。学生可采用的复述方式有 Power Point、网页、海报、简短的报告等
汇编	要求学生从原始资料中收集某类信息后,对信息进行汇编——以一定的形式、结构把这些信息组织起来。学生的成果可以上传到因特网,也可用非数字化的形式展示。通过汇编可以让学生在熟悉材料的同时,对相关材料进行选择,并弄清楚做这种选择的根据所在

第二篇 教学模式篇

续表

任务类型	任务描述
神秘性任务	有神秘感的东西人人都会感兴趣，所以有时候激发学生兴趣的最好方式是将学习的主题隐含于一个谜语或侦探故事中。这种方法在小学阶段很有效，并且也可以用于成人学习者
撰写新闻	让学生充当新闻记者，要求他们将搜集到的信息以新闻或特写的形式表达出来。要求学生在表达时注重真实性和准确性
设计	让学生提出完成某件事或实施某项任务的具体计划
创造性作品	对创造性作品的要求，就是让学生用论文、故事、诗歌或绘画的形式将自己学习和研究过程中的收获、体会展示出来。对这种任务的评价应着重于创造性水平和自我表达水平这两个方面
达成共识	人们因价值观、世界观的不同往往出现意见、观点不一致，使学生了解人与人在意见、观点上经常会有分歧，并尝试去解决这种分歧是非常重要的。达成共识的任务就是要培养学生这一方面的能力。这一任务的核心是要让学生能清楚地表达出自己的观点，进行深入的思考，并能包容别人的观点
劝说	在社会生活中，总是会有人与你的意见不一致，而有时别人的观点又是错误的，这就需要耐心劝说，所以培养学生的劝说技能很重要。"劝说"的情境可以这样创设：出席听讼、审讯或辩论会以搜集自己并不同意的观点，然后以信件、评论、通讯、海报、录像等形式去改变他人的观点
认识自我	有时 WebQuest 也可以用于促进对自我的了解与认识。这种了解与认识可以通过教师指导下的基于网络资源的在线或离线探索来得到。但这类例子目前还较少。一个典型的例子是思考"我长大了做什么？"学生借助网络资源可以认真分析自身的长处和自己想要追求的目标，然后制定一个实现自己理想的计划
分析	了解事物的基本性质以及事物之间的相互联系是一种重要的认识能力。分析就是要发展学生的这种能力。在这一任务中，要求学生密切关注一件或多件事情，分析每件事情的性质、特点，找出它们之间的共性与个性，以及这些共性与个性说明了什么问题。为此，学生可能还要找出变量之间的因果关系并讨论其含义
判断	解决问题的前提是能够作出正确的判断——对各种不同事物进行辨别、对事物的某种性质进行判定、对所处境遇作出决策、对面临问题确定处理或解决的方案等，都是不同情况下"判断"的表现形式。可见对判断力的培养极为重要。判断要求学生能够按照一定的评价指标，对给定的对象进行排序、打分或在一定的范围内作出选择（评价指标应简明扼要）
科学任务	科学带来人类的文明与进步。科学已渗透到我们社会生活的每一个角落。培养青少年热爱科学，使他们逐步具有科学意识、了解科学方法、认识科学的作用至关重要。网络可以把历史上的科技发明和最新的科研资料呈现在学生面前，还可以让学生在网上做一些虚拟实验，因而有可能通过设计若干基于网络的科学任务来完成对青少年的上述培养目标

3. 过程：教师设计网页，可以自行设计，也可以从相关网站下载模板，这些模板包含WebQuest的基本结构以及设计建议。学生可通过自主学习和协作学习等方式进行学习，并以文字形式记录活动内容。

4. 资源：教师为学生提供学习资源，学生利用网络工具合理选择信息和利用资源。

5. 评价：教师应给出评价标准，设计评价量表，选择评价维度，列出评价指标，对学生做出评价。评价包括形成性评价和总结性评价。

6. 总结：总结环节包括学生自我总结、小组总结和教师总结。教师总结应更具体、更概括。

二 WebQuest整合模式的特征

WebQuest整合模式具有以下四个方面的特征。

1. WebQuest模式要求有一个需要切实解决的中心问题，即现实生活中的真实任务，要求学生理解真实世界中的问题，并对问题提出假设、检验和方案。

2. WebQuest整合模式强调利用资源进行学习，"学生使用的全部或大部分信息都是从网上获得的"，所以WebQuest能有效激发学生上网查找相关资料的积极性，这也是WebQuest模式的主要特征之一。

3. 由于WebQuest为教师提供了有固定结构的教学设计流程模板和一系列的指导信息，这就相当于为一线教师提供了一种便于掌握、运用教学设计新理念的脚手架，从而使广大教师的教学易于上手、易于实施。

4. WebQuest强调合作学习，学生在学习小组中必须扮演一定的角色。

第三节 基于问题的学习模式

基于问题的学习、基于项目的学习、基于资源的学习和WebQuest

⊙ **第二篇　教学模式篇**

属于同一类模式——"基于网络的专题研究性学习模式"。由于这种模式是围绕自然界或社会生活中的真实问题而展开的，所以往往是多个学科的交叉，是多种知识的综合运用，要进行大量的实际调查、访谈或测量，需要花费许多时间，只能利用课外活动来完成，所以不适合作为课堂上的常规教学模式。

一　基于问题的学习模式概述及实施步骤

基于问题的学习最早于1969年由美国的神经病学教授霍华德·巴罗斯（Howard Barrows）针对当时传统医学教育的弊端提出。当时传统医学教育普遍采用先理论后实践，即"先学后用"的教学方式，但是学生面对真实的临床情境时，并不能很好地对所学理论进行运用。所以巴罗斯尝试把临床实践引入基础课教学，采用边实践边理论或者说"为用而学"的教学方式，使学生置身于真实的临床问题中，以小组合作的方式，提出其存在的问题并寻找解决问题的方法，并在此过程中学习相应的理论知识。巴罗斯把"基于问题的学习"界定为"学习者为了解或解决一个问题而进行学习的历程"。

我们认为，基于问题的学习（Problem-Based Learning）是一种强调把教学、学习设置到复杂的、有意义的问题情境中，通过让学习者以小组合作的形式共同解决复杂的、实际的问题，或真实地学习隐含于问题背后的科学知识，从而不仅使学习者构建灵活的知识基础，更同时发展其合作学习能力、解决问题能力，并形成自主学习的能力的一种教学模式。作为一种问题取向的教学思路，基于问题的学习与杜威的"做中学"以及后来的发现式学习等思想有密切联系，同时，它也在建构主义学习理论中找到了更扎实的理论依据，在很大程度上体现了建构主义的思想，比如将学习与更大的任务或问题挂钩；使学习者投入到问题中；设计真实性任务；鼓励自主探究；激发和支持学习者的高级思维；鼓励学习者之间讨论；鼓励学生对学习内容和过程进行反思等。

第三章 信息技术与课程整合的课外整合模式

基于问题的学习模式不同于传统教学模式，它不再把学生当作一张等待教师书写的白纸。它在学习目标、学习过程、师生角色、评价方式等方面与传统教学模式相比发生了一系列变化，主要表现在以下四个方面。

1. 学习目标发生改变。

在传统教学模式中，人们习惯把获得知识和技能作为学习目标；而基于问题的学习模式以学生自主构建知识、发展学生高阶思维、提高学生的自主探究能力和合作学习能力为目标。

2. 学习过程发生改变。

在传统教学模式中，学习过程被看成是知识由教师传递给学生的过程，或者说学生被动地从教师或教科书获取知识的过程。而基于问题的学习过程则是不断探究发现的过程，是解决真实问题的过程。

3. 师生角色发生改变。

学生由知识的被动接受者变为主动建构者，直接参与构建知识的过程，是教学活动的中心。教师由知识的传递者转变为学生发展的指导者、促进者、合作者。

4. 评价方式发生改变。

传统教学模式中的评价方式大多为测试，以分数评估学生学习成果的优劣，基于问题的学习模式下的学习丰富了评价形式，由教师、小组成员以及学生自己共同进行评价，使评价更加合理、客观，评价内容不仅仅有知识获取的结果，更强调知识获取的方式、途径及学习的态度和方式，目的是评价学生的综合能力。

基于问题的学习模式流程如图 2-3-3 所示。

1. 提出问题：教师根据教学目标和教学内容创设结构不良的、开放的、真实的情境，提出真实的问题，问题既可以以原有认知结构为基础，以此促进新旧知识的贯通也可以从现实生活入手，促进新知识的意义建构。学生根据教师提出的问题进行初步思考，做好学习的准备。

2. 分析问题：能否通过分析问题提出正确的假设或判断假设正确与

⊙ 第二篇 教学模式篇

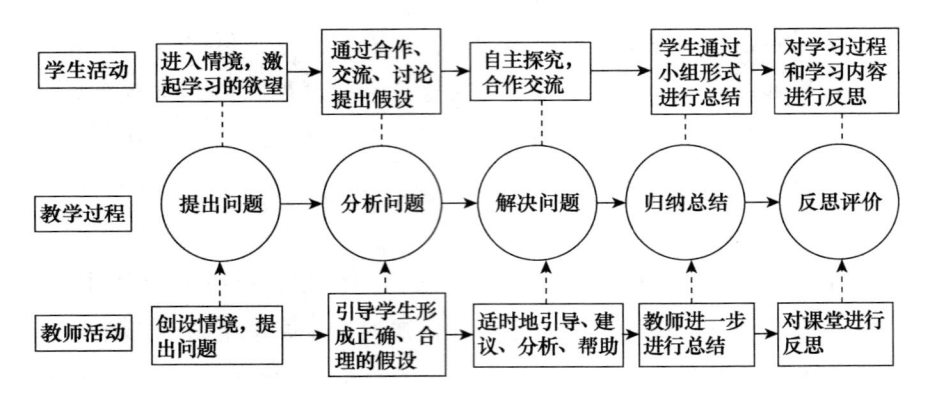

图 2-3-3 基于问题的学习模式

否，直接影响着整个问题处理过程的成败。学生通过合作、交流、讨论提出假设，而教师采用多种手段引导学生形成正确、合理的假设。另外，教师还要组织小组学习，强化学生对假设合理性的探讨。

3. 解决问题：学生根据一定的分组原则分成不同的小组。小组内成员自主探究任务，然后共同讨论，分享成果。教师在这个过程中引导学生进行思考和讨论。学生通过自己的方式汇报学习过程和结果，可以是 PPT 的形式，也可以是论文的形式。教师对各个小组的汇报进行整体把握，并在适当的时候给出指导和建议。

4. 归纳总结：得出结论并不是问题的结局，也不是基于问题的学习的结束。学生还要运用所学知识和结论联系实际，从而提高分析问题和解决问题的能力，激发学习兴趣。教师要帮助学生进行总结，为学生提供拓展创新的知识。

5. 反思评价：在问题解决中进行反思。教师要有意识地培养学生对他们要解决的问题的知识和方法进行反思和评价；引导他们反思解决的问题和之前解决的问题是否有联系，有什么相似之处和不同之处，采用的方法是否恰当等；还要引导学生评价自己的成果，反思自主、探究、合作学习解决问题的有效性。反思评价有利于发展学生高层次思维能力。

二 基于问题的学习模式的特征

1. 以学生为中心。

基于问题的学习是学生自主、探究、合作、交流的过程，学生是问题的解决者和意义的建构者。

2. 以问题为中心组织教学并作为学习的驱动力。

强调意义而不是事实，通过问题解决的过程，增强学生的自主学习能力。

3. 问题是真实的、劣构的，是发展学生解决实际问题能力的手段。

问题驱动能够引发比传统学习更深入的理解和更高能力的发展。由于问题是劣构的，没有确定性法则，不能简单套用已有的解决方法。

4. 以小组为单位的学习形式。

由于问题具有复杂性，学生需要以小组为单位进行合作学习，共同处理复杂的问题，从而促进学生的人际交往能力和团队协作能力。

5. 教师是辅导者、引导者。

基于问题的学习是教师组织、引导、鼓励、建议的过程。这样的师生角色使师生之间的关系更加融洽，有利于发展学生运用知识的能力、解决问题的能力，提高整体学习水平。

6. 真实的、基于绩效的评价，重过程甚于结果。

相比问题解决的结果，基于问题的学习更注重问题的解决过程。

第四节　STEM 整合模式

一　STEM 整合模式概述及实施步骤

科学是人类文明发展的推动力，提升学生的科学素养及综合能力是促进科学发展的关键途径。其中，综合能力包含创新能力、主动探

⊙ 第二篇 教学模式篇

究能力、独立思考能力与解决问题能力等。STEM 教育最初在美国提出，它受到美国政府高度重视并将其作为一项重要的教育计划，它在教育领域中有着举足轻重的地位。目前，推进 STEM 教育已成为世界性教育发展趋势。

STEM 起源于 20 世纪 80 年代的美国教育学，在 2010 年再次修订成为美国正式的教育政策。创新是引领发展的第一动力，创新驱动的本质是创新人才驱动，而人才靠教育培养。为培养创新型人才，STEM 教育作为近几年国际科学与技术教育跨学科多领域整合的新兴研究领域和实践范式，受到教育领域的广泛关注和积极实践。2016 年 6 月，我国教育部颁布了《教育信息化"十三五"规划》文件，明确指出"积极探索信息技术在众创空间、跨学科学习（STEAM 教育）、创客教育等新的教育模式中的应用，着力提升学生的信息素养、创新意识和创新能力"。这个纲领性的文件，标志着我国正式踏入 STEM 教育改革的队伍中。国务院办公厅在印发的《全民科学素质行动计划纲要实施方案（2016—2020 年）》中明确提出，要完善基础教育阶段的科技教育，增强中小学生的创新意识、学习能力和实践能力，并采取了一系列措施，如修订小学科学课程标准实验教材，增强中学数学、物理、化学、生物等学科教学的横向配合，修订普通高中科学与技术领域课程标准，鼓励普通高中探索开展科学创新与技术实践的跨学科探究活动等。2017 年 2 月，教育部印发《义务教育小学科学课程标准》，倡导跨学科学习方式，建议教师可以在教学实践中尝试 STEM 教育。同年 8 月，中国教育科学研究院 STEM 教育研究中心正式发布《中国 STEM 教育白皮书（精华版）》（简称白皮书）。白皮书指出，"STEM 教育在中国进入蓬勃发展阶段，在教育实践、理论研究和教育政策方面取得明显进展，但是也存在严峻的挑战"。为进一步发挥 STEM 教育在促进科技创新和提高国家竞争力中的基础性和先导性作用，中国教育科学研究院启动"中国 STEM 教育 2029 创新行动计划"，以服务国家创新驱动发展战略为宗旨，整合全社会资源,建立政府部门、科研机构、高新企业、社区和学校相融合的中国STEM教育生态系统,打造覆盖全国的STEM教育示范基地,培养一大批国家发展急需的创新人才和高水平技能人才。2018年5月,中国教育科学研究院STEM教育研究中心发布《STEM教师能力等级标准(试行)》,STEM教师能力也得到了关注。

STEM教育即科学(Science)、技术(Technology)、工程(Engineering)和数学(Mathematics)教育的简写,STEM教育的宗旨是整合创新,提倡跨学科教育,使用多学科的思维和知识解决实际问题,是在真实情境中以跨学科整合的方式培养创新人才的一种教育类型,是依托工具与资源,以基于项目或问题的方式培养学生的一种技术教育。具体来说,科学试图通过获得实证经验,来理解自然世界;技术源于工程设计,渗入工程理念;工程结合科学与数学知识设计产品;数学通过逻辑计算与证明,来解释事物的关系模式。STEM教育强调以学生为中心,注重实践和跨学科理念,是一种创新性的教育实践,是培养创造性人才、提升学生面对复杂问题时的解决能力的有效途径。STEM课堂的教学情境看似混乱无序,但却能够培养学生的动手能力、问题解决能力以及与人沟通的能力。在STEM整合模式中,STEM理念与信息技术相结合,在教学的过程中,信息技术体现出其工具性,对STEM教育的顺利开展起到了重要的辅助作用,所以从本质上来说,信息技术也是STEM教育的一个重要组成部分。STEM整合模式的教学流程如图2-3-4所示。

1. 创设情境:教师通过设置真实的情境,调动学生学习的积极性,激发学生学习兴趣。学生的学习兴趣是保证STEM学习顺利进行的基础。

2. 协作探究:STEM模式的问题可以由教师给出,也可以由学生经过观察、思考后自行提出。学生通过小组协作学习的方式给出问题解决的方案,这个过程可以是有分工的自主探究,可以用头脑风暴的方式探索问题,也可以小组内共同交流分享或利用网络资源等信息来

⊙ 第二篇 教学模式篇

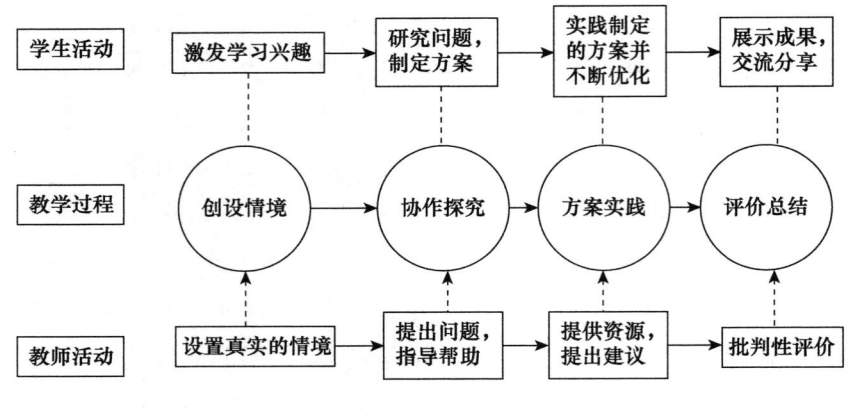

图 2-3-4 STEM 整合模式

进行科学探究。教师要提供帮助和指导，在学生出现困难的时候及时帮助解决，保证探究环节的顺利进行。

3. 方案实践：学生在教师的指导下，借助教师提供的学习资源，制定一套完整的问题解决方案，并付诸实践。实践过程中注意观察不合理的因素和步骤，不断加以改进，找到问题解决或优化的办法，要明确 STEM 学习是一个不断优化的过程。

4. 评价总结：学生完成作品后，要展示设计思路、团队分工、学习成果和创新点，同学们之间进行交流，分享学习经验，其他同学应进行评价，促进所有学生共同提高。教师进行总结性发言，多以定量与定性相结合的分析方法，以及用批判的思维对学生做出评价。另外，STEM 评价主体可以加入第三方机构，第三方对实施材料以及学生反馈、教师反馈做出评价，可以保障评价的客观性和专业性。

二 STEM 整合模式的特征

1. 教学模式：项目或问题导向。

STEM 整合模式不仅主张通过自学或教师讲授习得抽象知识，更强调学生动手、动脑，参与学习过程。STEM 整合模式为学生提供了动手做的学习体验，学生在项目问题解决过程中，用所学的科学、技术、工程和数学知识面对现实世界的问题，创造、设计、建构、发现、合作并解决问题。

2. 教育理念："做中学"与跨学科知识整合。

STEM 整合模式强调融合各个学科，在"做中学"，强调发展学生的多元智能，通过各学科的规律性联系，不断培养学生的创新意识、创新能力和创新精神。

3. 学习方式：自主学习与合作探究。

STEM 整合模式强调个人的自主探究与群体中的协同互助。在完成任务的过程中，学生需要与他人交流和讨论。STEM 整合模式要求学习活动的设计要包括自主学习和协作探究两个阶段。

4. 教育目的：培养学生的创新精神与实践能力。

STEM 整合模式要求学习产出中包含作品设计，通过实践促进知识的融合与迁移，通过作品外化学习的结果、习得的知识和能力，在实践过程中，提高学生的 STEM 素养和创新精神。

5. 教育特征：情境性、个性化和多样性。

STEM 整合模式具有情境性特征，强调让学生获得将知识进行情境化应用的能力，同时使学生理解和辨识不同情境的知识体现。STEM 整合模式强调知识是学生通过与学习环境互动而建构的，并非来自于外部的灌输。STEM 整合模式关注每一个学生的发展，强调给学生提供更多的可能性。

6. 教学原则：学生为主体，教师为主导。

"学生为主体"是教学的前提，"教师为主导"是强化学生主体地位的条件。STEM 模式尊重学生的个体差异，鼓励学生多样性和个性的发展，利用多种方法解决同一问题，倡导批判性思维，敢于打破定势思维，树立开放的、新颖的、不拘常规的理念，鼓励学生"突发奇想""节外生枝"，勇于发表自己的见解。

7. 教育群体：全体学生。

STEM 整合模式尊重每一个学生，满足不同层次学生的需求，着

⊙ 第二篇 教学模式篇

眼于学生全面发展和终身发展的需要,张扬每个学生的个性,客观公正地评价每一个学生。

8. 教学形式:以活动为载体融入课程。

STEM整合模式将需要解决的问题以活动形式融入课程,使学生在现实情境中获得经验和知识,在现实情境中培养能力,树立正确价值观,促进学生的综合发展。

第五节 创客整合模式

一 创客整合模式概述及实施步骤

新兴科技和互联网社区的发展,推动了创客运动的浪潮,随后这一趋势逐渐延伸到教育领域,在教育领域引起了一场变革。创客教育的产生适应于教育信息化的时代背景,是一种创新性的教育。创客整合模式是一种新型的教学模式,建立在我国基础教育改革的背景之下,是一种培养创新性人才的教育模式。杨现民指出"创客教育是一种融合信息技术,秉承'开放创新、探究体验'教育理念,以'创造中学'为主要学习方式和以培养各类创新型人才为目的的新型教育模式"。祝智庭、雒亮认为:"广义上创客教育应是一种以培育大众创客精神为导向的教育形态。狭义上的创客教育则是一种以培养学习者,特别是青少年学习者的创客素养为导向的教育模式。"可见,创客教学模式对教育产生了巨大的影响,对培养学生的创新意识具有极大的意义。我们认为,创客整合模式指学习者围绕真实情境,充分学习、筛选和利用创客空间的学习资源,基于创客项目的教学过程,在实践操作、探索创新、内化吸收的过程中进行自主、合作、探究和创造学习,从而培养创客素养的一种教学模式。其中,"创客项目"指创客为创造新颖、独特、有社会意义或个人价值的产品而进行的创造性活动。"创客空间"是创客基于创客项目进行创新、实践、共享、协作和交流的开放性学习空间,是创客项目实施的工作空间、网络空间、社交空间和资源共享空

第三章 信息技术与课程整合的课外整合模式

间。创客整合模式的教学流程如图 2-3-5 所示。

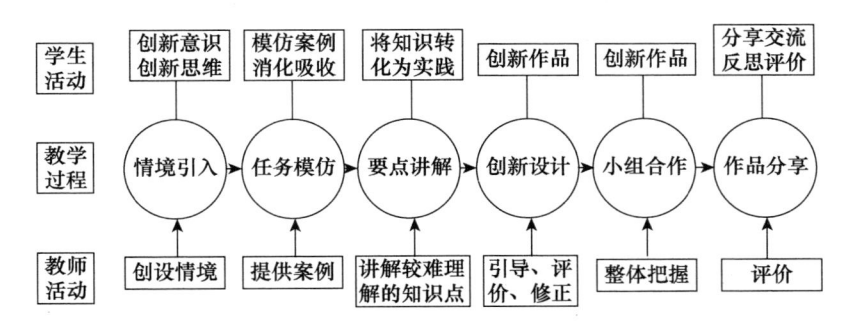

图 2-3-5 创客整合模式

1. 情境引入：激发学生的创新意识是创客教学模式的第一步，教师创设与学生息息相关的情景，使学生身临其境，以此来激发学生的创新思维和创新意识。

2. 任务模仿：在任务模仿过程中，学生主动学习，积极模仿教师给出的案例。教师提供的模仿案例要建立在学生已有知识的基础上，不能难度过大而打击学生自信心。模仿的目的是将知识更好的消化、吸收，并加以转化，储存进自己的知识结构中。

3. 要点讲解：要点讲解的目的在于将比较难理解的知识点教授给学生，以免阻碍学生在创客过程中的发挥。创客的重点在于实践，所以教师应更注重如何运用知识，而不是如何深入地理解知识。

4. 创新设计：在任务模仿步骤中，学生已对任务有了简单的了解。创新设计就是在任务模仿的基础上融入自己的创新思维。教师要整体把握，对在哪方面进行创新给予引导，并对学生的想法进行评价和修正。

5. 小组合作：创客模式的任务一般比较复杂，个人难以完成，需要发挥小组协作的重要作用。小组同学讨论各自的创新观点，其他同学评价优点和不足之处，综合观点后进行作品设计。教师要进行方向的把握，并尽量确保每个学生都参与到作品设计中来，让学生感受

⊙ 第二篇 教学模式篇

到创新的快乐。

6. 作品分享：作品完成后要进行分享。分享是快乐的，分享者要听取他人的修改意见，完善自己的作品。其他同学也会在这个过程中有所学习，同时进行自我反思。教师要对学生的作品进行评价，尤其要关注实践性和创新性。

二 创客整合模式的特征

1. 教育目的：发展创客核心素养，培养创新型人才。

创客素养是指创客应具备的、能够适应终身发展和社会发展需要的必备品格及关键能力。工匠精神、设计思维、创造性思维、批判性思维、实践智慧是创客造物的基本素养和关键能力，即创客核心素养。

2. 教育特征：自主性、探究性、合作性、创新性。

创客项目的实施过程本质上是设计的过程，亦是创造的过程。创客整合模式不仅仅是设计实践的过程，更是在探究、交流、分享和协作中最终实现造物的创造过程。

3. 教学追求：理论、实践、创造的统一。

教育的不断发展，推动着不同学科知识的交叉与融合。而任何一项造物活动的开展，都需要综合运用多学科、多领域的知识经验，从而实现创客整合模式理论、实践与创造的统一。

4. 教学理念："做中学""创中学"和跨学科知识整合。

在"做中学""创中学"，通过复杂的、真实的、富有挑战性的项目，激发学生的创新能力和实践能力。

5. 学习过程：制作创客项目。

以大数据、人工智能、虚拟现实等为代表的新一代信息技术，提供了多种线上线下的认知工具和学习资源，丰富了学习的手段和学习的形式。创客整合模式鼓励学生在动手创造的过程中习得知识与技能，提倡"创中学"。

参考文献（二）

巴班斯基、张定璋：《中学教学方法的选择》，高文译，教育科学出版社 1985 年版。

陈鹏、陈勤：《大学创客教学的内涵、特征和实践——以天工创客空间为例》，《现代教育技术》2019 年第 7 期。

顾明远：《教育大词典》第一卷，上海教育出版社 1990 年版。

国务院办公厅：《全民科学素质行动计划纲要实施方案（2016—2020年）》，2016 年 3 月 14 日，http：//www.gov.cn/zhengce/content/2016-03/14/content_ 5053247.htm，最后浏览日期：2020 年 6 月 15 日。

何克抗：《TPACK——美国"信息技术与课程整合"途径与方法研究的新发展（下）》，《电化教育研究》2012 年第 6 期。

何克抗：《信息技术与课程深层次整合的理论与方法》，《电化教育研究》2005 年第 1 期。

何克抗：《信息技术与课程深层次整合的理论与方法》，《中国信息界》2006 年第 4 期。

何克抗：《信息技术与课程整合深层次整合理论》，北京师范大学出版社 2008 年版。

和学新：《教学策略的概念、结构及其运用》，《教育研究》2000 年第 12 期。

黑格尔：《逻辑学（下）》，杨一之译，商务印书馆 1982 年版。

黄高庆、申继亮、辛涛：《关于教学策略的思考》，《教育研究》1998 年第 11 期。

⊙ 第二篇 教学模式篇

黄荣怀:《基于 Web 的协作学习系统模型》,《中国远程教育》2001 年第 5 期。

林书兵、张倩苇:《我国信息化教学模式的 20 年研究述评:借鉴、变革与创新》,《中国电化教育》2015 年第 9 期。

施良方、崔允漷:《教学理论:课堂教学的原理、策略与研究》,华东师范大学出版社 2009 年版。

杨开城等:《STEM 教育的困境及出路》,《现代远程教育研究》2020 年第 2 期。

杨现民、李冀红:《创客教育的价值潜能及其争议》,《现代远程教育研究》2015 年第 2 期。

叶澜:《新编教与学教程》,华东师范大学出版社 1993 年版。

于勇、卜娟娟、张海:《TPACK 理论研究面临的挑战》,《中国电化教育》2014 年第 5 期。

余胜泉、吴娟:《信息技术与课程整合——网络时代的教学模式与方法》,上海教育出版社 2005 年版。

袁振国:《当代教育学(试用本)》,教育科学出版社 1998 年版。

赵呈领、杨琳、刘清堂:《信息技术与课程整合》,北京大学出版社 2010 年版。

赵呈领、赵文君、蒋志辉:《面向 STEM 教育的 5E 探究式教学模式设计》,《现代教育技术》2018 年第 3 期。

赵建华、李克东:《协作学习及其协作学习模式》,《中国电化教育》2000 年第 10 期。

赵学昌:《把核心素养内化于课堂》,《教育理论与实践》2016 年第 32 期。

钟启泉:《教学方法:概念的诠释》,《教育研究》2017 年第 1 期。

钟志贤:《信息化教学模式——理论建构与实践例说》,教育科学出版社 2005 年版。

祝智庭、雒亮:《从创客运动到创客教育:培植众创文化》,《电化教育研究》2015 年第 7 期。

祝智庭：《现代教育技术——走进信息化教育》，高等教育出版社 2002 年版。

佐藤正夫：《教学原理》，钟启泉译，教育科学出版社 2001 年版。

中华人民共和国教育部：《基础教育课程改革纲要（试行）》，2001 年 6 月 8 日，http：//www.gov.cn/gongbao/content/2002/content_61386.htm，最后浏览日期：2020 年 6 月 15 日。

中华人民共和国教育部等五部门：《教师教育振兴行动计划（2018—2022 年）》，2018 年 2 月 11 日，http：/www.gov.cn/xinwen/2018-03/28/content_5278034.htm，最后浏览日期：2020 年 6 月 15 日。

Bruce Joyce, Marsha Weil, Emily Calhoun, *Models of Teaching*, Boston: Allyn and Bacon, 1999.

Mishra, P. & Koehler, M. J., "Technological pedagogical content knowledge: A framework for teacher knowledge", *Teachers College Record*, 108 (8).

Shulman, L. S., "Those Who understand: A conception of teacher knowledge", *American Educator*, 1986, 10 (1).

第三篇
工具资源篇

信息技术对于学科教学和学习的支持，最有效的方式是向师生提供简单易学、功能全面的信息化学习工具，这些工具能帮助教师进行教学科研，有助于教师专业发展和自身能力的提升，因此信息化学习工具的搜集与开发是实现信息技术与课程整合的一个必要前提。

在实际教学过程中，由于学科不同，所使用的教学工具也可能不尽相同，在这里我们把它们分为学科教学工具和通用教学工具。学科教学工具是为特定学科量身定做的，在专门的学科教学工具帮助下，能有效提升学科教师的教育效果，学生学习也更具针对性。通用教学工具是各个学科教学都能使用，每个教师都应掌握并熟练运用的一类教学工具。在教育信息化的背景下，通用教学工具又可细分为基本教学工具、微课制作工具、知识管理工具、教学科研工具和教学互动工具。

基本教学工具是制作多媒体课件的基础，而多媒体课件又由各种多媒体素材组成，包括文本、图形、图像、视频、音频、动画等，素材的收集、编辑和制作等是整个多媒体课件制作中耗时最多的工作。因此，掌握多媒体素材制作工具和多媒体课件制作工具，可以在一定程度上减轻教师的备课负担。

"微课"又名"微课程"，是"微型视频网络课程"的简称，它是以微型教学视频为主要载体，针对某个学科知识点（如重点、难点、疑点、考点等）或教学环节（如学习活动、主题、实验、任务等）而设计开发的一种情境化、支持多种学习方式的在线视频课程资源（胡铁生，2013）。它是传统课堂学习的一种重要补充和拓展，内容被永久保存，可供学生反复学习，同时促进教师提高专业水平发展。因此，微课制作工具可以帮助教师轻松录制解题视频或知识讲解视频，帮助学生反复学习巩固知识。

知识管理工具可以帮助教师进行知识管理和思维创新，在信息爆炸的时代，如果不能将信息进行有效的梳理和整合，然后吸纳到自己的知识体系中，那么信息的价值就很难得到体现。因此，师生能够利用知识管理工具进行知识梳理和整合，创建自己的概念图，展现简单概念和复杂概念之间的逻辑关系，也可以进行任务安排和管理，更加高效地完成工作，还可以记录生活点滴灵感，形成自己的想法和创意等。

教师实现自我发展，不仅要专注于实际教学，还要进行一定的教学科研，针对实际教学中遇到的问题进行研究，提高教育教学效果，提升自己的教学能力，而教育科研工具能够有效地帮助教师提升教学和科研等方面的工作。

教师与学生之间有效互动是保证课堂教学效果的重要前提，同时也有利于教学相长。教学互动工具将先进的教育理念和互联网技术巧妙融合，改变了传统的教学结构，更加突出"主体—主导相结合"的新型教学结构，全面提升教学体验，让师生更好地进行互动，从而使教学更加有效。

总之，任何的工具资源都必须与课程紧密结合，突出其工具性，使其有机地融入学科教学教研中，从而提升教学质量和促进教师与学生的综合发展。本篇内容分为六章，分别介绍基本教学工具、学科教学工具、微课制作工具、知识管理工具、教学科研工具、教学互动工具，这些工具在教师日常教学中能够减轻教师备课负担，创建优质教学资源，提升教学科研效果以及实现教师自我专业发展。

第一章　　基本教学工具

随着教学改革与教学现代化的推进，计算机多媒体课件制作与应用逐步深入到教育领域的各个方面，教育资源的形式也更加丰富多样，文档、图片、视频、音频等更能直观形象地展示教学内容，增加教育教学的趣味性。本章的四类基本教学工具能够帮助教师提升教学效率，提高学生的学习兴趣。

第一节　　PPT 课件制作工具一：101 教育 PPT

一　基本介绍

101 教育 PPT 是一款服务教师用户的备课、授课软件，包含许多教学资源以及贴合教材版本的课件素材，可实现一键备课。软件提供教学工具、授课互动工具、3D 资源等，辅助教师授课。在课堂上，老师可以通过手机客户端直接操控大屏幕上的 PPT 课件，同时调用软件内置的课堂互动工具、学科工具等。

101 教育 PPT 软件的特点包括：（1）可作为学科工具：数学方块塔工具、语文生字卡、英语词汇卡等。（2）可作为互动工具：含有课堂小活动工具，增强学生的参与度，活跃课堂气氛。（3）可用手机操控：不受时间、空间限制，只要手机端与电脑连接，就可实现远程控制。（4）拥有特色资源：3D、VR 等。

二　使用指南

（一）安装步骤：

1. 进入 101 教育 PPT 网站（http：//ppt.101.com/），主界面如

⊙ 第三篇 工具资源篇

图 3-1-1 所示。

图 3-1-1 101 教育 PPT 主页

2. 选择对应版本软件下载，这里选择"电脑版本下载"，如图 3-1-2 所示。

图 3-1-2 电脑版本下载界面

3. 找到下载位置，双击 101PPTSetup.exe 应用程序，进行软件安装（图 3-1-3），然后选择合适的语言，在这里我们选择"中文"，点击"下一步"（图 3-1-4）。

·178·

第一章 基本教学工具

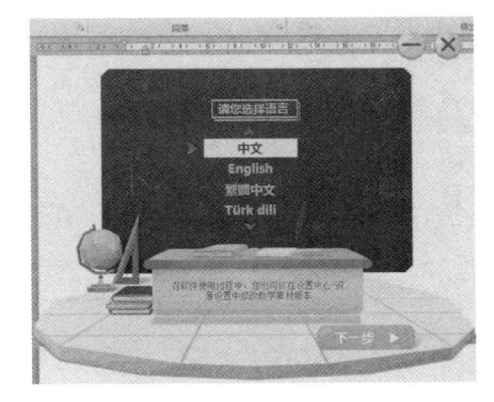

图3-1-3 进行安装　　　　图3-1-4 选取应用语言

4. 有"快速安装"和"自定义安装"两种安装方式，如图3-1-5和图3-1-6所示。

图3-1-5 快速安装　　　　图3-1-6 自定义安装

（二）软件使用步骤：

1. 安装完成后，进入软件界面。首先要根据自己的实际情况，选择教授的学科、年级、教材版本，选择具体教授的章节内容，这一步能帮助教师快速链接到相应章节的资源（图3-1-7和图3-1-8）。

· 179 ·

⊙ 第三篇 工具资源篇

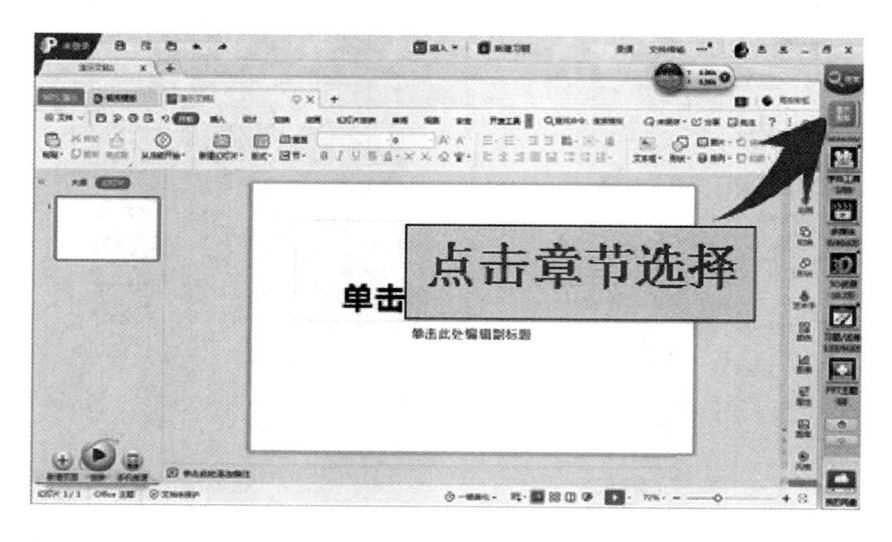

图 3-1-7 章节选择

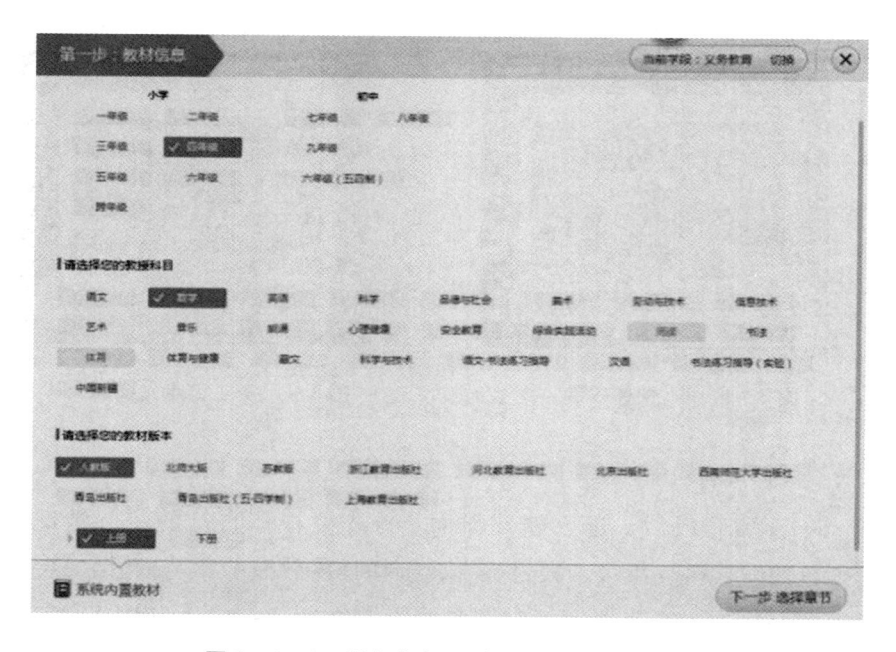

图 3-1-8 进行年级、科目、教材版本选择

· 180 ·

第一章 基本教学工具

2. 主界面右侧为教师提供了一个教育资源库，包括课件、学科工具、多媒体、3D资源、习题/试卷、PPT主题等内容，为教师的备课授课提供了非常多的教学资源（图3-1-9）。

图3-1-9 教育资源库

图3-1-10 课件资源

3. 选择课件资源（包括课件、电子教材、教案资源）时，教师可以直接下载并导入，并可以在此基础上修改（图3-1-10）；选择多媒体资源（包括图片、视频、音频、动画）时，教师可以在备课时按照需要插入自己的教学PPT中（图3-1-11）；3D资源是101教育PPT的一大亮点，包括精品、人物、动物、植物、自然景观、生活百科、现代科技和其他种类，教师在备课时按照需要插入自己的教学PPT中即可（图3-1-12）。

· 181 ·

⊙ 第三篇 工具资源篇

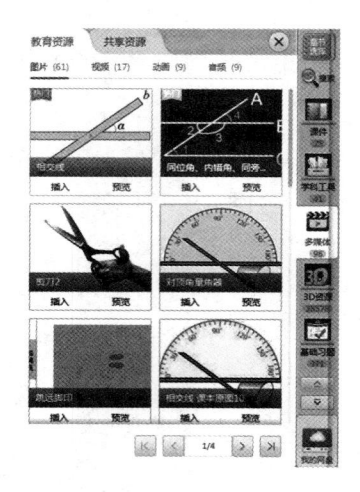

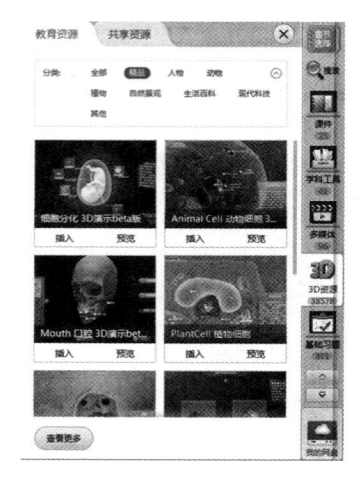

图 3－1－11 多媒体资源　　　　图 3－1－12　3D 资源

4. 在习题/试卷中，教师可根据需要插入习题、趣味题、试卷（图 3－1－13）。

图 3－1－13　习题/试卷

· 182 ·

三 应用小结

101 教育 PPT 既有传统 PPT 的功能,也有其独特的功能,而且可以免费使用。它不仅有丰富的教学资源,课件、教案、习题试卷、3D 资源等,能极大地提高教师的备、授课的效率,还能进行多元互动,手机辅助教学,利用手机拍摄照片、视频上传、典型案例实时点评,从而加深学生对知识的理解。此外,它还能帮助教师做学情数据分析,进行个性化教学。

第二节　PPT 课件制作工具二:Focusky

一 基本介绍

Focusky 是一款免费、高效的动画 PPT 演示制作软件,操作简单,可通过 3D 无限缩放/旋转/移动的切换方式,使演示生动有趣,并且效果专业。

Focusky 软件功能特色包括:(1) 3D 缩放平移展示模式,快速制作 3D 动态 PPT,极具精彩效果令人耳目一新;(2) 海量模板和素材,简单易上手,内置上千套模板;(3) 在线上传的输出有多种格式,支持 EXE/H5/网页/视频/PDF 等各种格式输出;(4) 永久免费使用。

二 使用指南

1. 新建幻灯片或者打开已有的幻灯片,可设置添加声音、字幕以及其停留时间;添加预设好的或自己的图像资源;添加特殊符号、动态人物、各种类型的文本和预设流程图等(图 3 - 1 - 14 至图 3 - 1 - 21)。

第三篇　工具资源篇

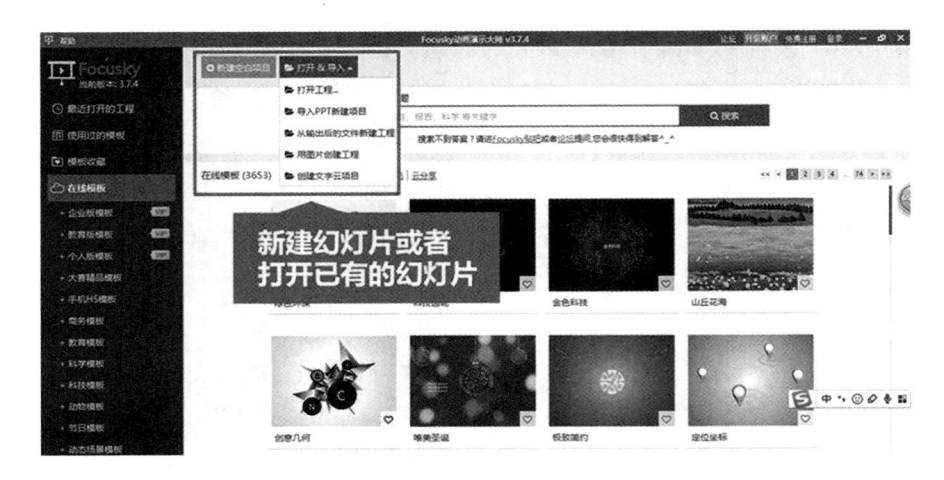

图3-1-14　新建或打开

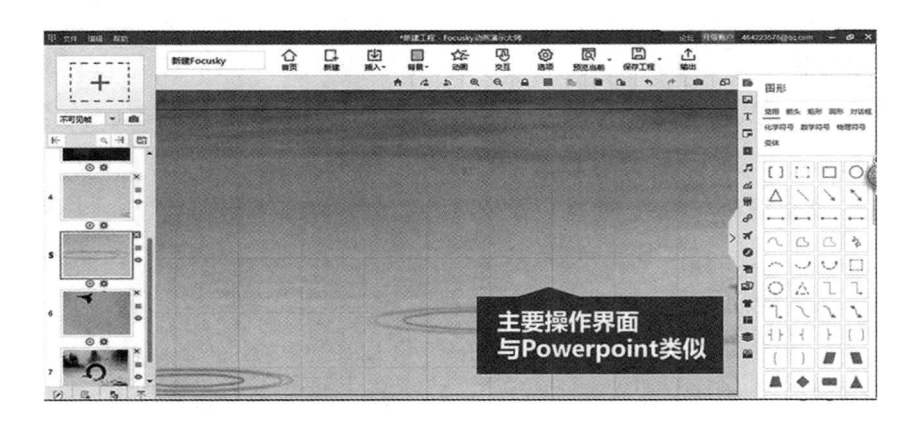

图3-1-15　操作界面

第一章 基本教学工具

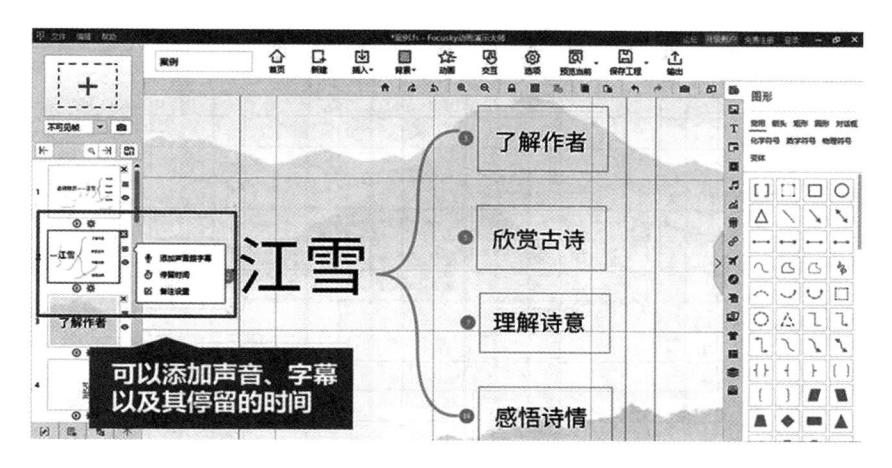

图 3-1-16 添加声音、字幕以及其停留时间

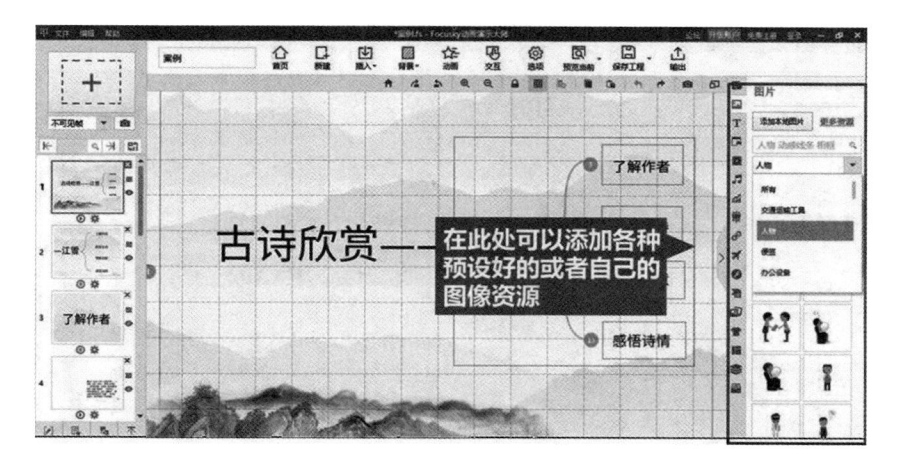

图 3-1-17 添加预设好的或自己的图像资源

· 185 ·

⊙ 第三篇 工具资源篇

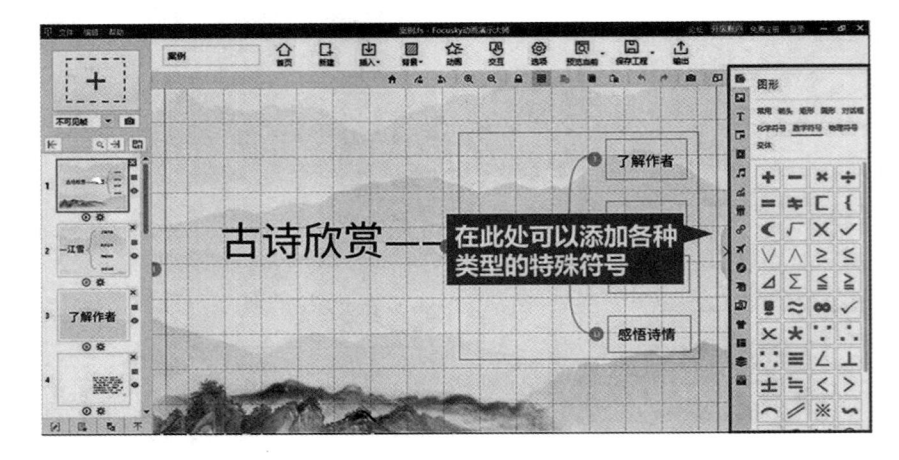

图 3-1-18 添加特殊符号

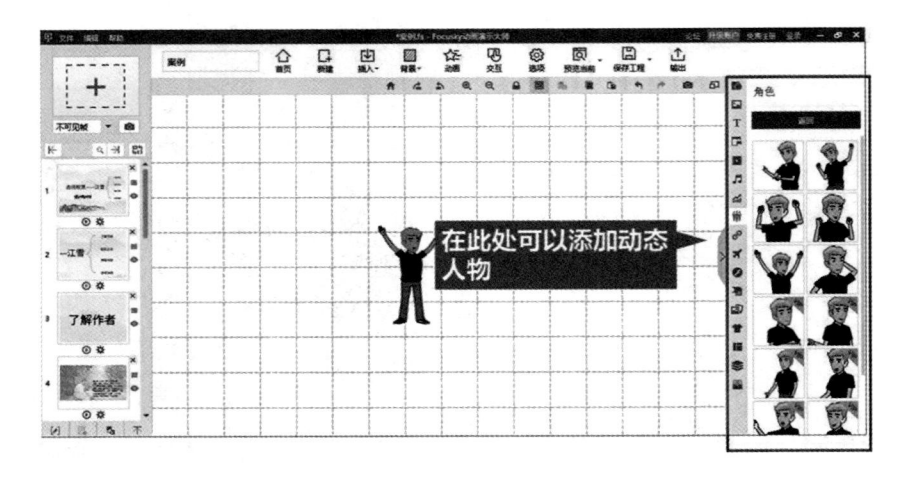

图 3-1-19 添加动态人物

图3-1-20 添加各种类型的文本

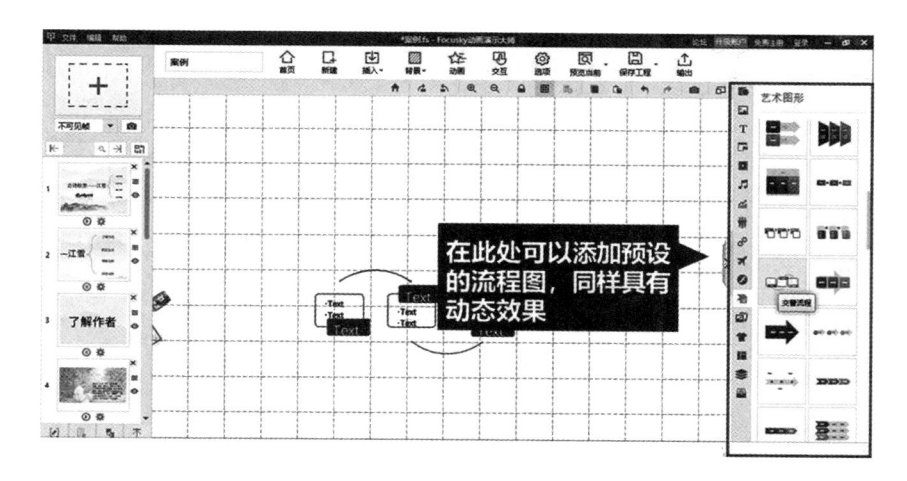

图3-1-21 添加预设的流程图

2. 编辑路径。以下是软件基础操作部分，使用编辑路径功能让每张 PPT 动起来。

第一步：添加路径

（1）点击左下角的"编辑路径"按钮；（2）选中物体，点击按钮；（3）选中物体，点击右侧编辑栏的"+"键（图3-1-22）。

· 187 ·

⊙ 第三篇　工具资源篇

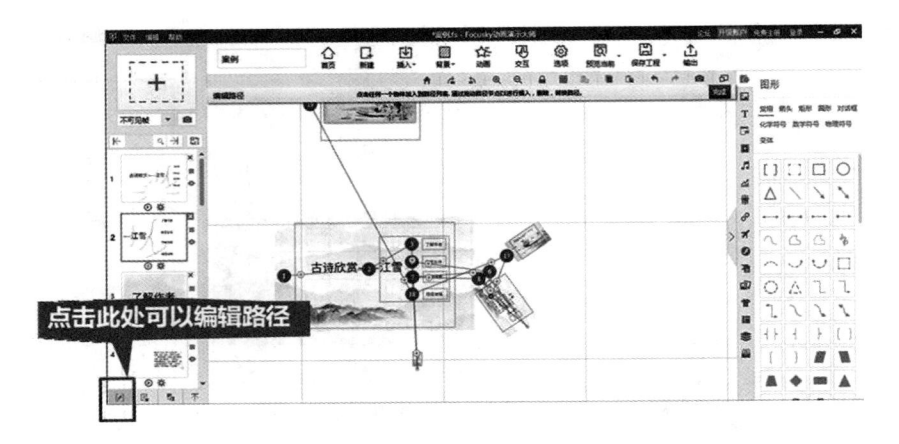

图 3-1-22　编辑路径

第二步：编辑路径/调整幻灯片顺序

（1）点击左下角的"编辑路径"，然后点击画布中任何一个物体加入到路径列表。通过拖动路径节点可以插入、删除、替换路径；

（2）直接在左侧的预览窗格删除幻灯片或者拖动幻灯片移动顺序；

（3）点击幻灯片预览窗格底部的 进入"自定义路径"。

3. 编辑幻灯片内容：（1）点击工具栏的动画，进入动画效果；（2）选中需要添加动画的物体；（3）点击添加动画，进入选择需要的动画效果；（4）更改动画实现的动作（图 3-1-23 和图 3-1-24）。

4. 幻灯片的交互：（1）点击工具栏的交互，进入交互效果；（2）点击"+增加交互"操作；（3）对操作对象、触发对象、触发行为进行设置。

5. 幻灯片音乐设置：

（1）页面音乐设置：①点击工具栏的插入——音乐/快捷工具栏的音乐图形；②添加音乐/添加录音；③对图标进行操作设置（图 3-1-25）。

（2）背景音乐设置：①点击工具栏的选项/快捷工具栏的音乐图形；②点击展示设置；③点击"+"添加音乐（图 3-1-26）。

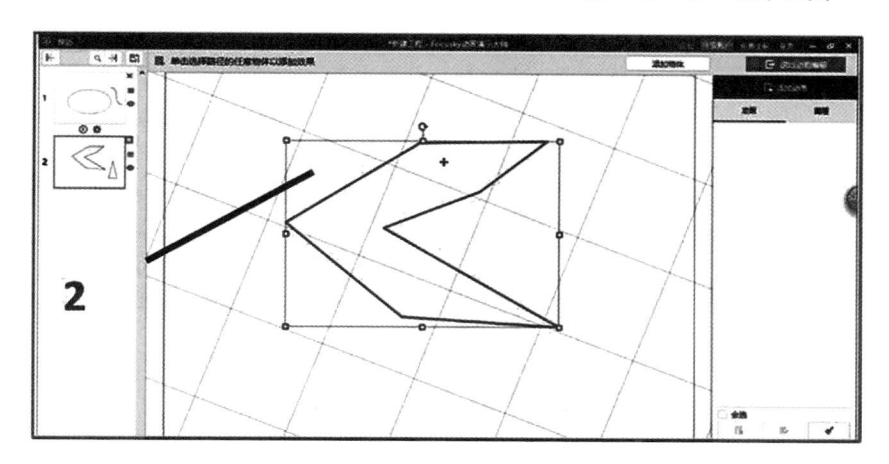

图 3-1-23　选中需要添加动画的物体

图 3-1-24　更改动画实现的动作

6. 幻灯片导出

Focusky 软件包含六种输出方式：Windows 应用程序（.exe）、flash 网页（.html）、压缩文件（.zip）、视频、HTML5 网页和输出为 PDF。

第三篇　工具资源篇

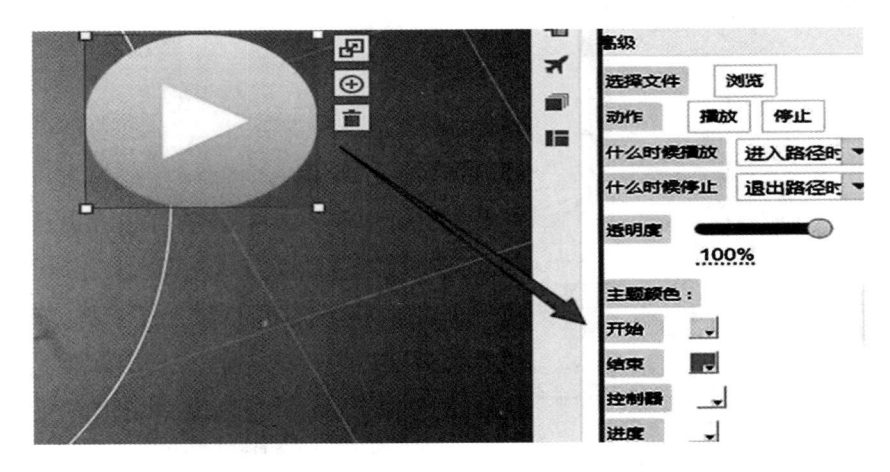

图 3-1-25　页面音乐设置

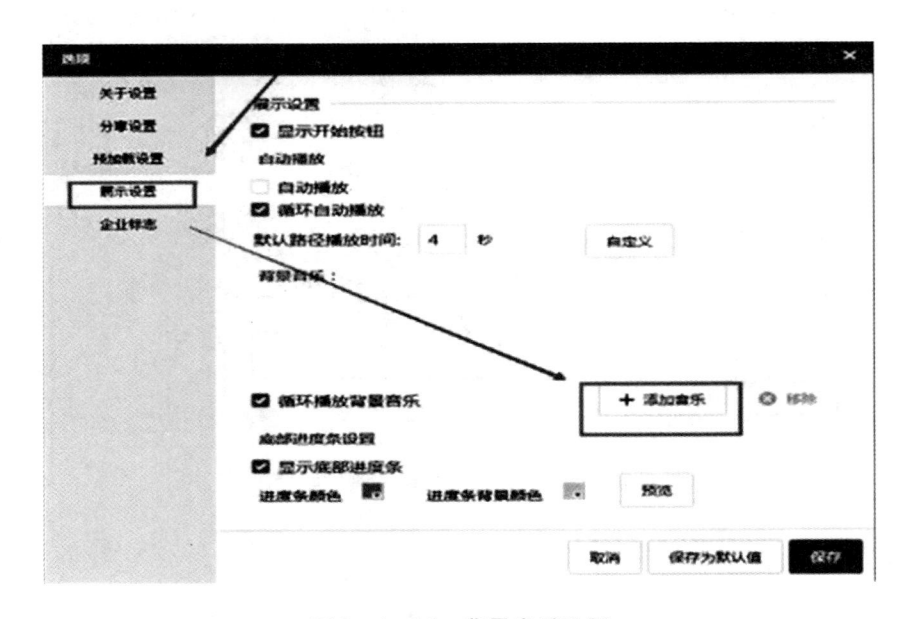

图 3-1-26　背景音乐设置

三　应用小结

Focusky 在实际教学应用优势：Focusky 作为一款动画演示软

件，弥补了 PPT 在全面布局中的不足之处。当学科内容具有明显的整体与部分之间的逻辑联系时，它的应用可以将这种逻辑关系完美地展现出来，转场的移动方式完美地体现逻辑关系，耦合了学生的思维过程。同时 Focusky 也存在一些不足之处，如它并不适用于全部的教学场合，尤其是在教学内容之间的逻辑关系不明显，需要学生在教师的指导下积极思考时，Focusky 炫酷的动画效果反而可能吸引学生过多的注意力而影响教学效果，这种情况下，传统的 PPT 可能更加适合教学。

第三节　图像处理工具：Photoshop

一　基本介绍

Adobe Photoshop（简称"PS"）是由 Adobe Systems 公司开发和发行的图像处理软件。Photoshop 主要处理以像素所构成的数字图像。使用其众多的编修与绘图工具，可以有效地进行图片编辑工作。

二　使用指南

1. 启动 PS：从官网上下载安装 PS 软件后，点击桌面的 PS 快捷图标启动 PS。

2. 新建文档：进入 PS，新建一个文档。新建文档时在菜单栏中点击左上角的"文件"，再选择子菜单中的"新建"。在弹出的新对话框中可以给文件命名，并给设置文档各种参数，最后点击右下角的"创建"即可完成（图 3-1-27）。

3. 打开图片：进入 PS 后，在菜单栏中点击左上角的"文件"，再选择子菜单中的"打开"。在弹出的"打开"对话框中找到要修改的图片，找到后单击右下角的"打开"即可完成（图 3-1-28）。

教学案例：矩形选择工具实例

⊙ 第三篇　工具资源篇

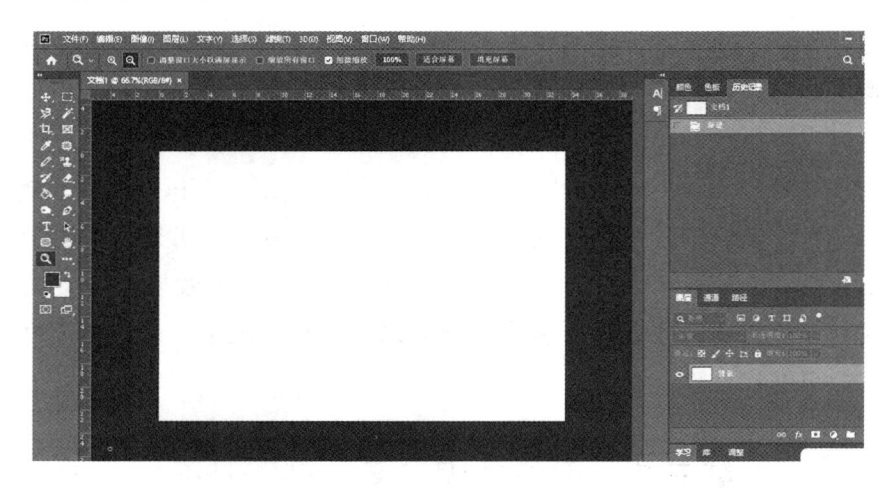

图3-1-27　新建文档

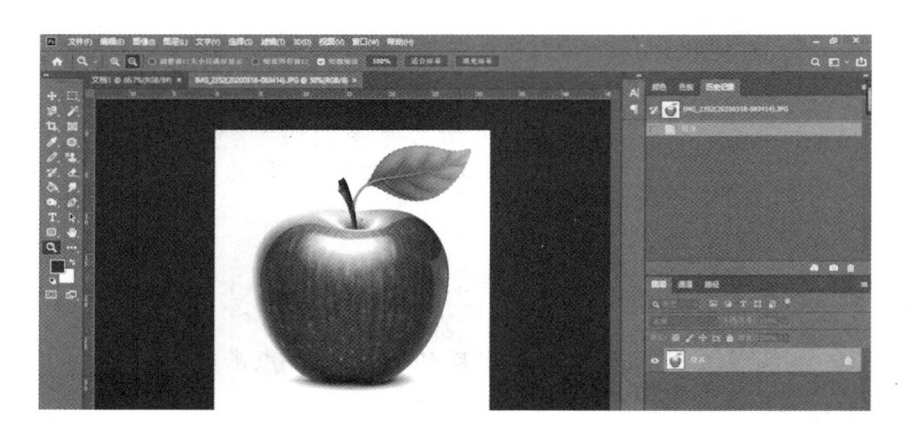

图3-1-28　打开图片

第一步，打开 PS 软件。

第二步，在菜单栏中点击左上角的"文件"，再选择子菜单中的"打开"。在弹出的"打开"对话框中找到存在桌面的图片，点击右下角的"打开"（图3-1-29）。

第三步，找到图层面板，点击图层面板中的"新建图层"，在背景图层上会出现一个名为图层一的透明图层，双击可以修改图层的名

· 192 ·

字（图3-1-30）。

图3-1-29 打开需要处理图片

第四步：将图层一的背景填充为白色。选中图层一，将前景色设置为白色，选择工具栏中的油漆桶工具，将鼠标定位在中间窗口的图像上，单击鼠标左键就完成了（图3-1-31）。

图3-1-30 打开图片

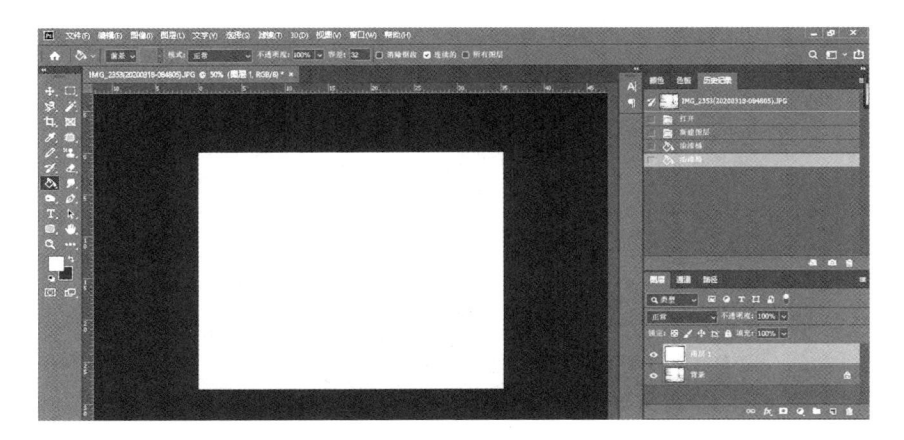

图3-1-31 背景填充

⊙ 第三篇　工具资源篇

第五步：选择工具栏中的矩形选框工具，在该图层上绘制一个大的矩形的选区，删除矩形选区中的内容，这样就得到纯白色边框（图3-1-32）。

图3-1-32　绘制矩形框

第六步：调整该图层的透明度，得到半透明边框，可以将图层面板中的透明度设为50%（图3-1-33），最后可以得到最终图片（图3-1-34），并保存图片。

图3-1-33　调整图层透明度

图3-1-34　最终图片

·194·

三 应用小结

在课堂教学过程中，PS 可以起到教学辅助作用，教师可以通过使用 PS 对知识进行有效的讲解，例如美术课上，在学习色彩基础知识时，教师经常会列举一些优秀作品，便于学生理解。学生也会经常寻找很多优秀的素材，丰富自己的作品。Photoshop 可以对优秀作品的色彩进行提炼，方便学生进行归纳总结。PS 的优点有：PS 的功能非常强大，几乎可以达到你想要的任何效果；PS 的自定义程度极高，从曲线色阶到液化扭曲都可以按照自己的构想去操作；使用 PS 不仅可以对照片进行修饰，还可以进行海报创作、网页设计等。同时它也存在一定的不足，在使用 PS 时会占用很大的电脑内存，因此不方便对图像进行批量处理。

第四节 语音合成工具：InterPhonic

一 基本介绍

InterPhonic 系列产品是业界顶尖级的语音合成软件产品。语音合成技术能够自动将任意文字实时转换为连续的自然语音，是一种能够在任何时间、任何地点，向任何人提供语音信息服务的高效便捷的工具，非常符合信息时代海量数据处理、动态更新和个性化查询的需求。

二 使用指南

1. 软件界面介绍，如图 3-1-35 所示。

2. 工具栏介绍，如图 3-1-36 所示。

3. 操作步骤

（1）在文本编辑区输入或导入需要合成的文字，即提供合成语音所需要的文本。

⊙ 第三篇　工具资源篇

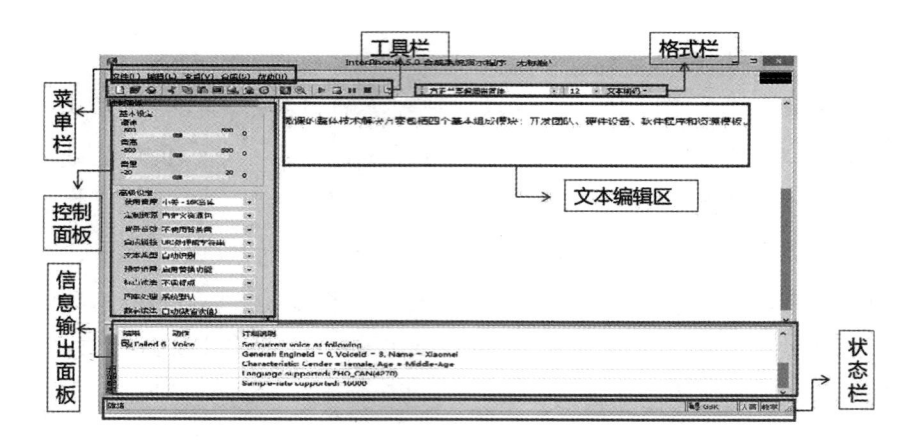

图 3-1-35　软件界面

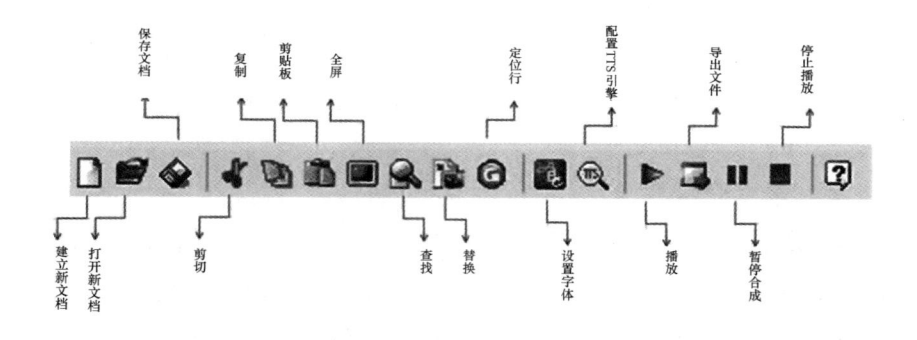

图 3-1-36　工具栏

（2）点击工具栏中的"播放当前文本"按钮，开始合成语音。所合成的语音将通过计算机的声卡播放出来。

（3）点击工具栏中的"导出语音文件"按钮，可将合成后的语音文件保存在本地机上。

三　应用小结

InterPhonic 作为一款文本转成语音的工具，可以将中文内容转换

·196·

为 WAV 格式的音频文件，其具有优秀的模拟真人语音库，包括各种年龄和类型，不用请真人即可实现各类教学课件的专业配音、中英文朗读，并可调整语速和语调，是教师设计微课、制作课件的一大神器。

第五节　格式转换工具：格式工厂

一　基本介绍

格式工厂（Format Factory）是一个多媒体格式转换器，能提供视频转换、音频转换、图片转换、DVD/CD/ISO 转换，以及视频合并、音频合并、混流等功能。

格式工厂软件的特点包括：（1）支持几乎所有类型多媒体格式转换到常用的几种格式；（2）转换过程中可以修复某些意外损坏的视频文件；（3）支持 iPhone/iPod/PSP 等多媒体指定格式；（4）转换图片文件支持缩放、旋转、水印等功能；（5）有 DVD 视频抓取功能，轻松备份 DVD 到本地硬盘。

二　使用指南

1. 音频转换：（1）点击"音频"，在音频栏选择需要转的音频格式，比如现在的视频格式是 WAV，需要转成 MP3，那么就点击 MP3 格式；（2）在弹出窗口点击"添加文件"，找到并打开需要转换的文件；（3）进行参数设置后点击"确定"，回到视频栏界面点击"开始"即可进行视频转换（图 3-1-37 到图 3-1-42）。

2. 视频转换：（1）在视频栏点击需要转的视频格式，比如现在的视频格式是 WMV，需要转成 MP4，那么就点击 MP4；（2）在弹出窗口点击"添加文件"，找到并打开需要转换的文件；（3）进行参数设置后点击"确定"，回到视频栏界面点击"开始"即可进行视频转换（图 3-1-43 到图 3-1-46）。

第三篇　工具资源篇

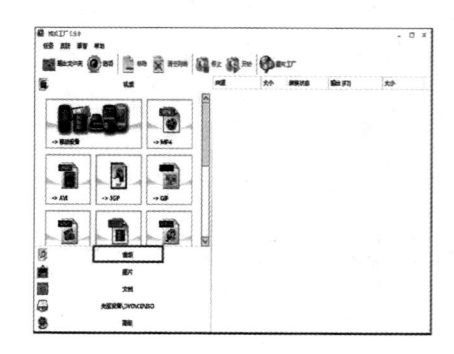

图 3-1-37　点击"音频"

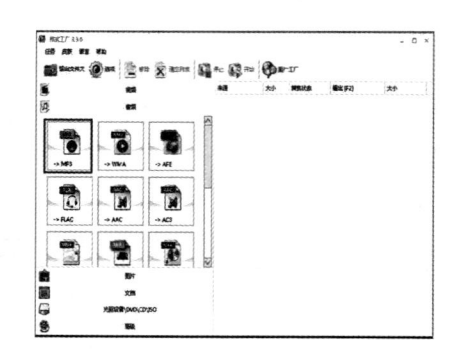

图 3-1-38　选择转换格式

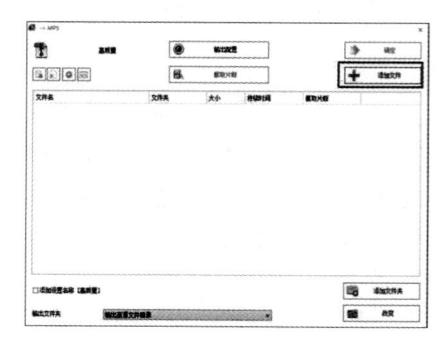

图 3-1-39　点击"添加文件"

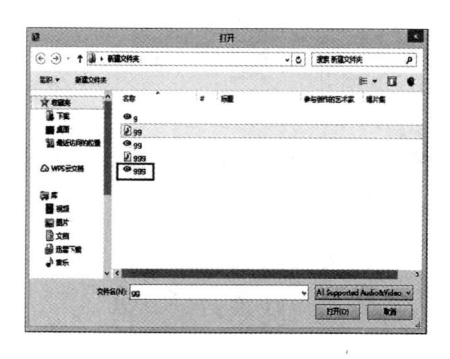

图 3-1-40　点击需转换文件

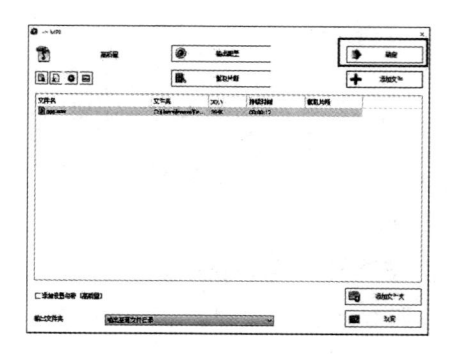

图 3-1-41　点击"确定"

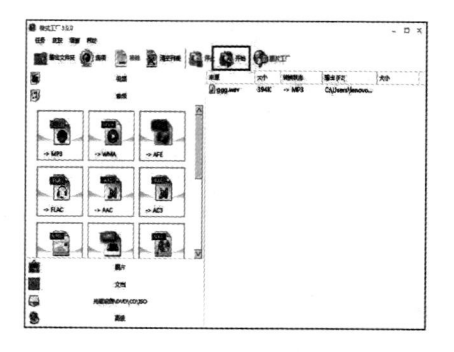

图 3-1-42　开始转换

· 198 ·

第一章 基本教学工具

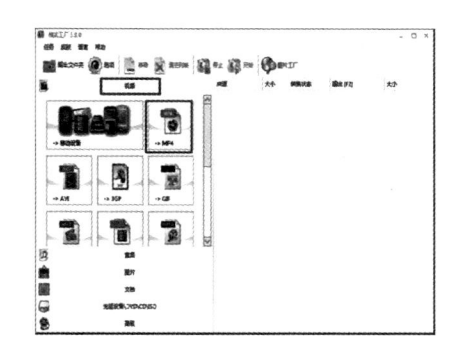

图 3-1-43 点击"音频",选择转换格式

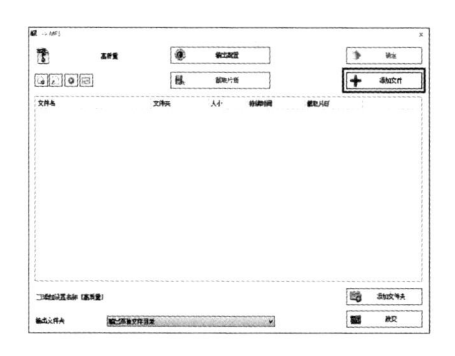

图 3-1-44 点击"添加文件"

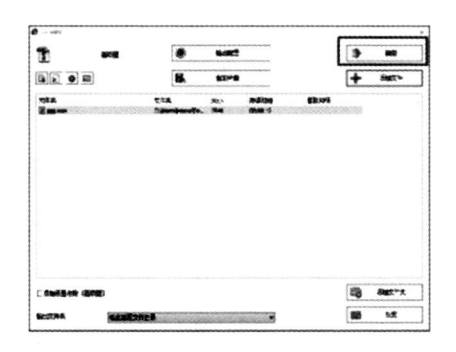

图 3-1-45 点击"确定"

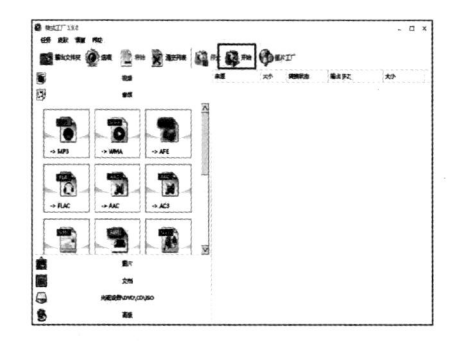

图 3-1-46 开始转换

三 应用小结

我们在网络上找到的优质的教学视频或者是直播时录制好的教学视频往往格式都比较特殊,例如 mip 或者是 qsv 格式,因此只要到了另一台电脑上就无法播放,这时候我们就需要用到格式工厂将视频转换成 MP4 格式,这样就能在所有电脑上播放了。

· 199 ·

第二章　学科教学工具

学科教学工具是一种特殊的学科教育教学资源，它既是信息技术与课程整合的产物，同时又是实现信息技术与课程整合的重要基础，是信息技术与课程整合的"催化剂"，它代表了学科教育教学资源发展的方向。学科教师要注意积累本学科专业的工具软件，加强自身研学，挖掘教育教学的潜力，更好地提升教育教学效果。这里主要选取数学、化学、物理和部分文科类科目的学科教学工具进行简单介绍。

第一节　数学：几何画板

一　基本介绍

几何画版是一款专业的几何绘图工具，简洁易用，有助于帮老师们解决制作几何课件难的问题，是数学与物理教师制作课件的有力帮手。

它的主要功能包括绘制平面、立体几何图形，将线段进行等分，作垂线、平行线，给图形自动添加标签等，还可以使图形上下、左右360度旋转，可以无限地放大、缩小，还可以动态演示图形变换过程等。

二　使用指南

1. 以生成圆锥为例展示部分功能使用方法。

（1）先点击文件中的新建文件，再点击"自定义工具"（此处需长按鼠标左键几秒钟),选择"圆锥曲线 A",点击"椭圆(中心 + 定点)"(图 3 – 2 – 1 和图 3 – 2 – 2)。

图 3 – 2 – 1　几何画板界面

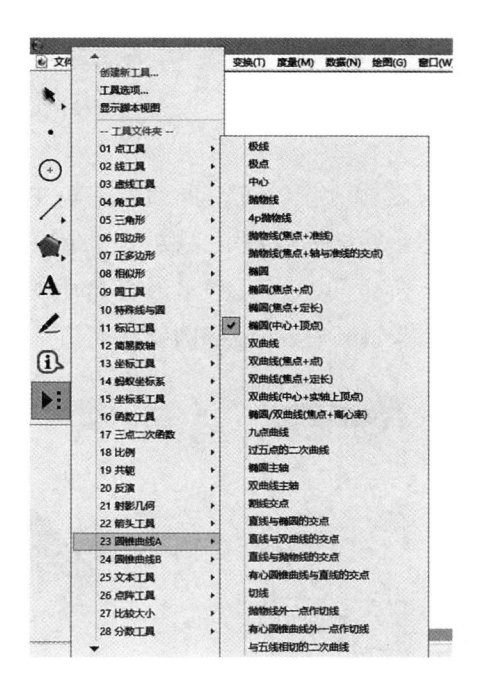

图 3 – 2 – 2　选择圆锥曲线 A

(2)做一个椭圆。点击移动箭头工具,选中焦点 F_1、F_2、B_1 及椭圆上的一点,点击显示当中的隐藏点,将其隐藏(图 3 – 2 – 3)。

⊙ 第三篇 工具资源篇

（3）选择点工具，在椭圆上作一个点，并且选中两个点，点击构造中的线段。同时点击椭圆中点，应用变换中的平移，然后将三点依次首尾相连，通过点击构造图中的线段（图3-2-4）。

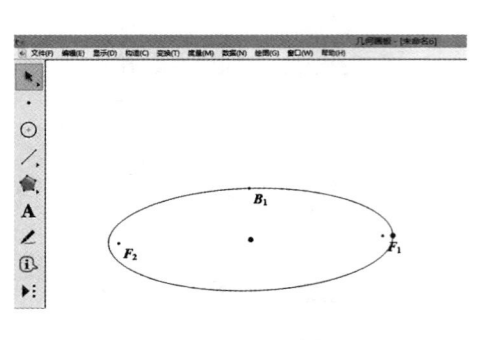

图3-2-3 画椭圆　　　　图3-2-4 设置平移参数

（4）点击椭圆上之前所作的点，再点击编辑中的"操作类按钮（B）"，选择"动画"，并把标签自定义改名（图3-2-5）。

（5）选中椭圆上所作的一点及三角形直角所对的边，点击"显示"，选中追踪对象，按动画按钮，椭圆制作完毕（图3-2-6）。

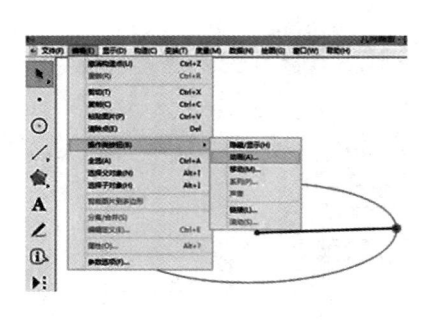

图3-2-5 选择"动画"　　　　图3-2-6 椭圆完成

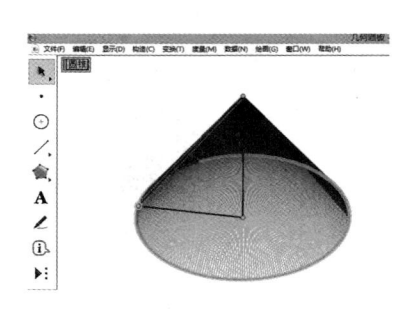

（6）动画效果完成后，点击"显示"，选中"擦除追踪踪迹"。选中椭圆，点击"显示"，选中"隐藏轨迹"，椭圆的变化过程就制作好了（图3-2-7）。

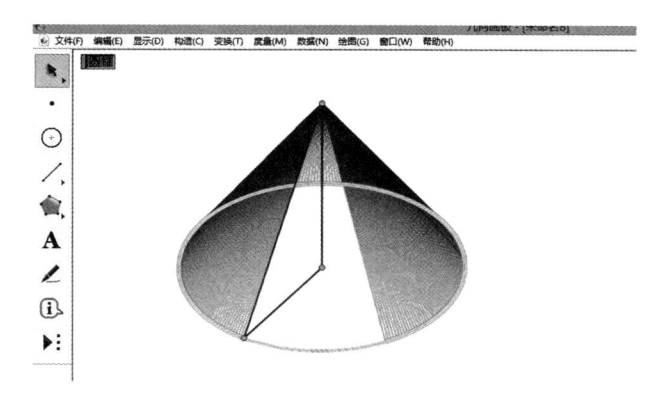

图3-2-7 椭圆的变化过程

2. 应用场景。

（1）创设情境，自主构建概念

几何画板可呈现概念的形成过程，而这种形成过程黑板和粉笔是无法实现的。采用几何画板辅助教学，既激发了学生的学习兴趣，又弥补了传统教学的不足，同时为构建概念创造了环境，让学生亲历了概念的形成过程。如在抛物线概念的教学中，学生可借助几何画板，通过观察动点轨迹，先对抛物线产生感性的认识，随后通过问题引导，概括抛物线的本质特征。

（2）快速作图，提高教学效率

采用几何画板作图，易操作，速度快，且可在同一平面直角坐标系内作多幅函数的图像，可将函数图像形象地呈现给学生，有利于学生观察归纳。如研究指数函数 $y=a^x$（$a>0$，$a\neq1$）的性质时，教师就可以利用在课前制作好的几何画板课件，选取底数的若干个不同的值，在同一平面直角坐标系内作出相应的指数函数的图像，让学生观察后归纳所看到的结论；不管底数为多少，都可利用几何画板快速地作出相应函数的图像，从而使学生在大量函数图像对比的基础上易发现一般性的规律。

第三篇 工具资源篇

(3) 进行动态演示，使教学效果最优化

借助几何画板，可将约束条件所确定的区域以不同的颜色覆盖，可行域即为所有颜色的重叠部分，使学生在真实的情境中了解确定公共区域的方法，比黑板上画图更清楚明了。寻找目标函数最优解时，教师利用在课前制作好的几何画板课件，采用动态演示功能，将最优解很直观地呈现给学生，体现结论的动态形成过程，能够加深学生的理解和掌握。

3. 教学案例。

一辆汽车从 A 村庄出发去 B 村庄，途中要到河边加水，问：在什么地方加水能使汽车所走路程之和最短？

(1) 案例分析

这是一个典型的探索最短路程问题，在初中数学中，为了培养学生的想象力和探究能力，往往会出现这类探索动点的问题。而在解决动点问题时，老师们仅借助黑板很难达到"动"的效果，导致部分学生对这类问题缺乏感性认识，想象不出运动到底形成怎样的图形。此时老师们可以借助几何画板，把动态问题转化到图形的运动中，让学生直观感受到图形的变化。下面来看看，几何画板是如何解决这类问题的。

(2) 图形化问题

在几何画板中，取点 A 和点 B，并在 A、B 同侧画一条直线 l，在直线 l 上任取一点 C，分别构造线段 AC 和 BC（图 3-2-8）。

(3) 转化问题

要求汽车所走路程最短，即需在直线 l 上找到一点 C，使 AC + BC 最小。因此分别选中 A 点和 C 点，B 点和 C 点，选择菜单栏中的"度量→距离"，度量线段 AC 和 BC 的距离，然后拖动直线 l 上的点 C，密切关注 AC + BC 的距离之和的大小。在拖动点 C 过程中很容易通过 AC + BC 的值的大小找到使 AC + BC 的距离最短的特殊的 C 点（图 3-2-9）。

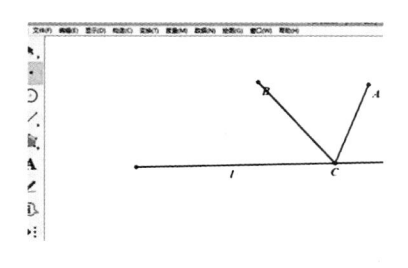

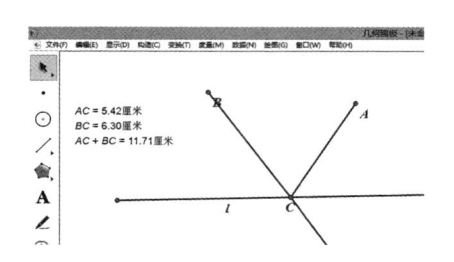

图 3-2-8　椭圆的变化过程　　　图 3-2-9　动态过程

（4）验证正确性

"双击"直线 l，将直线 l 作为反射镜面，选中 A 点，点击菜单栏中的"变换→反射"找到点 A 关于直线 l 的对称点 A′，根据对称性质可知 AC＝A′C，构造线段 A′C，A′B，根据两点之间线段最短的公理，拖动 C 点，就能很直观地验证结论的正确性，即特殊的 C 点为 A 关于直线 l 的对称点 A′与 B 点构成的线段与直线 l 的交点（图 3-2-10）。

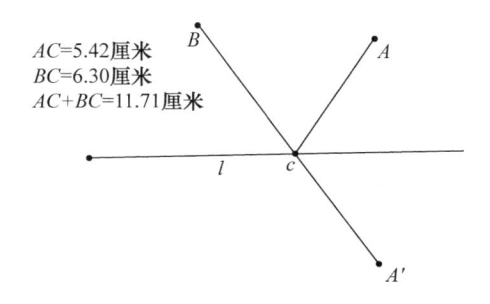

图 3-2-10　找到特殊 C 点

三　应用小结

几何画板是数学教学中一种常用的优秀教学软件，它的动态化、快捷的优势、丰富的变换功能对激发学生的学习兴趣，提高数学课堂效果具有积极作用。除几何画板外，还有许多优秀的工具如 MathType，Maple 等可用于数学教学，在此不作具体介绍。

⊙ 第三篇　工具资源篇

第二节　化学：ChemDraw

一　基本介绍

ChemDraw 是一款为化学工作者开发的基于 Word 平台的辅助工具，利用这个软件可以轻松地实现化学中常用的同位素输入、原子结构符号输入、化学仪器、化学装置、图片图形调整等许多实用的功能。同时在该软件窗口中输入化学方程式时，完全不用考虑大小写和上下标的问题，全部由软件中强大的智能识别替换系统自动完成。

二　使用指南

1. 常用术语。

（1）点位：移动鼠标光标到所要进行操作的位置，如果位置在图形结构中的键、原子、线等的上面，一般出现黑方块，称之为光标块、选择块、操作块。

（2）选择：用鼠标的光标选中某个对象，使对象产生光标。选择对象并不意味着动作，只是标记要操作的对象和点位。

（3）单击：快速按下鼠标键（左键或右键），然后快速抬起。

（4）双击：快速操作两次单击。

（5）拖动：按下鼠标左键选择对象，移动鼠标，将被选的对象移动到指定位置后抬起鼠标。

（6）"键+单击"：按下特殊的键和单击鼠标键同时进行。如"Shift+单击"意思是按下"Shift"键和单击鼠标键。

（7）"键+拖动"：按下特殊的键和鼠标键，移动鼠标。如"Shift+拖动"意思是按下"Shift"键和拖动鼠标光标。

2. 操作示例绘制中间产物。

在这部分，可以从一个环开始，绘出一个中间产物结构，如图 3-2-11 所示。

(1) 首先，利用 File/New Document 新建一个文档，然后利用 File/Save as 命令以文件名 Draw2.cdx 存盘。然后，选择环己烷环工具，指向文档窗口，单击即可放置一个六元环。从环中删除一个原子：选择橡皮工具，指向一个要删除的原子，点击所选原子。注意：可以通过选取键的中间并点击单独删除化学键（图3-2-12）。

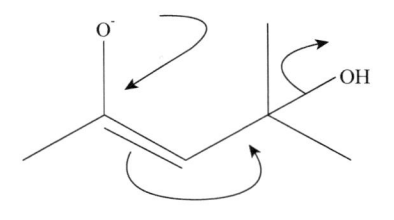

图 3-2-11　中间产物结构

(2) 添加单键，选择实心单键工具，指向要添加单键的原子，点击添加单键，接着在下方接连处添加两条单键；创建双键，指向一个原子，拖动创建一个双键，然后指向双键，点击两次，将双键由上方移至下方。注意：当一个绘键工具被选取时，可以通过点击它来移动双键（图 3-2-13 和图 3-2-14）。

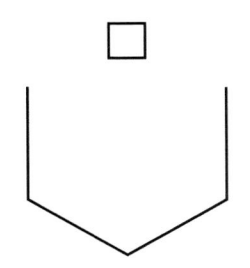

图 3-2-12　点击所选原子　　　　图 3-2-13　添加单键

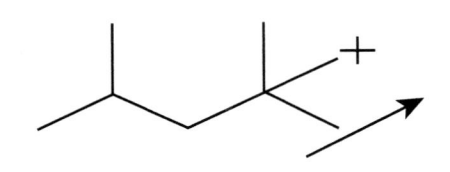

(3) 添加原子标签：指向你要添加标签的原子，双击原子打开一个文本框，输入"O"和"-"，在另一个原子上添加"OH"的标签。

(4) 下一步需要添加一个箭头，这个箭头是用来表示电子得失的，不包含在箭头模板里。利用钢笔工具创建一个自定义的箭头：选取钢笔工具，从 Curves 菜单中选择 Arrow at End，指向双键标注电子

⊙ 第三篇 工具资源篇

转移开始的地方附近，向下拖动鼠标至左边，松开鼠标。再选择所要绘制弧线的端点，拖动鼠标定义方向后完成，如图 3-2-15 所示。

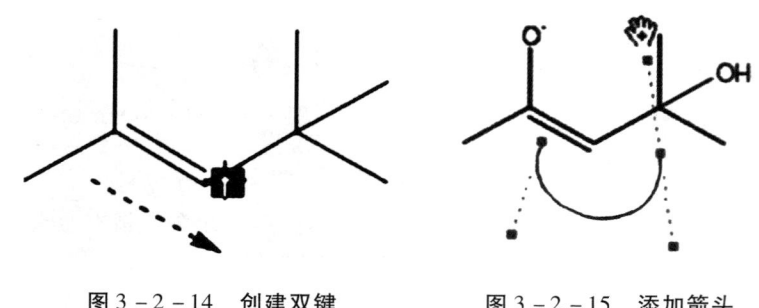

图 3-2-14 创建双键　　　　图 3-2-15 添加箭头

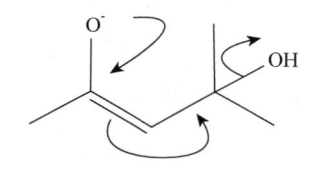

图 3-2-16 创建余下箭头

（5）修改箭头的形状：用鼠标指向曲线右边控制切线的控制点。拖拉把手至需要的角度，使用把手工具调整曲线至适当的内弧。完成后按 Esc 键退出。创建余下的箭头，完成后，注意保存修改结果（图 3-2-16）。

三　应用小结

ChemDraw 在国内应用前景广阔，适用于各院校化学教师及化学界其他人士的工作。它对于化学工作者，特别是日常涉及化学结构的化学工作者来说是极其有用的必备工具。

第三节　物理：Algodoo

一　基本介绍

Algodoo 是瑞典 Algoryx Simulation AB 公司于 2009 年推出的趣味仿真实验平台，其前身是一款名为 Phun 的物理沙盒软件。Algodoo 在 Phun 的基础上针对课堂教学做了优化，它给学生们带来了一个好玩的、卡通式的创作平台，科学地将教育与娱乐融合起来，鼓励学生发挥自己的创造力、动手能力和知识建构能力。

Algodoo 软件功能有：通过选择、拖拽、倾斜、震动等方式参与互动；显示物体运行轨迹、受力和速度；提供了固体、流体、链条、齿轮、弹簧、铰链、锁、电机、激光射线、火箭助推工具及跟踪绘图工具等元素，这些元素可以在重力、摩擦力、弹力、浮力、空气阻力的作用下相互影响，实现精度很高的物理仿真实验。

作为教育软件，Algodoo 采用了一种建构主义学习范式，即通过实际的模拟而不仅仅是运行预先制作的系统来学习。Algodoo 的开放性对于用户来说是一个非常重要的创新和激励。这个模型还附带了一个生动的社区网络、教程、许多预先制作的场景和示例、示例课程以及在线用户创建的场景储存库。

二　使用指南

安装步骤

1. 进入 Algodoo（http：//www.algodoo.com/）网站（图 3-2-17）。

2. 选择对应版本软件下载，这里选择"Download for Windows"，安装并打开 Algodoo 软件（图 3-2-18 和图 3-2-19）。

图 3-2-17　官网界面

⊙ 第三篇 工具资源篇

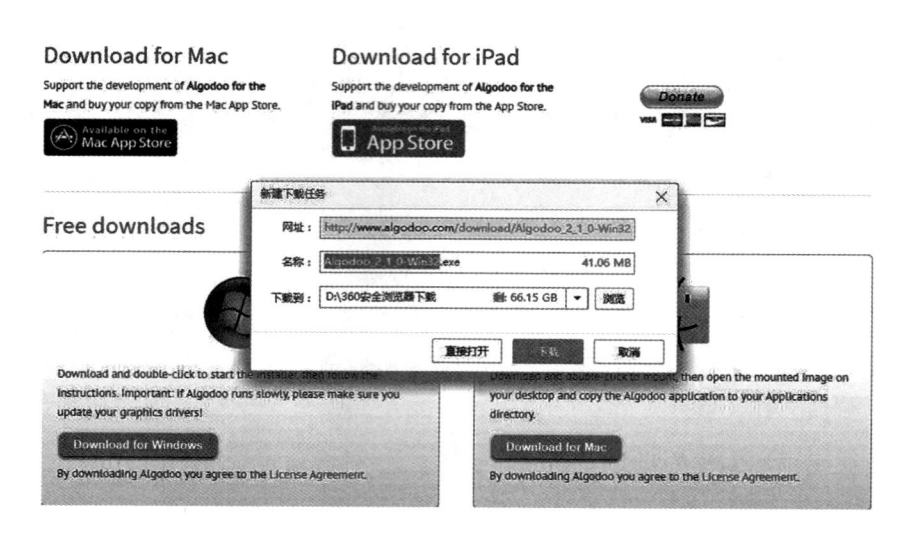

图 3-2-18 下载软件

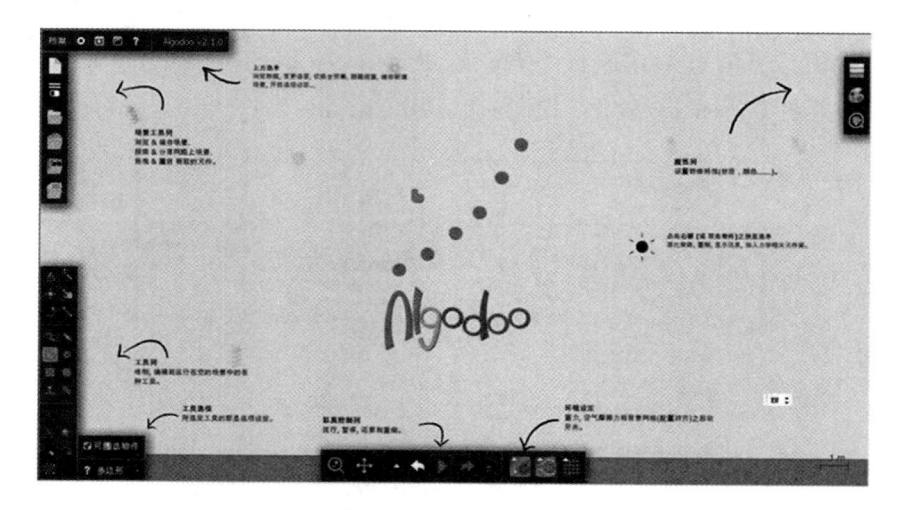

图 3-2-19 操作界面

3. 工具菜单和控制按钮介绍：

表 3－2－1　　　　　　　　　工具菜单

图标	说明	图标	说明
	速写整合工具：整合收拾应用及相关工具		画笔：用鼠标左键画图，用鼠标右键擦除
	切割工具：画线以切割多边形		橡皮擦：擦除
	移动工具：移动实体物件（固体或液体物件）		多边形工具：绘制任意形状，按住 Shift 键绘制直线
	拖拽工具：当拟真动作运行时，可拖拽未附着点与背景或固定的物体，实现其碰撞及速度感		齿轮工具：创建有中央轴承的齿轮，并自动依附于背景或物件
	旋转固体物件或液体物件		方框工具：按住 Shift 键，可画一个正方形
	缩放工具：缩放选取的物件		圆形工具：创建圆形
	弹簧工具：用弹簧连接两个物件		平面工具：创建一个无限大的平面
	固定连接点：点击物件将其固定在底层物件（背景）上		链条工具：创建以轴承与圆形为间隔连接的链条
	轴承工具：用轴承连接两个物件，在设置中可将其设为马达		激光笔工具：置于背景或附着在物件上（以随之运动）
	推进器工具：点击置放作用于物体的持续力，并设定其跟随或大小和方向		循迹追踪绘图：将失踪器附着在物件上，当启动拟真时，据以产生运动轨迹
	纹理工具：使用该工具来移动、缩放或旋转物件的纹理		

表 3－2－2　　　　　　　　　控制按钮

图标	说明	图标	说明
	启动拟真动作		暂停拟真动作
	启动或关闭重力作用		关闭或开启空气摩擦力和浮力
	重做		还原拟真启动

· 211 ·

⊙ 第三篇 工具资源篇

三 应用小结

Algodoo 给学生自己搭建虚拟实验环境的机会，培养学生的动手能力和探索能力，激发学生对实验操作和知识探究的兴趣，通过实验模拟促进教师高效教学。同时 Algodoo 也存在一定的不足，如对教师技能要求较高，设计出符合物理实验要求的仿真实验，需要一定的操作能力；教学活动设计难度也较高，在设计教学活动时，需要综合考虑 Algodoo 在教学中的应用，不能只把其作为实验演示工具，还应作为合作建模工具，让学生参与实验模型的搭建。此外，目前国内缺乏讨论和共享的平台，也让 Algodoo 的使用受到一定的限制。

第四节　文史类科目教学工具

信息技术在文史类科目的运用相对于理科软件较少，但是信息技术运用于文史类科目能够很好地帮助教师和学生的教与学，下面选取几个典型科目的软件进行简单介绍。

一　语文

1. 古诗文网。

古诗文网（https：//www.gushiwen.org/）是一个传承经典的网站，专注于古诗文服务，可以让古诗文爱好者更便捷地发表及获取古诗文的相关资料。网站包括诗文、名著、作者、古籍等栏目，同时支持下载到手机端。其特点包括古诗文资源丰富且全面，界面简洁，搜索功能方便以及可免费使用（图 3-2-20）。

2. 作文纸条。

作文纸条是一款针对语文作文设计的手机应用软件，致力于用简单、轻松的方式，帮助用户记忆作文素材，高效提高作文成绩。该应用软件通过提供多个优秀的作文素材，记录名人名言，不断在强化中提高使用

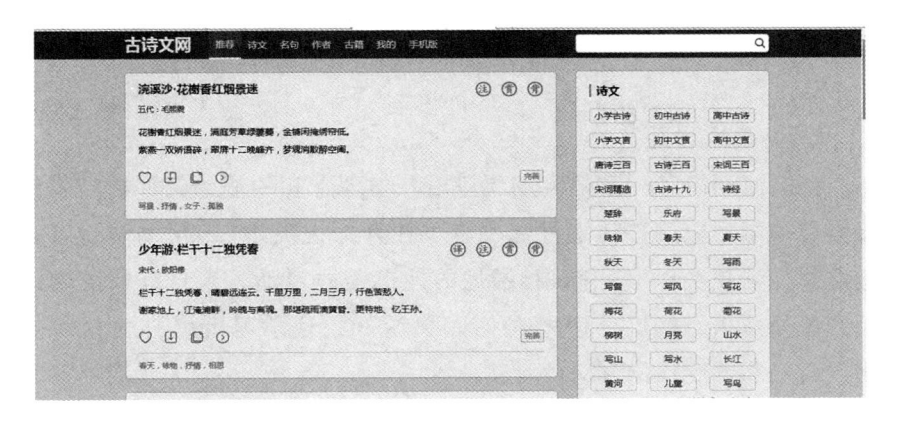

图 3-2-20 古诗文网站主页

者文学素养。

作文纸条软件特点有以下几方面。

（1）简洁高效：极简主义画风，每天仅需 10 分钟，充分利用碎片化时间，让使用者以一种简单的方式，更高效地提高作文成绩。

（2）素材剖析：每个素材都给出了恰当的运用语境和范例，便于灵活运用。

（3）长文素材：每天至少 1 篇文章，紧跟考场热点，拓宽知识的边界，找寻更多作文灵感。

（4）文段练笔：使用者可以和全国的用户切磋文笔，进行思想的碰撞。

（5）评论互动：与更多同龄人交换有价值的想法，学会多角度批判性思考，并将这种能力带到今后的作文创作中去。

（6）作文点评：这里有来自作文学霸或老师的一对一点评，让使用者每一次写作，都是一次进步。

总结：语文教育软件还有很多，例如可以使用西窗烛、古诗文网等 APP 来鉴赏中华诗词，使用无忧无虑中学语文网和语文备课大师来进行教学备课等。语文教学应该兼顾不同的教学需求，选择不同的教学软件来辅助。

⊙ 第三篇 工具资源篇

二 英语

1. 英语流利说。

英语流利说是一款融合创新口语教学理念和尖端语音评估技术的英语口语学习应用，让学习者"忍不住开口说英语"，帮助学习者真正摆脱"哑巴英语"。它每日推送的地道美语对话，来自硅谷的实时语音评分技术，好玩上瘾的对话闯关游戏，让学习者轻轻松松练口语，不知不觉变得流利。

英语流利说软件特点包括：系统的内容编排；个性化口语私教；全新的产品体验；创新的教学方法；自由的练习时间；丰富的学习素材。使用者可以在轻松学模块添加课程，选择喜欢的课程进行学习；软件会为使用者推荐适合学习者的课程、朗读计划；使用者可以学唱英文歌等。定制学模块：根据学习者的英语学习水平定制学习方案。

2. 海词词典。

海词词典能帮助用户更快捷地查询单词，更准确地理解单词，更轻松地记住单词。其独有的精细讲解、优质例句、清晰发音，为不同学习者定制个性化词典内容以及提供管家式每日学习服务等特点和功能，广受用户称赞与好评。

海词词典软件是教学好帮手，当使用者要查一个单词的时候，它会以饼图的方式给你呈现出这个单词的常用释义分布图，这点在教学中非常重要。以 address 这个词为例，感受海词词典的功能（图 3-2-21）。

总结：英语教学软件相对其他学科教学软件来说比较多，以上两个软件英语分别是听读和词汇类软件，其实英语听读类软件如每日英语听力、扇贝听力等都有丰富的资源，能够提升学生的听力；词汇类软件还有优词词典等；专注词根词源的软件还有相关故事以及解释详细的欧陆词典。另外很多阅读类软件如扇贝阅读和 China Daily 等都是英语教师教学的好帮手。

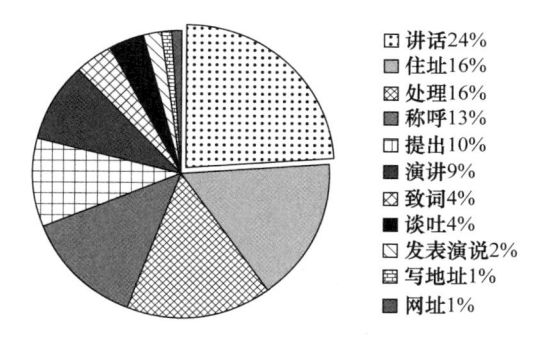

图 3-2-21 address 常用释义使用率

三 历史

1. 全历史。

全历史（https：//www.allhistory.com/）是一款设计独特、内容全面的历史知识 APP，通过地图、时间轴、关系图、图文等表现方式向用户清晰地展示历史全貌。目前 APP 拥有首页时间轴、历史地图、关系图谱、AB 路径、国家简史、古典音乐等多个频道（图 3-2-22）。

图 3-2-22　全历史网站主页

全历史软件的特点包括：

（1）历史地图：把公元前 3000 年至今的世界历史浓缩在一张地图之

· 215 ·

第三篇 工具资源篇

上,展现人类历史进步,国家兴衰,国际关系发展,文化的传播与宗教的演变等,从时间、空间两个维度让使用者领略历史的波澜壮阔。

(2)中外古籍:收录世界范围内不同地域、年代、语言的古籍,囊括社会生活、军事法律、文学艺术、哲学宗教、经济管理等,开阔使用者的眼界。

(3)关系图谱:爱恨情仇、丰功伟绩、大国争霸、外交斡旋尽在浩瀚的历史星空中,使用者可以通过图谱,单点发散,多点链接,宛如遨游太空,自由探索未知的可能。

(4)古典音乐:中西古典音乐汇集,分门别类,使用者能领略深邃的古典音乐之美。

(5)全画作:收录中外不同流派、材质和题材的绘画作品,能够提升使用者的审美水平。

(6)国家简史:"全国家"板块从政权、领导人、政治、经济、军事等不同范畴介绍了国家和地区的变迁。使用者可以基于时间坐标了解在同一历史时期,世界有哪些国家和政权并存;而基于地图的疆域变迁则是一种更为直观,更能引人深思的表现形式。

(7)时间轴专题:从宇宙大爆炸到地球形成,从生命起源到现代文明,以时间轴形式串联追踪溯源,同时有70周年国庆、诺贝尔、欧盟等特色专题。

(8)社区开放:在讨论社区,可以分享自己的见解、经验,可以寻求答案,可以碰撞思想。

2. 中学历史教学园地。

中学历史教学园地(http://www.zxls.com/)是历史学科门户网站,具有资料丰富、原创性强等特点。网站主要有新课标、历史视频、历史课件、教师论文、历史教案、试题交流、高考中考、学生园地、历史百科、活动探究课等栏目。该软件界面如图3-2-23所示。

总结:除了上述两款软件,还有一些类似的历史网站和软件,它们的使用方法大致相同。这类软件的优点是史料内容丰富、涉及范围广、

图 3-2-23 网站主页

查询方便快捷。教师在备课时使用这类软件可以快速查询到所需资料，提高备课效率；学生能查询感兴趣的史料内容，扩大知识储量。

四 地理

1. Google 地球。

Google 地球（Google Earth，GE）是一款由 Google 公司开发的虚拟地球仪软件，它把卫星图像、地图、百科全书和飞行模拟器整合在一起，布置在一个地球的三维模型上（图 3-2-24）。

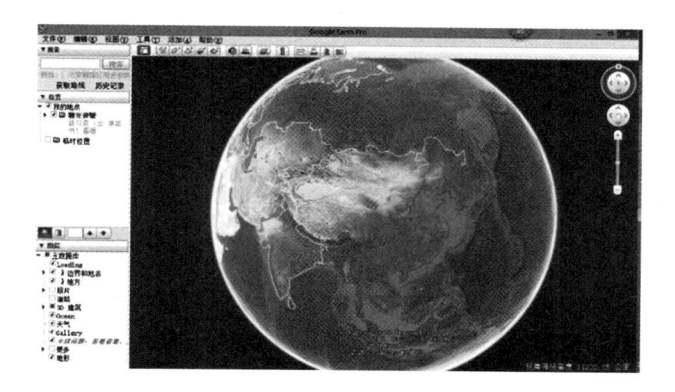

图 3-2-24 Google 地球操作界面

Google 地球功能包括：（1）结合卫星图片、地图以及强大的

⊙ 第三篇 工具资源篇

Google 搜索技术，全球地理信息就在眼前。(2) 输入目的地，直接放大查看。(3) 可以搜索学校、公园、餐馆、酒店。(4) 可获取驾车指南。(5) 提供 3D 地形和建筑物，其浏览视角支持倾斜或旋转。(6) 保存和共享搜索和收藏夹。(7) 添加自己的注释。

Google 地球上的全球地貌影像的有效分辨率至少为 100 米，通常为 30 米，视角海拔高度为 15 千米左右，但针对大城市、著名风景区、建筑物区域会提供分辨率为 1 米和 0.5 米左右的高精度影像，视角高度分别为 500 米和 350 米。目前提供高精度影像的城市多集中在北美和欧洲，其他地区往往是首都或重要城市才会提供。

除了 Google 地球，还有一些类似的软件，如微软公司开发的虚拟地球（Virtual Earth）等。这类软件的优点是使用方便、数据真实、沉浸感强，用户可以在此类软件上游览全球。教师在备课时使用这类软件可以获取数据和图像，也可以在课堂中使用，例如讲解地形、地貌等，比传统的地球仪更加生动、直观。学生能利用这类软件进行地理相关的知识学习，同时提高对地理学习的兴趣。

2. 星韵地理网。

星韵地理网（http://www.xingyun.org.cn/）是一个地理教育公益平台，能让用户了解地理学科最新动态，查找地理知识，学习其他地理教师的教学和教研经验。网站界面如图 3-2-25 所示。

图 3-2-25 星韵地理网网站主页

总结：除了上述两款软件，还有很多辅助地理教学的软件和网站，例如互动式高质量的天文探索类软件——星空漫步（Star Walk）、讲授植物地理的软件——花伴侣、形色等，这些教学软件应用于地理课堂教学，有利于增强学生主动参与课堂的积极性与创造性，能够让学生在使用软件的过程中产生对于学习地理学科的热情，有助于地理学科核心素养的达成，提高学生学习地理的效率。

第三章 微课制作工具

随着信息技术与多媒体的飞速发展,特别是移动终端的大规模应用,学生的学习内容及学习方式发生了巨大的变化。微课作为一种新的教育资源形式,以其短小精悍的特点吸引了学习者的眼球,使学习者能够充分利用碎片化时间,随时随地进行学习。随着微课在教学中的广泛应用,各种微课大赛和培训活动接连不断,微课的设计与制作已然成为大多数教师关注的热点,将高质量的微课应用于教学,也成为教师们的追求目标。本章提供三种制作微课的方式,为教师的微课制作提供参考与借鉴。

第一节 利用手机制作微课

一 基本介绍

对于一些需要动手实践和操作、现场讲解并演示的知识点,或对于刚接触微课制作,对电脑微课制作软件及视频后期编辑操作不熟练的初学者,利用手机制作微课是一种不错的选择。

二 使用指南

1. 准备工作。

(1) 必要工具:智能手机、手机支架、笔、微课中要求用到的教学工具等。

(2) 辅助工具:台灯、白纸、耳机、电脑音响设备(用于录制时播放背景音乐）等。

（3）搭建录制台：在桌子上固定好手机支架，调整好角度进行横拍视频；尽量采用自然光，辅助灯光以无频闪白色光源为佳，调整光线位置，把阴影降到最低水平；桌面要整洁统一，可以铺上台布或纯白纸；将手机与录制平面调整至合适距离，打开手机相机摄像功能，观察摄像区域，用铅笔在桌面白纸上对区域进行标记，避免录制时超出拍摄范围；手机摄像模式手动对焦在白纸平面上，可以先将笔放置在纸上，手机对焦锁定后再开始操作。如果不想添加标题、作者等信息或不懂后期视频编辑，可以先把必要的标题类信息设计打印出来叠放在录制区域最上层，再开始时展示。

2. 录制过程。

（1）辅助可选：电脑音箱播放背景音乐，打印标题、作者信息。

（2）微课讲解：手机录制的微课知识点大致分两类，一是需手写手绘展示讲解类，如数学解题、绘画、图解等知识点；二是手工制作演示讲解类，如折纸、工具物品的制作或使用说明、科学实验操作示范等知识点。以录制绘画作品为例，其流程为：录制开始——展示标题 3—5 秒后迅速抽出（亦可后期添加标题）——在下一张白纸中一边讲解一边绘画，特别讲解重难点和注意事项。

注意事项：录制画面光线要充足，补光光源无频闪；画面稳定不能抖动，对焦清晰，同步录制的讲解声音要响亮清晰，背景音乐柔和；录制讲解时，背景纸、笔、手、教学用具要整洁干净，忌穿戴戒指手链等饰物，必要入镜时才入镜，尽量减少画面中的视觉干扰因素。

3. 录制完成后工作。

如需要后期手机编辑，可安装相关的视频编辑 APP，苹果手机可选择 iMovie、美摄等；安卓手机可选择小影、美拍、乐秀等。

三 应用小结

利用手机录制微课的优点有使用场景广泛，包括各种实验操作，

⊙ 第三篇 工具资源篇

运动技能讲解，记录方便；缺点是视频内存大，可能存在手机软件不够流畅的问题，从而导致微课过程中的卡顿，导出在电脑上对教学造成一些不便利。

第二节 Powerpoint

一 基本介绍

教师即使不会视频工具剪辑也能录制微课，可以利用现成的 PPT 软件，PPT 简洁、实用，能让教师快速学会微课制作，但首先要确保电脑安装的 PPT 版本在微软 PowerPoint2010 或以上。

二 使用指南

下面分三个步骤来介绍纯 PPT 录制微课的基本操作。

1. 制作 PPT：首先，教师需要制作一份 PPT 讲稿，PPT 设计和制作的水平会直接影响最终微课的效果。

2. 录制微课：在确认电脑的耳机麦克风正常工作的情况下，点击 PowerPoint 软件中的"幻灯片放映"菜单中的"录制幻灯片演示"按钮（图 3-3-1）；勾选"播放旁白""使用计时""显示媒体控件"选项（图 3-3-2）；选择"从头开始录制"（图 3-3-3），此时系统弹出下图对话框，点击"开始录制"按钮（图 3-3-4）。

图 3-3-1 点击录制幻灯片演示

此时，PPT 课件就开始进入播放状态，并且屏幕左上方会出现一个计时窗口，这样教师只需像上课一样边点击鼠标，边对着电脑讲解，声音就录下来了，并且页面切换和动画能保持同步记录（图3-3-5）。

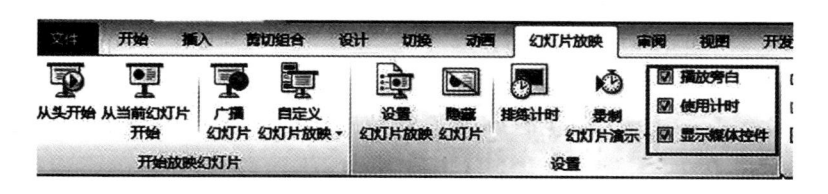

图3-3-2 全部勾选

图3-3-3 选择从头开始录制

图3-3-4 点击开始录制　　图3-3-5 播放状态界面

注意事项：（1）在上方"录制"控制区中，数字1处表示当前幻灯片已经录制时长，数字2处则表示当前PPT总共录制时长。（2）PPT页面切换过程中，是不录制任何声音的，所以不要边讲解边切换页面；切换页面后，至少间隔半秒再进行讲解，保证录音的完整性。

（3）录制过程中，若临时有事，可以点击上图的暂停键，之后可以继续录制。也可以直接按Esc键，PPT的录制会立刻暂停，但是这

⊙ 第三篇 工具资源篇

种情况下，无法继续录制，而只能选择当前页面录制。

3. 另存为视频：所有 PPT 页面都录制完成后，存为视频。微软 PowerPoint 2010 及之后的版本都提供了将 PPT 文件保存为视频的选项。方法是：依次点击"文件""另存为"菜单项，选择文件保存目录，会弹出窗口（图 3 - 3 - 6）。

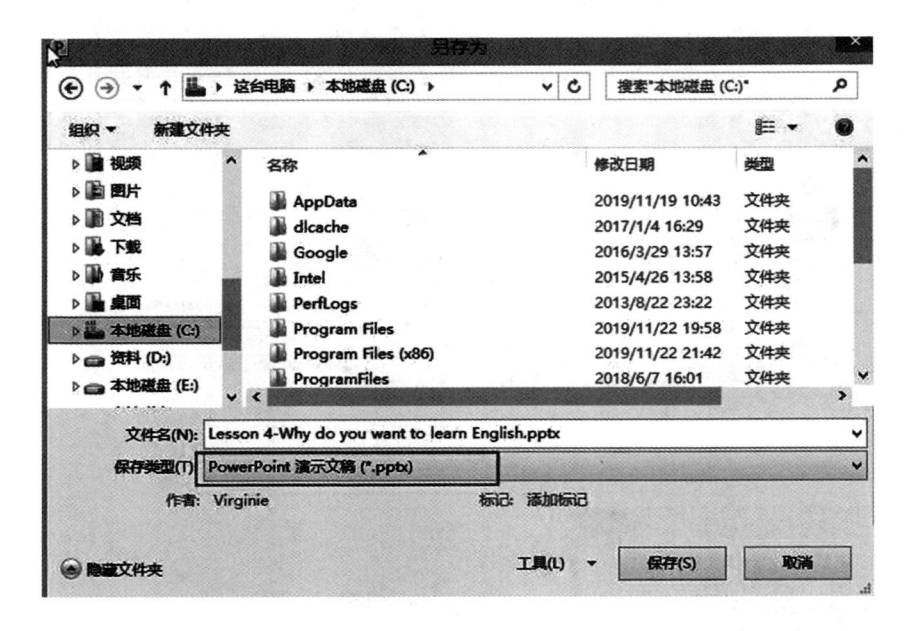

图 3 - 3 - 6 另存为窗口

在上图红色框处点击，即可选择保存类型，如图 3 - 3 - 7 所示，在其中找到含"视频"字样的文件类型，点击保存。

如果是 PowerPoint 2010 或 PowerPoint 2016，在下拉框会显示 MP4、WMV 两种视频格式，此时建议选择 MP4 视频；如果是 PowerPoint 2010，则只有 Windows Media 视频一种格式（即 WMV）。

选取视频格式，点击"保存"按钮，此时 PowerPoint 软件就会将 PPT 文件转成视频文件。这个过程要耗费很长时间，一定要等下方进度条消失（图 3 - 3 - 8），才能查看视频文件。

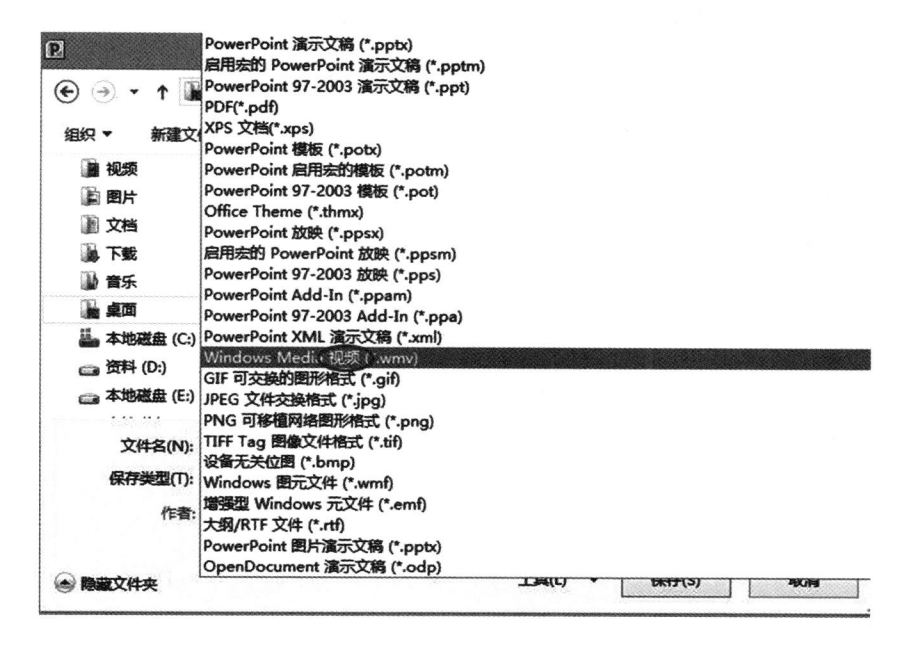

图3-3-7 选择"视频"格式保存

图3-3-8 转成视频进度条

注意：软件在生成视频时会将所有PPT页面转成视频，因此在生成视频前，要先将不需要转成视频的页面删除。

三 应用小结

使用PowerPoint制作微课容易上手，只要安装PowerPoint 2010及以上版本就可以实现录制。其优点有：录制画面非常清晰；可以充分运用好演示时候的荧光笔；可以添加丰富的图片资源；可以制作简单的动画演示效果；使用PowerPoint制作微课可以使用Zoomlt软件来辅助。

⊙ 第三篇 工具资源篇

第三节 Camtasia Studio

一 基本介绍

Camtasia Studio（简称 CS）是一款简单易用、功能完善的屏幕录制和视频编辑工具，可用于微课制作的视频录制和后期编辑等环节。

二 使用指南

录制前的准备：（1）屏幕分辨率调节：桌面鼠标右击→属性→设置→屏幕分辨率（1024*768）；（2）外置话筒（开始→附件→录音机进行测试）和摄像头（不录头像时可不用）（图3-3-9）。

开始录制：

1. 打开 Camtasia Studio 软件，操作界面如图3-3-10所示，包括三个区域（图3-3-11至图3-3-13）。

图3-3-10 Camtasia Studio 操作界面　　　图3-3-11 监视区

图3-3-12 编辑区　　　图3-3-13 时间轴

· 226 ·

第三章 微课制作工具

2. 点击栏目最前的圆点录制图标，进入正式录制状态。这时在电脑的右下角会出现一个提示，需认真检查一下上面的栏目中的摄像与声音图标是否变为黄色，如果是，就说明摄像与声音按钮已开启；如果不是，则点击图标成黄色即可，这时微课就处于准备录制状态，可以再次检查一下声音的大小、信号的强弱。最后点击录制按钮开始录制（图3-3-14到图3-3-16）。

图3-3-14　录制屏幕

图3-3-15　开始录制

3. 进行课件讲解。讲解时的语态和神态需要通过反复练习才能达到自然的状态，同时要用通俗易通的语言进行知识讲解且语言要具有亲和力。

图3-3-16　录制过程中

4. 在录制过程中如果出现了口误或其他差错，可以接着更正后继续讲，中间没有必要停下来再录，因为在后面的编辑过程中可以对错误处进行剪切。

5. 录制后的处理。录制的内容讲述完毕后，只要按一下键盘上F10，屏幕上会出现一个对话框，点击保存或编辑，就可以进行下一步的工作。如果选择保存，一般会保存在 Camtasia Studio 自动生成的文件夹里；如果选择继续编辑，则进行下一步的文件编辑工作，对视频进行进一步的编辑（图3-3-17和图3-3-18）。

三　应用小结

Camtasia Studio 的优点有：录制后自动生成视频格式；可以对录

· 227 ·

⊙ 第三篇　工具资源篇

图 3-3-17　"保存或编辑"窗口

图 3-3-18　命名保存

制内容进行字幕添加；可以进行局部录制屏幕；录制后的视频可以自动追踪鼠标进行局部放大；软件占有内存很小，安装方便；录制品质流畅清晰、编辑功能操作简单；具备强大的视频后期处理能力、丰富的视频输出格式。这些优点使得 Camtasia Studio 成为一款热门的录课工具，该工具几乎可以应用于整个微课程的编辑与制作中，是一款辅助一线教师教学的实用工具。

第四章 知识管理工具

知识管理工具是一类重要工具。在网络无处不在，人人都成为网络上的一个节点的今天，面对着信息洪流，我们可以借助于工具来管理自己的知识。在知识管理工具的帮助下，我们能够对相关的知识资源进行高效有序的管理，能够快速而方便地把个人知识、技能或经验以合适的方式共享，同时快速查找到所需的信息和知识，全面提升协同工作效率和信息综合处理能力，有效促进个人进步、集体成长和组织发展。这里介绍两种知识管理工具，帮助教师减轻认知负担，更加高效完成工作，建立自己的认知结构。

第一节 XMind

一 基本介绍

XMind 是一款非常实用的商业思维导图软件，它应用全球最先进的 Eclipse RCP 软件架构，全力打造易用、高效的可视化思维软件，强调软件的可扩展、跨平台、稳定性能，致力于使用先进的软件技术帮助用户真正意义上提高生产效率。XMind 思维导图软件常被用于整理信息、资料，制作提纲、摘要，快速记录，头脑风暴，计划等场合。它为用户提供了友好的界面、合适的结构以及便捷的操作，很适合老师和学生使用。

二 使用指南

1. 从 XMind 官网下载安装 XMind 软件后，点击桌面的 XMind 快

⊙ 第三篇　工具资源篇

捷图标启动 XMind。进入 XMind 后首先出现的是新建模板界面，这里可以挑选从某个模板开始，或者从某种风格的空白图开始，新手建议先从使用空白的模板开始，这样不至于忽略思维导图本身的作用（图 3-4-1）。

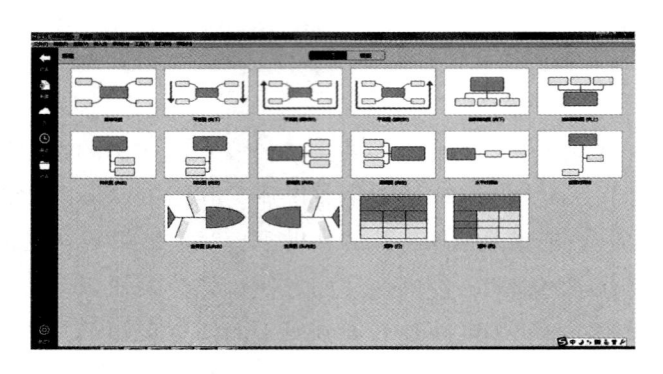

图 3-4-1　新建模板界面

2. XMind 由中心主题、分支主题、子主题、自由主题、边框、联系线等模块构成。在新建界面选择合适的导图结构，点击新建，进入导图绘制的画布界面，空白图的好处就是只有一个默认的中心主题。鼠标双击中心主题即可进入编辑状态，然后输入真正的中心主题，点击 Enter 键完成主题的编辑（图 3-4-2）。

3. 点击 Tab/Enter 键，即可创建第一个分支主题，双击修改内容，完成编辑后，点击 Enter 键即可创建第二个同级分支主题，再以同样的方式修改内容。

4. 选中任何一个分支主题，点击 Tab 键来创建更深一层的主题即子主题，从而细化这个分支主题（图 3-4-3）。

5. 完成大致的框架之后，依照个人习惯调整图的结构、线条、风格等，让图看起来更舒服。XMind 为用户提供了"风格"选项，选择"窗口"→"风格"指令，打开"风格"窗口进行选择应用。"风格"是一组包含思维图、主题、线条等各种元素的一些属性的集合（图 3-4-4）。

第四章　知识管理工具

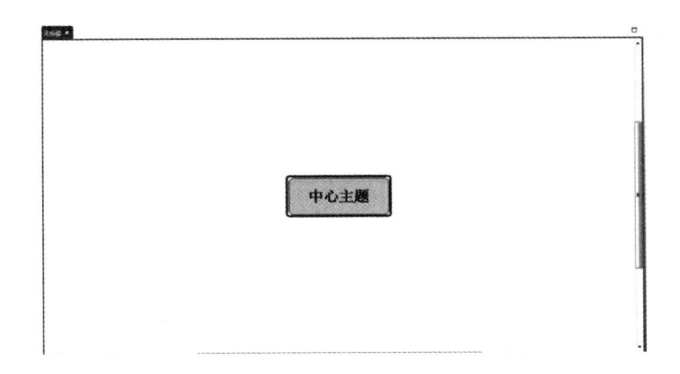

图3-4-2　空白图界面

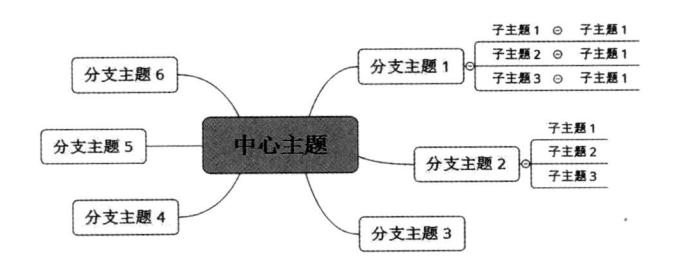

图3-4-3　画分支主题

注：Enter 键和 Tab 键是 XMind 中非常重要的两个快捷键。一般情况下，Enter 键用来创建所选主题的同级主题，Tab 键用来创建所选主题的子主题。

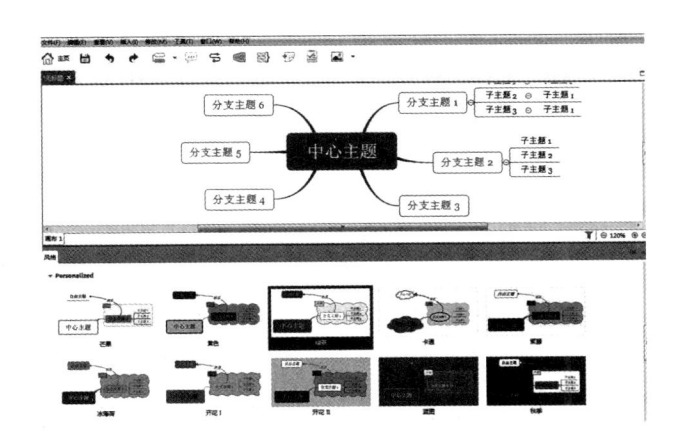

图3-4-4　风格设计

⊙ 第三篇 工具资源篇

6. 通过属性窗口及其他工具对导图进行调整设置，以达到要求。属性也有一个单独的窗口（窗口→属性）。一般在 XMind 开启之后，这个窗口是会自动打开的。当在图中选择不同的元素时，窗口中会显示该元素可以调整的属性。比如，点击图的空白处，显示的是思维图本身的属性（图3-4-5）。

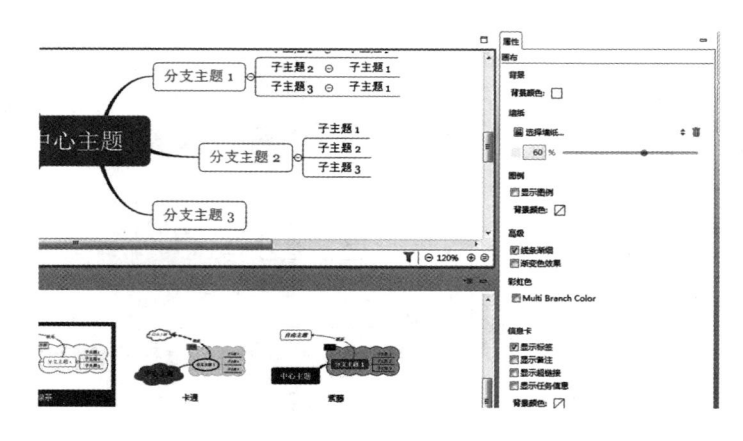

图3-4-5 属性设置

7. 完成以上六步，思维导图就基本完成了。另外，要记得准确选取导图的相关关键词。当然，使用者也可以使用 XMind 软件自带的导图模板，如任务管理、项目报告、会议、流程图、问题分析等。模板是包含了特定内容、结构和样式，供用户参考使用的思维导图。此外，XMind 也支持用户自定义模板。

三 应用小结

XMind 操作简单，有利于学科教师进行备课、课程规划、头脑风暴等，学生也可以自己制作思维导图，形成自己的知识图谱。思维导图绘制完毕后，个人可以根据自己的喜好对导图进行调整，如色彩设置或添加小图标，形成个人风格，从而更加有助于记忆。

第四章 知识管理工具

第二节 印象笔记

一 基本介绍

印象笔记（Evernote）是一款多功能笔记类应用软件，它能帮助你完成各类存储、记录、收集和输入等知识管理工作。主要功能包括：随时随地记录一切，无论是生活点滴灵感、待办清单，还是会议记录、工作资料都可以随时记录，永久保存；支持所有设备，手机、平板、电脑，多终端一键同步共享，微信、微博、各个新闻平台基本都连接了印象笔记，同时它还有网页的插件剪藏功能；快速查找所需，使用者可以轻松找到放在印象笔记的一切资源；高效协作共享，可基于笔记展开讨论，共享工作笔记本，合作完成团队目标等。这些功能可以有效地帮助教师进行工作管理和自我提升。

二 使用指南

1. 进入印象笔记网站（https：//www.yinxiang.com/），点击下载，可以选择下载对应版本，这里以下载、安装 windows 版本为例（图 3-4-6 和图 3-4-7）。

图 3-4-6 印象笔记网站主页

2. 打开印象笔记软件，主界面包括工具栏、左侧边栏、笔记列表和

· 233 ·

⊙ 第三篇 工具资源篇

编辑工具栏（图3-4-8和图3-4-9），下面简单介绍用法。

图3-4-7 软件下载

（1）新建笔记：在当前笔记本中创设一条笔记，点击默认创设笔记，如果点击右边更多新建按钮，则可以创建笔记、思维导图、Markdown、桌面便笺等（图3-4-10）。

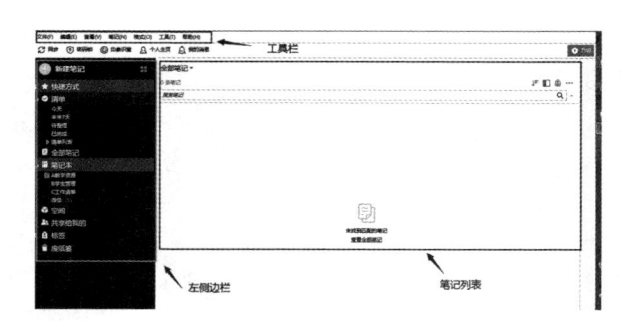

图3-4-8 操作界面

图3-4-9 编辑工具栏窗口

· 234 ·

第四章　知识管理工具

图3-4-10　新建笔记

（2）同步：手动同步账户中的内容。印象笔记也会自动同步账户内容，所以手动同步功能是可选的。这个功能能够确保用户的所有内容在不同设备中同步且一致。

（3）快捷方式：把笔记、笔记本或标签拖动到快捷方式栏中，实现快速访问，这个操作在笔记特别多的时候很有效。

（4）全部笔记：在笔记列表中显示账户中所有的笔记。

（5）搜索笔记：使用关键词、标签等进行搜索。默认情况下，印象笔记会将所有标题、内容和图片中含有关键词或标签的笔记作为搜索结果。

（6）编辑工具栏：可以设置笔记提醒、添加附件、录制音频、拍摄并插入照片、从模板库选择模板等功能，使笔记形式丰富多样。

（7）空间：可以使用空间功能管理笔记和笔记本，将空间内的笔记内容共享给好友，或与好友在空间内进行协作。

（8）印象识堂：分享笔记发布到个人主页，让每个人都能浏览分享的笔记，可以点赞和保存到自己的印象笔记中，用户能够感受到分享的乐趣。

三　应用小结

印象笔记是一个优秀的知识管理工具，多终端跨平台同步功能可以让用户随时随地地收集、整理、记录、分享和查询利用知识，同时还支持图片、文本、视频音频等多媒体内容笔记。

第五章　教学科研工具

随着教育信息化的不断深入，老师们的工作体验变得更加丰富，其实除了享受学校内部的信息化便利外，老师个人在日常工作中也可以借助外界网站、APP、平台等工具，提升个人在教学、科研和管理等方面的工作效率。这里主要介绍帮助教师针对实际教育教学问题进行调查和研究的中国知网和问卷星。

第一节　中国知网

一　基本介绍

中国知网，是中国国家知识基础设施（China National Knowledge Infrastructure，CNKI）的简称，国家知识基础设施的概念由世界银行于1998年提出。CNKI工程是以实现全社会知识资源传播共享与增值利用为目标的国家信息化重点工程，由清华大学、清华同方公司发起，始建于1999年6月。中国知网（https：//www.cnki.net/）是一个网络资源共享平台，它通过产业化、商业化运作，为全社会提供丰富的知识信息资源的数字化学习平台，可以助力教师教学教研。

中国知网的特点包括：（1）功能强大，组织文献不仅集合各种排序、聚类的整合方式，而且具备搜索引擎的功能；（2）内容丰富，涵盖学术型成果、事实性资料、技术型成果、国际文献信息、形象化图形图像；（3）免费获取，在校师生在校园网内均可浏览或下载，并可享受校外注册认证后的免费服务。

二 使用指南

1. 选择要检索的文献数据库。在操作界面上，中国知网将其文献分成了不同的库，使用者根据自己的目标文献范围属性进行选择（图3-5-1）。

图3-5-1 操作界面

2. 检索方式用两种。

（1）一框式检索：在文本框中直接输入检索词，检索词的类型可以选择主题、关键词、篇名、作者等（图3-5-2）。

图3-5-2 检索词类型

（2）高级检索：提供检索项之间的逻辑关系控制。在检索条件中输入主题词、关键词、作者及单位（注重文章的权威性）、发表时间（注重文献的时效性）、文献来源等检索条件进行精准搜索。页面上方包括期刊、硕博士论文、会议、报纸等不同数据库分类，点击更多

⊙ 第三篇 工具资源篇

可查看更多数据库。左侧是文献分类目录，使用者可以选择所研究课题的类别（图3-5-3）。

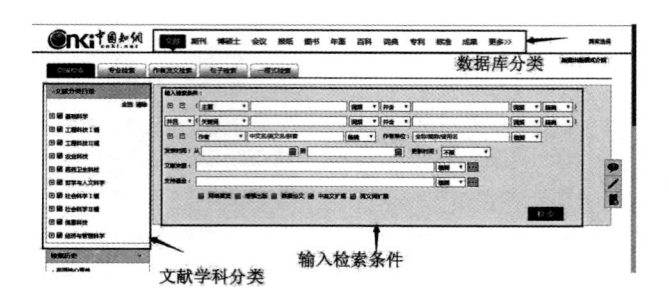

图3-5-3 高级检索

3. 在检索结果中进行文献筛选。如以"英语核心素养"为主题进行搜索。可以选择"分组浏览栏"里的主题、发表年度、研究层次、作者、机构、基金查看进一步细化的检索结果；也可以根据文献的相关度、发表时间、被引次数、下载次数进行排序浏览，选择中英文文献，被引次数、下载次数可以用来判断文章的影响力及热度。网站推荐的相关文献也可以选择性阅读（图3-5-4）。

4. 运用"知网节"了解所研究主题的发展脉络及前景。由点到面，发现更多相关文献，梳理研究进展，发现研究的空白点。同样以"英语核心素养"为主题进行搜索，选择合适文章（图3-5-5和图3-5-6）。

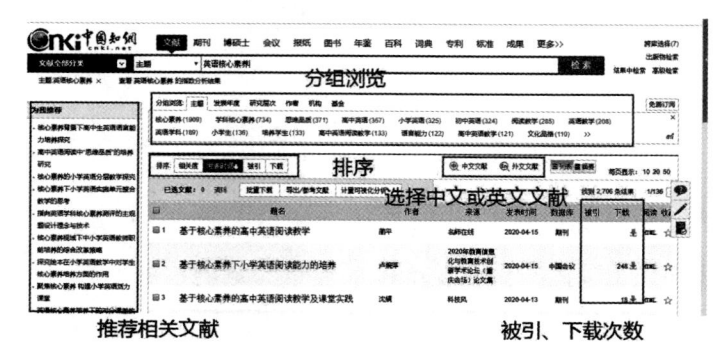

图3-5-4 文献筛选

第五章　教学科研工具

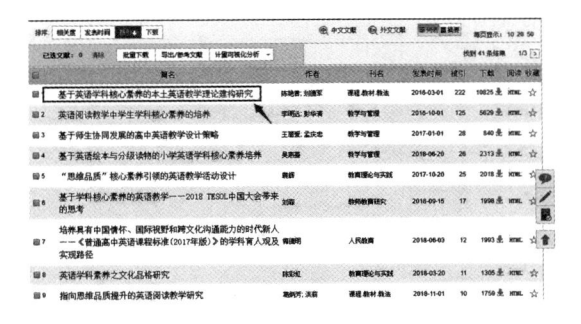

图 3-5-5　点击文章

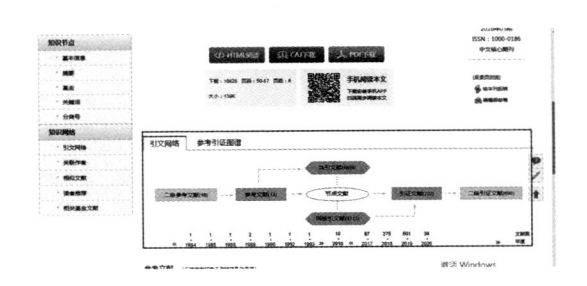

图 3-5-6　知网节

（1）参考文献：反映文章的研究背景和依据，为读者提供了该主题前人研究的发展脉络（图 3-5-7）。

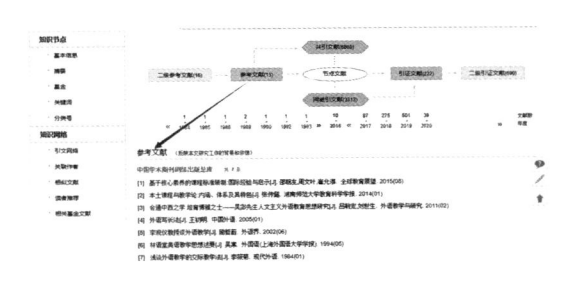

图 3-5-7　参考文献

（2）引证文献：反映文章研究的应用、研究和发展，为读者提供了该主题后续发展状况（图 3-5-8）。

⊙ 第三篇 工具资源篇

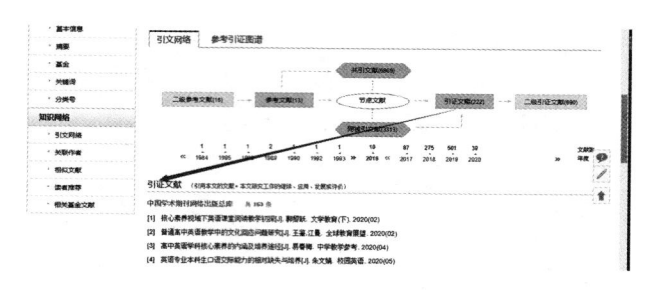

图 3-5-8 引证文献

（3）二级参考文献：进一步反映文献的研究背景和依据，深度挖掘该主题的发展起源（图 3-5-9）。

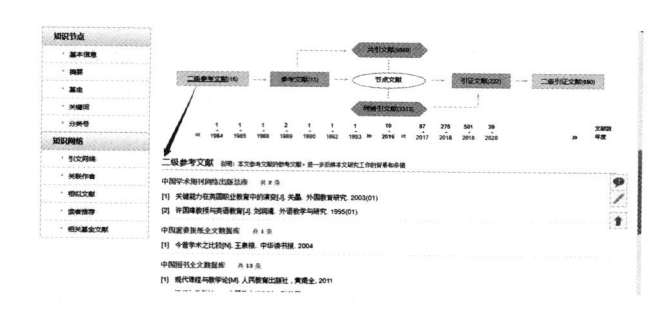

图 3-5-9 二级参考文献

（4）二级引证文献：进一步反映本文研究的应用、研究和发展，深度了解该主题的最新发展状况（图 3-5-10）。

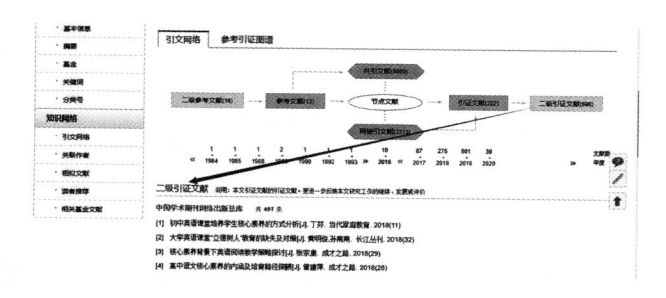

图 3-5-10 二级引证文献

· 240 ·

第五章　教学科研工具

（5）共引文献：与本文有相同参考文献的文献，文献之间共同的研究背景和依据，有助于找到更多同主题的文献（图3-5-11）。

（6）同被引文献：与本文同样被引用为参考文献的文献，共同作为该研究主题发展的依据（图3-5-12）。

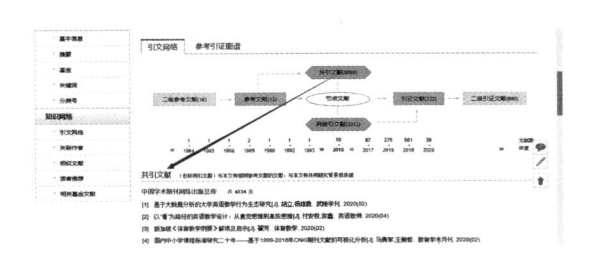

图3-5-11　共引文献

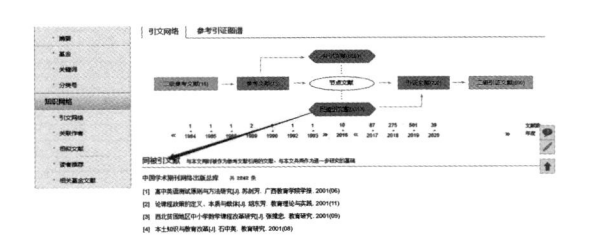

图3-5-12　同被引文献

5. 关注研究主题的最新进展。利用分享传播和创建引文跟踪和我的CNKI（图3-5-13和图3-5-14）。

图3-5-13　点击分享传播和创建引文跟踪

⊙ 第三篇　工具资源篇

图 3-5-14　点击我的 CNKI

三　应用小结

教师可以通过中国知网来查询本学科教育教学领域的最新进展和教学案例，进而改善自己的课堂教学，同时可以在教育教学中发现问题，进行科学研究，形成自己的科研成果，改善教学效果，同时分享自己的教学经验。

第二节　问卷星

一　基本介绍

问卷星（https://www.wjx.cn/）是一个专业的在线问卷调查、测评、投票平台，专注于为用户提供功能强大、人性化的在线设计问卷、采集数据、自定义报表、调查结果分析系列服务。与传统调查方式和其他调查网站或调查系统相比，问卷星具有快捷、易用、低成本的明显优势，已经被大量企业和个人广泛使用。

二　使用指南

设计问卷

1. 点击"创建问卷"，选择创建的问卷类型。我们以创建调查问卷为例，这里提供了四种创建方式，默认为"创建空白问卷"，我们就以"创建空白问卷"和添加一道单选题为例（图 3-5-15—图 3-5-19）。

第五章 教学科研工具

图 3-5-15 点击创建问卷

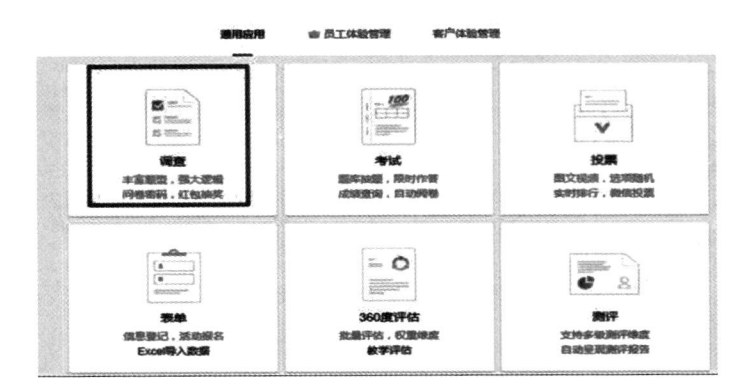

图 3-5-16 选择调查问卷

图 3-5-17 填写调查名称

⊙ 第三篇 工具资源篇

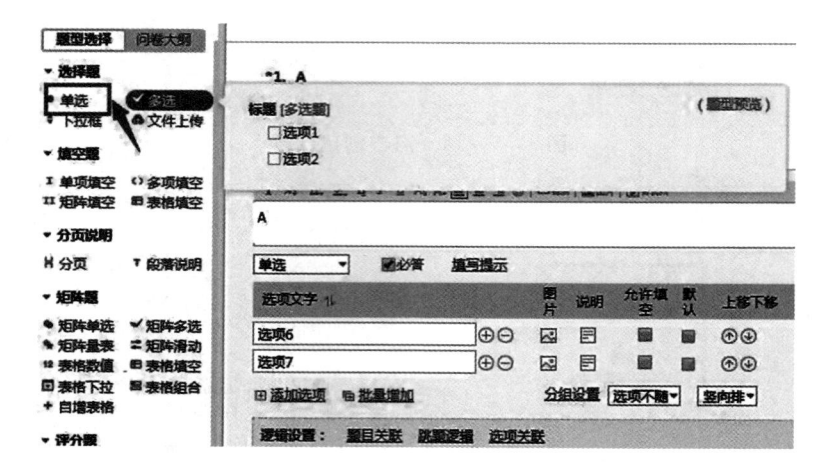

图 3-5-18 点击单选题

图 3-5-19 设置问题和选项

· 244 ·

第五章 教学科研工具

2. 添加和编辑完所有的题目之后,点击"完成编辑"并发布问卷,将发布之后生成的问卷链接复制给填写者作答(图3-5-20和图3-5-21)。

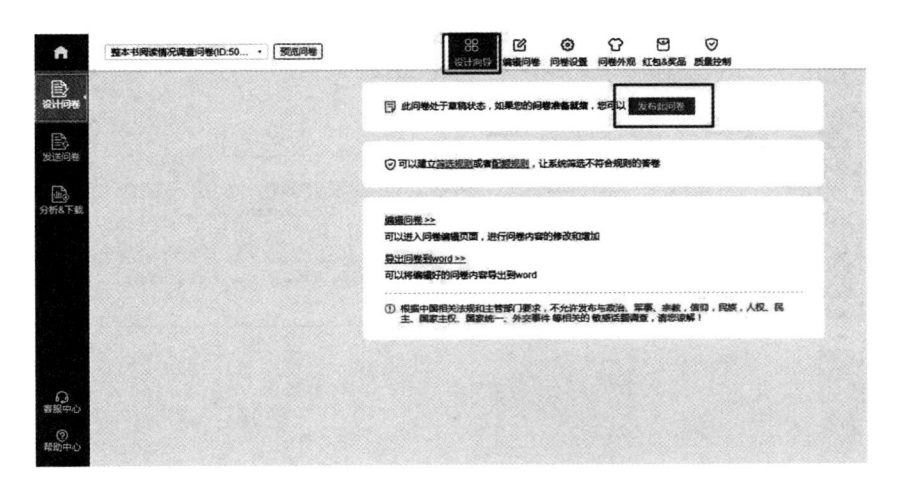

图3-5-20 发布问卷

图3-5-21 生成链接与二维码

⊙ 第三篇 工具资源篇

3. 有了答卷之后到"分析&下载"→"统计&分析"里面查看统计结果,在"分析&下载"→"查看下载答卷"中可下载原始数据(图 3-5-22 和图 3-5-23)。

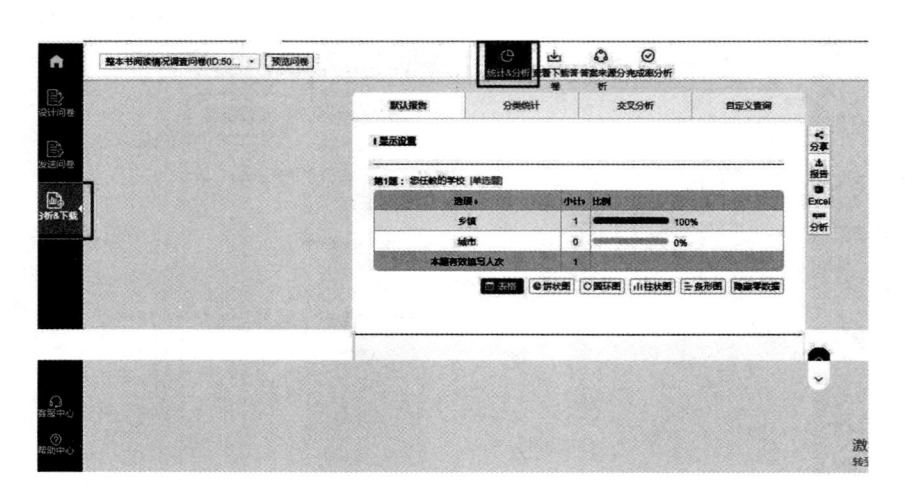

图 3-5-22 统计与分析

图 3-5-23 查看下载问卷

三 应用小结

问卷星可以有效地帮助教师开展教学活动,例如编辑在线考试系统、进行学生家长意见反馈、管理班级事务等,可以使教师快速了解学生的学习情况,同时问卷星还可帮助教师进行学术研究,提升教师的科研能力。

第六章　教学互动工具

课堂互动工具能有效地调动课堂气氛，在增加学生参与度的同时还能很好地提高课堂效率，创造一个公平有效的课堂环境，因而这类工具越来越受到教师的喜爱。这里主要介绍三种教学互动工具，帮助师生开展互动和实时反馈，给师生一个全新的教学体验。

第一节　雨课堂

一　基本介绍

雨课堂由学堂在线与清华大学在线教育办公室共同研发，旨在连接师生的智能终端，将课前、课上、课后的每一个环节都赋予全新的体验，最大限度地释放教与学的能量，推动教学改革。

雨课堂的特点包括以下三个。

1. 简单熟悉的课件制作：名校课程视频资源随时用，PPT 制作，学习零成本，微信贴身推送。

2. 最便携的智慧教室：实时问答互动，学生难点反馈，幻灯片推送，支持弹幕。

3. 最立体的教学数据：覆盖了课前、课上、课后的每一个教学环节，为师生提供完整立体的数据支持，提供个性化报表、自动任务提醒，让教与学更明了。

⊙ 第三篇 工具资源篇

二 使用指南

1. 准备工作

（1）教师准备工作：准备一台安装了雨课堂的电脑以及一部安装了微信的手机（电脑软件环境要求是 windows7 及以上操作系统；Office2010 及以上版本）。在电脑上访问雨课堂官网（http://ykt.io/），下载并安装雨课堂。安装成功后，打开 PowerPoint，雨课堂会出现在顶端工具栏，如图 3-6-1 所示。

（2）学生准备工作：准备一部安装了微信的手机。

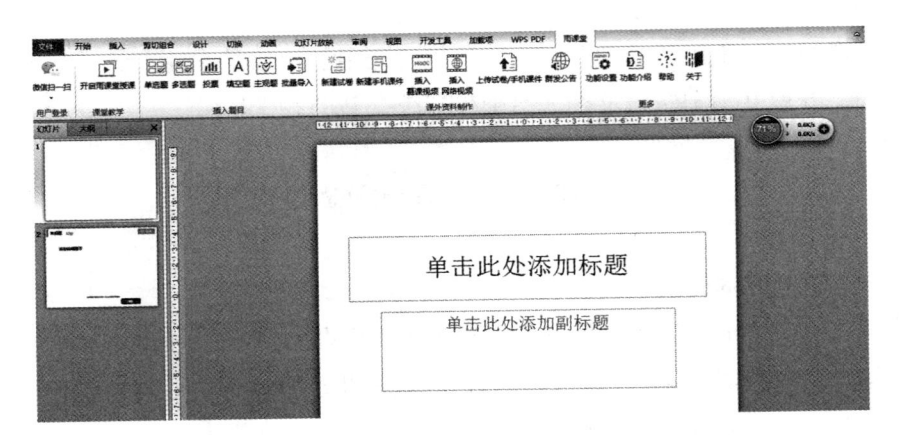

图 3-6-1 雨课堂嵌入 PowerPoint 的界面

2. 雨课堂将复杂的信息技术手段融入到 PowerPoint 和微信中，在课外预习与课堂教学间建立沟通桥梁，让课堂互动永不下线。使用者初次使用雨课堂，打开 PowerPoint，点击左上角微信扫一扫，如图 3-6-2 所示。

3. 教师初次使用雨课堂需先创建课程和班级，创建成功的班级会有自己专属的二维码及邀请码，学生可扫码或输入邀请码进入班级，如图 3-6-3 和图 3-6-4 所示。

第六章 教学互动工具

图 3-6-2 微信登录码

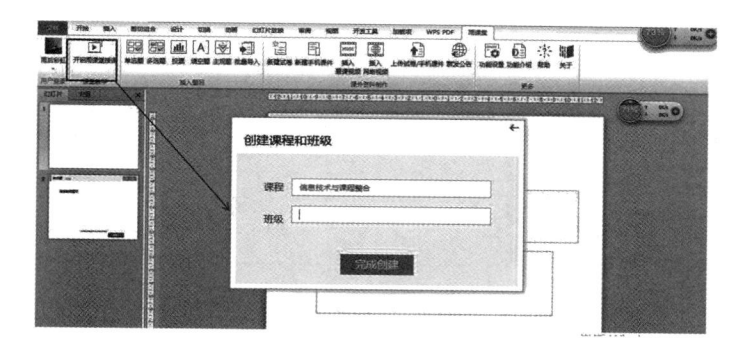

图 3-6-3 创建课程和班级

图 3-6-4 课程码

· 249 ·

⊙ 第三篇 工具资源篇

4. 使用雨课堂，教师可以将带有 MOOC 视频、习题、语音的课前预习课件推送到学生手机，师生沟通及时反馈；课堂上实时答题、弹幕互动、扫码签到，为传统课堂教学师生互动提供了完美解决方案。教师可制作作业/试卷，添加单选、多选、主观题等，如图 3－6－5 所示。

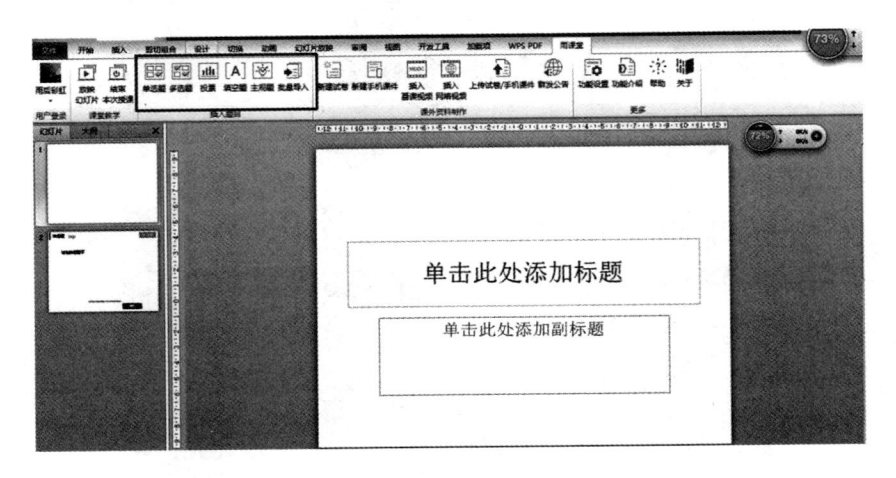

图 3－6－5　多种互动方式

5. 手机端查看课后小结。老师结束授课后，微信端教学日志会留下老师的授课记录。同时，雨课堂会向老师手机端推送一个名为"课后小结"的消息，点击查看此消息，使老师能够精确地了解本次课程数据。

三　应用小结

雨课堂将复杂的信息技术手段融入到 PowerPoint 和微信，在课外预习与课堂教学间建立沟通桥梁，让课堂互动永不下线。使用雨课堂，教师可以将带有 MOOC 视频、习题、语音的课前预习课件推送到学生手机，实现师生及时沟通反馈；课堂上实时答题、弹幕互动，为传统课堂教学师生互动提供了完美解决方案。雨课堂科学地覆盖了课前、课上、课后的每一个教学环节,为师生提供了完整立体的数据支持,同时个性化报表、自动任务提醒,让教与学更明了。

第二节 UMU

一 基本介绍

UMU 是知识分享与传播的学习平台,连接人与知识、加速知识的流动,让每个人融入、分享和收获知识。UMU 将现场大小屏幕连接起来,赋予每个人深度思考、充分发言的机会,参与者不用再担心措辞不当和怯场问题,通过智能手机就能轻松分享所思所想。使用者可利用 UMU 进行课程互动或者微课制作。

二 使用指南

UMU 比较简单,只需要下载手机 APP,按照要求操作即可。

1. 注册安装 UMV,电脑版登录(https://www.umu.cn/),手机端安装 UMVAPP(图 3-6-6)。

图 3-6-6 UMU 网站界面进行免费注册

⊙ 第三篇 工具资源篇

2. 新建课程，点击基本功能中的创建课程，进入我的课程界面后，再点击右侧"创建课程"新建一个课程。点击"添加课程小节"后，可以选择添加课程内容、添加会议和直播、添加互动环节、从模板添加。互动环节包括问卷、提问、讨论、拍照、游戏、签到、抽奖、考试等，可以按照课程需求选择创建互动环节（图3-6-7和图3-6-8）。

图3-6-7 创建课程

图3-6-8 添加课程小节

温馨提示：打开"报名开关"后，需要参与者先报名，只有报名成功的参与者才能参与互动。教师可以设置报名者需提交的信息并进行审核。"报名开关"关闭时，任何人均可参与互动。

下面以问卷为例。问卷环节用于了解和收集活动参与者的基本信息和观点，常见形式包括基本信息调查、开场破冰、观点投票、满意

· 252 ·

第六章 教学互动工具

度反馈等。问卷环节提供单选、多选、数值型和开放式四种问题类型,并可在问题间添加段落说明(图3-6-9)。

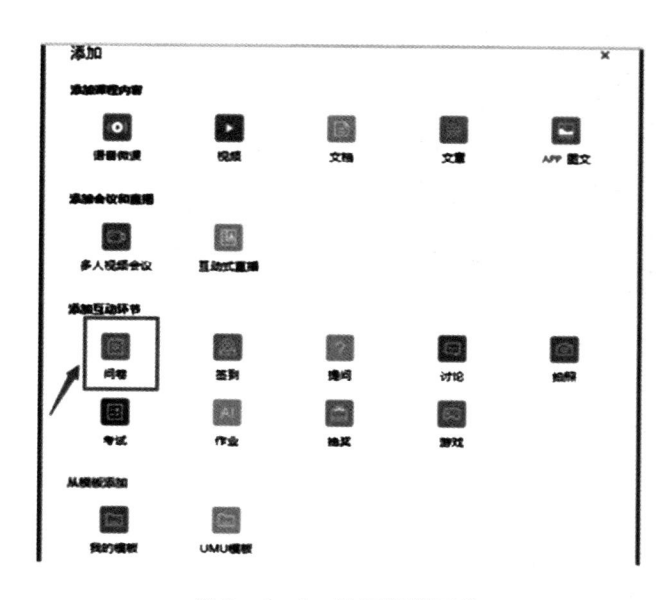

图3-6-9 选择问卷环节

3. 分享链接,邀请学员参与讨论,然后大屏幕分享讨论结果(图3-6-10和图3-6-11)。

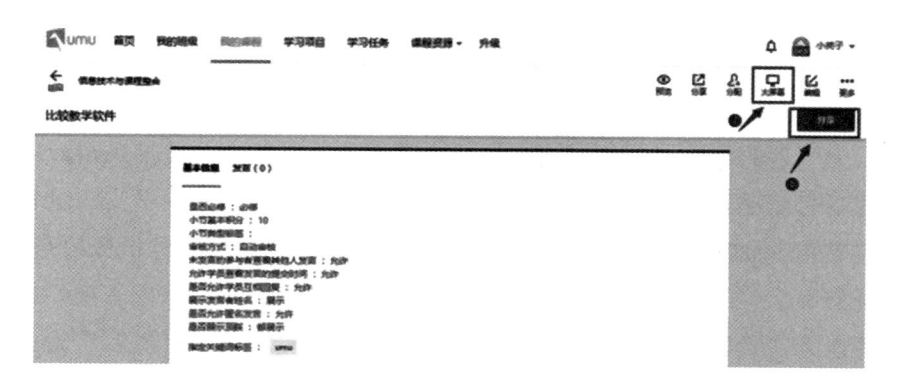

图3-6-10 分享链接

⊙ 第三篇 工具资源篇

图 3-6-11 大屏幕分享讨论结果

三 应用小结

UMU 互动学习平台，极大地发挥了"互动"的作用，不论线上还是线下的学习，都为师生、生生提供了简便、高效的互动方式，能有效激发学生的学习热情。同时，学习平台能够实现评价方式的多元化，学生的课堂表现及知识掌握情况都能通过平台进行评价并实时反馈，有利于提升学生的学习成就感，激发学生的学习动机。

第三节 班级优化大师

一 基本介绍

班级优化大师是一款由希沃（Seewo）自主研发的针对学生课堂行为管理的软件，它能够极大地调动班级的学习氛围，并带来游戏般的师生互动教学体验。运用班级优化大师，老师可以点评学生，老师手里有不同的奖章，来及时捕捉学生的闪光点；学生通过积极表现，例如举手答问、积极思考、按时交作业来挣积分；当学生有表现不好的地方，老师可以通过减分来给学生适当的提醒。它同时还有小组点评的功能，学生在小组中的成员互动中感受到自己被需要，从而激发他们的学习动机与成长需求（图 3-6-12）。

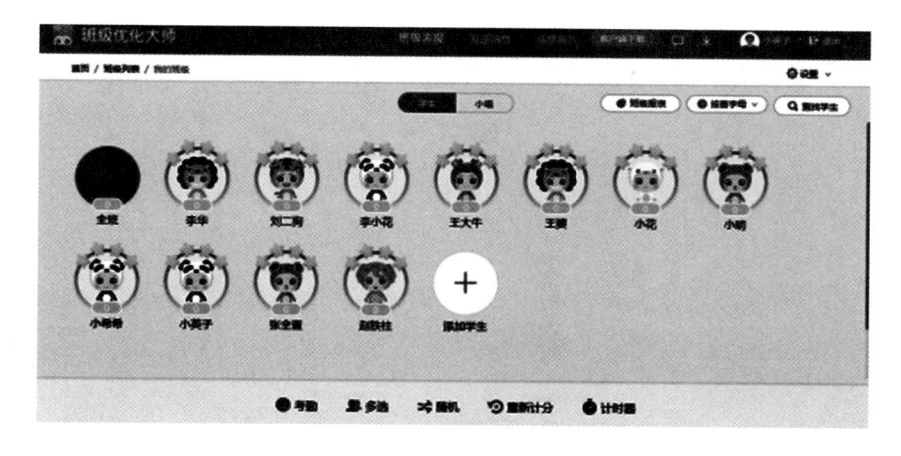

图 3-6-12　网页版班级管理界面

班级优化大师有网页端、电脑端和手机端三个版本。

（1）网页端是一个管理后台，它支持学生信息的批量导入，班级信息的编辑，点评类型的创建等，网页端网址：http://care.seewo.com/。

（2）电脑端是一个安装在教室电脑中的演示客户端，老师利用电脑端可以实时点评，学生也可以看到自己的排名情况，但是电脑端不具备编辑班级与学生信息的功能，电脑端下载地址：http://care.seewo.com/pc/download。

（3）手机端和网页端的功能一致，不过使用者一般可以利用手机端随时和家长交流学生的学习情况。

二　使用指南

1. 自定义点评类型。老师可以自定义评价类型，如爱发言，爱思考，爱合作等，设置不同类型的评价可以有效捕捉孩子的闪光点，激发学生的学习动机（图 3-6-13）。

⊙ 第三篇 工具资源篇

图 3-6-13 网页版班级管理界面

2. 以多种方式点评学生。老师在网页端导入学生名单，分好小组后，在上课的时候可以对小组进行点评，对单个同学进行点评，对多位同学进行点评，点击班级管理界面的"多选"，选择学生进行点评（图 3-6-14）。

3. 多种小工具：班级优化大师提供了"随机""重新计分""计时器"三个小工具供老师使用。

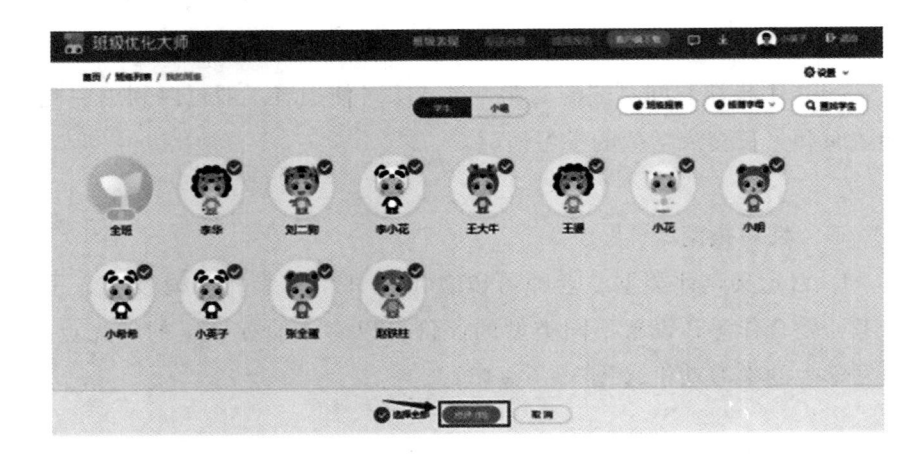

图 3-6-14 选择多位学生进行点评

（1）利用"随机"工具随机挑选学生回答问题，让学生感受到公平。选中的学生在完成制定的"任务"后，都会获得相应的分数和奖励，这会使学生们产生被选中的期待，使他们对学习充满了积极性（图3-6-15）。

图3-6-15　随机抽选学生

（2）利用"重新计分"重置分数，可以让任课老师们每节课都重新计分，这样孩子们可以在每节课都重新作战，积极参与到课堂行为中来，避免了对分数产生麻木。提示：分数重置并不会删除点评记录，仅清空记分牌。

（3）利用"计时器"记录小组讨论的时间，让学生对时间有一定把握，而不至于到了时间什么也没有讨论出来（图3-6-16）。

4. 导出数据：老师利用这个功能归纳学生在一段时间内的表现情况，据此分析自己的教学是否有可改进或可创新的地方。

5. 邀请老师和家长入班：邀请老师加入班级后，可以多位老师共同管理一个班级；邀请家长加入班级后，家长可以随时了解自己孩子在学校的情况。为了保护孩子的隐私，家长仅能看到自己孩子的在校表现情况，而不能看到其他学生的表现情况。

⊙ 第三篇 工具资源篇

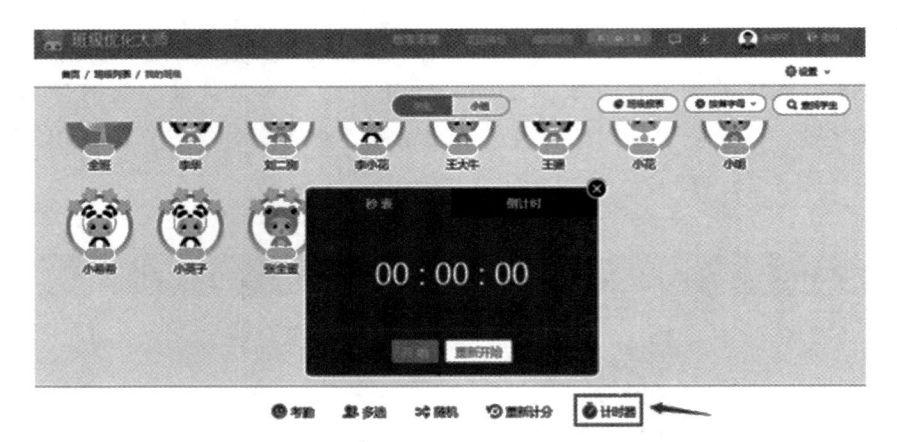

图 3-6-16 计时器

图 3-6-17 邀请家长

三 应用小结

班级优化大师的主要特点有点评多样、及时、个性化、界面友好、形象卡通、富于乐趣。它可以很好地激发学生的学习兴趣，对学生进行多元评价，不再只以考试分数为评价标准，还可以从上课积极度、进步程度、合作能力等方面对学生进行评价，同时也促进了家校沟通，让家长充分了解自己的孩子，共同为孩子的健康成长保驾护航。

参考文献（三）

晨茜：《信息化高效课堂？"班级优化大师"帮你轻松打造》，2017年2月27日，http：//blog.sina.cn/dpool/blog/s/blog_1459fdfec0102zf37.html，最后浏览日期：2020年4月1日。

钱冬明：《数字学习实用利器——Top100＋工具》，清华大学出版社2019年版。

王辞晓、江婧婧、李静：《Algodoo的发展及教学应用》，《中小学信息技术教育》2017年第1期。

文臣：《2016年度最佳互动解决方案，优幕让课堂大不同》，2017年2月14日，http：//blog.sina.cn/dpool/blog/s/blog_1459fdfec0102zg99.html，最后浏览日期：2020年4月10日。

张景中：《学科教学中的信息技术》，北京大学出版社2013年版。

第四篇
信息技术与课程整合案例

案例篇分别从文类、理类、综合类和实践类四个方面展示信息技术与课程整合的方法，选自不同出处，具有一定代表性。案例分析主要侧重于不同信息技术在不同教学场景的应用，包括使用教学APP，微信平台，VR技术等融入不同教学场景，并给予相应评价，便于学习者更好的迁移和应用。根据不同案例的实际要求，采用不同的教学方法结合相应的教育技术进行授课，同时希望学习者可以进一步搜集相关案例进行深入研究，逐渐形成对信息技术于不同学科课程整合方法和技巧进行探索和创新的意识。

第一章 文科类案例

第一节 信息技术与语文学科教学整合案例
——《科罗拉多大峡谷》[①]

一 教材分析

《科罗拉多大峡谷》是长春版语文教材六年级上册的课文,描述的是位于美国亚利桑那州西北的凯巴布高原的科罗拉多大峡谷,文中采用列数字、打比方等说明方法介绍了科罗拉多大峡谷的面积、深度、长度、宽度等。文中通过多次使用四字词语表达大峡谷的雄伟壮观并且语言简洁、层次清楚,使学生在学习过程中,能够掌握列数字、打比方等方法,同时感受大自然的杰作以及大峡谷的奇特风貌。

二 教学目标

(一) 知识与技能

1. 掌握"峦""栖""博"等八个生字,重点理解"重峦叠嶂""怪石嶙峋""气象万千"等十六个四字词语的意思。

2. 学会有顺序地观察景物,抓住特点去描写景物,掌握常用的说明方法。

3. 能正确、流利、有感情地朗读课文。

---

① 全晓霞:《〈科罗拉多大峡谷〉教案设计》,《中小学电教》2015 年第 12 期,参考时对本案例略有改动。

◉ 第四篇 信息技术与课程整合案例

（二）过程与方法

1. 通过观看视频，调动学生多种感官，唤醒学生的好奇心和求知欲。

2. 通过设计问题、小组讨论，培养学生的团队合作能力。

3. 通过朗读课文、回答问题，培养学生的表达能力。

（三）情感态度与价值观

通过欣赏阅读《科罗拉多大峡谷》这篇课文，让学生领略大自然的美好风景，养成保护自然环境的好习惯。通过感受大峡谷的壮丽风景，激发学生对大自然的热爱。

三 教学重难点

教学重点：了解科罗拉多大峡谷的形成原因以及大峡谷中的自然风景。

教学难点：列数字、打比方等说明方法在学习中的运用。

四 学习者特征分析

本次教学的对象是六年级的学生，六年级的学生已经积累了一定量的语文知识，有较强的思维想象力和洞察力，喜欢在学习中探索并发现未知、解决问题。能够接受在教学过程中独立思考和自主回答问题，对于新鲜事物充满好奇心。在老师提出新的观点时，学生会主动吸收老师的观点，扩大自己的知识面。作为六年级的学生，除了学习主要课程外，也会对自然科学充满好奇心，因此本节课学习的新知识会激发学生极大的学习热情。

五 教学策略选择与设计

本案例采用问题解决和小组合作讨论的方式开展教学，利用钉钉APP在课前进行知识的预习，并在多媒体环境中开展教学活动。学生通过课前的预习完成熟读课文、会写生词以及搜集关于科罗拉多大峡

第一章 文科类案例

谷的资料的任务。课上主要解决一些具体的问题，课后再利用钉钉 APP 进行布置作业、解答疑惑和学习总结。教师应在教学中设计问题，让学生带着问题去阅读课文，可以促使学生自己做出思考，然后老师再给出正确的答案，并做出合理的讲解，让学生的问题在课堂上得以解决。

六 教学资源与工具

本次教学资源使用的是长春版小学语文六年级上册的教材。工具是钉钉 APP，并借助多媒体工具制作课件，帮助学生更容易理解课文。

七 教学过程

（一）课前——学生通过钉钉 APP 完成教师布置的预习任务

1. 首先教师在钉钉班级群中发布关于朗读《科罗拉多大峡谷》课文的视频以及关于科罗拉多大峡谷的图片等资料。

2. 然后教师通过钉钉 APP 创建的班级群发布本次需完成的四个任务（发布任务的步骤：打开钉钉 APP→进入班级群→右下方选择"＋"图标→可选择以设置好的打卡任务，也可自定义打卡任务→进入发布打卡任务界面设置打卡任务，并设计好打卡时间→发布打卡任务）。任务一，熟读并有感情地朗读课文；任务二，会写课文中的生字、生词；任务三，用生词组句子，将组的句子发到钉钉班级群中；任务四，利用网络查阅关于科罗拉多大峡谷的资料。

3. 学生根据教师布置的任务在钉钉班级群中完成打卡，并将在预习过程中存在的问题通过班级群向教师提问。

4. 教师根据学生打卡的完成情况以及存在的问题调整线下讲课的内容，根据学生提出的疑问，教师在课上有针对性地讲解，通过这样的方式提升教师教学的效率。

⊙ 第四篇 信息技术与课程整合案例

（二）课中——以开展小组讨论的方式进行教学

首先根据学生们对语文课的兴趣度、语言表达能力、审美鉴赏能力进行恰当的分组，使每个小组的成员之间都能取长补短。其次教师根据学生的打卡情况向学生反馈并对完成任务及时的学生提出表扬，目的是激励学生们主动学习。最后教师对学生在班级群中提出的疑问做出解答。

疑问解答后开始本节课的教学任务。

1. 找出课文的中心句。

学生活动：找出课文的中心句，再与同组的同学进行讨论并找出小组代表发言。

教师活动：利用电子白板放映 PPT 课件。

课件出示：大峡谷不仅风光奇绝，野生动植物也种类繁多，堪称一个庞大的野生动植物园。

2. 找出课文介绍了科罗拉多大峡谷的哪几个方面？

学生活动：在课文中找出从哪几个方面介绍了科罗拉多大峡谷，并用笔在原文中画出。

教师活动：带领学生一起阅读课文并在阅读过程中进行部分的讲解。

设计意图：让学生带着问题去阅读课文，引发学生的思考。在学生解决完问题后，教师再带领学生一起梳理课文从哪几个方面介绍了科罗拉多大峡谷。一起梳理可以让学生适度的放松，不会一直处于要被提问的高度紧张状态。

3. 课文第一段哪个成语赞叹了科罗拉多大峡谷的独一无二？

学生活动：在第一自然段中找出赞叹科罗拉多大峡谷的成语，并在原文中写出该成语的意思。

教师活动：听学生们给出的结果是否正确，并给予学生明确的答案。

4. 在第二到第四段找出介绍峡谷的奇绝风光及其成因的内容。

学生活动：找出科罗拉多大峡谷的奇绝风光及形成原因的内容，并与小组同学进行讨论。

教师活动：利用课件出示大峡谷形成的原因，并和学生一起在书本中画出"大峡谷是由'科罗拉多河'的激流历经几百万年的长期冲刷而形成的"。

5. 在第三段中找出科罗拉多大峡谷所具有的独特风景。

学生活动：与同学交流科罗拉多大峡谷有哪些独特风景。

教师活动：打开课前搜集好的大峡谷风景的图片向同学们展示，展示中可添加合适的音频。目的是缓解学生上课的疲劳，吸引学生的注意力。

6. （课件出示大峡谷的外景视频）"大峡谷经河水冲刷，形成许多形状奇特、变化无穷的岩峰峭壁和洞穴，有的如蜂窝，有的如蚁穴，有的孤峰孑立，有的洞穴天然"，让我们随着音乐再读一读这一自然段。

学生活动：用"有的……有的……有的……"句式造句。

教师活动：对学生的造句提出点评，写得好的提出表扬，写得不恰当的给予学生建议并帮助修改。

设计意图：语言文字的习得，最终目的在于灵活自如地将其应用于生活实际，因此利用课文解析的机会，教师可以为学生创造一个表达口语的机会，锻炼学生表达的能力，做到学为所用。

7. 第四段最后一句用了什么修辞手法，其目的是什么？

学生活动：小组讨论并每组推选出一人回答老师的问题。

教师活动：给出正确答案，并进行讲解和解读。

8. 阅读大屏幕出示的问题，带着对问题的思考，自由阅读第五段。

学生活动：阅读并回答第五段用的列数字的说明方法，每人再自己举一到两个列数字的例子。

教师活动：利用课件出示列数字的句子，通过举例子帮助学生

⊙ 第四篇 信息技术与课程整合案例

理解。

9. 由老师和同学们一起朗读课文的最后一段。

（三）课后——通过钉钉 APP 布置课后作业，开展线上讨论答疑并考核

1. 教师通过 APP 进行布置作业（布置作业的步骤：打开钉钉 APP→进入班级群→点击"家校本"→点击"＋"→发作业→选择语文→设置完作业→发布）。

作业：大自然赐予我们的风景是最美的风景，深处大自然让我们学会发现大自然的美，今天我们一起学习了《科罗拉多大峡谷》这一课，从文章中我们了解了大峡谷形成的原因，大峡谷中的自然风景，课后也请同学们写一篇自己喜欢的景点，题目自拟。

设计意图：语文素养的养成不仅在于阅读，更重要的是将自己的感受用文字表达出来。学生通过学习本节课的列数字、打比方等说明方法，将这些方法运用到自己的写作中，不仅可以巩固自己学会的知识而且可以提升自己的写作水平。

2. 在课堂讲解过程中可能有学生还不能完全理解所有知识点，利用钉钉群大家可以相互讨论，解答疑惑。

3. 学生提交完作业后，教师可在系统后台查看学生交作业的情况，对生成的数据进行分析，对本节课的学习状况进行总结和反思。

八 案例点评

课文介绍了位于美国亚利桑那州西北凯巴布高原上的科罗拉多大峡谷，科罗拉多大峡谷是科罗拉多河的激流经历几百年的长期冲刷而形成的，是大自然的杰作。在以前的语文教学过程中基本是以语文老师讲、学生听为主，但是这种方式虽然有利于老师教学进度，但是不利于学生发散思维，学生只是按部就班地跟着老师走。这种教学方式下，学生可以很快地掌握课后的生词，知道本节课的重点是什么，但是不利于学生真正理解课文。因此，本次案例的设计是将钉钉软件和

多媒体软件作为辅助工具与老师讲解相结合，在教学过程中主要是靠学生自己思考回答问题，老师的作用是帮助学生学会思考，给学生解答疑惑。这样在教学过程中学生可以更好地理解课文，有助于激发学生的学习动机。

（一）多媒体辅助教学

本课主要是用说明和排比的修辞手法描绘了科罗拉多大峡谷的特点。教师应课前先让学生进行预习，观看科罗拉多大峡谷的视频，使学生通过观看视频对科罗拉多大峡谷有初步的了解，感受科罗拉多大峡谷的雄伟壮观；使静态的课文变成动态的视频，加深学生学习过程中的印象；利用PPT制作课件，通过网上下载的科罗拉多大峡谷的图片使学生感受到大峡谷的外观，利用课件展示出本节课的重点问题。使传统的授课方式发生改变。

（二）教师讲课方式发生改变

在传统的上课过程中主要是教师讲授学生听，这样不利于学生的思维的扩展，本文主要是以教师引导，学生自己思考的方式来学习，这样有助于帮助学生提升自身的能力，教师借助PPT为辅助手段，在学生思考过程中指导思路。例如：本文中教师用PPT出示科罗拉多大峡谷的岩峰、洞穴、岩石、游客游览等相关图片，引导学生全面地认识科罗拉多大峡谷，激发学生的学习热情，为课文的进一步分析做好铺垫。

传统的教学方式不再继续适用当前时代的发展，必须在传统的教学方式上做出改变，取其精华、去其糟粕。语文涉及的文化并不只是书本中的知识，它与自然界存在密切的联系，在教学过程中不应局限于课本，而是要充分利用网络资源，只有这样才能更好地完成语文教学任务。

《科罗拉多大峡谷》的教案设计，充分以学生为本，以促进学生的发展为主要目的，符合新课程改革的教学理念。在教学过程中将信息技术与语文教学相结合，不再以传统的方式进行授课，体现了教师

⊙ 第四篇　信息技术与课程整合案例

与学生之间的互动，有助于教师与学生之间的交流与互动。通过信息技术与课程的整合，可以使学生更好地理解课文的意思，使学生真正体会到课文中某些句子所用的修辞手法，从而激发学生的学习热情。

第二节　信息技术与英语学科教学整合案例
——Where did you go on vacation?[①]

一　教材分析

本模块是讲过去发生的事情，主要围绕旅游和度假两个话题展开讨论，旅游和度假两种活动比较贴近学生的生活方式，也是学生比较感兴趣的话题，在学习时能够引起学生的共鸣，激发学生学习的热情。本模块学习的重点句型是"Where did you go on vacation?""Did you go to the beach?""Yes, I did. /No, I didn't."等句型。本课时的教学内容为：Section A 中 1a、1b、1c、2a、2c。

二　教学目标

（一）知识与技能

1. 学生能掌握本单元的核心词汇。
2. 学生学会使用"Where did you go…"等句型和他人对话。
3. 学生能写出本模块的重点句型。

（二）过程与方法

通过例句"Where did you go on vacation?""I went to the mountains."引出助动词 do 的过去式是 did，go 的过去式是 went，由此引出一般过去式这个知识点。课上围绕本节课的重点句型"Where did you...?"展开练习，通过主动思考、小组合作、同学对话的教学方式，学习相互合作，培养团队意识。借助多媒体软件提高课堂的教

[①] 孙存仓：《〈Where did you go on vacation?〉教学设计》，《中小学电教》2014 年第 4 期，参考时对本案例略有改动。

学效率。

（三）情感态度与价值观

学会用一般过去时描述一件事情，养成用英语表达的习惯，敢于用英语与他人对话。在师生、生生的交流对话中培养学生的口语表达能力，同时树立正确的价值观，培养学生热爱大自然的正确观念。

三 教学重难点

教学重点：学会使用"Where did you go on vacation?""Did you go to the beach?""Yes, I did. No, I didn't."等句型。

教学难点：熟练地使用"Where did you go on vacation?"等一般过去时的句型与他人交流。

四 学习者特征分析

教学对象是初二的学生，这个阶段的学生思维比较活跃，且有一定的旅游度假生活经历，因此本模块的学习，很容易引起学生的学习兴趣，激发学生的学习热情。初二年级的学生接触的知识会比初一时的难，学生可能会一时无法接受，可能会产生畏难情绪，在学习上感觉很有压力，因此在教学过程中老师要充分考虑到学生的特殊性，在教学过程中采用学生比较容易接受的方式开展教学。

五 教学策略选择与设计

本案例采用听说读写相结合、小组讨论、小组对话、教师指导的方式来开展教学。在教学中首先让学生在课前进行预习，提升学生对本节课学习的兴趣。其次在课堂中给学生布置任务，学生要先自己思考，再与同学交流，最后是教师帮助分析。这一过程有利于培养学生独立思考的能力，增强学生的团队合作意识。

六 教学资源与工具

本次教学的课本使用的是义务教育教科书《人教版英语 八年级

⊙ 第四篇　信息技术与课程整合案例

（初二）上册》，在教学过程中会借助家长微信群发布任务、学生使用人教口语 APP 完成预习任务、将作业通过钉钉 APP 上传。多媒体软件是讲课的辅助工具，教师利用网络在各种英语网络平台，找到合适的学习资料分享给学生。

七　教学过程

（一）课前——学生通过人教口语 APP 完成教师布置的预习任务

①教师通过家长微信群布置本次课前学生需要完成的作业。请家长们下载人教口语 APP 并登陆（提示家长们用完不要删掉 APP，在以后还会继续使用此 APP）。

②学生借助人教口语 APP 练习本单元中涉及的单词（APP 首页→课本每日听说→"单词+拼读"模块），并将学生学习完成的界面上传到家长群。如图 4-1-1 所示。

图 4-1-1　学习完成界面

（二）课中——以开展小组讨论的方式进行教学

1. 新课导入。

首先教师先与学生们一起讨论假期有没有去过什么地方游玩？学生在回答完问题之后，教师把学生回答的问题翻译成英语写在黑板上。

设计意图：设计一个舒适的教学环境，拉近教师与学生之间的距离。使学生更加放松，提升学生的学习热情，唤起学生的求知欲。

2. 教学过程。

①教师活动：A. 在黑板上写出本节课的主题 "Where did you go on vacation?" 在 "did" 单词下画横线引起学生的注意，并向学生说明本节课主要学习表达过去的事情。B. 引导学生看上课前在黑板上

写下的句子，请同桌之间以一问一答的形式进行对话，两分钟之后进行展示，提示学生重点关注过去时的单词和读音。

学生活动：A. 第一组对话："Where did you go on vacation？""I went to the beach."B. 第二组对话："Who visited a friend last Sunday？""I visited a friend last Sunday."

设计意图：通过让学生之间进行对话，体会本节课学习的重点句型，锻炼学生的口语表达能力。

②教师活动：A. 先请学生自由朗读 Section A 中 1a 的短语，将不理解的短语画出来。B. 学生朗读完之后再跟读下载好的音频。C. 请学生根据课本中的图片画面，做完 1a 的题并相互讨论。D. 核对答案。

学生活动：先自由朗读再跟读，完成 1a 的题。

设计意图：锻炼学生的听力能力。

③教师活动：利用大屏幕出示五个小朋友的图片，并标明这五个小朋友分别是 Tina、Xiang Hua、Sally、Bob、Tom，每个图片上都链接一段英语对话。提示同学们仔细听音频中的对话，听完之后回答出"Where did you go on vacation？"音频会放两遍，第一遍要求学生只听就可以，第二遍要求学生边听边记录答案。在音频播放完之后组织学生讨论。

学生活动：仔细听音频中的对话，同伴讨论找出答案，并写在书上。例如"Where did the Bob go on vacation？He went to New York City."

设计意图：练习听力有助于提高学生英语交际能力，激发学生学习英语的兴趣，培养学生的语感。同时通过视听结合的方式，生动形象地展示了教学内容，提高了教学效率。

④教师活动：A. 播放 2a 的音频，请同学们将听到的答案写在书上。B. 老师走下讲台观察学生书写的情况。针对听力不好的学生，教师可复述一遍音频播放的对话，帮助学生理解。

⊙ 第四篇 信息技术与课程整合案例

学生活动：在书本上写下听到的答案。

⑤教师活动：A. 运用目标语言进行口头操练，让两个学生到前面表演对话。"T：Now work with a partner, You are your own conversation about the picture. Say the dialogue in the picture with a student, Do a second example to the class. Have student work in pairs. " B. 走到小组、学生中间巡视指导活动与读音等。学生活动：同伴之间进行对话。

⑥教师活动：向学生解读动词过去式的变化规则。例如 go 与 went, visit 与 visited, 比较一般现在时与一般过去时的区别。

学生活动：小组讨论的方式讨论本节课学习的重点。

课间出示：利用大屏幕出示总结好的学习重点。

设计意图：通过一节课的学习，使学生学会句型和语法等知识，最后的总结有助于巩固课堂实效，加深学生的记忆。

（三）课后——借助软件帮助学生提高英语水平

1. 请同学们用人教口语APP进行本单元的配音秀，锻炼自己的口语发音。

2. 请同学们根据课前写在黑板上的几个句子，随意选择两个进行对话编写。作业写完后请家长帮忙拍照上传到钉钉的班级群。

设计意图：学生可以利用人教口语APP进行知识的巩固提高，使用钉钉APP上传作业后，教师可在系统后台查看学生交作业的情况，对生成的数据进行分析，对本节课的学习状况进行总结和反思。

八 案例点评

八年级的学生对于"谈论过去发生的事情"有一些经验，因此谈论过去发生的事情能够引起学生的共同回忆，激发学生的学习热情。英语作为一门外语，对于大多数学生来说还是具有一定难度，单凭老师在课堂上的讲解会使很多学生一头雾水，或者跟不上老师上课的节奏。通过使用大屏幕授课，老师可以将重点的句子都放在大屏幕上，以便帮助学生加深对句子的理解，但老师将重点知识写在黑板上，如果出现不小心将重点的知识擦掉的情况，再重新书写将会浪费很多的课堂时间，会拖慢上课的进度。使用多媒体技术教学可以使老师留出更多的时间与学生互动，而且屏幕上的图片和动画更加逼真和生动，有利于激发学生的学习兴趣和使课堂气氛更加活跃轻松。

《Where did you go on vacation?》这一节课的教学设计，恰到好处地运用了多媒体手段，能为提高学生英语学习效果而服务，更好地提高课堂教学的趣味性和实效性。此外在教学过程中利用网络寻找网上生动的图片，能够吸引学生的注意力，激发学生的学习兴趣；而利用录音来带领学生发音，能使学生的发音更加准确。

第三节　信息技术与地理学科教学整合案例
——《宇宙中的地球》[①]

一　教材分析

《宇宙中的地球》是高中地理人教版第一册第一章中第一节的知识。本节涉及很多的天文知识，将本节设置为开篇，可以帮助学生打开高中阶段学习地理新的世界大门，本节共由四个部分组成：地球在宇宙中的位置，天体系统的层次，太阳系中的一颗普通行星，存在生命的行星。通过图文并茂的方式讲解本节课的知识，可以使学生更加容易理解新接触的知识。地球存在于宇宙中，宇宙是由物质组成的，宇宙间物质的存在形式称为天体，教材还列举了其他宇宙中的其他天体，教材中用图对地球在天体系统中的位置加以说明，使学生更加直观地想象地球在宇宙中的位置。分析了地球作为太阳系中的一颗普通行星与太阳系中的其他行星共同的特征。在太阳系的八颗行星中，地球是唯一存在生命的行星，通过介绍地球在宇宙中所处的位置以及自身的条件分析地球上存在生命的原因。教材通过使用图表加文字的方

---

① 王荃：《〈宇宙中的地球〉教学设计》，《中小学电教》2016 年第 Z2 期，参考时对本案例略有改动。

⊙ 第四篇 信息技术与课程整合案例

式，培养学生分析归纳等能力。

二 教学目标

（一）知识与技能

1. 能用图表的形式说明天体系统的层次，并说明地球在宇宙中所处的位置。

2. 理解地球是太阳系中一颗既特殊又普通的行星。

3. 能归纳出地球上存在生命的外部条件及自身条件。

（二）过程与方法

1. 通过观看视频的方式，了解宇宙中的奥秘。

2. 通过画图的方式，掌握天体系统的层次结构。

3. 通过小组合作、自主探究的方式，学习获取知识的途径。

（三）情感态度与价值观

1. 通过对《宇宙中的地球》这一课的学习，激发学生探索宇宙中事物的好奇心，同时倡导保护地球家园不被破坏，爱护周围的环境。

2. 在教学过程中组织学生合作交流思考问题，培养其团队协作精神。

三 教学重难点

教学重点：

1. 地球在宇宙中的位置，天体及天体系统的结构层次。

2. 地球作为太阳系中一颗普通的行星，它的运动特征和结构特征。

3. 地球上存在生命的外部条件及自身条件。

教学难点：地球上存在生命的条件。

四 学习者特征分析

本节课面向的教学对象是高一学生，高一学生在初中时就已经学过地理，对地理的知识有一定的掌握，并且高一学生的记忆方式以意义记忆为主，具备抽象思维能力，他们在面对新事物的时候具有较强的好奇心和对未来的美好憧憬。但是由于高中的地理知识比初中的地理知识更加抽象，所以学生在学习过程中学起来会更加吃力，因此在教学过程中教师可以借助多媒体软件，把抽象的知识用动画或者画图的方式展示给学生，调动学生的视觉和听觉，使学生在学习过程中不会产生视觉疲劳，激发学生的学习兴趣。

五　教学策略选择与设计

本次教学主要采用了讲授式、小组合作、自主探究的教学策略，通过使用VR技术将抽象的知识通过观看3D视频的形式展示，帮助学生理解知识。在讲课过程中教师先抛出问题让学生自己思考寻找答案，然后再对学生的回答进行补充和讲解。其目的是让学生在学习过程中养成独立思考的习惯，培养学生自主解决问题的能力。

六　教学资源与工具

本次教学中使用的资源有课本、网络资源和教师制作的课件，课本是人教版高一上册地理书，网络资源主要是教师找一些视频，并将视频存放在上课使用的手机里，利用VR技术帮助学生理解较为抽象的知识。

七　教学过程

教学过程见表4-1-1。

表4-1-1　　　　　　　　　　教学过程

环节	教师活动	学生活动	设计意图
创设情境 新课导入	①请同学们戴上VR设备观看"3D立体视频——宇宙" ②请学生以小组为单位讨论看完视频的感受	①学生戴上VR设备观看视频 ②小组讨论并举手回答看完视频的感受	①激发学生学习兴趣 ②打开学生的思维

第四篇　信息技术与课程整合案例

续表

环节	教师活动	学生活动	设计意图
课堂探究	①请学生阅读课本，找出天体以及天体系统的概念 ②请同学们说出几种天体，将学生说的天体名称写在黑板上 ③展示几组不同天体的图片，请同学们分辨图片中的天体是自然天体还是人造天体 ④打开课件中插入的关于介绍"天体系统"的视频，请学生看完后画出简单的天体系统的层次 ⑤根据学生的表现做出适当的评价，在学生回答问题过程中充当补充的角色	①学生戴上VR设备观看太阳系中八大行星的运动轨迹，思考地球与其他行星有什么共同特征 ②详细描述地球的运动特征和结构特征后再次戴上VR设备进行观看 ③思考为什么说地球是一颗特殊的行星?	①培养学生自主学习的能力 ②锻炼学生归纳问题的能力 ③培养学生团队协作的意识
	①请学生戴上VR设备观看太阳系中八大行星的运动轨迹，思考地球与其他行星有什么共同特征 ②详细描述地球的运动特征和结构特征后请学生再次戴上VR设备进行观看 ③请学生自己思考为什么说地球是一颗特殊的行星? ④根据学生的回答，对学生的表现做出鼓励性的评价	①与同学交流，相互讨论。查阅手边的资料描述地球与其他行星有什么共同特征 ②再次观看视频，加深感受 ③阅读课本，回答地球与其他行星的特殊性	通过合作的方式交流想法，培养学生的团队协作能力和具体解决问题的能力
	①出示人类对火星生命的探测的照片。通过人类对火星生命的探测的事例，引导学生思考生命存在需要哪些条件? ②结合教材中的内容，请学生总结出地球作为一个物种丰富的星球，具备哪些条件才让它成为生物与人类繁衍生息的家园	①学生回答生命存在需要的条件 ②通过阅读课本总结出地球存在生命的条件	激发学生的深层次思考

续表

环节	教师活动	学生活动	设计意图
分组展示	①请学生根据本次学习用思维导图的形式总结一下本节课学习的知识 ②走下讲台,与学生互动交流,并指导 ③请学生展示自己画思维导图 ④对学生们画的思维导图进行评价	①回忆学习的知识,用思维导图画出 ②遇到问题与老师或同学交流	①厘清本节课的知识 ②通过教师、小组评价,激发学生的学习动机
作业	①布置作业:搜索关于《宇宙中的地球》的相关资料,并将课上画的思维导图进行修改	完成教师布置的作业	巩固练习

八 案例点评

《宇宙中的地球》是人教版高中地理第一册的教学内容。高一的学生已具备较强的抽象思维能力,有能力在学习书本知识的同时探索未知的事物。在设计教学案例时充分考虑到新课改的要求,切实转变学生的学习方式,加强学生的自主学习,激发学生的学习热情。在教学过程中将教学与信息技术相结合,改善传统的教学方式。在讲解过程中给学生播放关于天体的多媒体影像资料,帮助学生加深对问题思考的深度和宽度,帮助学生认识本节课学习的重点,将学生知识薄弱的部分用比较直观的方式演示给学生,帮助学生理解。

在地理书上也有很多图用来帮助学生加深理解,但是这些图都是静态的,对于抽象思维能力不强的学生而言,很难掌握某些重要的知识点。在讲解过程中借助VR技术播放宇宙天体运行情况,可以帮助学生从感知层面认识天体系统的形成及绕转过程。在教学过程中将教学与信息技术相结合,有利于促进课堂效率,对于学生的学习进步也

⊙ **第四篇 信息技术与课程整合案例**

有很大帮助。

  本案例的设计充分考虑将信息技术与教学相结合,有利于推动信息技术与教学融合的发展,与传统教学方式相比,这种教学方式更容易激发学生的学习热情。

第二章　理科案例综合

第一节　信息技术与化学学科教学整合案例
——以"化学能转化为电能"教学为例①

一　教材分析

电解属于电化学的知识范畴，是中学化学理论体系中不可缺少的一部分，同时电解与物理学科中的电学、能量的转换有密切的联系，是氧化还原反应、原电池、电离等知识的综合运用。电解教学安排在氧化还原反应、离子方程式和原电池知识后进行教学，符合化学学科知识的逻辑体系和学生认知规律。通过化学能和电能之间的相互转变，能够使学生对氧化还原反应的认识及化学反应中能量变化得到深刻的认识。本节内容包含了电解、电解池的概念、电解池构成条件、电极反应式和电解方程式的书写及电解原理在工业生产、科学研究领域等方面应用的多个知识点，是高考的重要考查内容。

二　教学目标

（一）知识与技能

1. 通过课堂实验认识化学能转化为电能并且能够形成原电池的原理。

---

① 佟国敏：《浅谈信息技术与高中化学教学整合的切入点——以"化学能转化为电能"为例》，《中学化学教学参考》2019年第2期，参考时对本案例略有改动。

第四篇　信息技术与课程整合案例

2. 在实验探究中，了解可以形成原电池的条件。

3. 能够实际正确判断简单原电池的正负极。

（二）过程与方法

1. 通过学习，提高自主设计实验的能力。

2. 可以根据实验设计动手完成实验并总结规律。

3. 根据实验结论认知原电池现象及原理。

（三）情感态度与价值观

1. 通过小组合作进行实验操作，提高小组间合作交流能力。

2. 通过"发现问题—提出假设—验证假设—得出结论"的过程，培养科学探索精神。

3. 辨别绿色能源，树立绿色化学意识，建立科学发展观。

三　教学重难点

教学重点：初步了解原电池的原理和形成；了解原电池能源转化原理和构成原电池一般条件。

教学难点：化学电源的组成和工作原理；原电池原理在生产生活中的实际应用。

四　学习者特征分析

知识层面：高中生经过前期的学习，已经具备了基本的化学知识，对化学反应已经有了一定了解，对于未接触过的化学反应虽然有一定了解，但是并不全面也不够深入。在本节课之前，学生已经学习过化学能与热能，掌握了化学能量转化的基本规律，因此有良好的迁移背景。

能力层面：学生在学习和生活中使用电池，因此对电池并不陌生，根据生活经验可以对电池工作原理进行简单分析和大胆猜测，能通过观察实验现象总结出一些规律，但是学生在具体的化学反应与实验过程所要求的抽象思维方面仍有很大不足，需要通过后续课程继续培养。

认知层面：学生思维活跃，动手实践能力强，自主学习能力强，认知较直观，对于具体的实验操作易于接受，但对实验具体细节把握不够，需要教师的合理引导。

五 教学策略的选择与设计

在本案例中，教师采用的是启发式教学策略。在教学过程中教师采用启发引导的方式，激发学生的好奇心，进而产生对问题进行探究兴趣。学生以自主探究和小组合作学习方法解决课堂问题，寻找规律。学生在课堂中根据教师引导自主分组、设计实验方案、探究实验过程、归纳实验结果等。这个过程可以充分激发学生学习兴趣，使他们自主动手进行实验，总结化学反应。实验过程采用观察法、归纳法，培养学生一定的观察能力和归纳概括能力。

六 教学资源与工具设计

教师通过网络平台寻找关于化学能转化为电能的学习资源，为学生提供导入情境；使用"仿真化学实验室"软件模拟化学能转化为电能实验，展示微观粒子运动情况；准备实验器材，通过动手实验增加学生学习兴趣以及提高学生技能操作能力，通过在实验过程中的实践，使学生能够更加深入地了解化学能转化为电能的原理。

七 教学过程

（一）联系实际情境，引趣教学

在"化学能转化为电能"的课堂教学中，教师抛出引导学生思考的问题，让学生回忆生活中常用的电池。同学们回忆思考回答后，教师通过多媒体播放各种电池的图像资料，同时提问"水果，蔬菜可能作为电池使用吗？"同学们根据老师的提问展开激烈讨论，讨论结束后教师运用多媒体向大家展示央视《是真的吗？》节目片段，节选的

第四篇　信息技术与课程整合案例

一段视频是"土豆可以当电池用吗?"视频中节目主持人通过提出关于土豆的笑话后引出"土豆能当电池用,是真的吗?"节目嘉宾和观众讨论。接下来由主持人开始进行实验,首先将准备好的土豆、小闹钟、导线和铜片、芯片等实验器材,然后将土豆切上两刀,分别插入准备好的铜片和锌片,铜片代表"＋"极,锌片代表"－"极。主持人提出疑问:"如此简单的装置就可以作为电池使用吗?"接下来主持人展示闹钟,并将其电池取下,用导线把铜片和锌片与闹钟相连,结果闹钟并没有亮。难道土豆能当电池的说法是假的吗?节目连线场外嘉宾请求支援,提出方案后,主持人按照新方案把两个土豆串联起来,终于闹钟的屏幕亮起来并且正常工作。本次实验验证了"土豆可以当作电池用"的说法是真的。节目最后主持人讲解实验原理。

课堂上教师在播放视频资料的过程中,同学们也展开讨论,在第一次实验中一个土豆电池没能让闹钟亮起来,让有些同学感觉气馁,而当第二次实验成功时这些学生又表现出高兴的情绪,通过节目的展示,让同学们积极参与到课堂讨论中。节目最后的原理讲解比较简略,引发同学们想要深入了解原理的好奇心,教师顺势提出问题:"让闹钟工作的电流是怎么在土豆中产生的呢?"

设计意图:建构主义教学理论强调以学生为主体,教师引导的教学过程。教师在教学过程中以学生为主,依托实际学习生活环境,引导学生回忆、思考生活中熟知的应用,或者是学生感兴趣的创新技术领域应用等,以此为背景为学生展现联系实际的学习场景。教师可以通过文章、图片、视频、动画或者游戏等信息技术手段来刺激学生的感官系统,为学生创设有趣的教学情境。此种情境可以激发学生兴趣,并开发学生的思维,让学生在轻松有趣的学习氛围中愉悦地加入课堂学习活动,从而实现学生对所学知识的迁移和应用,达到理想的教学效果。

本案例教师通过节目视频片段引入课题,给予同学们感官刺激,引导学生主动探究,从而调动学生参与到课堂教学活动的积极性,相较于直接切入主题的讲授法，可以使学生的学习兴趣更加浓厚。

（二）重难点知识突破，克服抽象

针对"原电池"部分，通过教师制作的幻灯片向同学们展示三组实验标题，并进行试验，学生通过亲身实践促进对原电池部分内容知识的理解。

实验一：将铜片和锌片同时放入稀硫酸液中，观察实验现象。

实验二：将铜片和锌片同时放入稀硫酸液中，同时将铜片和锌片用导线连接，观察实验现象。

实验三：在实验二的导线中间接入一个灵敏电流计，观察实验现象。

教师根据三组实验提出问题：

铜片和锌片发生的反应分别是什么反应？

电子的流动方向是怎样的？

电流的流动方向是怎样的？

稀硫酸液中离子的移动方向是怎么样的？

针对提出的问题，学生在实验过程中进行观察和思考，同时教师在讲解过程中需要采取适当的方式便于学生理解。本节课教师使用"化学仿真实验室"模拟化学能转化为电能实验，形象地展示化学实验中电子的转移和稀硫酸离子的迁移方向，弥补现实实验只能观察宏观现象的缺陷。通过模拟实验展示的方式可以形象地演示出电子的传递、离子的定向迁移所形成的闭合回路，把枯燥的化学反应知识转变为活泼的动画，从而便于学生加深理解本节课的重难点。

设计意图：高中化学除了学习化学世界宏观上的表现，对微观事物的反应原理也需要理解和研究，比如原子、离子、电子得失等，而这些微观现象在现实生活中难以发现。如果使用传统的教学手段，过于抽象的理论会对学生的思维理解产生障碍，难以理解和掌握。而通过信息技术手段将抽象的化学反应转变为直观动画，使之在微观与宏观世界建立联系，借助计算机软件模拟展示功能等技术手段，将抽象

⊙ **第四篇 信息技术与课程整合案例**

的或者难以观察的事物具体化，使静止的内容运动起来，有利于抽象思维与形象思维之间的转换，使得教学更加活泼、直观，不仅有利于教师课堂讲解展示，同时有利于学生对知识的理解和掌握，从而较为轻松地把握教学重难点。

本节课通过模拟实验展示微观世界电子、离子的运动方向，把单调、抽象而难以直接观察的化学知识转变为具体形象的动画内容，使原本难以理解化学反应变得直观形象，符合学生的思维特点，有助于学生理解晦涩的知识内容，建立化学核心素养价值观，同时有助于提高教学效率，达到更好的教学效果。

八 案例点评

在本节课的教学过程中，可以发现学生对化学学科动手实验有强烈意向。教师在教学过程中运用多种教育技术进行教学，使学生积极参与到实验的设计和问题的讨论等活动中，并适时地提出疑问，通过小组讨论和教师有针对性的指导，基本上实现了学生自我学习的目标。

另外，在化学实验教学中，有很大一部分的化学反应速度很快，实验现象不易观察，另外很多实验可能对学生身体、环境有较大污染，存在危害性，课堂实验可能性不大，因而采用教育技术手段可以弥补现实教学的不足，直观形象地将实验展现给学生。

随着教育技术的不断发展，仿真实验软件和 VR 等信息技术的不断成熟，更加可以让学生感受到亲手操作实验的乐趣。但是，教育技术的使用要合理规范，不能滥用视频或课件代替学生实验。虽然现阶段信息技术在课堂中发挥了不可替代的教学作用，但过度的使用则违背了教育技术与学科整合的初衷，比如在化学课中学生可以亲自动手的实验也使用不恰当的信息技术来简单展现实验过程和实验现象，就忽略了学生在课堂中实验的参与感和亲身经历的操作感。因而课程整合要选择恰当的切入点，合理运用教育技术，才能更好地提高教学水平，达到更好的教学效果。

第二节 信息技术与物理学科教学整合案例
——以"自由落体运动"教学为例[①]

一 教材分析

"自由落体运动"是人教版高中物理第二章第五节的内容。本节内容是在学生学习了运动学的知识后编排的，是匀变速直线运动的特例。通过对自由落体运动的研究，一方面是对前面知识的复习和巩固，也加强了课本与实际生活的联系；另一方面通过实验培养学生自主、合作、探索的科学研究方法，为学生的终身发展打下了良好的基础。因此本节课是本章知识的复习兼培养学生思维的研究课程，是联系生活的应用课，也是后面课程的知识准备的基础。所以本节课在本章中具有重要的地位和作用。

二 教学目标

（一）知识与技能

1. 知道物体做自由落体运动的条件。
2. 掌握自由落体运动的特点和规律。
3. 学会验证匀变速直线运动。

（二）过程与方法

1. 通过实验过程，提高观察能力和分析、处理实验数据的能力。
2. 通过分析，归纳出自由落体运动的速度，提高分析、推理、综合的能力。
3. 通过实验，探究自由落体运动加速度的大小，体会实验在发现自然规律中的作用。

---

① 闫彩霞、邢洪明：《现代信息技术对高中物理课堂教学的改进——以"自由落体运动"教学为例》，《物理教学》2019年第41期。

⊙ 第四篇 信息技术与课程整合案例

（三）情感态度与价值观
1. 了解领悟主要因素、忽略次要因素的哲学思想。
2. 在实验探索中形成实事求是的科学态度。

三　学习者特征分析

在前面的教学中，学生已经初步掌握了匀变速直线运动的规律，并利用电磁打点计时器研究过匀速直线运动和匀变速直线运动，同时对物理学中的理想模型有了一定的认识，具备了初步的逻辑思维能力和实验设计能力。因此在学习过程中，要让学生主动参与设计实验，注重搜集和处理信息。

四　教学重难点

教学重点：自由落体运动的性质和规律。
教学难点：设计实验并验证自由落体运动为匀变速直线运动。

五　教学策略选择与设计

本案例中使用了以问题解决和合作探究为主的教学策略。在课前的小游戏和图片中与生活实际相结合，引出主题内容，激发学生学习兴趣并引起学生的探究欲望。在课堂上给学生明确的研究目标，根据学生最近发展区，从学生已有知识出发联结本节课内容。在课堂学习中，使用小组合作的方式探究自由落体运动的性质，让学生在实验的设计、测量和处理数据的过程中，体验探究的乐趣，积极主动地参与到学习内容的探究活动中，培养学生辩证思维的方法和能力，在教学过程中调动学生参与积极性，并不断渗透物理学科核心素养，培养学生正确的经典物理观念。

六　教学环境与资源准备

演示实验：硬币、纸片、牛顿管、抽气机、多媒体设备。

探究实验：物理模拟软件 Algodoo。

七　教学过程

（一）联系实际情境，引趣教学

上课之前教师先通过多媒体播放从电影《冰河时代》节选的一段视频，视频内容是一颗正在掉落的榛子在自由落体过程中被松鼠接到手里。通过观看视频后，教师提出问题，"本段截取的视频，是否符合我们现实生活的科学性？"

设计意图：通过剪辑的电影片段引导学生观察与思考，并让学生思考松鼠接榛子与榛子下落的过程是否合理，为课堂讲授自由落体做好铺垫。

（二）问题引导，提出观点

通过上一环节问题的提出与学生进行不同质量的纸团自由落体运动的实验，打破学生先前的"重的物体下落快"的概念，引发学生质疑猜想，引导学生对问题进行假设。

后续将相同质量的纸团和纸片进行自由落体速度的猜想，思考为什么有的时候重的物体下落快，而有时不同重量的物体下落一样快是什么原因呢？根据以上的观察，引导学生提出"物体下落的快慢可能与质量大小无关"。

（三）引导学生进行实验设计

首先根据之前的猜想"物体下落的快慢可能与质量大小无关"进行思考，为什么我们观察到的物体下落的速度一样呢？让学生仔细观察纸团和纸片下落的运动过程，以观察到纸片在下落过程中四处飘荡的过程为出发点，使学生意识到空气阻力对物体下落的速度存在影响，因而要提出需要在没有空气的环境中对不同质量的物体的下落过程进行观察。然后由教师向大家介绍物理实验仪器——牛顿管，其原理是将管内空气全部抽走，使管内处于接近真空的状态，然后由教师演示质量不同的羽毛和铜片在牛顿管中的下落过程。

⊙ 第四篇　信息技术与课程整合案例

最后教师通过多媒体播放小球与羽毛在 NASA 真空实验室进行的自由落体实验的视频，让同学观察与思考实验现象。

设计意图：通过实验，让学生对之前"重的物体下落快"的观点进行质疑，然后引导学生进行假设，再进行实验验证。本次教学过程让同学明白物理规律来源于不断地实验和探究，渗透经典物理观。

（四）自主实验，观察总结

对自由落体运动概念进行界定：教师指出 NASA 真空实验室所做的实验中羽毛和小球的下落被称为自由落体运动，再由学生进行思考和总结，对自由落体进行定义。

通过实验研究自由落体运动规律：对自由落体的概念进行界定后，引导学生对自由落体运动规律进行总结。由于物体下落过程快，速度不易观察，我们使用物理模拟软件 Algodoo 进行物体自由落体运动的模拟实验，并使用 Algodoo 对物体下落过程进行分析，得出自由落体是加速直线运动。但由于此分析是定性分析，无法判断下落过程是否为匀加速直线运动，还需要进一步进行研究思考。

探究小球的自由落体运动是否为匀加速直线运动，需要进行定量分析，可以用 Algodoo 对运动过程进行实时追踪，生成小球自由落体运动的 v-t 时间图像；针对图像进行分析，利用软件数据处理功能模拟图像倾斜率大概为 $9.8m/s^2$；随后小组之间进行讨论，验证是否所有的小组均得出倾斜率为 $9.8m/s^2$；经过讨论所有组别加速度值都与 $9.8m/s^2$ 相近，为固定值（在同一地域内）。教师进而引导学生总结归纳自由落体运动是初速度为零、加速度为 $9.8m/s^2$ 的匀加速直线运动，并引导学生根据匀加速直线运动的规律关系式推导出自由落体运动的规律关系式。

设计意图：以上的教学过程先引导学生进行总结，并根据条件对自由落体的概念进行界定；再由学生使用 Algoboo 软件对自由落体运动进行分析，总结规律。此过程目的是引导学生通过实践观察对物理规律进行总结，以达到学习目标，同时帮助学生养成自主探究物理规律的习惯。

八 案例点评

本案例是基于物理学科核心素养的目标培养方式，不局限于知识的传授，而是将学科核心素养的培养融入教学过程。现阶段教师运用信息技术手段直观展现物理知识，通过探究活动引导学生自主探究，实际是对学生物理研究方法的培养。学生自主探究的方式远比教师直接讲授所达到的教学效果要好，也能让学生深刻体会到物理知识的真实科学性。

学生在学习物理的过程中不仅要学习知识，更要更新学习方式，掌握获取知识的方法，学会探索，学会通过实验验证真理的过程。信息技术给我们提供了良好的学习环境、强大的交互功能和庞大的知识储备，这些让学生的学习方式发生了转变。在探究自由落体的过程中，通过使用物理仿真实验软件 Algoboo，能够实现在物理课堂上学习方式的多样化。

在现阶段教学过程中，信息技术已经成为教学过程中不可缺少的教学工具，教师应借助信息技术手段改进传统实验方法和观察手段，提高学生的积极性和课堂活动参与度，拓展物理实验研究对象的广泛性，增强实验结论的准确性。

第三节 信息技术与生物学科教学整合案例
——以"植物的生殖"教学为例

一 教材分析

生命是不断延续和发展的，纵观生物圈，生物主要通过生殖发育、遗传变异并作用于环境实现不断发展，在生物圈中世代相续，生生不息。

生物的生殖、发育和遗传是生命的基本特征。动植物和人类都是

⊙ **第四篇　信息技术与课程整合案例**

通过生殖发育来实现物种的延续和发展的。教师可以通过带领学生回顾之前学习的植物的有性生殖和发育，引导学生思考种子植物的开花、传粉、受精和结果的过程并概括有性生殖的概念。本节内容主要介绍植物的无性生殖和应用，需要体现出生物学科知识具有生产实践的理论基础。授课过程中可以让同学尝试植物的扦插或嫁接。

实际生活中处处存在多种多样的动植物，同学们通过回忆、观察和思考以及实验探究等方式，可以发现生物的主要生殖方式。教师要引导学生从有性生殖、无性生殖以及无性生殖应用方面对本节课重难点进行深入探讨理解。

二　教学目标

（一）知识与技能

1. 掌握植物无性生殖概念。

2. 区分植物有性生殖与无性生殖。

3. 列举植物无性生殖的方式。

（二）过程与方法

1. 利用网络查找信息、处理信息和获取有效知识，比较植物多种生殖方式的异同。

2. 尝试植物的扦插与嫁接，并了解影响扦插成活率的因素。

（三）情感态度与价值观

1. 认识植物生殖方式多样性的意义。

2. 了解无性生殖在生产上的应用，探究植物新生命诞生过程，形成关爱生命的价值观。

三　教学重难点

教学重点：描述被子植物的有性生殖；列举植物常见的无性生殖。

教学难点：通过探究，理解影响嫁接和扦插成活率的关键因素。

四　学习者特征分析

在"植物的生殖"课程开课之前，同学们已经学习过被子植物的双受精、果实和种子的形成过程，因此可以从被子植物的繁殖方式出发，根据不同种类植物，引导学生观察思考植物的生殖方式。

八年级学生根据自身生活经验已经可以对植物的生殖有自己的认识和想法，但对于植物生殖包括有性生殖与无性生殖两种方式，以及无性生殖在日常生活中的应用知之甚少。所以教师在教学过程中可以引导学生从实际生活出发，加强感性认识，加强学生对无性生殖的理解和掌握。

五　教学策略选择与设计

教师主要通过创设教学情境，引导学生观察思考生活中植物繁殖，制作课件上传到微信小程序让学生进行自主探究学习，同时使用微信小程序留言评论功能进行线上讨论互评等。

六　教学资源与工具

教师根据本节课"植物的生殖"知识点搜集、设计并制作教学资源，并上传到教师的微信小程序。学生课前预习需要配置微信学习终端，可在父母陪同下共同学习。

七　教学过程教学

（一）课前预习，完成任务

教师根据教学目标设计自主学习任务单，并根据给出的任务制作配套教学资源，一般为10—15分钟的微课，将微课上传到微信小程序以便学生进行课前预习。本节课前资源分为两个部分，第一部分是对之前学习的植物的有性生殖进行复习回顾；第二部分是对植物无性生殖概念的初步引入。

⊙ 第四篇 信息技术与课程整合案例

设计意图：学生利用微信小程序课前观看微课时，学习兴趣高，自主性强，自由度大，体现了个体差异性。结合教师设计的自主学习任务单，学生可以对本节课有初步了解，带着问题观看微课可以激发学生的思考，有助于课堂教学的进行。

（二）引趣设疑，创设情境

课程开始时，教师进行课堂检测，让学生对有性生殖和无性生殖进行简要概括，分享自己的观点；然后使用多媒体展示一段"春种一粒粟，秋收万颗子"的剪辑视频，引出本节课的主题，提出"种子的形成过程是怎样的？""种子的形成方式不同的植物之间有什么区别吗？"提出问题，先由学生自主思考并基于生活经验进行推测，教师加以提示和启发，共同思考植物种子的形成与植物结构的关系。

教师后续提出"植物的果实和种子的形成是否与植物开的花有关？"学生根据问题观看课件并讨论：花中的主要组成部分；雄蕊、雌蕊的构成；果实的组成部分等。教师要引导学生回忆花和果实的结构，为探究新知奠定基础。

设计意图：学生通过课前预习已经对有性生殖和无性生殖有了初步了解，教师再引导学生根据已有生活经验加以延伸思考，体现以学生为本的建构主义学习理念，创设轻松的教学情境，引入教学主题，有效激发学生对植物种子形成的探究欲望。

（三）登录微信小程序，探究学习

教师先让学生思考"春华秋实"这个成语有没有道理，学生通常知道绿色植物可以开花结果，但开花结果的过程大部分学生仍不清楚。教师可引导学生观看上传的课程资源《植物的生殖》进行探究学习。课程资料包括果实和种子的形成、马铃块茎发芽和富贵竹生根的视频资料，并针对植物的生殖部分进行拓展。

教师提出问题：感受不同的植物生殖方式之间的不同。学生对问题做好记录后，教师开始准备播放视频，在观看视频的同时对问题进行思考。

第二章 理科案例综合

观看完视频，每位学生将答案提交到学习资源下方的评论区，带着问题积极投入自主探究学习中。随后教师对全班同学进行异质分组，组合不同意见讨论形成小组意见，然后由小组代表向全班汇报讨论结果。在本环节中，结合学习资源动画，师生共同讨论与总结，认识植物生命的诞生过程。

教师再提出"谁知盘中餐，粒粒皆辛苦"，从生物学角度进行阐释的要求。通过教师的一系列追问，让学生进一步明确果实和种子形成过程之不易，培养学生爱护生命，关爱生命的情感态度。

设计意图：学生以问题为出发点观看视频资料，视频资料直观形象地展现植物不同生殖方式的发展过程，同时学生还可以利用学习资源下方的评论回复功能进行互动交流。

（四）拓展延伸，再启探究

经过以上的学习，学生对植物的果实和种子的形成过程已经有了明确的认识，教师再通过微信小程序上传"植物的生殖"拓展学习资料，引导学生对植物无性生殖方式进行了解。学生在教师的指导下，选择合适的植物进行实践，既能提高学生动手能力，又能够明显提高学生对知识的把握程度，培养学生的责任心。

设计意图：利用网络搜索资料和教师的指导，学生能够亲手实践植物生殖过程，加深理解，并且可以通过微信小程序进行实践成果的分享，激发学生思维，引导学生深入探究，为之后的学习做好铺垫。同时在实践过程中，学生遇到问题时，可以运用网络进行搜索，通过查找信息、处理信息和解决问题的过程，实现网络为我所用。

八 案例点评

本案例是基于微信小程序进行生物学科植物的生殖方式的翻转课堂教学，该课程以学生自主探究学习为基础，围绕问题展开教学，以实践应用为有效途径，采用过程性评价方式和小组合作性学习方式，充分引导学生加入课堂互动，从而达到教学目标。同时在课堂教学中，教师不断地提出问题，引发学生对知识内容的进一步思考，培养学生在学习过程中发现问题的习惯和通过积极思考去分析问题、解决问题的能力。同时在教学中利用小组合作方式，在学生之间进行异质分组，充分关注学生之间差异性，注重学生个性化和全面化发展，弥补传统教学模式的不足。

教师使用微信小程序进行生物教学，利用上传的学习资源让学生提前进行知识预习，实现翻转课堂；让学生在学习资源和教师提出的问题的引导下，进行自主学习；利用学习资源下方的评论回复功能，有效提高师生、生生间的互动。这种方式的教学不仅提高了学生课堂参与积极性，也活跃了课堂气氛，让课堂不再无趣。

教师引导学生进行亲身实践，借助网络分享实践成果，能够使学生获得成就感，引导学生将实践过程中遇到的问题通过网络搜索，找到解决方案。

第三章 综合类案例

第一节 创客教育
——"智能夜灯"的设计与开发[①]

一 案例背景

随着近年来大数据、物联网、区块链等技术的发展,我国相继发布《新一代人工智能发展规划》《高等学校人工智能创新行动计划》《中国教育现代化 2035》等文件,人工智能逐渐进入教育领域。联合国教科文组织日前发布的《教育中的人工智能:可持续发展的挑战与机遇》报告提出,有研究预测,2021 年之前数字教育市场将每年增长 5%;2017 年—2021 年,人工智能市场将增长 50%。在 2019 年 5 月 16 日召开的国际人工智能与教育大会上,来自 40 个国家和地区的知名企业家、业界代表共同探讨了人工智能在未来教育的发展方向。在科技的进步与社会需求的共同促进下,一场人工智能的科技热潮正在兴起。

当下,在创客教育落地生根的素质教育改革行动中,各地中小学正以创客教育的软(Scratch)、硬(Arduino)、智(Robot)、造(3D 打印)四大媒介为主要内容开设创客课程。其中 AppInventor2(简称 AI2)与 micro:bit 作为软件与智能硬件领域的主要代表,两者与人

---

① 罗倩茹、秦健、刘全铭:《小学初级人工智能作品"智能夜灯"设计与开发——以 ai2 控制 micro:bit 通信系统的教学设计与实践为例》,《中国教育信息化》2019 年第 21 期。

⊙ 第四篇　信息技术与课程整合案例

工智能的结合有着天然优势,特别是在小学阶段采用 Scratch 图形化编程类软件,对学生学习人工智能可以起到启蒙的作用。本案例以 AI2 与 micro：bit 通信系统"智能夜灯"为例,围绕智能教育、编程教育、创客造物,对人工智能领域寓教于乐的小学启蒙创客教育方案进行探究。

二　案例工具

（一）AppInventor2 简介

本案例主要用到的软件是 AI2 即 AppInventor2。AI2 是一个可视化的安卓应用制作平台,用户使用浏览器打开 AI 平台网站,通过拖拽组件和逻辑块,即可完成安卓应用的下载。AppInventor2 的程序设计主要包含两个方面——组件设计与逻辑设计。组件设计即 APP 端的界面设计,根据作品功能的需求,先从组件区选择合适的按钮和标签等组件并拖拽进 APP 界面,再完成组件属性设置即可。逻辑设计即程序设计,采用积木式拖曳编程界面,适用于小学阶段学生入门编程教育。

（二）micro：bit 简介

micro：bit 是一款由英国广播电视公司（BBC）为青少年编程教育设计（使用积木式拖拽编程）,并由微软、三星、ARM、英国兰卡斯特大学等合作伙伴共同完成开发的微型电脑。micro：bit 仅有信用卡的一半大小,搭载了 5×5 可编程 LED 点阵、两颗可编程按键、加速度计、电子罗盘、温度计、蓝牙等电子模块。

三　教学内容与学习者对象分析

本节课"智能夜灯"通信系统的设计与开发主要涉及的是 AppInventor2 与 micro：bit 的编程,两者的编程都采用积木式拖拽的图形化编程界面,AppInventor2 与 micro：bit 都可以采用在线编程的方式进行编程,使用的硬件包括移动手机和 micro：bit 板。本次教学实践开展对象为 S 小学五年级学生，属于小学高年级学段，主要侧重学生对编程的基本知识与基本技能的掌握。学生在四年级时已经进行过为期一年的 Scratch 编程课程的学习，有了一定的编程基础，并且对图形化界面的编程较为熟悉。前面几节课中，学生已经学习了 micro：bit 的基础课程，可以独立完成显示图案、显示字符串、指南针的设计开发等基础操作。

四　教学目标

（一）知识与技能

了解 AI2 与 micro：bit 通信系统的通信原理，学会在 AI2 端和 micro：bit 端运用图形化界面进行编程，并实现通信系统的设计与开发。

（二）过程与方法

在掌握"智能小夜灯"设计开发原理的基础上，理解编程代指令的功能和意义，并且能进行个性化的二次设计与开发。

（三）情感态度与价值观

通过智能夜灯通信系统的设计与开发，激发学生学习兴趣，使学生在学到知识的基础上体验到自主设计开发 APP 的乐趣，提高学生的动手能力、问题解决能力，培养学生的计算思维。

五　教学重难点

教学重点：AppInventor2 移动发送端的组件设计与逻辑设计。

教学难点：AI2 与 micro：bit 蓝牙通信系统的设计与开发。

六　教学方法与模式

采用 SCS 创客教学法，从儿童最擅长的模仿学习入手，将整个教学活动分为七个部分，简化了教师开展创客教育的过程，并提升了教师在创客教育中的使命感，同时可以激发学生的学习兴趣，并且让学生更好地享受到创新和分享的快乐。

⊙ 第四篇 信息技术与课程整合案例

七 教学流程

教学流程见表 4-3-1。

表 4-3-1　　　　　　　　　　教学流程

教学环节	学生活动	教师活动
情境故事引入	学生集中注意力，认真听讲，思考如何解决生活中存在的实际问题，并积极回答问题	教师创设贴近学生生活的真实情境：晚上睡觉前发现没有关灯，但是灯的开关却在门口，如何解决这个问题呢？通过真实生活中存在的问题，引发学生的思考，激发学生的内部动机。展示本节课的作品案例，激发学生的学习兴趣
简单任务模仿	学生认真听教师的讲解，并自己动手完成案例的设计与开发，通过小组探究和请教教师的方式解决这一过程中遇到的问题	教师讲解并演示通过 APP 控制灯的案例，让学生完成模仿完成案例的开发，以任务驱动的方式激发学生思考，以强化学生的学习热情，增强学生的自我效能感
知识要点讲解	学生认真听讲并对知识要点进行记录，组内相互之间交流分享，共同梳理通信系统的设计思路	教师讲解本节课的知识要点，主要分为三大部分，包括通信系统的设计原理与思路、AppInventor2 移动发送端的组件设计与逻辑设计、micro：bit 硬件接收端智能小夜灯的程序设计
扩展任务模仿	学生分析任务要求，梳理扩展任务的设计思路与方法，并进行交流分享	教师布置本节课的任务为设计"智能小夜灯"，任务要求：①在手机 APP 端点击"开灯"按钮，如果室内灯亮，则关闭 micro：bit 小灯，如果室内灯灭，则开启 micro：bit 小灯；②点击"关灯"按钮，关闭 micro：bit 小灯
协同任务完成	学生组内合作完成作品"智能小夜灯"，遇到不懂的问题积极与其他学生探讨，尝试不同的解决方案	教师对学生进行启发引导，辅助学生解决实际操作中遇到的问题
成功作品分享	各组内分工进行汇报展示，分享作品制作的过程，体会做完作品之后的收获和自己的心得体会	教师引导各个小组进行作品汇报展示，为学生提供交流分享的平台；对学生汇报进行评价时，以鼓励启发引导为主

八 教学评价

采用小组评价和教师评价相结合的方式,在成功作品分享阶段对各个小组进行评价,评价包括过程性评价和结果性评价。通过小组之间的汇报讲解从小组的合作分工、解决问题的能力、汇报演示等方面进行综合过程性评价;通过学生作品的展示,从设计的美观性、实用性、易用性等方面进行综合结果性评价。

九 教学反思

通过教学发现,基于作品的 SCS 教学法更能激发学生的学习兴趣,特别是基于生活中实际问题的情境化教学,效果更优。在教学中提倡以学生为中心,教师在课堂教学中做好引导与启发,让学生尝试自主探究解决问题的方法。

十 案例点评

在国内,中小学人工智能与机器人课程的开设以课外实践课为主,教学模式大多采用传统讲授式,侧重于教师讲解与学生模仿,缺乏创新性和创造性。要培养学生的计算思维与编程思维,必然要采用新型的教学理念与模式。SCS 创客教学法将教学环节分为"模仿—创新—分享"三个阶段,弥补了传统课堂中缺失的创新、经验分享和总结反思,因此在人工智能与机器人课程的教学中可以尝试使用这一教学方法。

在使用 SCS 创客教学法进行教学设计时,教师可以根据教学内容、教学策略、学习者特征进行灵活变通,注重课堂的动态化,培养学生的动手能力以及问题解决能力,这一教学法主要的特点包括以下几个部分。

1. 选择合适的教学案例。教学案例的选取要基于趣味性、整合性、创造性三原则,既要激发学生的学习兴趣,又要深入浅出、由易

⊙ 第四篇 信息技术与课程整合案例

到难，重点突出学生创造性发挥的可能，让学生有足够的最近发展区，可以在基础案例之上进行二次设计开发。

2. 强调以学生为中心的学习。学生作为课堂的主体，在教学过程中理应受到尊重和关注，教师在教学过程中通过简单案例模仿的方式讲授本节课知识要点，通过任务驱动的方式激发学生的学习兴趣，通过提问的方式引导学生思考讨论。整个教学过程以学生为中心，教师扮演着启发者的角色，帮助学生解决在完成任务时遇到的问题，从而提高学生的动手能力和解决问题的能力。

3. 注重师生的总结反思。评价反思是对自己的思维过程、思维结果进行再认识的检验过程，是教学中必不可少的环节。教师需要不断对自己的教学进行总结反思并加以改进，与此同时，也要不断创造反思的条件，引导学生自觉总结反思，让学生在总结中学习，在反思中成长，在评价中进步。

第二节 STEM 教学
——"太阳高度角"的教学[①]

一 案例背景

核心素养与 STEM 教育是当今国内外教育领域的两个热门议题，落实核心素养培养目标与推进 STEM 教育本土化是国家的重要教育战略。

（一）地理核心素养

2014 年教育部发布的《关于全面深化课程改革落实立德树人根本任务的意见》中明确提出"要加快制定学生核心素养体系，并把核心素养落实到学科教学中，促进学生全面而有个性的发展"。从学生核心素养的培养到学科核心素养的培养是课程改革深入推进的必然选择。学生核心素养的培养已经在各年段各学科领域掀起了一场改革

---

① 本案例改编自李娟、陈典《指向地理核心素养的 STEM 教学设计探析——以〈太阳高度角〉一课为例》，《中国现代教育装备》2019 年第 22 期。

热潮，地理作为一门基础性的科学课程，对构建学生科学素养、发展综合素质有着不可替代的作用。教育部对地理核心素养的权威界定包含人地协调观、综合思维、区域认知、地理实践力四个要素，很好地凝练了地理学科的育人价值。

（二）STEM 教育理念

STEM 教育由美国首倡，随后在世界范围内得到认可和发展，它强调通过项目式学习方式将科学、技术、工程与数学进行有机融合，被公认为"有助于培养学生的科学探究能力、创新意识、批判性思维、信息技术能力等未来社会必备的技能和创新能力"，是培养学生核心素养的最好载体。与科学教育的融合是 STEM 教育发展的主要趋势。在当前国内的分科教学体制内，在学科教学中渗透 STEM 教育理念、发展学科核心素养是推广 STEM 教育与落实核心素养的适切途径。

二　教学内容与学习者对象分析

在中学地理教学中渗透 STEM 教育理念、发展地理核心素养已有不少理论与实践的探索，但在高等教育阶段还缺乏相关研究。作为培养小学科学教师储备人才基地的科学教育专业，地理课程是其核心专业课程之一。从学生专业发展和职业需求来讲，地理核心素养的养成对促进其核心素养与专业素养的提升具有重要意义。

本案例以学科地理专业学生为授课对象，结合学生专业特色与岗位需求，尝试在"太阳高度角"一课的教学中融入 STEM 教育理念，结合项目式（PBL）教学模式探索，落实实现学生 STEM 素养与地理核心素养培养目标的有效途径。

三　教学目标

（一）知识与技能

了解正午太阳高度角的变化，并能够掌握正午太阳高度角的变化

⊙ 第四篇 信息技术与课程整合案例

规律，能够完成对正午太阳高度角的测量与计算。

（二）过程与方法

在学习正午太阳高度角的变化规律的基础上，掌握其变化过程。并可以在后续学习中解决相关的问题。

（三）情感态度价值观

关联真实情境，在学习的基础上解决实际问题。通过对太阳高度角的学习，培养学习地理的真实情感。

四 教学重难点

教学重点：掌握正午太阳高度角的变化规律。

教学难点：正午太阳高度角的测量与计算。

五 教学过程

（一）创设情境，问题导入

当前社会，楼房与住宅之间因光照侵权问题引起的矛盾纠纷日益增多。建筑物的高度与楼间距都不应影响邻地建筑物的日照标准和采光标准。结合"正午太阳高度角知识"在建筑物楼间距问题上的应用，创设真实情境，通过系列问题的启发，循序渐进地引出本课的探究主题——"如何确定合理的楼间距"。以来源于生活实际的地理问题作为学习的开端，激发学生的学习兴趣与动机。

（二）讨论分析，提取核心概念

引导学生进一步讨论分析如何利用太阳高度角的知识解决今天的任务；并厘清解决问题的思路与步骤，提取核心概念，明确核心任务（图4-3-2）。

通过关联科学、技术、工程、数学等多学科知识，促使学生形成相关概念的逻辑体系，引导学生运用跨学科的思维思考解决问题，训练自主探究科学问题的方法，驱动学生的项目式学习。

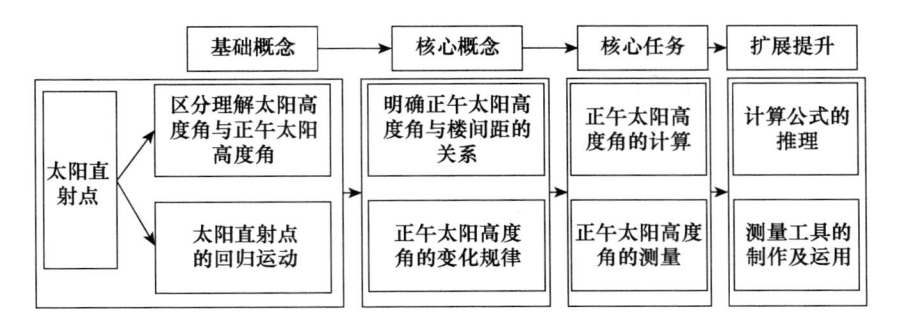

图 4-3-2 核心内容

（三）探究核心概念，获取科学认知

按照上述思路，以小组为单位，组织学生开展学习探究活动。运用丰富的地图、视频等素材进行教学，并注重结合学生生活经验，引导学生获得核心概念的科学认知，掌握正午太阳高度角的变化规律，为解决楼间距的问题铺垫好知识基础。引导学生找到解决实际问题的关键：要保证位于本市的各楼层有充足的采光，最关键在于确保一楼的房间在冬至日这一天也有阳光进入房间，则各楼层全年都会有良好的采光。即需要获知本地冬至日这一天的正午太阳高度角大小，以计算出合理的楼间距。

（四）引入工程项目，解决实际问题

根据上述分析，基于 STEM 教育理念，引入小组合作探究的工程任务，促使学生解决实际问题。

1. 结合科技史，引出工程任务

首先，结合学生的专业特点，对接小学科学教材中与日晷、光和影等相关的内容，在教学中融入我国古人发明日晷的科技史。其次，在借助多媒体资料展示介绍其发明及应用后，引导小组探讨日晷的原理并接着引入工程——动手制作一个太阳高度角测量器，测量本地的正午太阳高度角。

2. 通过数学辅助和技术支持，制作简易太阳高度角测量器

首先，让学生结合日晷的原理，根据教师准备的制作材料包，小

⊙ 第四篇 信息技术与课程整合案例

组合作先画出简易太阳高度角测量器的设计草图；其次，引导各小组讨论制作太阳高度角测量器的步骤、制作成功的关键技术问题、需要注意的事项；最后，各小组根据设计图与准备好的材料包安装制作太阳高度角测量器并阐述其操作方法。

3. 基于真实情境的创设解决实际问题

首先，模拟测量太阳高度角。结合简易太阳高度角测量器的使用原理，让学生掌握太阳高度角的读取方法后，利用手电筒模仿太阳光，小组先观测正午12点时对应的正午太阳高度角。其次，模拟测量冬至日本地的正午太阳高度角，探究本地不同季节正午太阳高度角的变化。最后，结合案例，引导学生借助数学思维和地理原理理解正午太阳高度角的数学计算方法，运用3D地球软件的定位功能确定本地地理位置后，计算出本地冬至日的太阳高度角并对比分析测量结果与计算结果。

（五）展示交流，拓展提升

各小组代表上台展示制作的太阳高度角测量器，汇报结论，并交流探究过程中遇到的问题及解决办法。通过对比，可发现模拟测量结果与数学计算结果存在一定的误差，教师要引导学生明确误差存在的原因。通过展示交流，进一步实现思维的碰撞、表达的提升、情意的升华。此外，为进一步拓展提升该专业学生的科学研究能力与综合素养，在地理核心素养上实现进阶，教师要指导学生将探究延伸到课后，并撰写生成小组研究报告。

STEM素养与地理核心素养的对接分析：STEM教育是培养核心素养的良好载体，STEM教育在融入学科教学时也需要关注学科核心素养。在上述地理STEM教学设计中，以地理核心素养为导向，注重综合发展学生的STEM素养，同时渗透地理核心素养（图4-3-3）。

1. STEM素养中渗透区域认知

学生结合地图，在太阳直射点的回归运动基础上理解不同纬度地区太阳高度角及太阳辐射能的差异，并进一步基于全球区域尺度，分

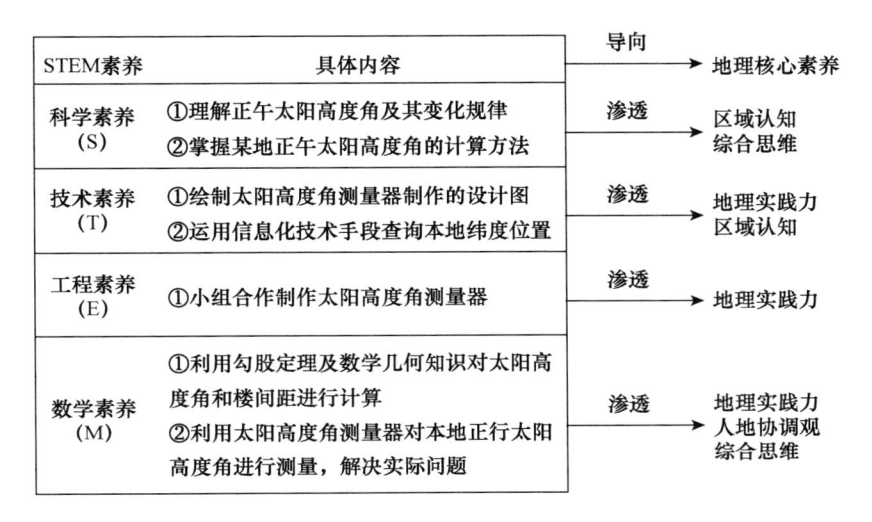

STEM素养	具体内容	导向	地理核心素养
科学素养（S）	①理解正午太阳高度角及其变化规律 ②掌握某地正午太阳高度角的计算方法	渗透	区域认知 综合思维
技术素养（T）	①绘制太阳高度角测量器制作的设计图 ②运用信息化技术手段查询本地纬度位置	渗透	地理实践力 区域认知
工程素养（E）	①小组合作制作太阳高度角测量器	渗透	地理实践力
数学素养（M）	①利用勾股定理及数学几何知识对太阳高度角和楼间距进行计算 ②利用太阳高度角测量器对本地正行太阳高度角进行测量，解决实际问题	渗透	地理实践力 人地协调观 综合思维

图 4-3-3　地理核心素养的渗透

析掌握正午太阳高度角的变化规律及计算方法，学生的区域认知能力在不断运用中得到提升。

2. STEM素养中渗透地理实践能力

学生在项目合作探究中通过绘制设计图并制作简易太阳高度角测量器、运用信息化技术手段查询本地纬度位置等，既能提升技术与工程素养，也能培养动手操作和运用地理原理解决实际问题的实践能力，是地理核心素养中地理实践力的综合体现。

3. STEM素养中渗透综合思维

学生需要融合地理、物理、数学的相关知识，进行跨学科知识的迁移与运用；发挥空间想象力，借助读图、画图、析图进行综合分析与理解；通过引入工程，运用技术手段，解决实际问题，在做中学、学中思，经历思考、操作、交流评价等各个环节。整合的学习内容与探究式的学习形式有利于促进学生综合思维的发展。

4. STEM素养中渗透人地协调观

以居民住宅区楼间距的实际问题引入学习项目，帮助学生在联系

⊙ **第四篇 信息技术与课程整合案例**

生活实际、分析解决问题的过程中意识到人类生产生活需要遵循和利用自然规律，达到人地和谐统一的发展，从而使人地协调观的地理核心素养有效渗透给学生。

在"太阳高度角"的STEM项目探究学习中，学生可获得多元化的学习环境与学习体验，促进深度学习的发生，该教学法兼顾了STEM素养与地理核心素养的培养目标，最终指向了核心素养的发展。

六 案例点评

本案例是充分渗透了STEM教育理念的地理教学，以富有现实意义的项目、任务驱动学生积极主动地聚焦问题、建构问题解决思路、探究核心概念、着手解决问题的方式帮助学生有效构建知识、能力与情意方面的地理核心素养。在当前国内的STEM教育的本土化实践中，各学段融合STEM教育理念的地理课程教学改革远未有效开展和普及，但在地理核心素养的学科教育价值诉求之下，融入STEM教育理念的地理教学具有很大的探索价值与发展空间，将为当下新一轮的地理教学改革提供有意义的借鉴。

第四章 实践类案例

第一节 小学社会实践课
——安全自护我能行[①]

一 教学背景

现在的孩子们，在家里受到父母和家人的呵护，在学校里受到老师的关爱，似乎并不存在什么危险。但是，在学生的生活和学习中，仍然有许多事情需要倍加注意和小心对待，否则很容易发生危险，酿成事故。据了解，我国每年约有1.6万名中小学生非正常死亡。2019年，中小学生因安全事故、食物中毒、溺水、自杀等死亡的，平均每天有40多人，也就是说每天有一个班的学生在"消失"。特别是多起集体安全事故的发生，不仅给家庭造成了无法弥补的伤害，也给社会带来了不安定的因素。

二 教学目的

3月27日是中小学生的安全教育日，为了使学生更加健康安全地成长，也为了使孩子们掌握更多的安全知识和急救技术，某校精心筹备了以"安全自护我能行"为主题的综合实践活动。这次活动的设

---

① 本案例改编自《综合实践活动案例 安全自护我能行》，百度文库，https://wenku.baidu.com/view/9ad811da32687e21af45b307e87101f69f31fb64.html，最后浏览日期：2019年6月19日。

⊙ 第四篇　信息技术与课程整合案例

计，旨在通过培养六年级学生的安全意识以带动全校师生形成自救自护的能力，让学生能主动参与，积极探究，系统全面地了解安全常识，学会自救自护的基本技能，使学生学会珍爱生命，既增强自我保护意识，远离伤害、危险，安全健康地生活，又激发生命的潜能，提升生命的质量，努力实现生命的价值，让生命焕发光彩。

三　教学目标

（一）知识与技能

1. 了解学校、家庭、社会等生活环境中存在的安全隐患。

2. 通过实践活动，学习掌握一些日常生活中自我保护的方法和技巧，提高自我保护的能力和意识。

3. 提高预防、自护和自救能力，树立安全意识，提高综合素质。

（二）过程与方法

1. 提高调查、搜集、整理材料的能力。

2. 提高分析问题、解决问题的能力。

3. 提高实践活动能力、社交能力。

（三）情感态度与价值观

1. 通过开展调查活动，培养团体合作意识，让学生感受到与他人合作、交流的乐趣。

2. 引导学生通过对身边安全隐患的采访调查和对安全事故的了解与分析，自觉地、逐步深入地反省和思考，从而充分认识自我保护的重要意义，引起同学们对生命的关注与热爱。

四　教学重难点

教学重点：掌握安全知识与常识。

教学难点：掌握日常生活中自我保护的方法和技巧。

五　教学方法

1. 采用探究式教学方法，让学生通过自己的眼睛发现身边的安全隐患，自主寻找、探究自护自救的办法，提高、强化学生的安全意识，更好地达到教学目标。

2. 充分利用网络资源，让学生通过网上查阅，了解更多的安全知识。

3. 分小组合作学习。

六 教学过程

（一）活动准备阶段

1. 教师列举近段时间学生身边发生的安全事故，请学生谈谈自己的感受。

2. 学生自由讨论、交流，进而发现安全隐患存在于生活的每一个角落，并具体归纳出五种常见的安全隐患：校园安全隐患、饮食安全隐患、用电安全隐患、外出活动安全隐患、行走安全隐患。

3. 确定研究内容，提出活动任务——观察现实生活中存在的危险，了解一些自护自救的方法。

4. 学生分组。

（1）学生自由搭配成组，通过投票选举选出信任的小组长，具体负责本小组的工作。

（2）小组组合完毕，大家进行一系列的研究准备，如小组分工、讨论、策划活动计划等。

（3）为小组命名、明确组内人员分工。

（4）创作小组口号、制作小组招牌。

（5）讨论、确定活动地点和时间。

（6）要求学生随时记录活动情况、心得体会或写日记，以便交流。

（二）各小组制定研究计划

各小组根据本组研究内容的特点制定研究的计划、方法、成果展示方案。

⊙ 第四篇　信息技术与课程整合案例

（三）实践研究阶段

在教师的带领下，学生分组展开活动，"校园安全"小组巡视校园，采访学校的有关领导和老师；"绿色饮食"小组走进各大小商店，采访小摊小贩；"安全用电"小组来到供电所，采访相关的工作人员；"外出活动"、"一路平安"小组深入群众，访问各色人等。

设计意图：在这里以开展活动为主要形式，学生积极参与各项活动，在亲身经历中发现和解决问题，体验和感受生活，发展学生的实践能力和创新能力。

（四）网络探究、收集整理资料阶段

经过前一阶段的活动，同学们已在校内外展开了广泛的调查实践活动。为了让同学们更全面地了解相关信息，教师利用网络在课余时间指导同学们简便、快捷地进行资料查询。学生虽收集到大量的资料，文字、数据、图片应有尽有，但稍显不足的是这些资料大都很杂乱，没有经过分类整理，这就要求老师引导学生对收集的资料加以整理。教师还应引导学生针对出现的种种问题进行研究，讨论出整理资料的方法，再让学生在组长的带领下，围绕本组研究内容对自己的资料进行整理归纳，使之更简洁、更有条理，为下一步的汇报评价做好充分准备。

设计意图：引导学生有目的地利用网络资源，实现由课内向课外的便捷延伸，学生可以根据自己的兴趣和能力进行自主选择性的学习。而整理资料的过程，则让孩子们形成了交流合作的高效学习方法，懂得了互相协助的重要性。

（五）活动汇报阶段

各小组利用课余时间准备本组的汇报内容，老师针对他们的研究内容给他们出主意、提建议，并且明确要求汇报内容要生动有趣、说明要简洁有力、形式要丰富多样。

在汇报课上，各组同学的汇报异彩纷呈。

1. 研究校园安全隐患的"校园安全"小组排演了精彩的小品，

第四章 实践类案例

展示了校园内存在的一些安全隐患以及简单的自救自护的方法。还根据本组收集的资料编了顺口溜，以提高同学们对校园安全隐患的警觉程度。

2. 研究饮食安全隐患的"绿色饮食"小组通过 Flash 动画的形式把小组成果展现出来，并且收集了许多饮食方面的资料，供大家参考。

3. 研究用电安全隐患的"安全用电"小组，他们收集到许多用电方面的图片，供大家观赏，还进行了生动的讲解。

4. 研究外出活动安全隐患的"外出活动"小组，通过惟妙惟肖的小品剧表演，提醒大家要特别注意外出活动的安全，并且告诫大家遇到危险后的自救方法。小品剧的剧情是这样的：天太热了，于是小刚偷偷约上同班的几个同学去附近的河里游泳，正在大家玩得尽兴的时候，同学小东的脚忽然抽筋，身体不由自主地往下沉，这时候的同学们该怎么办呢？A 剧：自己去救，却被拖下水而丢了性命。B 剧：大声喊叫，找大人来救，于是小东被救了上来。

5. 研究行走安全隐患的"一路平安"小组，交流行走方面存在的危险并交流解决方法。他们表演了自己创作的行走安全儿歌："小学生，上学校，走路要走人行道；过马路，别乱跑，十字路口看信号；红灯停，绿灯行，千万不可去硬闯。走楼梯，要记住，轻声慢步靠右行；要注意，楼梯上，绝对不可来玩闹。大家一定要记牢，要记牢。"

设计意图：学生根据所研究内容自主选择活动结果的呈现形式，充分体现了综合实践活动的自主性。为了更好地汇报本组收获，加深了同学们对众多的安全隐患的印象，小组成员团结协作培养了与人合作、交流的能力。

六　案例点评

刘兴才教授说："知识不是教师教出来的，而是学生学出来的；

⊙ 第四篇 信息技术与课程整合案例

学生的创新精神和实践能力不是在教室里培养的，而是在亲身实践中培养的；学生不是没有能力，而是看教师是否给了他们展示才华的机会。"综合实践活动课是一个重实践、开放性的大课堂，为学生开辟了广阔的自主的学习空间。

本案例注重过程与方法、知识与能力的结合，使学生在活动过程中学会了怎样去调查、去采访、去查资料，在活动中，学生的合作能力、交往能力得到了发展，在实践中获得了亲身感受和最直接的经验；并且该案例多采用小组合作学习方式，为学生个性的发展和自主性的充分发挥创造了广阔的空间。学生的安全是学生正常上课的基础，同学们在日常生活中通过网络可以了解形形色色的关于学生安全的内容，而社会课程是将他们串联在一起的关键，不仅是学生，教师也可以通过计算机网络来汇总学生安全内容，凝练其精髓，借助互联网以及社会课程来培养学生的情感态度和价值观。

第二节 小学科学实践课
——《观天测地学问多》[①]

一 教学背景

对于综合实践活动主题的选择，我们一直遵循这样的原则：与学生紧密联系、与现实紧密联系、与学科课程紧密联系。与学生紧密联系，即选择学生熟悉的、学生感兴趣的内容，因为只有这样才能激发他们主动探究的欲望和积极参与的热情；与现实紧密联系，即选题要具有时代特征和实用性，能切实的帮助学生解决问题，提高能力；与学科课程紧密联系，即活动能和学科课程进行整合，提高学生综合运用所学知识的能力。

[①] 本案例改编自《小学综合实践活动课程案例范文 7》，百度文库：https://wenku.baidu.com/view/6906f02ac0c708a1284ac850ad02de80d5d8060f.html，最后浏览日期：2019 年 11 月 18 日。

· 316 ·

第四章 实践类案例

"观天测地学问多"综合实践活动的选题就符合这三条原则。

（一）与学生紧密联系

"气象"是学生熟悉的科学术语，每天打开收音机、电视、网络或者翻开报纸，都能听到或看到天气预报，气象已经渗透到学生的生活中。但气象的"具体指向"对于学生甚至部分成人都是模糊不清的，学生关于气象还有许许多多想要了解的问题："怎么看气象图？""气象站是怎么知道第二天的天气情况的？""他们（气象工作者）通过什么途径知道天气情况？""为什么有的地方在下雨而有的地方却是晴天？""气象卫星有什么作用？它们是怎么工作的？"等问题。"观天测地学问多"就是要带领学生走进他们未知的领域，解答这些疑问。

（二）与现实紧密联系

近年来，灾害性天气频繁，台风、干旱、沙尘暴一次次震撼着我们，气候的变化提醒着全人类关注环境、关注地球、关注天气。3月21日世界气象日的到来，为学生了解这些与他们生活息息相关的问题提供了契机，这也是培养学生参与意识、追求真理、崇尚科学与自然和谐共处等公民价值观的一个良好机会。

（三）与学科课程紧密联系

在小学阶段的学习中，学生在科学课、语文课、品社课上学习过有关天气、卫星、环境的常识，在数学课上学习过简单的测量和计算方法。在《观天测地学问多》综合实践活动中，可以使学生将这些知识融会贯通，有效应用。通过考察实践、参观访谈、网上搜索、实际操作等途径，也可以培养学生从小参与社会公共事务的公民意识，发扬学科学、爱科学、用科学的科学精神。

二 教学目标

（一）知识与技能

通过气象观察活动，使学生认识气象仪器，如温度计、湿度计、

⊙ 第四篇 信息技术与课程整合案例

气压表、最高最低温度计、蒸发皿、雨量筒等，并能够观察风向、风速，学会判断天气。

（二）过程与方法

通过开展各种学生喜闻乐见的活动，使学生认识气象的重要性，了解气象与生活的紧密联系，从小树立保护环境，保护我们共同家园的环保意识。同时，通过活动培养学生观察能力、动手能力、分析问题的能力，使学生的综合素养得到提高。

（三）情感态度与价值观

能总结自己的活动体会，通过喜欢的形式向身边的人进行宣传，培养学生从小参与社会公共事务的公民意识，发扬学科学、爱科学、用科学的科学精神。

三 教学准备

学生准备：笔、记录本、相机。

教师准备：录像机、多媒体、网络学习平台，联系学生参观的地点及讲座的人员。

四 教学重难点

教学重点：使学生能够认识气象仪器，能够观察风向、风速，学会判断天气。

教学难点：掌握气象与生活的紧密联系。

五 教学过程

（一）活动准备阶段

第一阶段主要是让学生了解我们将要开展的活动，并通过网络进行资料搜集、合作交流、倾听讲座，其中不仅包括教师的搜集凝练，还包括学生自主的检索，激发学生主动探究的兴趣，增加相应的知识，为下一阶段活动的开展做好铺垫。

1. 开辟班级宣传阵地：气象知识大家谈。

利用晨会、综合实践活动课，让同学们对当前比较感兴趣的气象问题进行资料的收集、讨论、交流。教师了解学生探究的兴趣所在，并帮助他们进行整理、归类。

实施建议：本次活动主题是教师提出的，但教师只是提出了一个大的方向，学生究竟对什么感兴趣，他们想研究什么，这些应该由学生来确定。问题的确定是为了便于学生交流、研究，避免范围过大。学生应利用上网收集资料的方法，首先对气象与生活有一定的了解，互相交流收集的资料。

2. 专题讲座：付爷爷的气象知识讲座。

学生通过自学、合作学习对气象有了初步认识，并产生进一步探究的欲望时，教师利用家长资源，请班里一位同学的爷爷来为全班同学做有关气象的讲座。付爷爷是气象台的一位退休预报员，有丰富的知识和经验，他的讲座具有专业性、实用性。

实施建议：讲座之前要与主讲人做好沟通，讨论讲座的内容、形式、时间等。因为主讲人对学生的情况不了解，如果单方面准备，很有可能远离学生的需求，或与活动本身的目的不符。宣讲可以采用口述加幻灯片以及小动画的方式进行，在普及知识的同时，利用信息技术手段可以大幅提高学生的学习兴趣，并为第二阶段的气象台实地考察做好知识准备。

（二）活动体验阶段

1. 组织学生到气象站参观考察。

第一阶段学生获得的是间接经验，这些经验多是通过教师的介绍以及自己从互联网资料中获得。通过计算机网络获取内容虽然方便快捷，但容易遗忘，小学生更加渴望获得的是直接经验即实地考察，亲眼看到、亲手操作将会给他们留下深刻的印象。所以在活动的第二阶段，学生对气象有了一定的知识储备，可安排他们去气象台参观学习。

第四篇 信息技术与课程整合案例

3月11日，教师带学生来到气象台，为大家做讲解的是学生们熟悉的付爷爷。我们先来到露天观测场，付爷爷告诉大家，观测气象的场地是有特殊要求的，为了取得好的观测效果，场地大小必须是25米×25米，还要种植上草。这里有很多仪器，有插在地上的，有安在天上的，其中引起大家好奇的是"雨量筒"。雨量筒分两层，外面是白色的，像是铁皮做的，而里面则是一个玻璃器皿，下雨的时候，雨点便会流到里面，等到雨停了，工作人员只需把器皿里面的水倒入指定的量杯，便能知道下了多少毫升的雨。付爷爷还为我们打开了神秘的百叶箱，我们看到了里面的自记温度计和自记湿度计。

接着我们参观了室内观测场，场内二楼有一些测量仪器，许多是大家从没有见过的，付爷爷一件一件地为我们阐述它们的功能。

参观的过程中同学们不时瞪大双眼，不时由衷地发出惊叹声。大家静静地听着讲解，用相机拍下一个个仪器，用笔记下这些仪器的作用和使用方法，遇到不明白的还要打破砂锅问到底。不知不觉两个小时已经过去，同学们都感觉意犹未尽。很多同学都说，回家还要上网搜索自己感兴趣的测量仪器，搞清楚它的工作原理。一次参观，为学生打开了一扇知识之门，让他们发现了里面许多有趣的东西，更激发了他们进一步求知的欲望。

实施建议：

（1）参观场地的选择。每个气象台的工作内容不完全一样，就我们来到的这个气象台来说，其中东门气象台侧重于气象卫星、人工降雨等工作，而联系学生的实际，我们认为这些复杂气象原理不太为学生所接受，所以选择以地面观测为主要工作的气象台进行参观。

（2）参观仪器的确定。事先要联系好气象工作人员，请专业人士进行实地的讲解。同时，要确定好参观的线路，告知学生参观的具体内容，让学生在参观前做好资料的收集和了解。最终，我们确定的观察仪器为：风速仪、日照计、地温观测场、雨量筒、自记雨量筒、温度计、湿度计、自计温（湿）度计、蒸发皿、自计风速仪。

（3）参观要求预先告知学生。为防止学生在参观中走马观花，或漫无目的，参观前预先告知参观的具体要求，让学生做好准备。本次活动，我们要求学生在实地的参观中选择一至二项气象观测仪器仔细观察，拍摄图片，回来后制作图解说明。学生受到明确要求后，就清楚自己要做什么，参观就会有重点、有选择、有目的。

2. 担任校园气象站的工作。

外出参观是为了更好地学习，能够自己进行气象观测记录和资料整理。我们学校也有一个小气象站，有一些简单的测量仪器。参观回来后，同学们正式"上岗"，开始校园气象站的工作。这样的体验活动让学生学以致用，真正体会气象工作的意义和快乐。

校园气象站利用了网络学习平台，使用特制的气象观测记录簿，同时聘请专家对学生进行气象观察、记录方法的指导。要求同学们学会记录方法和背熟天气现象记录符号，进行正确记录。每天利用网络平台进行校园气象预报。

3. 出气象小报。

作为六年级的学生，有义务将自己所了解的知识传授给学校里的弟弟、妹妹们，在全校进行有关宣传。同学们四个为一组，根据前面的活动经历自定主题，出一份气象小报，以图文并茂的形式以及利用多媒体动画的方式汇报自己的活动体会。这是对活动的一个小结，也可以将学生的体验进一步提升。

4. 撰写参观体会。

除了小报，还可以让学生撰写科普短文、观察日记、考察后感等，形式不限。

（三）展示阶段

1. 结合世界气象日，举办校园气象小报的展示活动。

活动进行到世界气象日这天，已经是第三个阶段，我们在这一天将学生自己动手制作的气象小报布置在校园里，既展示学生的成果，也配合世界气象日向全校师生宣传，进一步扩大活动的影响范围，提

⊙ 第四篇 信息技术与课程整合案例

升本次活动的价值。

2. 学生对撰写的科普短文、观察日记、考察后感等进行交流评比。

在活动的每一个环节,我们都有意识地指导学生留下"痕迹",及时小结、反思。在倾听讲座后,让学生写了听后感;在参观气象台后,让学生撰写了科普短文,制作仪器的图解说明;在校园气象站工作中,要求学生记录观察日记,绘制气温的统计图。这些珍贵的资料,我们利用综合实践活动课全部展出,大家一起交流,并让同学们投票选出优秀作品,在网络平台上发布。

3. 评选优秀"优秀气象员",并进行表彰。

在校园气象站的工作中,我们让具体指导的科学老师、外聘专家根据每一个人的表现,评选出"优秀气象员",肯定他们严谨的科学态度,积极的工作热情和正确的观测方法。

以上三种方式对活动进行了有效的总结和评价。我们特别注意到,优秀小报、优秀日记(科普短文、感想)、"优秀气象员"这些评比从不同的角度对学生进行了评价,考虑了每一个学生的特点,关注了每一个参与活动的学生,让他们都能有展示的机会,都有被表扬的机会。这样做也体现了活动是面向全体学生的,目的是提高每一位学生的能力。

实施建议:综合实践活动的展示阶段也是评价阶段,这一阶段非常重要。学生在前面的学习、活动中付出了辛勤的汗水,每一项成果、每一次进步都是他们用勤奋和智慧换来的,活动接近尾声时,给学生们提供一个展示的平台,让他们向同伴、向师长、向社会汇报自己的成果,会让学生体验到成功的喜悦,实现自我的价值,增强社会责任感。在这一阶段,教师要注意评价的多样化和多层次,学生相互之间的评价,教师对学生的评价,学校对活动的评价都要得到体现。

六 案例点评

(一)找准学生的兴趣点,提高学生的科学素养

在这次活动中,我们感受到学生空前的热情,深刻体会到兴趣是

最好的老师。更为重要的是，我们通过这个契机，在潜移默化中提高了学生的科学素养。

1. 增长了学生的气象科学知识。

在本次《观天测地学问多》综合实践活动中，同学们进行了气象科学知识的课堂教育、专业气象工作者的气象科学知识讲座、科普图书的阅读和网络大量气象科学知识的浏览，熟悉和掌握了气象科学的一些知识。学生像吸水的海绵一样不停地吮吸着新的气象知识，而书籍、网络给了他们更广阔的知识天空。

2. 提高了学生的科学实践能力。

科学的实践探究需要具备观察能力、归纳分析能力、想象能力以及信息的搜集、整理、利用等各种相应的综合能力。通过《观天测地学问多》综合实践活动，学生各种能力得到了综合磨炼，并得到了充分表现。

（二）要有大课程的意识，在活动中促进学生的学习迁移

"温故知新""察往短来""闻一知十""举一反三""触类旁通"等，说的就是学习的"迁移"现象。《观天测地学问多》综合活动有积极调动学生智力因素和非智力因素的功能，因此，"学习迁移"的现象就更自觉、更灵敏、更深刻。在活动中，学生不但找到了"自我"，而且还使自我的个性倾向朝着积极的方面转移。通过活动，学生都行动了起来，也带动了班集体的建设。

（三）不能忽略学生的体验与发展，活动要以"生"为主体

在具体的活动中，我们一直考虑的是应该给学生些什么，却没有真正蹲下身子，试着从学生的角度思考问题。气象知识专业性很强，对我们老师来说也是全新的课题，活动中教师也会担心自己的语言表述不够科学，而使学生的理解产生偏差。而对于认知处于零起点的学生，在面临全新的知识时，只是在讲座上宁心静听，走马观花地参观远远不够，这次活动应当成为学生一种全身心的领悟与生命感受。在这一过程中，学生的主动参与、积极投入必须是活动的主流，气象知

⊙ 第四篇 信息技术与课程整合案例

识的获取必须以学生体验为途径获得。

（四）不能只关注科学知识的获取，而忽视情感教育

这次活动，我们仅仅是为了了解简单的气象知识吗？如果是这样，我们的活动就没有生命力。小学阶段的教育其实就是播种，我们要播下科学的种子，而累累的硕果并不属于我们。本次活动我们要"培养学生从小参与社会公共事务的公民意识，发扬学科学、爱科学、用科学的科学精神"。这样的体验活动让学生学以致用，真正体会气象工作的意义和快乐。在本次活动中，我们向学生提供了充分的科学探究的机会，使他们在像科学家那样进行科学探究的过程中，体验科学的乐趣，增长科学探究的能力，获取科学知识。只有这样，才能为他们终生学习和今后的发展打下坚实的基础，进一步地提高学生的科学素养。

第三节 小学数学实践课
——《规划旅行我能行》[①]

一 教学背景

小学生都有过陪父母外出旅游购物的经历，但如果让小学生尤其是五年级、六年级的小学生来自主规划外住旅游，对他们就有一定的难度。本次数学实践课是在学习数学的基础上，充分利用信息技术资源来培养小学生的自主规划能力。

二 教学目标

（一）知识与技能

能运用数学知识与信息技术相结合的方式，解决旅游中的有关实际

---

① 本案例改编自《综合实践活动方案设计（适合五六年级）教案教学设计》，百度文库：https://wenku.baidu.com/view/3f6071dff08583d049649b6648d7c1c709a10b74.html，最后浏览日期：2020年5月3日。

问题，并根据实际情况选择最佳的方案和策略。

（二）过程与方法

在比较、分析、观察和思考等活动中，培养学生的创新意识和实践能力、培养学生善于运用计算思维来思考问题的意识和决策能力。

（三）情感态度与价值观

通过小组合作交流，培养同学们团结友爱的精神品质。在活动中体验数学的价值，激发学生喜爱数学的情感，同时有机渗透辩证唯物主义思想和爱国主义情感。

三　活动准备

智慧教室、多媒体课件、列车时刻表、方案设计表、运用多媒体设备（VR 眼镜）查看北京旅游地图。

四　教学重难点

教学重点：能运用数学知识与信息技术结合的方式，解决旅游中的有关实际问题。

教学难点：使学生根据实际情况选择最佳的方案和策略。

五　活动过程

（一）教学导入

学生进入智慧教室，佩戴 VR 眼镜观看教师提前准备好的多媒体视频。视频内容：小岚和大林两家是一对好邻居，他们两个也是一对好朋友，不过小岚今年刚上二年级，已读五年级的大林自然就肩负起了做哥哥的责任。在这个秋高气爽的十月，恰逢祖国两件盛事——2008 北京申奥成功和中国足球圆梦世界杯。两家大人经商量决定后来一趟"欢乐北京五日游"，计划游玩天安门、毛主席纪念堂、故宫、北海、天坛、圆明园、颐和园和长城。家长们把旅游的

⊙ 第四篇 信息技术与课程整合案例

一切准备工作都交给小岚和大林去完成,这可愁死他们俩了!他们只好请大家帮忙了。

(二)教学准备

1. 了解学生的旅游情况,讨论要做哪些准备工作,在这期间学生和家长运用微信与教师进行及时的沟通。

2. 提供活动中需要的用具:可以查看北京旅游地图的多媒体设备、方案设计表、列车时刻表等。

3. 说明活动要求:分小组讨论,可借助于多种渠道,如上网查资料,请教老师等。

(三)教学实践方案探究

1. 小组讨论。初步制订包括各项费用的预算工作、日程安排、必备行李等内容的计划。

2. 按计划分工合作。由组长记录讨论得出的最有用的信息,并善于从中发现和解决一些问题,保证旅途顺利愉快。比一比哪个小组设计的方案最好。

3. 交流设计方案

(1)小组派代表汇报本组方案,并说说获得信息的方法(投影部分方案设计表)。

(2)根据学生回答,概括各项所需费用,主要包括行、住、食、游、购五个项目,并展开集体讨论。

(四)实践开展

学生佩戴 VR 眼镜观看教师提前准备好的多媒体视频。视频内容:小岚和大林两家人下了火车,心中的喜悦之情难以言表。他们打的到了旅馆,办好手续。每个人都休息了一下,发现快近中午,决定去吃肯德基。肯德基店正在举行金秋促销活动。

情景一:肯德基店里的争论

1. 出示促销单(见表 4-4-1)。

表 4－4－1　　　　　　　　　　促销单

名称	原价（元）	促销价（元）
A（儿童套餐）	14.00	12.00（买一个冰淇淋回赠 2 元）
B	15.00	12.50
C	16.90	12.50
D	17.50	14.00（加 2 元赠鸡柳三份）
E	19.00	15.50
F（四人全家套餐）	68.00	50.00（送玩具一份）
G 冰激凌	6.00	无

小岚和大林都想要玩具，还想吃冰淇淋，但大人们要考虑价钱问题，到底该怎么买呢？每个人都各持己见，谁也不服输。同学们，你觉得怎么买最合算，又能满足小岚和大林的要求呢？

2. 学生分组计算（可使用计算器）。

3. 汇报结果（见表 4－4－2）。

表 4－4－2　　　　　　　　　汇报结果

A 降价	2.00 元	14%
B 降价	2.50 元	17%
C 降价	4.40 元	26%
D 降价	3.50 元	20%
E 降价	3.50 元	18%
F 降价	18.00 元	26%

从上面的结果中你可以发现哪些信息？

（1）从单套的角度来看买哪一套最合算？

第四篇　信息技术与课程整合案例

（2）从整体上考虑，如何搭配最合算？

4. 情境一小结。

学生佩戴 VR 眼镜观看教师提前准备好的多媒体视频。视频内容：吃完肯德基后，他们先去了附近的天坛游玩。晚上回到旅馆，两家人便坐在一起商量之后四天的安排。

情境二：哪条线路最合理？

1. 出示简易地图。

2. 学生分组讨论。

3. 互相交流方案。

4. 统一方案：第二天早上观看升国旗仪式、登天安门城楼、参观故宫、在北海游玩；第三天驱车往圆明园、颐和园；第四天登长城；第五天王府井西单购物，下午返程。

5. 问题：北京大学、清华大学是名牌大学，小岚和大林的爸爸妈妈想带孩子们去参观一下，使他们从小立志好好学习。你觉得他们应安排在哪天比较好呢？

6. 情境二小结。

通过观察，发现两所大学都在圆明园附近，因此可在游完圆明园、颐和园后去参观两所大学，同时考虑到第二天要去的长城就在不远处，所以可住在北大招待所，免去来回乘车之苦。

学生佩戴 VR 眼镜观看教师提前准备好的多媒体视频。视频内容：北京阳光一直很好，小岚和大林他们的旅游也很快乐！第三天他们要到著名的颐和园游玩，他们来到售票处发现公告栏上这样写着……

情境三：怎样买票最省钱？

1. 出示颐和园的票价（见表 4-4-3）。

2. 组织讨论，再交流。

（1）4 张成人票，2 张学生票，6 张副券，一共花费 30×4＋15×2＋10×6＝210 元

（2）1 张团体票（可免费邀请 4 位新朋友）：20×10＝200 元

(3) 与4位陌生游客商量，买一张团体票：20×10—20×4＝120元

表 4 – 4 – 3　　　　　　　　　颐和园票价

门票	价格
成人	30 元/人
学生	15 元/人
团体（10人以上）	20 元/人
佛香阁副券	10 元/人，购团体票，免费赠送

3. 情境三小结。

学生佩戴 VR 眼镜观看教师提前准备好的多媒体视频。视频内容：两家人来到了著名的王府井购物，全聚德烤鸭店传来了熟悉又亲切的绍兴话——碰到老乡了！原来是从绍兴来的"夕阳红"老年旅游团，全团总共有35位老人，2位随团医生，1位领队。老人们打算每人买一只烤鸭带给绍兴的家人去尝尝。

情境四：买烤鸭的风波

1. 出示价格表：每只30元，批发40只打八折，超过的仍按原价计算。

2. 启发学生主动发现问题：35位老人加医生和领队还不到40人啊！怎么办呢？这时大林想到了一个好主意，既能保证每位老人买一只，又能享受打折的优惠。如果你是大林，你会想出什么好主意呢？

3. 讨论后交流方案。

（1）发动部分老人买2只，凑齐40只即可。

（2）与其他游客商量，凑成40只。

（3）如果以上都不行，还可以与爸妈商量。

4. 选择最合理的方案第三个，说明理由。

（1）与爸妈商量比较好，爸妈肯定会支持自己的孩子帮助他人的行为。

（2）帮助别人，同时自己也享受到了实惠。

（3）那么假设他们买6只烤鸭，他们能省多少钱呢？

第四篇 信息技术与课程整合案例

5. 计算。
30×6−30×80%×6=36 元

学生佩戴 VR 眼镜观看教师提前准备好的多媒体视频。视频内容：五天的旅途十分顺利愉快，小岚和大林不但游览了大好河山，开阔了眼界，陶冶了情操，还懂得了很多很多……

同学们，你们有什么感想，有什么收获吗？（学生自由发言）

五　案例总结

本案例以智慧教室为学习的背景，学生佩戴 VR 眼镜观看教师提前准备好的多媒体视频，运用所学的数学知识和已有的生活知识解决旅游中许许多多的问题，不仅学会了全面细致地思考问题，还锻炼了自己的能力，同时使学生感到数学就在自己的身边。无需将学生真正地带到场景中去，运用计算机多媒体画面的方式，采用情境化教学，也可以将学生带入到计算机所展示的情境中去，这种形式不仅能更加吸引学生们的注意，同时动画中多次涉及关于数学计算的小知识，使学生在充满趣味的过程中进行数学知识的学习。

本案例针对的是小学数学类实践课程，对于小学生来说数学课上较难集中精力，而采用佩戴 VR 眼镜观看教师提前准备好的多媒体视频的方式，不仅能够使学生集中注意力，将注意力全部放在教师所展示的动画中，当数学题目出现时，学生也更容易运用数学知识解决问题，优化了教学过程。

参考文献（四）

百度文库：《小学综合实践活动课程案例范文 7》，2019 年 11 月 18 日，https：//wenku.baidu.com/view/6906f02ac0c708a1284ac850ad 02de80d5d8060f.html，最后浏览日期：2020 年 4 月 20 日。

百度文库：《综合实践活动案例 安全自护我能行》，2019 年 6 月 19 日，https：//wenku.baidu.com/view/9ad811da32687e21af45b307e 87101f69f31fb64.html，最后浏览日期：2020 年 3 月 15 日。

百度文库：《综合实践活动方案设计（适合五六年级）教案教学设计》，2019 年 5 月 3 日，https：//wenku.baidu.com/view/3f6071 dff08583d049649b6648d7c1c709a10b74.html，最后浏览日期：2020 年 4 月 30 日。

李娟、陈典：《指向地理核心素养的 STEM 教学设计探析——以〈太阳高度角〉一课为例》，《中国现代教育装备》2019 年第 22 期。

罗倩茹、秦健、刘全铭：《小学初级人工智能作品"智能夜灯"设计与开发——以 AI2 控制 micro：bit 通信系统的教学设计与实践为例》，《中国教育信息化》2019 年第 21 期。

全晓霞：《〈科罗拉多大峡谷〉教案设计》，《中小学电教》2015 年第 12 期。

孙存仓：《〈Where did you go on vacation?〉教学设计》，《中小学电教》2014 年第 4 期。

佟国敏：《浅谈信息技术与高中化学教学整合的切入点——以"化学能转化为电能"为例》，《中学化学教学参考》2019 年第 2 期。

⊙ 第四篇　信息技术与课程整合案例

王荃：《〈宇宙中的地球〉教学设计》，《中小学电教》2016 年第 Z2 期。

闫彩霞、邢洪明：《现代信息技术对高中物理课堂教学的改进——以"自由落体运动"教学为例》，《物理教学》2019 年第 7 期。

第五篇
研究进展篇

近年来，信息技术与课程整合研究继往开来，对已有主题进行了更为广泛深入的研究，为未来研究打下了扎实基础，主要涉及以下几方面。

第一，信息技术与课程整合理论研究进展。教育技术基础理论研究对教育技术指导思想、研究态势、理论框架、学科定位和人才培养等方面进行了理性反思，并由此提出诸多理论。

第二，信息技术与课程整合相关技术研究进展。信息时代，教育技术与教学资源在教学过程中所占比重日益增大，对教学的效率效果也产生了巨大影响，智能终端、云计算、虚拟现实、大数据等技术的飞速发展为学习资源和学习环境建设提供了新的思路。

第三，教学设计研究进展。信息化教学设计研究是教育技术学界公认的研究热点，该研究主题完全是借现代信息技术颠覆性创新发展之力兴起和形成的。信息技术与课程整合中教学设计方面的研究进展主要包括教与学方式变革的研究进展、教学模式与方法研究进展、教学环境变革研究进展三部分。

第四，教师和学生的信息素养研究进展。信息化时代的公民应该具有哪些信息素养，教育信息化对教师和学生的信息素养和能力有哪些要求，是该主题研究的关键问题。教师信息技术素养包含信息技术操作能力、信息技术环境下知识深化能力和知识创造能力；学生的信息素养，则是借助信息技术，知识性内容的获取更加便捷，教育将更多关注个体分析思维、批判思维和创造性思维的培养。

第五，评价研究进展。信息化环境下的教学评价是促进教育信息化可持续发展的重要环节。在评价理念上，注重客观性立场、强调中立性以及强调评价对象的个性化和个别化。在评价功能上，更加关注学习者成长与发展过程、学生创造性思维发展、个体学习与合作学习的结合，评价既重视筛选与鉴定的工具价值，也注重促进学习力养成与个性发展的终极关怀价值。在评价取向上，强调过程性评价和多元主体评价。在评价方法上，档案袋评价、研讨式评价、表现性评价、学习契约评价、缝补性评价、电子化评价等已成为信息技术与课程整合评价的重要方法和工具。

第一章 理论研究进展

信息技术与课程整合基本理论研究主要解决"为什么"和"是什么"的问题，研究者群体主要是设有教育技术学博士点、硕士点以及教育技术学本科专业的高校中的专家学者和教师。研究问题主要集中在信息技术与课程整合的背景与意义、内涵与本质、目标与功能、内容与层次、途径与方法以及信息技术与教育信息化的关系等方面。值得关注的是，有学者从研究起步，就尝试探讨"信息技术与课程整合领域"与教育技术学的关系，并将"信息技术与课程整合"这一新领域纳入教育技术学学科体系，尝试将"信息技术与课程整合"作为教育技术学的一个新兴研究领域和方向，为深化研究寻找学科本体论的基础和依据。也有学者在不断探寻信息技术与课程整合二者之间的关系，并提出二者从"应用整合"到"深度融合"的趋势性观点。本章主要介绍其中影响较大的信息技术与课程整合的新理论，主要包括联通主义学习理论、认知负荷理论、深度学习理论、数字化学习理论及移动学习理论。

第一节 联通主义学习理论

联通主义学习理论是建立在有节点和连接构成的集合（也即网络思维）的基础之上的。因此，在探究联通主义学习理论时，节点、连接、网络实际上构成了联通主义学习理论的基本内涵要素。

联通主义学习理论的主要观点从知识观与学习观两个方面进行综合的考量。

第五篇 研究进展篇

1. 知识观。

第一，知识并不是静止的，而是持续增长的。西门斯等人认为，一方面，知识存在于知识网络当中，通过各个节点的形成和变化以及各节点之间的连接增减变化完成储备和变化，这一过程重点强调了个体自身知识增长的实际存在性，同时对知识的由来进行了定义；另一方面，人类认知客观实际的程度是有限的，人类认知程度的增长实际上是对客观实际的掌握程度的增长，在这一过程中，客观实际会对人类的认知变化产生重要的影响，同时人类也会利用自身掌握的知识完成对外界环境的改造，这实际上体现了个体与个体之间、个体与环境之间的连接过程。

第二，知识具有强烈的流动性。持续的更新是知识的最终特征，主要表现为两种形式：其一是知识的数量不断地增加，其二是通过人类认知的增长变化，旧的知识不断地被新的知识完善或者替换，知识的内涵乃至本质都会不断地发生变化。

第三，个体与知识之间存在相互作用的关系。西门斯认为强调学习内容与学习者的相关性是将联通主义学习理论应用于大学生自主学习能力的重要前提。与无关信息相比，学习者更愿意将更多的精力和时间放在与自身现在或者未来相关的知识上面，学习者的学习过程实际上就是将与自身相关的知识的求知意愿通过适当的学习活动达成的过程。有些知识与个体之间的相关性是不断变化的，这种变化包含随着时间的发展表现出来的相关性的正反变化、强弱变化和有无变化。此外，西门斯还提到，学习者对于知识与自身相关性的认知也受到自身理解能力的影响，因此这种相关性实际上也存在着一定的误差。

第四，知识的持续更新性。西门斯强调，当学习者的需求或者认知发生变化时，学习网络内部的知识结构实际上也在发生着变化，具体表现为知识的不断更新。学习者对于更新的知识存在着选择过程，学习者往往能够凭借自身已掌握的经验对更新的知识进行对比分析，找出更符合当前的实际状况或者能够更好地解决当前问题的知识。

第一章 理论研究进展

第五,个体对知识的有限选择。联通主义认为,未来学习的趋势应该是小模块化的,学习者在对更新的学习内容进行选择时并不是从小到大、从始至终的传统的模块化学习方式,而是单纯地选择对当前的环境适应或者问题解决有帮助的知识。这种学习模式实际上减轻了学习者自身的学习负担,同时也适应了人类个体的认知与学习能力、知识更新速度较快的实际情况。

第六,网络对于学习者掌握知识的帮助越来越大。基于网络时代的自主学习实际上更多的是对繁杂的游离信息的筛选和掌握,在这一过程中,搜索引擎等学习工具对于个体的学习能力的提升有着极大的促进作用。互联网时代的信息大爆炸决定了人类个体不可能完完整整地考量所有的知识,这超越了个体的实际能力范畴,因此为了更多地掌握更加全面的知识,学习者就必然会从知识的选择和亲密度方面入手,通过将具备相同知识对象的学习者结合起来,将学习者各自的学习资源通过网络工具进行共享,从而实现小范围的知识整合和系统性建构,保证学习者能够在有限的时间和能力范围内掌握尽可能多的对自身适应环境或解决问题有所帮助的知识。

2. 学习观。

第一,学习能力比学习内容更重要。互联网时代的知识储备增长较快,信息的传播方式呈爆炸式,这与人类个体有限的学习能力和学习时间之间存在着不可调和的矛盾。因此,学习者想要尽可能多地掌握对自身适应环境或者解决实际问题相关的知识,就必然要学会在不同的视角、不同的学习环境中进行知识的学习,反映在具体的学习过程中则是对学习者多样化学习能力的要求不断提高。基于此,西门斯认为,在当前的学习环境下,学习者掌握更多的基于互联网的学习能力比学到更多的内容要更加重要。

第二,学习的过程也是创造的过程。学习者所学习的内容按照其来源可以划分为两种,一种是来自自身对外部客观实际的理解或者认知,另一种则是自身对另一个体对客观实际的认知的掌握或了解。在这两种不同的学习对象中，学习者在学习过程中的创造性具体体现为：第一种，对人类整体认知对外部客观实际的全新了解。第二种，对人类整体认知有限的替换或者完善。因此学习者应该在学习的过程中建立自信，一方面要尊重专家或者权威的现有理论，踏实虚心地学习；另一方面也不能盲目地迷信专家或者权威的现有理论，从而忽视了自身在学习过程中的创造性。

第三，学习的过程是复杂的。联通主义认为，学习者学习知识的过程实际上是一个对自己"否定—肯定—再否定—再肯定"的过程。在这一过程中所涉及的内容相当广泛，在整体学习网络当中实际上构成了一个相当系统而复杂的体系。同时学习网络的"节点—小网络—大网络"的多层次结构也决定了，当整体学习体系中的一个节点或者相邻节点间的连接发生变化时，会导致整个学习网络的变化，而这一变化也是复杂而烦琐的。

第四，学习过程表现出了相当明显的无序性。学习者个体对自身所处环境以及自身学习需求一方面存在着变化；另一方面因为学习者自身的能力和经验有限，在进行知识内容的选择时往往不完全正确，这就使得学习者的学习过程在一定程度上表现出了无序性。同时，当前互联网时代知识增长的速度大大增加，信息的传播呈现出了爆炸式的特点，这就使得传统的由始至终的线性的学习方式不再适合当前的学习环境，学习者只能从中精选对适应当下环境或者解决面临问题更有帮助的知识加以学习，这就使得整个学习过程不再是系统化的，更多的是无序的和混沌式的。

第二节 认知负荷理论

认知负荷这一术语最早是在 20 世纪 70 年代开始被使用，其理论研究最初来源于心理负荷（Mental Workload）或脑力负荷的诸多研究成果。而把它作为一种理论并在此基础上进行实验研究的则是 20 世纪 80 年代的澳大利亚的教育心理学家约翰·斯威勒（John Swelter），他于 1988 年在认知心理学研究成果的基础上，从认知资源分配的角度正式提出了认知负荷理论（Cognitive Load Theory，CLT），这一理论于 20 世纪 90 年代得到了大力发展。

学习为什么会受到阻碍？认知负荷理论就是从学习的抑制机制着手，提出有效学习应该避免的问题，即认知超载问题。这一理论的提出为学习和问题解决过程中认知的相关处理提供了一种新的理论框架，对教学活动具有极其重要的指导意义。

认知负荷理论主要关注的是复杂认知任务的学习，在学习者启动复杂认知任务学习时，需要同时加工大量的信息，这些信息之间存在交互作用，因而需要付出大量的认知资源，这些认知资源就是学习者所承受的认知负荷。

认知负荷的基本观点与分类如下。

1. 认知负荷理论的基本观点。

认知负荷理论假设人类的记忆由长时记忆和短时记忆组成，其中短时记忆的容量有一定范围，为 5—9 条存储信息单元，即 7 加/减 2，平均数是 7，单位是组块。当处理信息时，由于信息之间进行交换也需要一定的记忆空间，所以同时处理的信息就更少了，只有 2—3 条；但长时记忆的容量几乎无限，且长时记忆的信息繁多而复杂，既可以是零散的信息，也可以是大块的序列化信息。工作记忆理论是在对短时记忆进行研究的基础上发展起来的一个研究领域，工作记忆是一个允许同时存储和管理临时信息过程的有限容量系统，因此其有短时记忆的局限性，即容量少、持续时间短。

认知负荷理论正是基于人脑工作记忆的有限性而发展起来的，其基本观点可以概括为三点：第一，工作记忆和长时记忆组成人的认知架构，其中工作记忆容量有限，仅能处理几个组块。在认知活动开始时，所有的新信息都需要在工作记忆中进行加工处理，然后才能进入长时记忆的认知图式中。第二，认知架构中长时记忆的容量是无限

第五篇 研究进展篇

的,信息以图式形式存储在长时记忆中,图式可以用来组织和存储知识,减轻了工作记忆的负担,因为即使是很复杂的图式,在工作记忆中也会被看成单一个体,这就使其能够克服工作记忆容量有限性的问题。第三,认知负荷理论认为学习过程就是将信息转化为图式,储存在长时记忆中,即认知图式的构建和自动化的过程。认知图式的构建包括新图式的形成和已经存在的图式的补充完善。认知图式的自动化即图式的熟练度,熟练的图式可以直接引发无意识的自动处理行为,并不需要经过工作记忆的加工,因而能够释放工作记忆容量,减轻认知负荷。

2. 认知负荷的分类。

斯威勒将个体的认知负荷分为三类,即内在认知负荷(Intrinsic Cognitive Load)、外在认知负荷(Extraneous Cognitive Load)和相关认知负荷(Germane Cognitive Load)。

内在认知负荷与学习者的已有知识和学习任务的复杂程度有关。学习者在学习过程中,需要将学习的图式中的元素在工作记忆中整合、加工。如果学习材料较为复杂,学习者的原有知识水平欠缺,那么就需要学习者将大量的元素植入工作记忆,从而造成工作记忆的负担,产生较高的内在认知负荷。

外在认知负荷是由教学材料的呈现方式和学习者需要的学习活动引起的,是种阻碍学习的认知负荷。一般来说,教学活动中信息传递渠道越不畅通、教学设计越差、学习活动方式越复杂,学习过程中图式的获得和自动化产生干扰越大,外在认知负荷就越高。

相关认知负荷是有效的认知负荷,主要受制于认知负荷的总量和内、外在认知负荷的高低。当学习者学习某一任务未用完所有认知资源时,可将剩余的认知资源用到搜寻、图式的构建或自动化等有意识的认知加工活动中,此过程也会产生认知负荷,促进学习。

第三节 深度学习理论

学习者根据自己的学习兴趣和需求，在理解的基础上主动地、批判性地学习新思想和知识，运用多样化的学习策略来深度加工知识信息，建立多学科知识、多渠道信息、新旧知识信息等之间的联系，建构个人知识体系并有效迁移应用到真实情境中，从而实现对复杂问题的学习。由此可以看出，深度学习要求学习者进行理解性的学习、深层次的信息加工、批判性的高阶思维活动、主动的知识建构和知识转化、有效的知识迁移及真实问题的解决。

一　深度学习的本质

深度学习是指主动的、探究式的、理解性的学习，要求学习者主动地建构知识意义，将知识转化为技能并迁移应用到真实情境中解决复杂问题，进而促进学习者元认知能力、问题解决能力、批判性思维、创造性思维等高阶能力的发展。就本质而言，深度学习不仅是一种主动的、批判性的、理解性的学习方式，也是实现有意义学习、促进高阶能力发展的一种有效学习方式。

二　深度学习的基本特征

通过对深度学习概念内涵的分析，以及对深度学习与浅层学习的比较，可以总结出深度学习具有以下特征。

1. 深度学习以学生为中心。

深度学习强调以学生为中心、以学习为导向，既关注学生的学习过程，也关注教师的教学活动，要求教师通过设计教学和评价活动等来帮助学生掌握复杂的知识概念、建构个人知识意义、发展个人理解能力等。

2. 深度学习提倡主动终身学习。

深度学习者通常具有内在的学习动机、积极的学习态度和强烈的

⊙ 第五篇 研究进展篇

学习兴趣，而浅层学习者则具有外在的或成就式的学习动机、消极的学习态度且缺乏学习兴趣。由于知识更新速度不断加快，终身学习已成为保持个人竞争力的唯一途径，学习者自身对学习的深度也有了更高的要求。

3. 深度学习注重批判理解。

深度学习是在理解基础上的批判性学习，要求学习者对任何事保持一种批判或怀疑的态度，批判性地看待新知识和深入思考，从而加深对深层知识和复杂概念的理解。

4. 深度学习强调信息整合。

首先，深度学习是多渠道信息的整合，学习者如果仅仅接受书本内容或教师传授的知识，不能满足实现深度学习的要求，所以要通过多种途径来获取完成学习任务所需的其他知识信息；其次，多学科信息的整合，如在进行基于项目或问题的学习时要应用到多门学科的知识；最后，深度学习是新旧信息的整合，它把新信息与已知概念和原理联系起来，整合到原有的认知结构中，从而引起对新信息的深度理解、长期保持及迁移应用。

5. 深度学习促进知识建构与转化。

在知识经济时代背景下，学习者不仅要能够从信息的海洋中获取有用的信息，更要能够将信息转化为知识，并把新知识与已有知识和经验联系起来，在已有知识结构的基础上建构新知识。在完成知识建构后，深度学习者还要在一定的指导下进行变式练习，将陈述性知识转化为程序性知识，以掌握简单技能；更要通过在新的情境中迁移应用所掌握的知识技能，将一般性的知识技能转化为问题解决技能，从而获得高阶能力。

6. 深度学习着意于迁移。

要达到深度学习的水平，学习者不仅要在深度理解所学知识的基础上，实现知识的有效迁移；还要在完成知识迁移的基础上，创造性地应用所学知识来解决各种真实情境中的复杂问题。

7. 深度学习面向问题解决。

深度学习要求学习者必须能够灵活运用所学知识来解决真实情境中的复杂问题、创造新知识，否则学习将没有任何成效，深度学习更无从谈起。

8. 深度学习发展高阶思维。

高阶思维是发生在较高认知水平层次上的心智活动或较高层次的认知能力，在教育目标分类中表现为分析、综合、评价、创造等较高认知水平层次的能力。深度学习不只涉及记忆，更注重知识的理解和应用，处于"应用、分析、评价、创造"等高级的认知水平上，面向高级认知技能的获得，涉及问题解决、元认知、批判性思维、创造性思维等高阶思维活动。

第四节　数字化学习理论

信息时代的学习与以多媒体和网络技术为核心的信息技术的发展密切相关。信息技术以数字化为支柱，信息技术应用到教育教学过程后，引起了学习环境、学习资源、学习方式向数字化方向的发展，形成了数字化的学习环境、数字化的学习资源和数字化的学习方式。美国教育技术首席执行总裁论坛（The CEO Forum on Educational Technology，ET-CEO 论坛）在 2000 年 6 月召开的以"数字化学习的力量：整合数字化内容"为主题的第三次年会中，将这种数字技术与课程教学内容整合的方式称为"数字化学习"，提出了数字化学习的观念，并着重阐述了将数字技术整合于课程中，建立培养适应 21 世纪需要的数字化学习环境、资源和方法，是 21 世纪学校、教师、学生和家长必须采取的行动。

一　数字化学习的三要素

数字化学习是指学习者在数字化的学习环境中，利用数字化学习资源，以数字化方式进行学习的过程。它包含三个基本要素：数字化学习环境、数字化学习资源和数字化学习方式。

1. 数字化学习环境。

信息技术的三个核心是计算机、通信以及两者结合的产物——网络。这三者是一切信息技术系统结构的基础。信息技术教学应用环境的基础是多媒体计算机和网络化环境，其中最基础的是数字化的信息处理。因此，所谓信息化学习环境，也就是数字化的学习环境。这种学习环境经过数字化信息处理，具有信息显示多媒体化、信息传输网络化、信息处理智能化和教学环境虚拟化的特征。

为了适应学习者的学习需求，数字化学习环境包括如下基本组成部分。（1）设施，如多媒体计算机、多媒体教室网络、校园网络、因特网等；（2）资源，为学习者提供的经数字化处理的多样化、可全球共享的学习材料和学习对象；（3）平台，向学习者展现的学习界面，实现网上教与学活动的软件系统；（4）通信，实现远程协商讨论的保障；（5）工具，学习者进行知识构建、创造实践、解决问题的学习工具。

2. 数字化学习资源。

数字化资源是指经过数字化处理，可以在多媒体计算机上或网络环境下运行的多媒体材料。它能够激发学生通过自主、合作、创造的方式来寻找和处理信息，从而使数字化学习成为可能。数字化资源包括数字视频、数字音频、多媒体软件、CDROM、网站、电子邮件、在线学习管理系统、计算机模拟、在线讨论、数据文件、数据库等。数字化学习资源是数字化学习的关键，它可以通过教师开发、学生创作、市场购买、网络下载等方式获取。数字化学习资源具有切合实际、即时可信、可用于多层次探究、可操纵处理、富有创造性等特点。数字化学习不局限于教科书的学习，还可以通过各种形式的多媒体电子读物、各种类型的网上资源、网上教程进行学习。与使用传统的教科书学习相比，数字化学习资源具有多媒体、超文本、友好交互、虚拟仿真、远程共享等特性。

3. 数字化学习方式。

在数字化学习环境中，人们的学习方式发生重大的变化。数字化学习与传统的学习方式不同，学习者的学习不是依赖于教师的讲授与课本的学习，而是利用数字化平台和数字化资源，教师、学生之间开展协商讨论、合作学习，并通过对资源的收集利用，以探究知识、发现知识、创造知识、展示知识的方式进行学习，因此，数字化学习方式有许多种：（1）资源利用的学习，即利用数字化资源进行情境探究学习；（2）自主发现的学习，借助资源，依赖自主发现、探索的学习；（3）协商合作的学习，利用网络通信，形成网上社群，进行合作式、讨论式的学习；（4）实践创造的学习，使用信息工具，进行创新性、实践性的问题解决学习。

二　数字化学习的特点

数字化学习具有如下的重要特点。

1. 数字化学习的课程内容和资源的获取具有随意性。

事实上只要网络系统具有较理想的带宽，学生和教师就能够在网络和资源库上获得所需的课程内容和学习资源。学生可以不受时空和传递呈现方式的限制，通过多种设备，使用各种学习平台获得高质量的课程相关信息，可以实现随意的信息传送、接收、共享、组织和储存。

2. 数字化学习使课程学习内容具有实效性。

通过数字化的学习环境，教师和学生能够充分利用当前国内、国际现实世界中的信息，将这些信息作为教学资源融入课程之中，让学习者进行讨论和使用。这种以现实为基础的信息利用，将有助于学生学会发现知识和加深对现实世界的理解。

3. 数字化学习使课程学习内容探究具有多层次性。

数字化资源具有高度的多样性和共享性，把数字化资源作为课程

⊙ 第五篇 研究进展篇

教学内容，对相同的学科主题内容，教师和学生可以根据自己的需要、能力和兴趣选择不同的难度水平进行探索。

4. 数字化学习使课程学习内容具有可操作性。

数字化学习过程，既把课程内容进行了数字化处理，同时又将共享的数字化资源融合在课程教学过程中，这些数字化学习内容能够被评价、修改和再生产，它允许学生和教师用多种先进的数字信息处理方式对它进行运用和再创造。

5. 数字化学习使课程学习内容具有可再生性。

经数字化处理的课程学习内容能够激发学生主动地参与到学习过程中，学生不再是被动地接受信息，而是采用新颖熟练的数字化加工方法，进行知识的整合、再创造并成为学习者的学习成果。数字化学习的可再生性，不仅能很好地激发学生的创造力，而且为学生创造力的发挥提供了更大的可能。

三 数字化学习策略

1. 利用数字化学习环境和资源创设情境（包括自然、社会、文化、各种问题情境以及虚拟实验环境）培养学生的观察、思维能力。

2. 利用数字化学习环境和资源，借助其内容丰富、多媒体呈现、具有联想结构的特点，培养学生自主发现、探索的学习能力。

3. 利用数字化学习环境和资源，借助人机交互技术和参数处理技术，建立虚拟学习环境，培养学生积极参与、不断探索的精神和科学的研究方法。

4. 利用数字化学习环境和资源，组织协商活动，培养合作学习的精神。

5. 利用数字化学习环境和资源，创造机会让学生运用语言、文字表述观点思想，形成个性化的知识结构。

6. 利用数字化学习环境和资源，借助工具平台，尝试创造性实践，培养学生信息加工处理和表达交流的能力。

7. 利用数字化学习环境和资源，给学习者提供自我评价反馈的机会。使学习者通过形成性练习、作品评价的方式获得学习反馈，调整学习的起点和路径。

第五节　移动学习理论

移动学习是在非固定的、非预先规划的时间和地点的非正式场所，利用移动设备与虚拟的和物理的世界交互发生的个人的、协作的或者混合方式的学习。移动学习也包括在正规场景利用移动设备促进个体探究和协作。

一　移动学习发生的条件和主要特征

1. 移动学习发生的五个条件。

从学习的起点、动力、外显行为、内隐行为、外部支持五个方面来看，移动学习与网上学习发生的条件一样，应当满足下述五个条件：以真实问题为起点；以学习兴趣为动力；以学习活动的体验为外显行为；以分析性思考为内隐行为；以指导、反馈为外部支持。

一次成功的移动学习是这样发生的：学生遇到或发现真实的问题，这个问题引发学生强烈的学习兴趣，然后学生在社会性学习活动中通过交流和协作，运用分析性思考对问题进行深入分析，这一过程中获得来自教师或其他途径的指导和反馈，最终达到问题的解决。同时，学生在解决一个问题时，还通过不断的批判思考和自省发现新的问题，引发新的学习过程。其中，分析性思考是指按照合理的步骤将复杂的问题分解为较为简单的分问题，寻找因果关系并进行分析，最终达到问题解决的目的。

2. 移动学习的五个典型特征。

移动学习是移动技术与 E-Learning 技术相结合的产物。一方面，便携式 PC、智能手机和其他移动设备应被看作现有数字化学习技术

⊙ 第五篇 研究进展篇

的扩展；另一方面，由于移动学习将诸如个性化、多媒体、环境智能、触觉交互等新技术融合到教育领域，移动学习同样也表现出区别于其他学习方式的典型特征。

（1）便捷的学习工具、灵活的学习环境，提供随时随地的学习空间。移动学习使得学习者可以随意支配时间，把握空间，获取语音、视频、数据等信息，并可以随时与同伴、老师互动交流。

（2）自主性、个性化的学习方式。这意味着学习者可以自己决定学习时间、学习地点、学习方式，选择学习内容和制订学习计划等。

（3）学习任务以知识导航为特征、提出问题解决方案为目的。知识导航是指学习者在可获得的知识海洋中对知识进行配置和管理，学习被看作探索、评价、操作、整合和导航的任务活动，而这一切的最终目的就是解决真实情境下的实际问题。

（4）学习活动更具有情境性，资源丰富并以真实情境作为学习隐喻。情境有利于增强学习的意义，因为学习的目标不是被动获取知识，而是在新的情境中应用这些知识。

（5）以群体协作和个体探究学习为典型组织形式。超强的交流互动功能是移动设备的重要特性，借助于它的强大动力，学习者可以在完成个体探究学习的过程中，通过各种不同的方式与世界范围内的各类人群开展群体协作学习。

二 移动学习活动设计的基本环节

移动学习活动设计应包括需求分析、聚焦学习者、学习场景设计、提供必要的技术环境、约束条件分析和学习支持服务设计六个基本环节。

1. 需求分析。

虽然可以在"任何时间"和"任何地点"开展学习活动是移动学习的两个重要特征，但这并不意味着所有的学习都适合以移动学习的方式开展，应尽量避免"为技术而技术，为使用而使用"。如果分析得出，学习某项内容时应用传统课堂教学就可以取得良好的教学效果，那么是否要加入移动学习设备就要十分慎重，因为它的介入很可能会分散学生已经高度集中的注意力，进而对学习的最终效果产生负面的影响。能否采用移动学习这种方式受到与学习相关的诸多因素的限制，需求分析旨在鉴别这些因素。

2. 聚焦学习者。

聚焦学习者也可以理解为以学习者为中心，着重分析个体学习者的学习需要和学习特征。与一般的用户中心的设计不同，学习者中心的设计非常强调用户的差异性，并认为学习者的学习需要和知识能力结构是变化的。在对移动学习活动的学习者进行分析时，应着重分析用户的日常学习环境，了解用户的学习心理、行为、风格和能力水平，摸清用户对技术的态度、使用技能及潜在困难等。同时，以学习者为中心意味着移动学习活动中的任务和问题要基于现实生活，远离实际生活的案例往往缺乏情境，对激发学生学习动机，提高学习成效没有任何帮助，更不可能在学习结束后解决学生现实生活中面临的困难和挑战。

3. 学习场景设计。

移动学习活动设计中的学习场景应展示学习活动的全貌，学习者可以在基于现实生活的学习活动场景中，应用移动设备解决真实问题或完成各项实际任务。以现实生活为基础和处于不断的运动变化中是移动学习活动场景的两个主要特征。将真实生动的学习任务"嵌入"社会性活动中，可以让学习者感知不到学习的存在，而这必将促成学习者对所学知识的积极转化。

4. 提供必要的技术环境。

移动学习应以无线通信技术为主要手段、综合采用多种媒体技术开展学习活动，因此必须将多种设备、设施、软件系统的应用和维护落到实处。移动学习的技术环境是指移动学习活动得以开展并持续的数字化资源、工具、平台和技术基础设施等条件，具体包括基础设施的设计建立和移动学习的服务平台设计两个子任务。基础设施是指网络系统设施及其移动终端设备,而移动学习平台是支持移动学习活动开展的虚拟空间。

5. 约束条件分析。

移动学习活动设计的约束条件包括对学习效果可能产生影响的一切制约因素,如移动设备的屏幕大小、对移动设备的拥有(Corlett, Sharples, Bull & Chan, 2005)、无线网络连接、带宽、学习内容的媒体格式、性别、年龄等。由于这些约束条件会对最终的学习效果产生重要影响,因此,必须要进行相关的分析,尽量通过合理的设计避免不良干扰。

6. 学习支持服务设计。

从移动学习的实践现状来看,给移动用户提供全面、充分的支持服务是保证移动学习项目成功的关键。即使再精心设计的移动学习方案,在学习者的实际体验中,仍然可能存在诸多挑战和困难。为此,需要提供一套相应的支持服务体系来应对可能发生的移动学习困难。移动学习中的支持服务应是移动学习服务提供机构所提供的关于解决移动学习实施过程中各类问题的信息、资源、人员和设施等与学习者个体或所在组织机构需求紧密相关的服务的总和。

第二章 技术研究进展

以网络技术和多媒体技术为核心的信息技术越来越广泛地渗透到社会的各个领域，成为拓展人类能力的创造性工具。显而易见，教育要跟上时代的发展，就必须加强信息技术与课程整合。改变原先过分强调学科体系，脱离时代和社会发展状况的课程体系，探索出以课程整合为基本理念，以信息技术为认知工具，以各学科知识的学习过程为载体，以培养学生信息技术素养和促进学生综合素质发展为目的的新型课程教学。正因为如此，技术在信息技术与课程整合进程中显得尤为重要。本章主要介绍对信息技术与课程整合影响深远的技术方法。

第一节 人工智能技术

人工智能是研究、开发用于模拟、延伸和扩展人的智能的理论、方法、技术及应用系统的一门新的技术科学。人工智能是计算机科学的一个分支，它企图了解智能的实质，并生产出一种新的能与人类智能相似的方式做出反应的智能机器。

教育人工智能（Education Artifical Intelligence，EAI）是人工智能与学习科学相结合而产生的一个新领域。教育人工智能的目标有两个：一是促进自身适应学习环境的发展和人工智能工具在教育中高效、灵活及个性化的使用；二是"使用精确的计算和清晰的形式表示教育学、心理学和社会学中含糊不清的知识"，让人工智能成为打开

⊙ 第五篇 研究进展篇

"学习黑匣子"的重要工具。换言之,教育人工智能重在通过人工智能技术,更深入、更微观地窥视、理解学习是如何发生的,是如何受到外界各种因素(如社会经济、物质环境、科学技术等)影响的,进而为学习者高效地学习创造条件。

一 典型应用及应用潜能

1. 面向特殊人群的补偿性教育。

所谓补偿,就是抵消损失,弥补缺陷。特殊教育中的群体一般包括聋哑学生、听力有缺陷的学生、视障学生、智障学生、自闭症学生及肢体残疾学生等,这些学生由于先天或者后天缺陷,学习和生活上充满困难。目前,人工智能技术已经成功应用于特殊教育领域,它有延伸特殊人群器官的功能,可以以技术手段弥补其智力或身体的不足,最大限度满足不同特殊人群的需要,促进其个性化学习。

2. 针对常规业务的替代式教育。

人工智能支持下的替代式教育强调通过技术达到与教师从事的某些教育活动相同的作用,代替教师执行部分任务。在目前的教育人工智能应用中,以自然语言处理和机器学习为核心技术的智能批阅系统能够实现机器智能阅卷、作文自动批改等;以语音识别测评技术为核心的语言类教育应用能够实现口语考试评分、口语练习纠错等。

3. 服务个性发展的适应性教育。

由于个体差异,学习者在学习过程中对知识的接受程度不尽相同。实现学生个性化学习,达到因材施教的目标是解决教育问题的关键,也是人工智能技术在教育领域的重要发展方向。目前,个性化学习支持系统还处于研发阶段,成熟度不高,但已能为学生适应性学习提供不同程度的支持。

第二节 大数据技术

大数据被定义为:大小超出人类在可接受时间下的收集、存储、管理和处理能力的巨型数据集。我们同时认为，大数据随着行业产生数据大小的不同和数据分析技术的进步，其具体内涵也在发生相应的变化。大数据具有4V特征，即：规模（Volume）大、速度（Velocity）快、类型（Variety）多和价值（Value）大。大数据可谓伴随时代应运而生的颠覆性技术产物。

一 教育大数据的概念

广义的教育大数据概念泛指一切日常教学活动过程中直接产生的各种行为数据，而狭义的教育大数据是指学生的点滴学习行为数据，主要来源于在线学习平台和教育管理系统。

教育大数据是教师在教学过程中和学生在学习过程中所产生的各类数据的总和。这些数据既有静态的结果性数据，也有动态的过程性数据。千百万师生历经十年或者数十年的积累，会形成非常有价值的数据库，通过对数据库中的数据根据限制条件的搜索、查找、分析，可以找到学生教学成绩和情感态度等发展规律，当有新的学生加入，并且符合某些数据模型后，就可以根据该学生展示出来的特殊特征，预测该学生新的相关情况，或者对其进行有针对性的指导。

二 教育大数据的功能与作用

在新的教学模式中，教育大数据的功能与作用主要有以下几个。

1. 支撑教师个性化教学。

传统的教学模式主要关注教师的讲解和学生的接受能力，教师占主导地位，学生被动学习。而教育大数据使得教师获取每个学生的各类过程性数据信息成为可能，教师能够在平台数据支撑下了解每个学生的特点，洞察所有学生的需求，从而有效引导学生的学习，诊断并解决学生出现的问题，真正实现个性化学习。

2. 精准分析学习者状况。

在大数据技术的支撑下，通过数据分析和挖掘，教师能够对学生

⊙ 第五篇 研究进展篇

的各类结果性数据进行量化分析，然后根据平台提供的数据模型对学生的未来学习情况进行有效预测，发现潜在的问题，把自己从教学和评价的主要工作者，变为学生学习成长的陪伴者，这将是对学校教学形式的一大改变。

3. 推动教育管理的变革。

通常的教学管理依靠的是领导的经验和教师的职业素养，存在着巨大的不确定性，传统的管理者由于无法及时掌握学校的全部信息，所以，一些管理决策难免有失偏颇，也难以服众。而随着大数据的到来，大数据平台能够依托领先的大数据采集挖掘能力、文本分析能力以及算法和模型，帮助学校获取全网教育资讯、实时监测和管理学校舆情、校内外人物动态跟踪等，能够将数据分析的结果融入学校的日常管理与服务之中，已经成为学校信息化管理的重要工具。

总之，教育大数据可以促进教与学的过程，推进教育主管部门教育决策的科学化，实现真正的个别化教学，促使教育评价更全面有效，完善教育质量监督体系，对整个教学改革、教学研究等产生巨大的帮助作用。

第三节 眼动技术

眼球追踪技术是一项科学应用技术，具体功能一是根据眼球和眼球周边的特征变化进行跟踪，二是根据虹膜角度变化进行跟踪，三是主动投射红外线等光束到虹膜来提取特征。眼球追踪技术是当代心理学研究的重要技术，广泛运用于实验心理学、应用心理学、工程心理学、认知神经科学等领域。

一 科学原理

当人的眼睛看向不同方向时，眼部会有细微的变化，这些变化会产生可以被提取的特征，计算机可以通过图像捕捉或扫描提取这些特征，从而实时追踪眼睛的变化，预测用户的状态和需求，并进行响应，达到用眼睛控制设备的目的。

二 支持设备

眼球追踪技术的主要设备包括红外设备和图像采集设备。在精度方面，红外线投射方式有比较大的优势，大概能在 30 英寸的屏幕上精确到 1 厘米以内，辅以眨眼识别、注视识别等技术，已经可以在一定程度上替代鼠标、触摸板，进行一些有限的操作。此外，图像采集设备如电脑或手机上的摄像头，在软件的支持下也可以实现眼球跟踪，但是在准确性、速度和稳定性上各有差异。

三 应用载体

1. 手机。

在日常生活中，眼球追踪技术最热门的载体是手机。三星和 LG 都推出了搭载有眼球追踪技术的产品。比如，三星手机早期旗舰机 Galaxy SIII 就可以通过检测用户眼睛状态来控制锁屏时间，只要检测到用户正盯着手机屏幕，即使用户没有进行任何操作，屏幕也不会关闭。而三星 Galaxy SIII 的发布，则将这一功能进一步延伸：该手机可通过眼球来控制页面上下滚动。

此外，LG 的 Optimus 手机也支持通过眼球运动控制视频播放，只要用户转移视线，视频播放器会自动暂停，直至视线重回屏幕。

2. 电脑。

2013 年一家瑞典公司 Tobie 计划推出一款产品，让旧电脑也能接入眼球追踪。这款设备名叫 Rex，是一个电脑外设设备，只要把它放置在屏幕顶部，再通过 USB 接口接入，用户就能利用视线来控制电脑完成部分操作，比如操控 IE 页面滚动、使用 Windows 8 地图应用等。

除了电脑和手机，汽车也很有可能是人们最早接触到眼球追踪技

⊙ 第五篇　研究进展篇

术的地方。通用和丰田都已经在这方面有了不小的投入，其中一款车能实时模拟驾驶员的视野，提醒驾驶员视线盲区可能存在的危险；当驾驶员眼皮下垂（犯困）或眨眼次数减少（走神）等，它还会发出声音提醒。

四　发展前景

眼球追踪技术目前的发展还存在不少困难。比如，让机器对人类眼睛动作的真实意图进行有效识别，以判断它是无意识运动还是有意识变化，并不是件容易的事。所以，这项技术在短期内难以成为人类和机器互动的主要方式，但是它对于鼠标、键盘以及触摸等比较成熟的人机交互是一个很好的补充，而且在医疗健康、在线教育、心理研究乃至刑事侦查领域等，都有着广泛的应用前景。

第四节　虚拟现实技术

虚拟现实技术是一种先进的技术，其在教育学方面的应用对教育方式的改变起到了很大的作用，较大幅度地提升了学生的学习效率，所以国内外有不少高校和公司在从事这方面的研究。然而虚拟现实技术在教育学特别是中学物理教育学方面的应用所产生的效果并不是很理想，应用的规模并不是很大，其中的技术和理论都需要更多的研究。

一　虚拟现实技术的特征

虚拟现实技术是基于计算机的技术，通过对现实环境的模拟，在计算机中构建出一种和现实环境相似的场景，用户通过和计算机进行交互，产生一种如同在现实环境中的感觉，可以在虚拟环境中感受到现实情景所具有的特性，如视觉、听觉、嗅觉、触觉等。

虚拟现实明显的三个特性被称为3I特性：沉浸感（Immersion）、

交互性（Interaction）和想象性（Imagination）。

二 虚拟现实技术在教育中的应用

虚拟现实技术在教育方面的应用主要在虚拟技能训练、虚拟实验室、虚拟教学、虚拟校园漫游等方面。虚拟现实在教育中的应用可以明显提高学生学习的效率，拓展学生的思维，使学生的学习方式从被动接受变为主动探索，改变传统的教学模式。

虚拟现实技术在教学中的应用主要有以下几项。

1. 虚拟技能训练。

一些技能性的实验需要学生反复操作才能熟练掌握，例如青蛙解剖实验，学生需要多次的操作才能正确精准地解剖青蛙；传统的实验每次都会有实验材料的耗损，而且实验具有不可回放性，一旦做错一步，就必须所有材料重新解剖，而虚拟实验可以让学生在电脑上进行虚拟的解剖，直到熟悉解剖青蛙的步骤后再在真实的青蛙上进行解剖，从而达到熟练解剖青蛙的技能训练要求。

2. 虚拟实验室。

在学习的过程中，有一些实验存在危险性，或者在当时的条件下很难完成。例如物理学习过程中的万有引力，由于概念中的物体过于庞大，在实际条件下不可能完成实验，让学生观察到物理现象。在虚拟实验室中，学生可以通过仿真实验对现实现象进行模拟，且虚拟实验不受时间空间的限制，在任何时刻都可以方便地在电脑或者移动端进行实验的操作。

3. 虚拟教学。

抽象的知识如果总是用语言或者文字表达，不太容易被学生理解。如果用可视化的现象来展示，则更利于教学的进行。例如在物理教学过程中，对于电场这种看不见摸不着的概念，利用虚拟现实技术对电场线模拟，可以让学生清楚地了解到电场线的分布，通过带电物体在虚拟电场中的运动，让学生对其中抽象的、看不见摸不着的电场

⊙ 第五篇 研究进展篇

力有更加直观的理解。

4. 虚拟校园漫游。

虚拟校园通常包括虚拟校园景观、虚拟实验室、虚拟图书馆、虚拟行政楼等。虚拟校园的用户通常是学生、教师、家长，通过鼠标、键盘等设备，用户可以进行自然的人机交互。用户漫游在虚拟校园中时，会产生一种身临其境的感觉，能够观察校园建筑，熟悉校园环境。

虚拟现实技术在现代教育方面的应用改变了学习内容、学习方式、学习手段，对学生的学习起到了极大的促进作用。

首先，提高了学生学习的兴趣。在虚拟环境中，学生和虚拟环境的自然交互改变了学生的学习方式。在传统的视频教学中，学生只能被动地接受视频中的内容；而虚拟环境下的交互需要学生自己操作，学生从旁观者变成了参与者，这就激发了学生的学习兴趣。

其次，不受时空的限制。建构主义认为学习情境要和实际的情境相结合。在传统的教学过程中，很难做到这一点。例如，在历史教学过程中，学生不可能回到当时的时代。而虚拟现实可以再现历史情境，让学生在学习的过程中对历史情境有更直观的认识。另外，一些现象的改变需要很长的时间，虚拟现实可以用很短的时间让学习者观察到事物变化的过程。

最后，学习者可以反复操作并进行各种尝试。在虚拟环境下，学生可以对实验步骤、实验流程反复操作，并通过尝试不同的实验方式来寻找最佳结果。在现实情况下，反复的实验会带来资源浪费，且不同的操作步骤有可能带来危险，而虚拟现实就给学生提供了一个安全、有创造性的环境。

虚拟现实在教学中可以运用到多个学科当中，例如物理、地理、生物、化学、历史等。在虚拟物理实验室里，学生可以做平抛运动、重力、惯性、摩擦力等实验，而且可以观察到初速度不为零、摩擦力为零的情况下物体的匀速直线运动等在现实条件下不可能实现的操作。在虚拟地理实验室，学生可以做火山喷发、地震等实验，同时对地形、地域的分布，山川、河流的位置和形成有清晰的认识。在虚拟生物实验室，学生可以反复地做解剖实验，了解生物的内部构造。在虚拟化学实验室，学生可以使用天平、砝码、镊子等工具，可以进行氧气的制造、铁片在氧气中燃烧等实验。在虚拟历史实验室，学生可以回到历史事件发生的时间地点，观察历史人物，感受当时的情境。虚拟现实和网络的结合，让老师教学的方式发生了改变，教师可以利用网络，在不同的时间和地点对学生进行指导，解答学生遇到的问题。

第五节 机器学习

机器学习（Machine Learning）研究的是计算机怎样模拟或实现人类的学习行为，以获取新的知识或技能，重新组织已有的知识结构，使之不断改善自身的性能。它是人工智能的核心，是使计算机具有智能的根本途径，其应用遍及人工智能的各个领域，它主要使用归纳、综合而不是演绎的方法。学习能力是智能行为的一个非常重要的特征，但至今人们对学习的机理尚不清楚。

目前，机器学习领域的研究工作主要围绕三个方面进行：面向任务的研究和分析，改进一组预定任务的执行性能的学习系统；认知模型研究人类学习过程并进行计算机模拟；理论分析从理论上探索各种可能的学习方法和独立于应用领域的算法机器学习，是继专家系统之后人工智能应用的又一重要研究领域，也是人工智能和神经计算的核心研究课题之一。

一 机器学习的定义

机器学习是研究如何使用机器来模拟人类学习活动的一门学科。较为严格的提法是：机器学习是一门研究机器获取新知识和新技能，

◉ 第五篇 研究进展篇

并识别现有知识的学问。这里所说的"机器",指的就是计算机——现在是电子计算机,以后还可能是中子计算机、光子计算机或神经计算机等。

二 机器学习分类

综合考虑各种学习方法出现的历史渊源、知识表示、推理策略、结果评估的相似性、研究人员交流的相对集中性以及应用领域等诸因素后,将机器学习方法区分为以下六类。

1. 经验性归纳学习。

经验性归纳学习采用一些数据密集的经验方法(如版本空间法、ID3算法,定律发现法)对例子进行归纳学习。其例子和学习结果一般都采用属性、谓词、关系等符号表示。它相当于基于学习策略分类中的归纳学习,但扣除了其中链接学习、遗传算法、加强学习的部分。

2. 分析学习。

分析学习方法是从一个或少数几个实例出发,运用领域知识进行分析的学习。其主要特征为:推理策略主要是演绎,而非归纳;使用过去的问题求解经验(实例)指导新的问题求解,或产生能更有效地运用领域知识的搜索控制规则。分析学习的目标是改善系统的性能,而不是新的概念描述。分析学习的技术包括应用解释学习、演绎学习、多级结构组块以及宏操作学习等。

3. 类比学习。

它相当于基于学习策略分类中的类比学习。目前,在这一类型的学习中比较引人注目的研究是通过与过去经历的具体事例作类比来学习,称为基于范例的学习(Case Based Learning),或简称范例学习。

4. 遗传算法。

遗传算法能模拟生物繁殖的突变、交换和达尔文的自然选择(在每一生态环境中适者生存)。它把问题可能的解编码为一个向量,称

第二章　技术研究进展

为个体，向量的每一个元素称为基因，并利用目标函数（相应于自然选择标准）对群体（个体的集合）中的每一个个体进行评价，根据评价值（适应度）对个体进行选择、交换、变异等遗传操作，从而得到新的群体。遗传算法适用于非常复杂和困难的情况，比如带有大量噪声和无关数据、事物不断更新、问题目标不能明显和精确地定义以及通过很长的执行过程才能确定当前行为的价值等。同神经网络一样，遗传算法的研究已经发展为人工智能的一个独立分支，其代表人物霍勒德（J．H．Holland）。

5. 链接学习。

典型的链接模型为人工神经网络，由称为神经元的一些简单计算单元以及单元间的加权链接组成。

6. 加强学习。

加强学习的特点是通过与环境的试探性（Trial and Error）交互，确定和优化动作的选择，以实现所谓的序列决策任务。在这种任务中，学习机制通过选择并执行动作，导致系统状态的变化，并有可能得到某种强化信号（立即回报），从而实现与环境的交互。强化信号就是对系统行为的一种标量化的奖惩。系统学习的目标是寻找一个合适的动作选择策略，即在任一给定的状态下选择哪种动作使产生的动作序列可获得某种最优的结果（如累计立即回报最大）的方法。

第六节　移动互联技术

移动互联网（Mobile Internet，MI）是一种通过智能移动终端，采用移动无线通信方式获取业务和服务的新兴业务，包含终端、软件和应用三个层面。终端包括智能手机、平板电脑、电子书、MID 等；软件包括操作系统、中间件、数据库和安全软件等；应用包括休闲娱乐类、工具媒体类、商务财经类等不同应用与服务。随着技术和产业的发展，未来，LTE（长期演进，4G 通信技术标准之一）和 NFC

⊙ **第五篇 研究进展篇**

（近场通信，移动支付的支撑技术）等网络传输层关键技术也将被纳入移动互联网的范畴之内。从宏观角度来看，移动互联网是由移动终端和移动子网、接入网络、核心网络三部分组成。

纵览移动互联网的发展历史和演进趋势，其关键技术主要包括终端先进制造技术、终端硬件平台技术、终端软件平台技术、网络服务平台技术、应用服务平台技术和网络安全控制技术。

1. 终端技术。

移动终端技术主要包括终端制造技术、终端硬件和终端软件技术三类。终端制造技术是一类集成了机械工程、自动化、信息、电子技术等所形成的技术、设备和系统的统称。终端硬件技术是实现移动互联网信息输入、信息输出、信息存储与处理等技术的统称，一般分为处理器芯片技术、人机交互技术等。终端软件技术是对通过用户与硬件间的接口界面与移动终端进行数据或信息交换等技术的统称，一般分为移动操作系统、移动中间件及移动应用程序等技术。

2. 网络服务平台技术。

网络服务平台技术是将两台或多台移动互联网终端设备接入互联网的计算机信息技术的统称。

3. 应用服务平台技术。

应用服务平台技术是通过各种协议把应用提供给移动互联网终端的技术的统称，主要包括云计算、HTML5.0、Widget、Mashup、RSS、P2P等。

4. 网络安全控制技术。

移动网络安全技术主要分为移动终端安全技术、移动网络安全技术、移动应用安全技术和位置隐私保护技术。

移动终端安全主要包括终端设备安全及其信息内容的安全，安全风险如信息内容被非法篡改和访问、通过操作系统修改终端的有用信息、使用病毒和恶意代码对系统进行破坏、越权访问各种互联网资源、泄漏隐私信息等。移动终端安全技术主要包括用户信息的加密存储技术、软件签名技术、病毒（木马）防护技术、主机防火墙技术等。

移动网络安全技术重点关注接入网及 IP 承载网/互联网的安全，关键技术包括数据加密、身份识别认证、异常流量监测与控制、网络隔离与交换、信令及协议过滤、攻防与溯源等技术。

移动应用安全可分解为云计算安全技术和不良信息监测技术。云计算安全技术重点解决数据安全、隐私保护、虚拟化运行环境安全、动态云安全服务等问题。不良信息监测技术重点解决检测算法准确率不高、处理及审核流程不同、网站通过代理逃避封堵等问题。

位置隐私保护是当前移动用户最关心的问题，也是移动互联网安全的重要组成部分。位置隐私保护技术主要包括制定高效的位置信息的存储和访问标准、隐藏用户身份及与位置的关系、位置匿名等。

移动互联网是未来重要的业务领域之一。近年来移动互联网发展突飞猛进，其许多技术和应用都与互联网技术应用相关，移动互联网正成为一种全新的应用模式。移动互联网的关键技术包括网络服务平台技术、应用服务平台技术和网络安全控制技术三个方面。这些技术的成熟将推动移动互联网的发展。其中 IPv6、WLAN、Widget、P2P、移动互联网正逐渐渗透到人们生活、工作的各个领域，短信、移动音乐、手机游戏、视频应用、手机支付、位置服务等丰富多彩的移动互联网应用迅猛发展，正在深刻改变信息时代的社会生活。未来的移动互联网将呈现高带宽、多媒体、生活化、个性化、开放化的发展趋势。

第七节　区块链技术

区块链是分布式数据存储、点对点传输、共识机制、加密算法等计算机技术在互联网时代的创新应用模式。区块链技术包含六项核心

⊙ 第五篇 研究进展篇

技术，分别是：智能合约、共识机制、隐私保护、加密算法、网络协议、数据存储。

区块链是一项技术解决方案，工作原理是运用密码学方法进行数据记录，生成数字签名，使数据的真实性和有效性得以验证。前、后数据块链接起来形成主链，系统中所有节点即用户共同维护这个大账簿，保证数据不被篡改和伪造，实现去中心化维护的效果。通俗来讲，区块链兼具分布记账和数据处理功能，具有可追溯性和不可篡改性，能够作为底层支撑技术，解决行业发展中的痛点、难点，提高业务处理效能。

一 区块链技术的特征

1. 去中心化。

相对于中心机构而言，区块链在数据的存储验证、记账维护、运输过程中，采用数学方法建立起分布式节点之间的信任关系，使用分布式的记账体系，发挥全网节点共同维护的作用，弱化或取代中心化的处理机器和管理机构。

2. 数据可按时间追溯。

通过带有时间戳的链式区块结构来存储数据，将数据时间维度的概念引入区块链技术之中，使得数据可追溯、可验证。

3. 数据库共同维护。

分布式系统当中，所有节点都可以参与数据区块的验证过程，并可通过共识算法选择特定节点，添加新的区块到区块链里，其中为激励各节点的参与，采用经济激励措施。

4. 系统可编程。

区块链可通过脚本代码的系统进行编程，用于创建更高级的智能合约、数字货币或者其他应用，场景应用更具有适配性和可操作性，也更加灵活。

5. 数据不可篡改，安全可信。

区块链数据具有不可篡改和不可伪造的特性。

6. 强大的算力。

应用非对称的密码学原理，借助分布式系统各节点的工作量证明、权益证明等共识算法，形成强大的算力，一方面防止外部攻击，一方面保证数据安全。

二 区块链技术的应用场景

区块链的应用场景随着技术研究的深入和开发的深化，从单一的数字货币领域，拓展至社会公共管理领域，例如医疗教育、产权登记、社会管理、供应链管理等方面。

根据当前发展现状，区块链应用领域大致可以分为三类。

1. 数字加密货币领域。

截至目前，还没有国家正式公开发行数字货币，比特币作为最为典型、最为成功的区块链技术应用，为数字加密货币发展起到了标杆作用。数字货币的主要优点是，顺应互联网时代发展特点，使交易更加快捷、便利，改造社会经济活动的生态现状。同时，传统货币的发行成本将大大降低。

2. 金融领域。

（1）金融领域中，票据市场是典型应用场景。传统的纸质票据发展到电子票据，进一步保障了票据的交易安全，提升了票据流通效率，使得票据业务的市场地位不断提升。但同时，在大数据、云计算快速发展的时代，纸票和电票仍然存在难以突破的技术难题，阻碍着票据业务的进一步发展。区块链技术融入现阶段的电子票据系统中，能够充分发挥其技术优势，有利于建设更为安全高效、更加智能便捷的数字票据。

（2）金融领域中，支付结算也是重要的应用场景。在现行的支付清算体系中，无论是国内结算还是跨境结算，都需要以中心银行机构

⊙ 第五篇 研究进展篇

为中介，比如一笔贸易结算款项的流转，需要经过进出口双方的银行账户、进出口双方的银行（包括代理行或境内外分支机构）、国际清算组织等多个组织和环节，流程烦冗，到账速度慢，人工和服务器维护成本高。而依托区块链技术的支付清算流程，则以去中心机构为主要特点，可以实现交易双方端对端的直接交易，去除复杂的中间环节，交易效率得到突破性的提升。特别是在跨境支付领域，区块链利用发展程度较深的数字货币，可为用户提供全球范围内的跨境、跨币种实时清算，对于国际贸易的进出口双方来讲都大有好处，但区块链对于商业银行的传统贸易结算也是一种冲击。

3. 非金融领域。

（1）在非金融领域，区块链技术在医疗领域应用广泛。医疗健康领域被称为区块链技术的第二大应用场景，应用区块链技术记录医疗数据，建立病人的电子病历，将提升数据的安全性和隐私性。通过区块链技术的数据具有可追溯性和不可篡改等特点，构建药品安全的管理监控体系，将有效打击非法制药行为，促进医疗卫生系统药品安全的透明管理。

（2）非金融领域中的投票选举领域，区块链技术正在被重点开发。区块链技术具有时序数据、时间戳、加密安全的技术特点，可应用于国家公共事务的投票选举领域。区块链投票管理体系可以提供具有签名和时间的投票历史记录，减少人为操作的差错和操纵可能。

第八节 人机交互技术

信息技术的飞速发展对人类的生产和生活带来了很大的影响，像"智能手机""3D电影""平板电脑"等新产品冲击着人类的视觉听觉的同时，也促进了人机交互技术的发展。虽然人机交互技术是信息技术的重要内容，但是相对于计算机的硬件技术和软件技术来说，它的发展要滞后很多，成为人类使用计算机深入探究客观世界的障碍。

第二章 技术研究进展

如今，人机交互技术成为信息领域亟须解决的重要问题，世界上很多发达国家已经对人机交互技术有了高度重视。

一 人机交互技术的发展现状

自计算机诞生以来，人机交互技术的研究就随着计算机技术的不断发展而进步。人机交互技术发展经历了人类与计算机系统之间不断相互适应的漫长过程，可以分为以下几个阶段。

1. 命令行为代表的界面交互阶段。

在命令行界面出现之前，计算机的程序一般由机器语言指令或者汇编语言编写，信息的输入方式也只有纸带输入机或者卡读机，打印机将结果输出，人类通过控制键等直接手动控制的方式对计算机进行控制。由于这种方式比较烦琐，操作时间比较长，导致人机交互过程必须由专业人员才能熟练进行。20 世纪 70 年代后期，在人机交互中出现了人类用命令语言的方式与计算机打交道，这种方式虽然需要不断地通过键盘向计算机输入命令，命令记忆量也相当大，但是这种方式已经能够保证使人类比较方便地与计算机进行交互，此时主要的交互手段有问答式对话、文本菜单或者命令语言等。

通常人们认为命令行界面是第一代人机交互界面。在命令行界面时期，在这种人机交互界面中，计算机的用户输入数据和信息的方式只有键盘，计算机被动地对输入的信息做出反应，信息反馈的方式只有在界面通过字符的形式表现。

2. 图形用户界面交互阶段。

在人机交互方式的自然性和交互效率方面，图形用户界面比命令行界面有了很大的提高。在图形用户界面中经常使用的命令基本上是通过鼠标完成的，对菜单的选择和交互控件比较依赖。对于初学者来说，鼠标驱动的界面更利于掌握，但是对于经验丰富的使用者来说，重复性的菜单选择会给操作带来不便，这导致他们有的时候不采用菜单方式，而更加愿意采用命令键的方式。除此之外，图形用户界面对

⊙ 第五篇 研究进展篇

屏幕空间的要求比较高,并且对非空间性抽象信息的表示比较困难。

3. 多通道的人机交互阶段。

现在,随着多种移动终端设备技术的迅猛发展,人机交互技术也迎来了崭新的机遇。在这一阶段,出现了基于语音识别、视线跟踪、姿势捕捉等的多通道人机界面,这种人机界面允许用户通过声音、表情及动作等自然、并行写作的方式进行交互,加强了人机交互过程的自然性和高效性。多通道人机界面除了通过多媒体技术完成三维、非精确和隐含的人机交互过程之外,还支持大量新的交互设备。

目前,在国内外人们比较常用的是基于语音和画笔的多通道交互技术,其中在手写体的识别与交互、语音识别与合成、数字墨水等方面都有了比较多的科研成就和实际应用。随着社会需求的发展,要实现和谐自然的人机交互,除了要考虑交互设计的计算机环境之外,还要充分理解人机交互的复杂本质,探索设计出人机交互的新方法,这将是未来人机交互技术的主要发展方向之一。

二 人机交互技术的趋势

未来计算机系统的交互方式继续向着以人为本与和谐自然的方向发展,最终实现人机高效合作的目标。人机交互技术未来的主要发展趋势可以概括地分为以下几个方面。

1. 集成化。

未来人机交互技术将不同的界面显示、操纵、交互手段集成为一个整体,表现出多样化、多通道的交互特点。

2. 智能化。

现在,在键盘鼠标等设备使用中都需要精准的交互输入,但是人类的思想、语言,以及彼此之间的交流方式等精确性不高,并且往往带有一定的模糊性,为了使交互活动更加自然和高效,如果可以在计算机中增加自动捕捉人的姿态、手势以及语言等信息的功能,使计算机更容易了解人类的意图,并且能够给出合适的信息反馈,将会使人机之间的交互像人人交互一样自然、方便。

3. 标准化。

近几十年以来,国际标准组织制定了许多关于人机交互的国际标准,它们在产品的设计、测试以及评估过程中起着重要的指导作用。但是随着社会的不断发展,人类对人机交互的需求也会不断地变化,因此有关人机交互标准的制定是一项任重而道远的社会任务。

三 人机交互的研究内容及特点

人机交互(Human-Computer Interaction,HCI)是对计算机系统进行设计、评价和实现的科学,围绕相关方面的主要现象进行科学研究。简单地讲,人机交互就是分析与研究人类—计算机系统以及它们之间信息交流的科学。比如,人类可以通过键盘、鼠标等向计算机传递信息,计算机也可以通过显示器、打印机等向人类提供信息。

1. 研究内容。

人机交互是系统工程研究的重要部分,它不仅研究人机系统中人的身体特性、能力、心理特性等有关人的因素的问题,还研究来自机器设备和外界环境的制约等问题。根据人机交互技术研究范围的差别,可以把人机交互技术的研究内容分成两大部分。第一部分是狭义的人机交互技术研究,它伴随着计算机科学技术的快速发展而出现,主要是围绕人们使用的交互系统的设计、评价与实现进行研究,以及对人机之间的信息交换的方式与方法进行研究。第二部分是广义的人机交互技术研究,主要是以人—机—环境系统工程为主,它的核心研究内容是在不同工作条件下人、机械设备和环境之间相互影响的关系,主要的设计方式和评价方法涉及与人机交互相关的多个领域。广义的人机交互技术从不同的学科、不同的领域中得来,面向更广泛领域的研究和应用。在实际的应用中,这两部分的研究内容彼此关联、相互影响,共同促进人机交互系统工程技术的飞速发展。随着科学技术的发展,狭义与广义的人机交互技术研究必将融合成一个整体。人

⊙ **第五篇 研究进展篇**

机交互技术的具体研究内容概括起来包括人类特性、机器特性、环境特性、人机关系、人与环境关系、机器与环境关系、人—机—环境系统总体性能七个方面的研究。

2. 主要特点。

（1）研究内容广泛。

人机交互技术不仅包含对建模、设计、评估等理论知识的研究，同时在很多应用领域也有着广泛的研究，例如 Web、移动终端、虚拟现实等。其中，人机交互界面的研究是人机交互技术的重要研究内容之一，因为一个交互界面的优劣关系到软件开发的成败。

（2）应用广泛。

当今，人机交互技术的发展促进了计算机在各行各业的普及，已经在教育、互联网等日常生活相关的领域得到广泛的应用。例如，在 20 世纪末，一些科研机构通过和谐自然地交互操作手段研发出了虚拟现实操作系统，为用户提供一种在虚拟世界中探索未知世界的环境，启迪和激发他们的想象力和创造力。

第九节　3D 打印技术

3D（三维）打印，又称增材制造（Additive Manufacturing），是一种快速成形技术。3D 打印机依据计算机数据指令，通过逐层堆叠累积塑料、树脂或金属等各种可黏合的原材料来构造物体，即"积层制造"。

目前，已广泛应用在许多领域，包括建筑、工业设计、珠宝设计、土木工程、汽车制造、航空航天、教育、医疗等。3D 打印的设计主要通过 3D 建模软件或三维扫描设备实现，3D 打印机打印物体的来源是三维设计文件，3D 建模和可视化对物体最终的打印效果起着重要作用。

第二章 技术研究进展

一 打印过程

1. 三维设计。

三维打印的设计过程是：先通过计算机建模软件建模，再将建成的三维模型"分区"成逐层的截面，即切片，从而指导打印机逐层打印。

设计软件和打印机之间协作的标准文件格式是 STL 文件格式。一个 STL 文件使用三角面来近似模拟物体的表面。三角面越小，其生成的表面分辨率越高。PLY 是一种通过扫描产生的三维文件的扫描器，其生成的 VRML 或者 WRL 文件经常被用作全彩打印的输入文件。

2. 切片处理。

打印机通过读取文件中的横截面信息，用液体状、粉状或片状的材料将这些截面逐层地打印出来，再将各层截面以各种方式粘合起来，从而制造出一个实体。这种技术的特点在于其几乎可以造出任何形状的物品。

打印机打出的截面的厚度（即 Z 方向）以及平面方向即 X-Y 方向的分辨率是以 dpi（像素/英寸）或者微米来计算的。一般的厚度为 100 微米，即 0.1 毫米，也有部分打印机如 Object Connex 系列还有三维 Systems´ProJet 系列可以打印出 16 微米薄的一层。而平面方向则可以打印出跟激光打印机相近的分辨率。打印出来的"墨水滴"的直径通常为 50 到 100 微米。用传统方法制造出一个模型通常需要数小时到数天，根据模型的尺寸以及复杂程度而定。而用三维打印的技术则可以将时间缩短为数个小时，当然也要由打印机的性能以及模型的尺寸和复杂程度而定。

传统的制造技术如注塑法可以以较低的成本大量制造聚合物产品，而三维打印技术则可以以更快、更有弹性以及更低成本的办法生产数量相对较少的产品。一个桌面尺寸的三维打印机就可以满足设计者或概念开发小组制造模型的需要。

3. 完成打印。

三维打印机的分辨率对大多数应用来说已经足够（在弯曲的表面可能会比较粗糙，像图像上的锯齿一样），要获得更高分辨率的物品可以通过如下方法：先用当前的三维打印机打出稍大一点的物体，再稍微经过表面打磨即可得到表面光滑的"高分辨率"物品。

有些技术可以同时使用多种材料进行打印。有些技术在打印的过程中还会用到支撑物，比如在打印出一些有倒挂状的物体时就需要用到一些易于除去的东西（如可溶物）作为支撑物。

二 限制因素

1. 材料的限制。

虽然高端工业印刷可以实现塑料、某些金属或者陶瓷的打印，但实现打印的材料都是比较昂贵和稀缺的。另外，打印机也还没有达到成熟的水平，无法支持日常生活中所接触到的各种各样的材料的打印。

研究者们在多材料打印上已经取得了一定的进展，但除非这些进展达到成熟并有效，否则材料依然会是3D打印的一大障碍。

2. 机器的限制。

3D打印技术在重建物体的几何形状和机能上已经达到了一定的水平，几乎任何静态的形状都可以被打印出来，但是那些运动的物体和它们的清晰度就难以实现了。这个困难对于制造商来说也许是可以解决的，但是想要使3D打印技术进入普通家庭，每个人都能随意打印想要的东西，那么机器的限制就必须得到解决才行。

3. 知识产权的忧虑。

在过去的几十年里，音乐、电影和电视产业中对知识产权的关注变得越来越多。3D打印技术也会涉及这一问题，因为现实中的很多东西都会得到更加广泛的传播。人们可以随意复制任何东西，并且数量不限。如何制定3D打印的法律法规用来保护知识产权，也是我们面临的问题之一，否则就会出现泛滥的现象。

4. 道德的挑战。

道德是底线。什么样的东西会违反道德规律是很难界定的，如果在不久的将来有人打印出生物器官和活体组织，会出现极大的道德挑战。

5. 花费的承担。

3D打印技术需要承担的花费是高昂的。第一台3D打印机的售价为1.5万。如果想要普及到大众，降价是必需的，但又会与成本形成冲突。

每一种新技术在诞生初期都会面临这些类似的障碍，但相信找到合理的解决方案后，3D打印技术的发展将会更加迅速，就如同任何渲染软件一样，不断地更新才能达到最终的完善。

第十节 云计算技术

云计算的重要特征是按需使用，我们只有在需要的时候向云计算中心请求计算或其他服务，使用之后就释放资源，由云计算中心再分配给其他终端使用，这种模式提高了资源的利用率，降低了对用户终端的要求，可以使得用户终端尽可能简单。云计算将一切隐藏在云中，用户不需要关心数据存放在哪里，不用担心数据的安全，不必为安装、升级软件烦恼，不用担心病毒的入侵，一切工作交给云计算中心维护管理。

云计算是一种全新的服务模式，将传统的以桌面为核心的任务处理转变为以网络为核心的任务处理，利用互联网实现自己想完成的一切处理任务，使网络成为传递服务、计算力和信息的综合媒介，真正实现按需计算、网络协作。云计算是对分布式计算、并行处理和网格计算及分布式数据库的改进处理，是虚拟化技术、效用计算、基础设施即服务，平台即服务，软件即服务等概念混合演进的结果。

一 云计算的基本原理

云计算的基本原理是利用非本地或远程的分布式或集群计算机为

⊙ 第五篇 研究进展篇

互联网用户提供服务计算、存储、软硬件等服务。云计算可以把普通的服务器或者 PC 连接起来，以获得超级计算机的计算和存储功能。云计算的出现使高性能并行计算不再是科学家和专业人士的专利，普通的用户也可以通过云计算获得并行计算、分布式计算带来的便利。用户不需要知道服务器在哪里，不用关心内部如何运作，通过高速互联网就可以透明使用各种资源。通过这项技术，网络服务提供者可以在数秒之内处理数以千万计甚至亿计的信息，获得和"超级计算机"同样强大效能的网络服务。

二 云计算的关键技术

1. 效用计算。

效用计算是一种提供计算资源的商业模式，是用户从计算资源供应商获取和使用计算资源并基于实际使用的资源付费，简单地说，是一种基于资源使用量的付费模式。效用计算给用户带来了经济效益。企业数据中心的资源利用率普遍在 15% 左右，这主要是因为超额部署，购买比平均所需资源更多的硬件来处理可预计到的或不可预计的峰值负载。效用计算则允许用户只为他们所需要用到并且已经用到的那部分资源付费。

2. 分布式计算。

分布式计算是指在松散或严格约束条件下使用一个硬件和软件系统处理任务，这个系统包含多个处理器单元或存储单元，有多个并发的过程和多个并发的程序；一个程序被分成多个部分，同时在通过网络连接起来的计算机上运行。分布式计算类似于并行计算，但并行计算通常用于指一个程序的多个部分同时运行于某台计算机上的多个处理器上。分布式计算比起其他算法具有以下优点：稀有资源可以共享、通过分布式计算可以在多台计算机上平衡计算负载、可以把程序放在最适合运行它的计算机上。

3. 网格计算。

网格计算是指分布式计算中两类比较广泛使用的子类型。一类是，在分布式的计算资源支持下作为服务提供的在线计算或存储；另一类是，一个松散连接的计算机网络构成的一个虚拟超级计算机，可以用来执行大规模任务。网格计算的目的是，通过任何一台计算机都可以提供无限的计算能力信息。

4. 虚拟化技术。

云计算平台利用软件来实现硬件资源的虚拟化管理、调度以及应用。虚拟化是对计算资源进行一个抽象的广义概念。虚拟化对上层应用或用户隐藏了计算资源的底层属性。它既包括把单个的资源比如一个服务器、一个操作系统、一个应用程序、一个存储设备划分成多个虚拟资源，也包括将多个资源比如存储设备或服务器整合成一个虚拟资源。虚拟化技术是实现虚拟化的具体的技术性手段和方法的集合性概念。在云计算中利用虚拟化技术可以大大降低维护成本和提高资源的利用率。

简单来说，云计算中的服务器虚拟化使得单一物理服务器可以运行多个虚拟服务器。云计算的优点是虚拟化云计算平台利用软件可实现硬件资源的虚拟化管理、调度以及应用。在云计算中利用虚拟化技术可以大大降低维护成本和提高资源的利用率。云计算具有动态可扩展性，随着上网人数的增多，信息服务中心访问量逐步增大，云计算中心的服务器数量也可以随之增多。在云计算体系中，可以将服务器实时加入到现有服务器集群中，提高云计算中心的处理能力。如果某一个节点出现故障，则通过相应策略抛弃该节点，并将任务交给别的节点，在节点故障排除之后可实时加入现有集群。

微软中国区前总裁李开复曾说，如果没有云计算技术，每年购买设备的资金会高达640亿美元，而采用云计算则大大降低了设备成本，也就是说，只用了其竞争对手的成本。很多企业遇到硬盘损坏这样的事情。硬盘坏了，就去购买一个新的，可是原来那种接口的硬盘绝版了，只有一狠心将所有的硬盘全部换掉，即使找到原来那种接口的硬盘换上了，还得做数据迁移，既麻烦又花钱。使用云计算就省事

⊙ 第五篇 研究进展篇

多了，文件的存储不需要配合其他任何硬盘的读写，任何硬盘都可以兼容，大大增加了硬件的使用年限，降低了成本。与此同时，云计算可以通过虚拟化技术提高设备的利用率，整合现有应用部署，降低设备使用数量。

第三章　教学设计研究进展

信息化教学设计研究是教育技术学界公认的研究热点，该研究主题完全是借现代信息技术的颠覆性创新发展之力兴起和形成的。信息科学与技术创新成果转化的关键是工艺化开发设计，信息技术与课程整合的关键也是技术融合于课程的开发设计。而信息技术与课程教学要达到无缝衔接和深度融合，如果离开科学的应用设计，只能流于形式化的口号和空谈。可以说，信息技术与课程整合研究20年，其对课程、教学改革和学习方式变革影响最大的就是设计研究。因此，设计理念、设计思维、设计能力等已经成为教育研究领域的核心概念和关键词。

信息技术与课程整合中教学设计方面的研究进展主要包括教与学方式变革研究进展、教学模式与方法研究进展、教学环境变革研究进展三部分。需要说明的是，当前的教学设计研究主要基于系统论的"新三论"，为适应信息时代学生及教师的现状，"新三论"更符合当下教学设计的理念。因此，在本章的开始，先向大家介绍"新三论"的具体内涵。

（一）三种理论的共同特点

以系统为对象，研究其有序与无序、平衡与非平衡等状态的内在机制及转化条件，由于这种内在机制及转化条件取决于系统内部各组成要素之间的相互联系、相互作用，即涉及系统的"自组织"问题，因而"新三论"也可统称为"自组织理论"。

（二）"新三论"的基本内容

体现系统科学新发展的"新三论"是指"耗散结构理论"、"协同学"和"超循环理论"。

所谓耗散结构是指与外界不断进行物质、能量、信息交换的开放系统,在远离平衡态的非线性区,因涨落而形成的宏观稳定有序结构。

协同学和耗散结构理论一样,都是研究系统如何实现自组织,所以应同属自组织理论范畴,都被看作系统科学的新发展。协同学与耗散结构理论的不同之处在于:耗散结构理论正确地指出了"一个远离平衡态、处在非线性区的开放系统,通过与外界不断进行物质、能量、信息交换,可以因涨落而形成宏观的有序结构,从无序转变为有序";而协同学理论则在此基础上进一步指出,使无序转变为有序的关键在于系统内部各组成要素之间非线性相互作用所引起的协同现象。

所谓超循环是指由生物学上的反应循环和催化循环发展而成的新循环,这种循环具有很强的自复制与自催化能力。

(三)运用"新三论"促进教学设计理论与应用的深入发展

要想运用"新三论"的系统方法来促进教学设计理论与应用的深入发展,必须认真关注在教学设计过程中如何充分体现整体性、开放性、非线性、协同性与涨落性。

1. 正确贯彻"整体性"。

整体性是用完整任务取代部分任务,强调要给学生提供一套真实的、面向实际的整体学习任务,同时关注整合、协调各项子目标(部分任务)的重要性,因而它有利于知识、技能与情感态度的综合培养,更能有效地促进学生将所学到的知识技能迁移到现实生活的其他领域。

2. 全面体现"非线性"。

(1)体现"教师与学生"之间的非线性关系(通过坚持"主导—主体相结合"教育思想与"学教并重"的教学观念来体现)。

(2)体现"师、生与教学内容"之间的非线性关系(通过有效运用组织教学内容的"宏策略"与"微策略"来体现）。

（3）体现"师、生与教学媒体"之间的非线性关系（通过实现教师、学生、教学媒体三者之间的双向乃至多向互动来体现）。

（4）体现"教学内容与教学媒体"之间的非线性关系（通过采用超链接方式组织数字化教学内容来体现）。

3. 充分运用"协同性"。

社会建构理论所倡导的协作学习实际上是系统科学中的协同现象在教学过程中的具体体现。

4. 有效实施"涨落性"。

由于某种内部或外部的原因，系统的状态都有可能发生一些小的起伏涨落，有了这种"涨落"，再通过将非线性系统的协同作用所引起的相关效应不断放大，就能使系统由不稳定的无序状态跃迁到一个新的稳定有序状态。

5. 保证系统"开放性"。

开放性要求系统与外部环境之间不断进行物质、能量及信息的交换，这是系统从无序走向有序，最终形成耗散结构的前提条件，因而具有特殊的重要性。这种重要性体现在以下两个方面：（1）没有开放性系统将无法运行；（2）没有开放性系统将不能发展。

第一节 教与学方式变革研究进展

在技术与教育相互影响、相互渗透和融合发展的历史进程中，技术经常性地处于强势主导、牵引和拉动地位，而教育往往扮演被动跟进、适应和迎合的角色。信息技术与课程整合虽然没有完全改变这一关系定位，但从教育信息化发展和教育变革的角度审视，教育主动引入新技术，桥接和融合信息技术的趋势日趋明显。导致这种变化的关键因素在于互联网环境下成长起来的新一代学习方式的变化，也正是互联网新技术革命引领和催发工作方式、生活方式和学习方式的变革

⊙ 第五篇 研究进展篇

的原因。伴随宽带无线接入技术和移动终端技术的迅猛发展而成长起来的网络原住民，他们以互联网视野观察世界、以互联网思维思考生活、以互联网理念张扬个性、以互联网方法学习已知、以互联网技术和工具发现未知，他们已经不满足于做一个课堂上的被动听讲者和知识灌输的容器。

从实践变革的角度考察信息技术与课程整合会发现，学习方式这一研究主题实质上是与新一代信息技术革命同步产生的，因此也形成了其不同于信息技术与课程教学整合的研究轨迹和发展路径。总体来看，对这一主题的研究紧跟技术创新的步伐和学习科学的研究成果，早期主要集中在网络学习领域，研究问题解决侧重于网络学习环境、多媒体学习资源、程序教学、网络学习模型和学习策略研究。随着宽带技术的发展和智能手机的产生，机器学习、移动学习、深度学习、自适应学习的研究迅速崛起并成为热点。近年来，随着数字技术和人工智能技术的井喷式发展，尤其是慕课、微课等课程新形态的生成和迅猛发展，数字化学习、在线学习、混合式学习等新学习方式成为新的研究重心和热点。学习方式转型与变革研究受惠于新一代移动互联网技术，汲取了信息技术与课程深度融合的成果养分，桥接数字技术与人工智能技术的平台，将为未来学习方式转型与变革提供新理念、新理论、新模型和新策略支持。

一 基于微信公众平台的移动微学习

移动微学习是移动学习满足无线带宽设备更新，为实现人们快速实现学习愿望而发展来的一种新型移动学习方式。和其他类型的网络学习相比，移动微学习在传播短小、松散、实用的片段化知识信息方面更能满足人们利用随身携带的移动通信设备随时随地开展非正式学习的需求。移动微学习与其他类型学习的最大差别在于学习内容发生了根本变化，即变为"微内容、狭窄的主题、相对简单的问题及呈现"；学习者从传统意义上的学生转化为非正式的终身学习者；学习者不再感受到强烈的监督和压迫，自主学习占主要地位；学习环境从传统课堂解放出来，随时随地学习让学习范围更加广泛。综上所述，总结出移动微学习的特点，如表 5-3-1 所示。

表 5-3-1　　　　　　　　　移动微学习的特点

维度特点	描述
学习需求	明确的学习目标，以实际问题为出发点
学习内容	碎片化的学习内容，模块程度高
学习环境	随时随地，不受地理条件限制
学习者	终身学习者，非正式学习者
学习方式	在线学习，移动数据下的学习
学习设备	移动终端，便捷可随身携带

微信公众平台是针对企业和媒体等团体用户推出的一项微信用户订阅服务，通过图片、文字、语音等形式实现与群体的沟通。该平台具有很多网络平台所没有的功能，如传播有效性更高——消息一经发送，就会在平台终端直接推送给用户，信息抵达率高；信息精准度更强——平台对用户进行分组，通过"超级二维码"特性和地域控制，准确分析需求群体的属性，定期推送优质信息；内容丰富度更高——特有的对讲功能，使社交形式不再仅限于文本传输，而是结合了图、文、音、影等，更便于学习者进行分享；学习互动方式更广——通过平台扩展性机制，引入微博、空间分享、位置信息等优质服务，快速扩大交互方式，创建社会化关系网。

在终身教育大环境下，基于微信公众平台的移动微学习活动设计是一种值得探究的新型教学模式，而微信公众平台作为免费的拓展平台必将被广泛使用。但是，基于微信公众平台的移动微学习也有其自身的局限性：①该平台对自定义菜单数量有所限制，说明并不是所有的内容都适合采用这种方式来设计学习活动，而只能选择逻辑相对简单、易模块化的内容进行活动设计；②该平台响应时间受到限制，只能进行简单内容的回复。

二 基于认知神经科学的游戏化学习

基于认知神经科学研究成果开发的教育游戏，为促进认知能力发展与学科知识的学习提供了有效的支持工具，同时脑科学研究方法也是验证教育游戏功能的科学方式。情绪对学习的影响逐渐得到关注，游戏化学习可以激发学生的学习兴趣，让学生更加快乐地学习。脑科学设备的发展，如BCI技术在游戏中的应用，有助于降低学习者学习过程的焦虑感。未来，基于认知神经科学的游戏化学习有望在早期教育、基础教育、特殊教育以及终身学习等方面发挥重要作用。随着脑科学研究技术与游戏技术的不断进步，基于认知神经科学的游戏化学习有望实现更加快乐、更加科学的学习。

在基于情境的认知体验范畴中，游戏化虚拟学习环境能够为学习者提供认知真实性的学习情境，学习者能够在知识的探索与实践过程中获得更多的隐性知识，并有机会获得自身认知体验。隐性知识的情境性以及具身认知理论对情境的重视，与真实学习理论、体验学习理论、生成性学习理论对学习情境和学习过程的强调相一致；而虚拟游戏的认知真实性则架起了沟通物理真实性的学习环境与抽象知识学习的桥梁。游戏中的教师指导或指导性信息以及学习者之间的合作与协作是社会性体验的重要内容，这回应了真实学习理论和生成性学习理论对教师和学习者的中心位置的关照。动机激发与元认知体验则是主体性体验的主要内容，对学生主体性体验的关注也是三种学习实践理论的重要特征。

作为学习科学的重要研究领域，认知神经科学的发展拓展了人们对学习行为的理解，为教育干预手段的设计开发提供了更多科学证据，在未来的学习和教育研究中将发挥非常重要的基础性支撑作用。基于认知神经科学的游戏化学习研究目前还处于起步阶段，相关的研究不太多，但也已经取得了比较丰富的研究成果。

三 基于虚拟现实或增强现实技术的交互式学习

（一）基于虚拟现实的教育类游戏

虚拟现实（Virtual Reality）指通过计算机仿真系统模拟并体验虚拟世界，它主要利用计算机模拟真实环境，通过多源信息融合、交互式三维动态视景和实体行为发生交互的仿真系统，使用户产生身临其境的感受。虚拟现实主要包括模拟环境、感知、自然技能和传感设备等方面。虚拟环境主要通过计算机来模拟实时动态的三维场景。一切人所具有的听觉、触觉、力觉、味觉等感知都包含在内。

自然技能主要包括人的头部转动、视觉、手部动作通过计算机的识别完成指定的指令，并反馈给用户。传感设备主要是用户所佩戴的头戴式交互型设备。虚拟现实技术应用于教育领域是教育技术快速发展的一个大的飞跃，它优化了"自主学习"的情境，由传统的"以教促学"转变成学习者的"自主学习"，是通过学习者个人和信息环境发生交互、促进学习者学习知识和技能的一种新型学习方式。

很多高校都在积极研究虚拟现实技术及其教育应用，相继建立了虚拟现实与计算机仿真实验室，并对科研成果进行转化。如清华大学虚拟现实与人机界面实验室的宽屏驾驶仿真系统使用模拟器来进行驾驶行为检测、绩效测量和训练；浙江大学计算机辅助设计与图形学国家重点实验室探索虚拟环境的真实感知以及虚实环境融合的一致性理论和方法，研究虚拟环境构建、绘制、显示、人机交互等虚拟现实关键技术；北京航空航天大学主要进行分布式飞行模拟方面的研究。

虚拟学习环境主要通过虚拟现实技术为学生提供逼真、丰富的学习环境，将枯燥的理论知识转化成多样的学习情境，在广泛的学科领域内提供无限的学习体验，改变传统的说教式教学，让学生自己感受、主动交互，在传统实验室的基础上，增加虚拟地理、生物、化学等实验室，提高学生的学习兴趣。目前基于虚拟现实技术的游戏开发主要分为两大类：一类是桌面类的虚拟现实游戏开发；一类是基于头

⊙ 第五篇 研究进展篇

戴式设备的虚拟现实游戏开发。

针对传统平面媒体科普教育效果欠佳、呈现效果差的问题，可设计桌面类的虚拟现实游戏，将虚拟现实的科普游戏案例嵌入教育中，形成游戏性和教育性相融合的新型教育模式，通过游戏激发学习者学习动机，以设计合理的游戏交互机制为途径引导用户快速融入学习情境。

（二）基于增强现实的教育类游戏

增强现实技术（Augmented Reality，简称AR）是一种将真实世界和虚拟世界完美叠加合成的新技术，是把原本在现实世界的一定时间空间范围内很难体验到的感觉信息（视觉、味觉、触觉、听觉等）通过计算机技术模拟仿真后融合，将虚拟世界叠加到真实世界中，被人类真实世界所感知，产生超现实感的视觉体验。增强现实技术是将真实的世界和虚拟的世界同时展示，使两种情境相互叠加补充。增强现实主要包括三维建模、实时视频显示和控制、多传感器融合、实时跟踪及注册、场景融合等新技术。

目前AR广泛应用于娱乐业、销售业及其他行业，但受益最多的为教育业。现在已有AR应用于中医针灸的学习——使用者带上眼镜或头盔，可以看到虚拟的人体骨骼和经脉走向；还有"人—机"互动，在学生的练习部分，可以使学生能更好地学习并练习。AR应用于教育游戏要具备三个特性，即虚实结合性、实时交互性和沉浸性。这样就可以将游戏进行可视化呈现，提供给学生以感性的学习材料，将一些抽象、不为肉眼所见的知识具体化、可视化，例如分子运动、引力、磁场、立体几何等，使学生身临其境，脑海中产生直观映像，更加快速接受知识并难以忘记。还可以提供预演，使学生在舒适、安全的环境（模拟极端环境）中进行学习、实践。如护士的抽血练习、化学课的实验、火灾演练等，可以在实验者充分了解实验步骤并安全操作结束得到结果后，再进行实际实验，这样就可以减少因实验操作不当而引起的事故，并且减少学生对于一些灾害的恐惧，从而在真实操作中降低失误率。

(三) 基于移动增强现实的教育类游戏

移动增强现实 (Mobile Augmented Reality, 简称 MAR) 是利用计算机技术将虚拟的信息叠加到真实的场景中,将虚拟的信息和真实场景环境实时地叠加在同一个空间或画面中,从而产生虚实共存的场景。在移动增强现实中产生的虚拟信息是对真实场景的延伸和补充,是对真实场景的实时交互性叠加,能够使提高用户对现实世界的感知和理解更深入。增强现实可以说是混合现实的一种表现形式。

移动增强现实有自身鲜明的特征。主要表现在三个方面:一是虚实性,混合现实技术利用计算机技术将虚拟信息和真实场景相互叠加,通过显示设备将虚拟信息和真实环境融为一体,并呈现给用户一个新的虚实结合的真实的新环境。二是实时性,交互从传统的鼠标键盘等设备中脱离出来,由精确的位置输入扩展到整个环境,从单一的人机交互发展到用户与对象的融合,数字信息不再单纯呈现,而与用户所处的环境实时结合起来。三是三维注册,即用户可以根据自己所处的三维空间调整计算机产生的增强信息,将增强现实所产生的附加信息与用户实现匹配,随着用户的移动,增强信息也会随之改变。

与虚拟现实技术相比,移动增强现实技术对硬件要求更低,但却具有更准确、更实时的增强信息以及更酷炫的呈现效果。移动增强现实是增强现实技术的优化,目前移动增强现实技术主要有两类。一类是传统移动增强现实技术,主要是依靠 PC 机、头戴式设备 (HMD)、磁传感器等一些外部设备来完成系统应用,该类系统设备比较昂贵,不利于长期携带,且有维护成本较高、交互设计繁杂等局限性。另一类是基于移动终端的增强现实技术,它主要研究的问题有两个方面:一是如何实现真实场景和虚拟模型信息的无缝融合;二是如何解决融合过程中虚拟对象信息延迟的现象问题。

目前,基于移动增强现实的交互式应用已扩展到教育、医学、地理、军事、建筑和旅游等多个领域,用户只需要根据当前特定的需求将手持设备的摄像头对准目标体就可以完成指定的任务，计算机根据查询本地或服务器端数据就可以给用户提供所需要的信息，并和用户进行交互。通过实时计算机、摄像机位置和角度的选取，在实景图像上叠加虚拟图形，以达到超越现实的感官体验。

四 基于"人工智能+教育"的个性化学习

（一）人工智能在教育教学中应用的意义

在现阶段，人工智能与教育的融合已经成为时代发展的必然趋势，人工智能在教育事业中的应用，可以有效改善传统教学模式的不足，促进学生逻辑思维能力、实践能力等的发展，并且可以科学、系统地评价学生的学习，及时有效针对学生的不足进行分析，帮助教师制定个性化的教学计划。学生可以在学习的过程中通过人工智能技术将疑惑和问题及时反馈给教师，促使教师的教学更加具有针对性，提升教学的效果。所以，人工智能对于教育事业的发展具有不可忽视的作用，是未来教育教学发展的必然趋势，也是提升教育事业质量的有效途径。

（二）人工智能应用于教育的优势

1. 促使教学环节的互动性和个性化增强。

基于人工智能技术的应用，可以结合学生的学习成绩、学习习惯等实际情况，为学生制定出个性化的学习计划，同时还可以辅助学生日常的学习，通过和系统的交流来提升自己的学习效果，促进自身综合素质的提高和能力的增强。

2. 提高教学过程的质量和效率。

人工智能技术对于提升教育教学的效果也具有非常明显的作用，在传统的教育教学中，学生由于自身认知能力的欠缺，会比较难以理解抽象知识，面对枯燥的教材内容容易产生负面学习情绪。而人工智能技术的应用，可以有效激发学生对于学习的兴趣，将原本比较抽象、烦琐的书本知识转变为生动、形象的内容，提升学生的自主学习意识，促进教学的质量和效率的提升。

3. 提高学生的创新思维。

人工智能技术在教育中应用时，可以利用自身的特点让学生对此产生比较浓厚的兴趣，从而对其带来一定的启发。另外，人工智能的个性化教学过程，更加注重学生个人观点的表达，相较于传统应试教育模式，学生的思维更加活跃。人工智能为学生也提供了展示的平台，有利于学生创新思维的进一步发展。

（三）人工智能在教育中应用的形式

人工智能的快速发展得到更多人的关注，尤其是其在教育事业中的应用得到了全社会的广泛关注，根据现阶段人工智能的发展，其在教育中的应用形式主要是智能教学系统。这个系统是从计算机教学发展而来的，学生是系统的中心，该系统利用计算机模拟教学专家的思考过程，形成智能教学。而随着智能教学系统的不断发展，它已经成为现如今人工智能在教育领域应用的主要形式，其组成主要是学生板块、知识库、自然语言智能接口以及教学板块四部分。学生板块主要是实时监测学生的学习情况，分析学生的学习数据，以此对学生的知识掌握和认知能力有一定的了解。知识库主要包括解决现有相关问题的思路以及教学所需的一些专业知识，为师生提供教学的信息。自然语言智能接口则是系统和学生之间交流的中介，在教学中为人工智能的各项功能的发挥提供良好条件。教学板块是根据教学的原理，通过结合实际情况来选择合适的教学方法，保证教学的效果。

（四）人工智能个性化教育应用

1. **精准数据：人工智能平台采集并分析学生学业数据。**

个性化学习的前提是对学生学习数据的有效采集和处理，并通过优质的和海量的数据进行模型训练，不断优化解决方案。在这方面，很多人工智能企业进行了实践探索，爱云校"好分数"平台就利用人工智能大数据服务学校学业分析，从源头上采集与分析数据。

每个孩子的天性禀赋、理解能力和兴趣点都不同，利用信息技术捕捉学生在学习过程中的行为，结合大数据分析，可以对每一类、每一位

⊙ **第五篇 研究进展篇**

学生进行能力测评，然后根据每个孩子的不同情况有针对性地制定学习方案，从而提升学习效率和效果，提高他们的创造力、想象力和竞争力。

更重要的是，大数据平台还可以预测学生未来的学习发展趋势，产生学生的学情报告，生成专属学业画像，通过全方位的数据分析预测学生的长期发展，并且结合学生的性格、兴趣、潜力等综合因素给予学生更科学的发展建议。

从教师的角度而言，他们可以基于真实、有效且连贯的考试测评数据促进教学行为优化，通过精准数据了解每个学生的特征与学习需求，分析学生学习中存在的共性问题与个性问题，合理驱动下一步教学行为，为学生的个性化学习提供支持。

2. 技术支撑：智能化知识图谱推送个性化学习内容。

人工智能驱动下的个性化学习，衡量平台能力强弱的重要标准之一就是平台所构建的智能化知识图谱的深度和广度。个性化学习必须要解决的问题首先是诊断，也就是测评并精准定位出薄弱知识点等关键信息。这背后对知识图谱构建的要求极高，知识图谱的构建水平决定了平台能否为孩子提供个性化的智能练习。

知识图谱借助"人工 + AI"技术，从海量的教材知识库中对不同学科的知识点进行拆解并重新架构，经过各学科教研专家的细化分类，形成知识体系，然后根据不断更新的优质试题库，对每个知识点进行试题内容的匹配，还为知识点分别配套编写原创题目与教学课件。

不同学生的知识点掌握情况不一样，制定的学习计划也应该各不相同。图谱化的知识点上，是各种与之对应的试题与详尽解析，通过智能题库能够跟踪学习过程，根据学生学情分析，按照试题内容维度（知识点、能力、难度、题型等）进行精准智能的个性化推荐。用个性化学习引擎为每个孩子量身定做学习计划，让因材施教成为可能。同时，通过人工智能技术与数百位学科专职教师组成的教学教研团队的线上线下融合，能够持续提升个性化推送内容的精准性、有效性。

五 基于大数据的个性化自适应学习

（一）大数据与个性化自适应学习

"大数据"最早出现在1997年，它以互联网为载体，具有多样化、海量信息等特点，是通过云计算、数据挖掘以及人工智能等方式获取价值信息的现代化技术。大数据在教育领域的应用，主要涉及数据采集、分析以及可视化这三个阶段。

数据采集是获取大数据的第一个阶段，使用分布式框架采集工具、并行处理技术以及网络数据采集工具，获取大量数据，整理、存储于数据库内。第二个阶段是利用转换数据公式，对其中的隐含关系进行分析，深入挖掘有价值的信息。现如今，数据类型逐渐多元化，数据的分析与管理越发复杂。大数据应用的最后一个阶段是数据可视化，将最终分析结果提供给用户，为用户的决策提供参考。以大数据为背景，个性化自适应学习代表按照学生个体差异，为其制定个性化学习服务。针对学生学习行为所呈现的信息分析学情，再根据学生学习行为数据，深入挖掘其中的关联，对学生今后发展趋势进行预测，通过可视化方式呈现最终结果，制定针对性的学习方案。

（二）大数据背景下个性化自适应学习教育

1. 前期准备阶段。

开始个性化自适应教育之前，教师需要对所有学生建立档案，必须对每位学生有一个系统的认知，其中包括学生的成长背景、兴趣爱好以及性格等。此外，教师对学生能力与学习成绩等信息进行搜集，了解学生行为以及情感两个方面的数据。大数据技术发展提高了情感数据、行为数据采集的可能性，例如可以使用传感器检测学生的情感状态，采用压力鼠标以及情绪仪表等反映学生学习状态，这些技术都是帮助教师建立学生档案的关键。

2. 学习分析阶段。

学习行为对个性化学习而言是最为关键的影响因素。教师需要针对学生学习过程行为数据、学习结果展开大数据分析，了解学生学习水平、进度以及状况等，特别是重点课程的掌握情况，如是否能够实现举一反三。大数据分析能够帮助教师发现个性化教学中的不足，进而调整教学方案，纠正不正确的学习习惯。

3. 决策优化阶段。

以往的教育模式中，教师是课堂的设计人员与执行人员，按照教学大纲以及需求自行修改教学内容与方案。个性化自适应学习的应用，将传统教育模式中教师角色进行了改变，将教师从原来的设计与执行者改变为引导者，引导学生主动学习并获取知识。例如，某校开展个性化自适应学习改革期间使用了大数据技术，对学生学习进度进行跟踪记录，将每一名学生资源掌握的细节进行记录。随后教师进行大数据分析，了解学生的行为特点，并将其与课程特点、教学资源相结合，按照学习行为、学习习惯将学生分类，制定针对性的学习方案，为学生提供相应的学习资源，满足学生不同程度需求。

4. 考核反馈阶段。

个性化自适应教学方案受学生情绪、学习环境等因素影响而变化，同时这些因素也可能为学生的学习过程带来不利影响，教师必须结合实际情况调整学习计划。这种教育模式与传统教育模式的不同之处在于，大数据技术能够将所有学生的学习行为、轨迹以及情绪等记录在数据库内，按照数据挖掘算法，将学习分析模型反馈给教师，教师再对教学方案进行纠正，以此提高个性化学习效率。

第二节 教学模式与方法研究进展

教学模式与方法这一研究主题主要解决信息技术与课程整合如何进课堂的问题，是"如何做"的问题，也是制约信息技术与课程整合的关键难题和瓶颈问题。"整合"一词的含义在汉语中往往比较模糊，研究者也经常只是简单地拿来使用，并不做严谨的学理意义上的界定。事实上，这一概念的运用者并不是在同一前提、同一层次、同一含义的条件下进行观点与结论表述的，因此，即便同一主题的研究，也往往是泛泛而谈，很难将研究迅速导向深层次的问题解决。早期的研究也包含了信息技术与课程整合的途径和方法问题的研究，但途径与方法研究往往流于空泛，于是，二者整合的教学模式研究便脱颖而出，并逐渐成为研究热点。研究初期主要是引进移植教学理论中的教学模式，提出了相对宏观的教学模式，如基于过程的整合模式、基于技术支撑环境的整合模式、基于教学策略的整合模式等，同时也从操作层面提出接受式教学模式、探究性教学模式和研究性教学模式等。近十年，研究者开始更多关注新技术在课程教学改革中的服务功能，并从技术的运用环境、过程、目标任务、教学方式等影响因素展开实践探索和创新研究，提出了基于资源环境的主题教学模式、基于任务驱动的教学模式、基于问题解决的教学模式、WebQuest教学模式、基于网络的协作学习模式等。2012年以来，随着慕课的破空而出和高校信息技术与课程整合的迅速推进，新形态慕课模式、微课模式、基于慕课的混合教学模式、翻转课堂教学模式，自主、合作、探究教学模式以及个性化教学模式等，已经成为信息技术与课程整合的主流模式和研究热点。

一　MOOC（慕课）

（一）MOOC的定义

大型开放式网络课程，又称慕课（Massive Open Online Course，MOOC），是一种针对大众的在线课堂，人们可以通过网络来学习在线课程。MOOC是远程教育的最新发展，它是通过开放教育资源形式发展而来的。

MOOC的设计和课堂参与类似于学院和大学课堂，但MOOC一般不会像在校的学生那样要求学分。学生的奖励可能以证书形式。

第五篇 研究进展篇

（二）MOOC 的特点

由 MOOC 的定义可以看出，MOOC 具有两个一般特征：一是开放式获取，任何人都可以免费参加在线课程的学习；二是规模可伸缩性，课程是为无限数量的学习参与而设计的，具有显著的大规模性。现在的热门 MOOC 主要是基于行为主义学习理论的 XMOOC，接下来重点分析下 XMOOC 的特征。

1. 以"短视频（一般不超过 20 分钟）和交互式练习"为基本教学单元的知识点、知识体组织模式和学习模式。一组基本教学单元组成的学习序列构成了一个动态可控的有机体，使得各种学习材料在在线学习过程中变得"灵动"起来。学生对学习节奏具有一定的控制权和主动性。

2. 借助交互式练习的即时反馈和机器自动评分，实现了对学习者的即时反馈，摆脱了传统在线教育模式中单向提供学习材料和灌输式学习的局限，能够鼓励和引导学生更加积极地学习与思考，从而有效提高学习效果。这是保证在线教育在"大规模"的条件下仍然得以有效进行的主要技术手段之一。

3. 基于"学习大数据"的个性化服务。原则上每个学习过程中，全部学习对象的全部学习行为都会被自动记录下来，数以百万计的学生在线学习的相关数据将会汇集成"学习大数据"。通过系统化的数据挖掘和机器学习，在宏观和微观相结合的分析中发现、把握其中隐藏着的规律，使教师能够随时掌握每个学生的学习状况并能及时进行反馈指导及学习资源推荐，能够持续改进课程教学内容和教学环节设计，从而实现因材施教式的个性化服务。

4. 依托社交网络进行互动交流。MOOC 则更加注重依托社交网络进行互动交流，以提高学生的学习兴趣和动力。特别是对于机器难以自动评分的较为复杂、灵活的交互式练习，网络社区群体智慧的评分机制便显得尤为重要。

5. 课程组织方式。像校内课程一样按周上课，再现课堂上课的感觉。

（三）MOOC 的应用

在 MOOC 中，学生可以免费注册，自主学习，MOOC 的课程资源丰富，时间自由，能交流的学员更多，同时对学员的学习能动性要求高。学生可以通过师生互动，生生互动，学生和视频间的互动进行学习。师生互动包括老师对提问的一对多的解答，也包括论坛的在线交流；生生互动包括学生间对课程的资料的学习交流，对考试测验的交流。课程有时效，有自动评分系统，定期有作业，学生的需求和能动性对学习的效果影响更大。学习者参与学习的原因以自我驱动为主，有较高的主动性，可以根据不同的学习目的选择课程，并将课程资源按照个人需要进行个性化组合，制定个性化的学习方式。

（四）MOOC 的发展特点

1. 运营机制：以大学为主体的多样化的合作倾向。
2. 平台定位：以服务用户为中心。
3. 课程组织：结构化的课程设计。
4. 课程资源：以视频为核心的学习内容呈现方式。
5. 教学方式：以知识掌握为取向。
6. 质量认证：课程评价和认证的初步探索。

二 微课

微课只讲授一两个知识点，没有复杂的课程体系，也没有众多的教学目标与教学对象，看似没有系统性和全面性，因而被许多人称为"碎片化"学习。但是微课是针对特定的目标人群、传递特定的知识内容的，一个微课自身仍然需要系统性，一组微课所表达的知识仍然需要全面性。微课的特征有以下几个。

1. 教学时间较短。

教学视频是微课的核心组成内容。根据中小学生的认知特点和学习规律，"微课"的时长一般为 5—8 分钟，最长不宜超过 10 分钟。

⊙ 第五篇 研究进展篇

因此，相对于传统的40分钟或45分钟一节课的教学课例来说，微课可以称之为"课例片段"或"微课例"。

2. 教学内容较少。

相对于较宽泛的传统课堂，"微课"的问题聚集、主题突出，更适合教师的需要："微课"主要突出课堂教学中某个学科知识点（如教学中重点、难点、疑点内容）的教学，或是反映课堂中某个教学环节、教学主题的教与学活动，相对于传统一节课要完成的复杂、众多的教学内容，"微课"的内容更加精简，因此又可以被称为"微课堂"。

3. 资源容量较小。

从大小上来说，"微课"视频及配套辅助资源的总容量一般在几十兆，视频格式须是支持网络在线播放的流媒体格式（如.rm、.wmv、.flv等），师生可流畅地在线观摩课例，查看教案、课件等辅助资源；也可灵活方便地将资源下载保存到终端设备（如笔记本电脑、手机、MP4等）上，实现移动学习、"泛在学习"，非常适合教师的观摩、评课、反思和研究。

4. 资源组成结构构成"情境化"。

资源使用方便。"微课"选取的教学内容一般要求主题突出、指向明确、相对完整。它以教学视频片段为主线"统整"教学设计（包括教案或学案）、课堂教学时使用到的多媒体素材和课件、教师课后的教学反思、学生的反馈意见及学科专家的文字点评等相关教学资源，构成了一个主题鲜明、类型多样、结构紧凑的"主题单元资源包"，营造了一个真实的"微教学资源环境"。

这使得"微课"资源具有视频教学案例的特征。广大教师和学生在这种真实的、具体的、典型案例化的教与学情境中易于实现"隐性知识""默会知识"等高阶思维能力的学习并实现教学观念、技能、风格的模仿、迁移和提升，从而迅速提升教师的课堂教学水平，促进教师的专业成长，提高学生学业水平。就学校教育而言，微课不仅成为教师和学生的重要教育资源，而且也构成了学校教育教学模式改革的基础。

5. 主题突出，内容具体。

微课往往是一个课程一个主题，或者说一个课程一个事，研究的问题来源于教育教学具体实践中的具体问题：或是生活思考，或是教学反思，或是难点突破，或是重点强调，或是学习策略、教学方法、教育教学观点等具体的、真实的、自己或与同伴一起可以解决的问题。

6. 草根研究、趣味创作。

正因为微课课程内容微小，所以人人都可以成为课程的研发者；正因为课程的使用对象是教师和学生，课程研发的目的是将教学内容、教学目标、教学手段紧密地联系起来，是"为了教学、在教学中、通过教学"，而不是去验证理论、推演理论，所以研发内容必然是教师自己熟悉的、感兴趣的、有能力解决的问题。

7. 成果简化，多样传播。

因为微课内容具体、主题突出，所以研究内容容易表达、研究成果容易转化；因为课程容量微小、用时简短，所以传播形式多样（网上视频、手机传播、微博讨论等）。

8. 反馈及时，针对性强。

在较短的时间内集中开展的"无生上课"活动，使参加者能及时听到他人对自己教学行为的评价，获得反馈信息，较之常态的听课、评课活动，"现炒现卖"，具有即时性。由于微课是课前的组内"预演"，人人参与，互相学习，互相帮助，共同提高，这在一定程度上减轻了教师的心理压力，不会担心教学的"失败"，不会顾虑评价的"得罪人"，较之常态的评课就会更加客观。

三 翻转课堂

（一）翻转课堂的定义

所谓翻转课堂，就是教师创建视频，学生在家中或课外观看视频

⊙ 第五篇 研究进展篇

中教师的讲解，回到课堂上，师生再面对面交流和完成作业的一种教学形态。

（二）翻转课堂教学步骤

1. 创建教学视频。

首先，教师应明确学生必须达到的学习目标，以及视频最终需要表现的内容；其次，教师收集和创建视频时应考虑不同教师和班级的差异；最后，在制作过程中应考虑学生的想法，以适应不同学生的学习方法和习惯。

2. 组织课堂活动。

学习内容已在课外传递给了学生，课堂内就更需要高质量的学习活动，让学生有机会在具体环境中应用其所学内容，包括学生创建内容、独立解决问题、探究式活动、基于项目的学习。

（三）翻转课堂是如何改变学习的

1. "翻转"让学生自己掌控学习。

翻转课堂后，利用教学视频，学生能根据自身情况来安排和控制自己的学习。学生在课外看教师的视频讲解的活动，完全可以在轻松的氛围中进行，而不必像在课堂上教师集体教学那样紧绷神经，担心遗漏什么，或因为分心而跟不上教学节奏。学生观看视频的节奏快慢全由自己掌握，懂了的快进跳过，没懂的倒退反复观看，也可停下来仔细思考或做笔记，甚至还可以通过聊天软件向老师和同伴寻求帮助。

2. "翻转"增加学习中的互动。

翻转课堂最大的好处就是全面提升课堂的互动程度，具体表现在教师和学生之间以及学生与学生之间的互动增加。

由于教师的角色已经从内容的呈现者转变为学习的教练，这让教师有时间与学生交谈，回答学生的问题，参与到学习小组，对每个学生的学习进行个别指导。当学生在完成作业时，教师会注意到部分学生为相同的问题所困扰，于是就组织这部分学生成立辅导小组，为这类有相同疑问的学生举行小型讲座。小型讲座的美妙之处是当学生遇到难题准备请教时,教师能及时地给予指导。

当教师更多地成为指导者而非内容的传递者时,也有机会观察到学生之间的互动。教师在教室内巡视的过程中注意到学生发展起了他们自己的协作学习小组,学生们彼此帮助,相互学习和借鉴,而不是将教师作为知识的唯一传播者。通过这种神奇的观察,教师会对学生们的合作学习探讨充满敬畏。

当教师开始尊重学生们的这种学习方式,学生通常会做出回应;他们开始认识到,教师在这里,是在引导他们的学习,而不是发布指令;教师的目标是使他们成为最好的学习者,并仅仅理解课程的内容。当教师在学生身边和他们一起掌握概念,学生会以他们最好的行动来回应。

教师如何创建学习文化呢?关键是让学生确定学习作为自己的目标,而不是争取完成任务。因此教师要着力于把课程变成有意义的活动而不是繁忙的工作。

3. "翻转"让教师与家长的交流更深入。

翻转课堂改变了教师与家长交流的内容。多年以来,在家长会上,父母问得最多的是自己孩子在课堂上的表现,比如:安静地听讲,行为恭敬,举手回答问题,不打扰其他同学。这些看起来是学习好的特征,教师回答起来却很纠结。在翻转课堂后,课堂上这些问题不再是重要的问题。现在真正的问题是:孩子们是否在学习?如果他们不学习,教师能做些什么来帮助他们学习呢?这个更深刻的问题会促使教师与家长共同思考如何把学生带到一个良好的学习环境中,帮助他们成为更好的学习者。

(四)特点

1. 教学视频短小精悍。

大多数的视频都只有几分钟,比较长的视频也只有十几分钟。每一个视频都针对一个特定的问题,有较强的针对性,查找起来也比较

⊙ 第五篇 研究进展篇

方便；视频的长度控制在学生注意力能比较集中的时间范围内，符合学生身心发展特征；通过网络发布的视频，具有暂停、回放等多种功能，可以自我控制，有利于学生的自主学习。

2. 教学信息清晰明确。

教学信息清晰是指教师录制视频时教学信息（也就是知识点）要清晰，使同学们在观看教学视频的时候能够理解相关知识点。教学信息明确指的是教师在课堂上引导学生们学习的教学指令要明确，这样才能使学生们更好地参与到与其他学生或者教师的交流中去。

3. 重新建构学习流程。

通常情况下，学生的学习过程由两个阶段组成：第一阶段是"信息传递"，是通过教师和学生、学生和学生之间的互动来实现的；第二个阶段是"吸收内化"，是在课后由学生自己来完成的。由于缺少教师的支持和同伴的帮助，"吸收内化"阶段常常会让学生感到挫败，丧失学习的动机和成就感。而"翻转课堂"对学生的学习过程进行了重构，"信息传递"是学生在课前进行的，老师不仅提供了视频，还可以提供在线的辅导；"吸收内化"是在课堂上通过互动来完成的，教师能够提前了解学生的学习困难，在课堂上给予有效的辅导，同学之间的相互交流有助于促进学生知识的吸收内化过程。

4. 复习检测方便快捷。

学生观看了教学视频之后对学习内容的理解程度可以通过视频后面紧跟着的四到五个小问题及时进行检测，并对自己的学习情况做出判断。如果发现几个问题回答得不好，学生可以回过头来再看一遍，仔细思考哪些方面出了问题。学生对问题的回答情况，能够及时地通过云平台进行汇总处理，帮助教师了解学生的学习状况。教学视频另外一个优点，就是便于学生学习一段时间之后的复习和巩固。评价技术的跟进，使得教师能够得到学生学习相关环节的实证性资料，有利于教师真正了解学生。

四 创客教育

"创客"有狭义和广义之分,狭义的创客是指"一群酷爱科技、热衷实践的人群,他们以分享技术、交流思想为乐,而以创客为主体的社区则成了创客文化的载体"。"创客的兴趣主要集中在以工程化为导向的主题上,例如电子、机械、机器人、3D 打印等,也包括相关工具的熟练使用,如 CNC、激光切割机等,还包括传统的金属加工、木工及艺术创作,例如铸造、手工艺品等。他们善于挖掘新技术、鼓励创新与原型化,他们不单有想法,还有成型的作品,是'知行合一'的忠实实践者。他们注重在实践中学习新东西,并加以创造性地使用。"广义的创客是指"出于兴趣与爱好,努力把各种创意转变为现实的人"。"创客的共同特质是创新、实践与分享,但这并不意味着他们都是一个模子里铸出来的人,相反的是,他们有着丰富多彩的兴趣爱好,以及各不相同的特长,一旦他们聚到一起,相互协调,发挥自己特长时,就会爆发巨大的创新活力。"

创客教育分为"创客的教育"和"创客式教育"两种类型。前者旨在培养创客人才;后者旨在应用创客的理念与方式去改造教育。"创客的教育"以培养创客为目的,主要是在课外时间、在各种创客空间或创客教育场所(无论是校外还是校内),对部分创客和想做创客的人进行培训。"创客式教育"是指将创客理念引入课堂,对传统课堂进行改造,结合学校课程,开展创新性学习。

1. 引入教育中的七个创客理念。

(1) 将创意变成现实。

如果仅仅让创意停留在脑中,或者留在纸上,那不是创客的作为,创客要求学以致用,将创意变现。

(2) 做中学。

边做边学、边学边做、为做而学是创客的学习方式。

第五篇 研究进展篇

（3）乐于分享。

乐于分享是创客区别于传统的发明创造者的地方。

（4）协作学习。

创客们往往不是单枪匹马去"战斗"，而喜欢结成小团体，共同完成创意。

（5）跨学科。

创客团队的人员组成和学习，往往不会局限于某个单一的学科和专业，而是跨越多个学科的。

（6）运用信息技术。

创客活动一般都与网络和信息技术密切相关，比如采用开源软硬件、3D 打印技术进行创作，通过网络开展活动或进行创意众筹等。

（7）工匠精神。

工匠精神指创客对自己的作品不断打磨、精益求精、追求完美的意识与行为。

五 STEM 教育

STEM 是科学、技术、工程与数学英文首字母的缩写。科学是建立在实践基础上经过实践检验和严密逻辑论证的关于客观世界各种事物的本质及运动规律的知识体系。技术是人类为实现社会需要而创造和发展起来的手段、方法和技能的总和。数学侧重研究现实世界空间形式和数量关系，是学习和研究现代科学技术必不可少的基本工具。工程是应用科学和数学产出成品的过程。STEM 综合了科学、技术、工程与数学的特点，将知识的获取、方法与工具的利用以及创新生产的过程进行了有机统一，以系统的、联系的思维面对全球化、多元化文化发展。

STEM 教育是 STEM 理念在教育中的反映，是其付诸教育实践后产生的一种思考。STEM 教育在美国受到极大关注，离不开其对自身国际竞争力下降的反思，对美国学生在国际数学、科学中表现欠佳的审视，STEM 教育是对科学、技术、工程、数学间关联性的强调，是对学校技术教育、工程教育的重视,旨在促进学生形成科学、技术、工程与数学的综合素养。

(一) STEM 教育的特点

STEM 教育的提出、内涵的丰富离不开系统论的审视,其在教育中的实践呈现了与后现代课程观的密切联系,具体表现有综合性、开放与动态性、回归性、实践性、多样性。

1. 综合性。

STEM 教育是基于整体化、系统化科学观在教育事业中的延伸与发展而提出的,它将科学教育与技术教育、工程教育、数学教育联系起来,以整体、联系的思维解决各种现实问题的挑战,因而呈现了综合性。STEM 教育的综合性首先表现在教育目标上,尽管至今还没有形成统一的目标,但总体上希望学生能够通过 STEM 教育,学习综合利用科学、技术、工程和数学四方面知识与技能的能力,获得逻辑思维和技术能力,能够创新设计并独立进行调查研究,有效解决问题,并架起学校与工作场所之间的桥梁。这种综合性的目标关注了学科、学生、社会间的相互联系,强调了学生发展、社会责任的整合等。

STEM 课程的评价也朝着综合性、系统性的方向发展。STEM 教育及课程的评价试图以共享标准为基础设计清晰的、高质量的评价,系统反映学生是否达到了标准。

STEM 教育在课程资源方面也呈现了综合性,它是一个有机的、良好运行的整体模式,其资金资助来自许多不同的政府及教育机构。支持 STEM 教育发展的力量还包括非政府组织及科学家等 STEM 专业社群。这种多元合作形成的综合系统增加了 STEM 教育的实践性和可行性,并有助于增进家长、学校校长、教育局领导等对 STEM 学科的了解和掌握,推动 STEM 教育的实施和发展。

2. 动态性。

STEM 教育在课程内容、课程实施及评价中表现的综合性,凸显了它的开放性与动态性。STEM 教育在课程内容、实施方面表现的动

⊙ 第五篇 研究进展篇

态性，离不开 STEM 教育系统的开放性及各要素间的动态关系。在以 STEM 教育为重点的学校里，不仅课程内容的选择关注了 STEM 各领域的最新研究成果，而且教学场所不再局限于课堂和学校，这种转变与尝试使学生有了更多接触 STEM 职业场所的机会，并获得将科学探究转化为实践以及进行科学创新的机会，从而彰显了 STEM 课程实施方式的开放与动态性——在课程实施方式上转变了教师讲解、学生接受的传统课程实施模式，建立了学习者、教育者与所处情境对话、交流的平台，促进学生内在知识体系的创新生成。

3. 回归性。

学生在 STEM 领域的成就表现出的性别差异并非源于天赋问题，而是源于学生的兴趣，在国际科学与数学测试中，美国学生整体表现欠佳的内在原因是缺乏对 STEM 领域的兴趣。这一观点实质上体现了课程理念中学生观的转变，从学习兴趣的归因来传达学生是学习主体的观念。

4. 实践性。

STEM 教育的实践性首先表现于 STEM 教育提出本身，尤其是把对技术、工程学科的关注置于与科学、数学教育同等重要的地位，这是对过程与实践的凸显。工程学涉及的工程设计和工程思维习惯将直接影响学生的问题解决能力和创新能力。STEM 教育的实践性还体现在具体的课程实施中，一方面，有效的课程组织和精良的硬件设施促进了从知识向实践关注的转变，如一些学校已经开始将微观装配实验室整合进具体的课程中；另一方面，课程强调以活动为基础、基于问题解决的学习，同时获得实践的课堂体验。

5. 丰富性。

丰富性包括了课程的深度、意义的层次、多种可能性或多重解释。STEM 教育的丰富性首先表现于其教育目标的不同层次，促进不同学生获得不同水平的 STEM 素养，它在要求所有学生达到熟练掌握 STEM 学科知识的同时，给在 STEM 学科表现优秀的学生提供机遇与挑战，促进其在 STEM 上获得杰出成就。

六 智慧教育

广义的智慧教育是指一切以增加人的智慧为目的的活动；狭义的智慧教育指在学校中专门开展的旨在帮助受教育者生成或增进智慧的活动。

（一）"智慧"作为教育目的

智慧教育是与知识教育相对应的教育模式，是在举一反三地学习知识的同时启发学生心灵与智慧的一种学思并重，以提高教学质量为主要目的的教育模式。

（二）"智慧"作为教育的手段

智慧教育是依托移动互联网与应用、物联网、云计算、大数据等新一代信息技术所打造的泛在化、感知化、一体化、智能化的新型教育生态系统。通过实现教育环境的智慧化、教育资源的智慧化、教育管理的智慧化，最终为教育活动所涉及的各类主体提供智慧化的教育服务。

（三）智慧教育的价值

技术复杂性的增加意味着用户用起来更为容易，"智慧教育"理想的发展趋势和状态是，智能信息技术的教育应用使得在获得同样的教学效果的前提下，教师与学生的教与学付出更少的时间和精力，或者投入相同的学习时间和精力，收获更大的学习业绩。

信息技术作为特殊的工具，能够代替人类完成某些操作，这是客观事实，但究其本质，信息技术依然是按照人的意志而动，是在执行人类编制的指令集，与人类的智慧有着本质差异。"智慧教育"概念的提出，体现了现代人在精神深层对智慧的渴望，也表现出对未来教育的美好愿景。但值得注意的是，智慧教育存在的过度消费智慧至善至美的属性，谋求世俗功利的现象，其动机、行径、结局无不与智慧之本真背道而驰。

（四）智慧教育的三境界

1. 搭建智慧教学平台，营造智慧教学环境。

智慧教育不单单是一个孤立系统，而是成为智慧城市的支撑点。

⊙ 第五篇 研究进展篇

大数据、云计算、物联网三大技术的实现为智慧教育搭建了智慧教学的平台，营造了优良的智慧教学环境，提升了教学过程中主客体对教学活动的感知性。这是智慧教育建设的第一重境界。

2. 依托智慧教育理念，形成智慧教育技术。

智慧教育推动了教育理念的发展，能够通过学习者的自我学习习惯、学习基础、学习兴趣等安排"移动学习"、"云教育学习"、"一对一数字化学习"、"泛在学习"等一系列新型学习方式，充分体现了"大教育观"的理念。智慧教育使教育活动跨越了传统模式中的制度、形式、机构和时空的边界，突破了常规教与学的形式的桎梏，形成了新型的教育高级形态。因此依托智慧教育理念，形成合作型、建构型、交互型的智慧教育技术环境是智慧教育的第二重境界。

3. 升华智慧教育课堂，充盈学习生活智慧。

智慧作为人类与生俱来的生存优势，是在物竞天择过程中积淀的生存经验。在辞海中，智慧被定义为能迅速、灵活、正确地理解事物和解决问题的能力。而智慧教育作为被推崇的教育形式，运用先进的适宜的信息技术，根据教学需求设计开发出各种特定的智慧学习环境，通过计算机系统完成大量烦琐的、机械的、简单重复的学习任务，以便引导学生将更多的心理活动投入到有价值的学习任务中，从而最终培养、发展学习者的创造力、批判性思维、写作能力、平衡能力以及问题解决能力等。智慧教育的最终目标仍然是发展学习者的各项生存能力，因此，升华智慧教育课堂，充盈学习者学习及生活的智慧是智慧教育的第三重境界。

七 电子书包

（一）电子书包的定义

电子书包是通过硬件和软件的阅读方式，将电子文档下载到相关平台中供学生学习。当前缺乏对电子书包的明确定义，国内外对于电子书包的界定差异也较大，通常来说，电子书包被认为是具有管理学习资源、记录学习过程的功能，同时能够支持各种有效学习方式的交互式工具。在现代学生的学习活动中，普遍将电子书包看作以移动设备为基础、对学生学习产生积极意义的软件架构，其核心和关键就是开放性的教学资源。

（二）电子书包的特点

1. 移动特性支持学生的泛在学习。

电子书包就是学生学习工具的综合体，其重量被控制在一千克以内，与传统的书包相比有着明显的体积优势，学生的负担得到很大的减轻。同时电子书包受有线网络等客观因素的影响小，能够便捷地移动，作为一种轻量化的电子容器，为学生创造出随时随地都能学习的环境。电子书包的问世弱化了校园与课堂的观念，学生不单单能够利用课堂时间进行学习，甚至在零碎的时间段也能够系统的学习。

2. 立体特性支持教学内容扩展。

电子书包涵盖大量的多元化信息资源，学生能够在查阅的过程中进行批注，进而理清思维。而大量的视频音频等文件能够吸引学生的注意，帮助教师在课堂活动过程中创设丰富的情境。同时，电子书包含许多附加功能，教师与学生能够进行教学内容的创造和扩展，将数学学习与多学科结合。在利用电子书包学习期间，学生发现、思考、进而创造，其独立学习的能力得到有效发展。

3. 交互特性突显学生学习地位。

随着新课程的实施，教学越来越注重学习的交互性与系统性，电子书包就能很好地体现这一特点。电子书包的使用，让学生真正成为课堂的主人，教师只需要在学生学习过程中予以监督，发现偏差和错误并及时纠正。同时，教师可以利用电子书包中的多媒体信息数据等开展各种讨论与交流活动，让学生交流思想、相互探讨、相互学习，让教师更好地实现教学目标。

4. 个性化特性促进学生的个体发展。

尽管电子书包的优点很多，但是传统教学工具的作用是难以取代的，当前的教学模式也无法颠覆，因此，电子书包的作用主要是推动教学模式的更新与发展。在以往的教学活动中，教师难以完全掌握每一位学生的具体情况，学生与教师之间的沟通和互动较少，许多学生不愿意向教师请求帮助。而电子书包有信息数据共享的特性，可以将学生的学习过程全面的反馈给教师，让教师全面掌握学生的成绩，进而根据不同学生的特点进行辅导，调整教学步骤与节奏。

第三节 教学环境变革研究进展

一 智慧校园

（一）智慧校园的内涵及特征

2008年，美国IBM总裁兼首席执行官彭明盛在题为"智慧地球：下一代领导议程"的演讲中首次提出了"智慧地球"的理念。与"智慧地球"类似，智慧校园（Smart Campus）应具有以下特征。

1. 环境全面感知。

智慧校园中的全面感知包括两个方面：一是传感器可以随时随地感知、捕获和传递有关人、设备、资源的信息；二是可以对学习者个体特征（学习偏好、认知特征、注意状态、学习风格等）和学习情境（学习时间、学习空间、学习伙伴、学习活动等）进行感知、捕获和传递。

2. 网络无缝互通。

基于网络和通信技术，特别是移动互联网技术，智慧校园支持所有软件系统和硬件设备的连接，信息感知后可迅速、实时地传递，这是所有用户按照全新的方式协作学习、协同工作的基础。

3. 海量数据支撑。

依据数据挖掘和建模技术，智慧校园可以在"海量"校园数据的基础上构建模型，建立预测方法，对新到的信息进行趋势分析、展望和预测；同时智慧校园可综合各方面的数据、信息、规则等内容，通过智能推理，主动做出快速反应和应对，更多地体现智能、聪慧的特点。

4. 开放学习环境。

教育的核心是创新能力的培养，校园面临着从"封闭"走向"开放"的诉求。智慧校园支持拓展资源环境，让学生冲破教科书的限制；支持拓展时间环境，将学习从课上拓展到课下；支持拓展空间环境，使有效学习在真实情境和虚拟情境中得以发生。

5. 师生个性服务。

智慧校园环境及其功能均以个性服务为理念，各种关键技术的应用均以有效解决师生在校园生活、学习、工作中的诸多实际需求为目的，成为现实中不可或缺的组成部分。

因此，智慧校园是指一种以向师生提供个性化服务为理念，能全面感知物理环境，识别学习者个体特征和学习情景，提供无缝互通的网络通信，有效支持教学过程分析、评价和智能决策的开放教育教学环境和便利舒适的生活环境。

（二）支撑智慧校园的若干关键技术

技术发展是智慧校园建设的基础，在多种技术的支持下才能真正实现个性化服务。

1. 学习情境识别与环境感知技术。

学习情境识别是个性化学习资源推送、学习伙伴连接以及学习活动建议的前提，是智慧校园建设中的关键技术。学习情境识别的目标是根据可获取的情境信息识别学习情境类型，诊断学习者问题和预测学习者需求，以使学习者能够获得个性化的学习资源，找到能够相互协作的学习伙伴、接受有效的学习活动建议。学习情境识别涉及学习者特征分析、传感器技术和自动推理等方面的综合应用，是一个跨领域的研究方向。环境感知技术是"智慧校园"的基础技术，有助于实现对校园各种物理设备的实时动态监控与控制。RFID、二维码、视频监控等感知技术与设备在学校的应用普遍。目前已经在校园安

⊙ 第五篇 研究进展篇

保、节能、科研教学等方面得以应用。

2. 校园移动互联技术。

无处不在的宽带无线网络使高清晰度的网络教学资源传输成为可能，也让异地的视频连接不再受带宽资源的限制，而让学习者有"身临其境"的感觉。4G 技术和各种无线接入的普及，让无线网络的覆盖不再仅限于教室和图书馆，学习者通过网络进行学习，将不再受任何地域限制。为广大师生提供无处不在、稳定、安全、易于管理的无线网络环境，是构建智慧校园的基本条件。校园无线网络一般情况下具有规模大的特点（地域范围大、用户多、数据通信量大），网络覆盖的程度也很高（能实现室内、室外、礼堂、宿舍、图书馆、公共场所等之间的无缝漫游），负载均衡尤为重要，否则会出现局部地区通信拥塞的现象。此外，互联网、移动网和广电网的三网合一，也为实现学校无线网络全覆盖提供了更加广阔的空间。基于高清视频通信技术，开展校内实时同步视频通讯，已成为当下数字校园发展的热点。伴随着移动技术的飞速发展，视频通信技术也随之给人们带来了更多便利。众多知名视频通讯企业已开始尝试，并推出了基于移动终端的移动视频会议解决方案。此外，很多商业通信系统能够达到 1∶1 还原现场，图像清晰，显现出与会者能达到同一会场的效果。

3. 社会网络技术。

社会网络是由某些特定群体（人、企业和组织）的社会关系构成的相对稳定的关系网。社会网络的形成和分析涉及理念、技术、结构、关系诸多方面，一般认为社会网络技术主要是在 20 世纪 90 年代中后期开始利用搜索引擎的社会网络的构建与分析、Web 社区的社会网络分析等，其中基于 Web 的社会网络分析技术对智慧校园的建设具有重要意义。当前的互联网发展强调从以数据为中心的传统 Web 转变为以用户为中心的 Web2.0，后者的特征是基于社会性软件（即时通讯、博客、微博、社会问答、社会标签、在线社会网络等）为用户提供多样化服务，因而影响服务质量的关键在于对用户兴趣、关系及群体的分析。社会网络分析可以看作是网络知识发现或网络挖掘的一个分支，涉及数据挖掘、机器学习、信息抽取与检索等不同领域。社会网络分析应用广泛，对它的学习研究也越来越重要，而在线社会网络集成了社会网络与信息技术的特点，是人类社会的虚拟化表示及延伸，具有自组织性，通过对社会网络特征的分析，确定社会网络中的用户群体或个人的中心性程度，对关键小团体特征进行分析，以及对用户位置、角色等情况的确定，有助于掌握师生在虚拟网络中的活动状况，从而更好地提供服务和实施必要的管理措施。

4. 学习分析技术。

学习分析技术源自早期的课堂教学效果分析，目前在线交互文本分析和早期的课堂教学效果分析出现了融合的趋势，学习分析技术便是这种融合的产物。学习分析是对学习者以及学习情境的数据进行测量、收集、分析和报告，以便更好地理解和优化学习以及学习发生的情境，从而提高学习效率和效果。学习分析技术可作为教师教学决策、优化教学的有效支持工具，也可为学生的自我导向学习、学习危机预警和自我评估提供有效数据支持，还可为教育研究者的个性化学习设计和研究效益的增进提供数据参考。针对学习者个人信息、学习者情境信息等内容进行建模，对交互文本、视音频和系统日志等能够反映学习过程信息的数据，利用参与度分析法、社会网络分析法和内容分析法等自动化的交互文本分析技术获取学习者学习的参与度、学习者的社会网络、学习者关注的学习内容、学生和教师的课堂行为信息、学习情况和学习资源的利用情况等内容，是学习分析技术实现学习分析的核心。文本挖掘技术可从学习资源库和学习者信息中挖掘学习者关注的各种信息，如文本的主题、文本作者对某一事物的观点倾向、作者在某一主题的专业程度等。这些信息一方面可以帮助学习者检索学习资源，另一方面可以帮助学习者了解学习资源库在某一侧面的总体概况和趋势。

⊙ 第五篇 研究进展篇

5. 数字资源的组织和共享技术。

学习资源的组织及共享一直以来都是数字校园的建设重点之一。按照班杜拉的社会学习理论，观察他人的行为和结果是习得知识、技能的重要来源，真实的榜样能对观察者起到示范作用。学习者在学习过程中产生的生成性资源，可以作为其他学习者的学习观察对象，这也是一种重要的学习资源。为了便于检索和共享，传统的学习资源常常使用静态的词汇表来描述元数据，但这种描述方法无法满足泛在学习环境下灵活多变、极具个性化的学习需求。因此，吸收借鉴语义网络和本体技术的相关研究成果，提供更为灵活和智能化的元数据描述方式成为一种趋势。借助语义 Web 和本体技术来组织学习资源，能够灵活、精确地表达资源的属性，便于学习者对资源的检索、归类，可以极大地提高检索的查全率和准确度，更容易被自动化的数据挖掘工具发现和集成，有助于实现"泛在学习"环境下分布式资源的灵活共享、联结和重用。同时，语义网络和本体技术具备良好的扩展性，并且能作为智能的资源检索和推送的基础，大大增强学习系统的适应性和针对用户的个性化服务能力。

二 众创空间生态系统

（一）众创空间生态系统的概念界定

众创空间作为集众多资源于一体的创新创业实践平台（载体），目的是通过构建一批低成本、便利化、全要素的众创空间，为大众创业者提供良好的工作空间、网络空间、社交空间和资源共享空间。众创空间生态系统是指在某个地理区域内，以创客为中心，众多围绕创新创业的、紧密联系的组织以及相关环境支撑要素在特定地理空间上的集聚。生态系统内部通过不断地进行物质（创新成果）、能量（创新文化氛围）和信息（政策环境）的交互，推动新商业模式和新技术的涌现，形成一个自组织性、开放性、可控性的生态网络系统。

区别于区域和产业创新生态系统，众创空间生态系统的地理范围更小，单位地理空间内容纳了更多的生态种群，这种距离优势能够快速实现物质、能量和信息的传递和交流，减少信息不对称造成的损失。区别于传统孵化器，众创空间内创客数量更多、角色多元、创业资源更加丰富，且创客与创客之间、创客与创新创业组织间相互联系，形成了一个纵横交错、层次嵌套的创新创业生态网络；众创空间的对外开放程度更高，进入空间的门槛限制很低，这就使得其生态系统的代谢能力更强，进入空间内的生物体及生物种群在空间内自发缔结成了一种自由选择、优胜劣汰、动态演化的生态网络系统。众创空间通过集聚多样化的创业者、创业项目及活动的方式，凝聚围绕创新创业过程所需要的一切资源，服务范围涉及创业项目的萌芽期、种子期、成长期和成熟期，是一个全方位综合型的创业生态系统。

（二）众创空间生态系统的特点分析

1. 综合服务平台。

众创空间生态系统是一个为创新创业提供服务的综合服务平台。从众创空间产生的背景层面来看，众创空间在"大众创业、万众创新"的背景下产生，是新的创新范式下的必然产物。传统创新范式属于线性创新模式，即创新是高校、科研院所、大企业内部研发部门的科研人员的专利，但是，随着互联网的发展，创新主体不再局限于传统的高校、科研院所和企业研发部门，而是逐渐扩展到了更多的部门和领域，创新民主化思想应运而生。创新民主化强调全民参与创新，这种创新模式改变了传统的线性创新思维，创新成为全民参与的社会化行为，大众开始发挥创新的"长尾效应"，传统的实验室边界以及创新活动边界逐渐消融。众创空间的产生为实现创新民主化以及激发全民参与创新的积极性发挥了重要作用，这种作用主要体现在为创新提供实践平台，围绕创新提供综合性服务。当创意思想通过实践转化为创新成果时，众创空间还将提供进一步实现商业价值的创业服务。

2. 知识共享性。

众创空间生态系统内集聚的创客数量众多、角色多元，他们在特定的地理空间内聚集在一起，不断地分享彼此的创意思想。生态系统内部的知识共享性主要表现在四个方面，分别是面对面的知识创造与分享、有意识的知识交流与分享、借助信息技术完成的知识交互与分享以及通过实践创造的知识成果与分享。这种互动性的知识分享过程不仅产生了浓厚的创新创业文化氛围，还促进了生态系统内部能量、物质和信息的流动。

3. 资源集聚性。

依据创新创业理论，创新过程是众多要素参与的过程，创业过程是一个创业项目从萌芽到成熟的过程，要实现创新过程和创业过程，需要凝聚创新资源和创业资源。众创空间生态系统具有明显的资源集聚特征，通过借助互联网等科技信息技术构建线上线下资源平台，举办创新创业讲座、沙龙等方式吸引各种创新创业组织加入，举办路演、宣传等活动吸引社会资本流入，形成了资源围绕创客、资本对接项目的资源集聚生态体系。

4. 政策集成性。

众创空间生态系统不仅具有资源集聚的特点，还具有明显的政策集成性特征。众创空间是"众创"背景下产生的新的创新创业孵化模式，受到国家和地方政府的关注和重视。一方面，政府出台了系列措施扶持众创空间发展；另一方面，众创空间内包含了数量众多且角色多元的服务性组织。因此，扶持众创空间的发展，不是简单地针对空间本身的扶持，还涉及空间内部各子系统的扶持。众创空间生态系统本身是一个由众多子系统生态群落组成的复杂系统，因此依附于系统和各个子系统的扶持政策带有明显的集成特点。

5. 边界开放性。

众创空间生态系统的边界开放性主要包含两个方面的内容：一是对进入空间内的群体开放，没有明显的边界限制。这一点是众创空间区别于传统孵化器的典型特征。众创空间对外释放了明显的无边界、低门槛的信号，极易吸引创客和创业资源进入空间，节省了创业信息的沟通成本，促进了资源与项目的对接。二是众创空间的实现方式没有明显的边界，既可以在"实"的地理区域上实现集中式发展，也可以在具体商业版图中实现分布式发展；既可以是城市中标志性的具有一定规模的集中创业区，也可以分散在商业写字楼、车库、工作坊、咖啡吧。

6. 自组织性。

自组织性指众创空间具有生态系统的属性，即进入空间内的创业者、创业项目和创业资源在空间内自发缔结成了一种自由选择、优胜劣汰、动态演化的生态网络系统。首先，众创空间生态系统是开放系统，创新主体同外部环境不断地进行能量、物质和信息的传递，新的创客群体的加入会给系统带来新的知识，新的服务性组织的引入会给系统带来更多的资源，从而激发生态系统的创新活力，推动生态系统从无序到有序不断转变。其次，众创空间生态系统存在一种随机涨落的机制，众创空间内创客主体间、创客与创业资源间的自由竞争、协同运动以及外部环境因素的干扰使得系统并非一直处于稳定状态，随着外部环境如政策、知识、市场、技术、管理等因素发生变化，系统会出现随机涨落。最后，众创空间生态系统存在明显的非线性相互作用。空间的开放性使空间不断地吸纳外部新生要素流入，使得空间内的生物群落组织并不按照固定的比例发展，系统本身存在不规则运动，这种作用使得空间内的创客与创客间、创客与组织间不断地发生协调与协作，从而系统地运行。

三 场馆教育

（一）场馆教育的界定

场馆建立之始，教育功能就成为其不可或缺的一部分，并影响着场馆其他活动的开展。米歇尔从广义上将场馆教育（Museum Education）定义为利用场馆资源引起参观者学习行为的活动。根据这一界定，场馆教育需要满足两个必要条件：逻辑上，由场馆所持有的资源

⊙ 第五篇 研究进展篇

引起,这是对场馆内发生的由其他刺激引发的学习行为的抗拒;行为上,引起学习者经验的改造,这是对部分参观者虽置身场馆却未形成"刺激反应"的认知图式的抗拒。场馆教育不仅仅指它能利用展品和活动为社会和个人提供教育资源,更重要的是个人和社会在发展过程中可以利用场馆资源实现自身的教育改变。

在内涵上,场馆教育分享了教育的部分属性,却与强调一元性和逻辑性的学校教育不同,场馆教育推崇反平衡课程。学校教育用合格学业表现、行为目标、专家、技术、输入、输出等定义教育,而场馆教育则更关注批判思维、敬畏、敏感、共情、道德等。与整个社会对非连贯性、便利性、变化性和片面性的追求不同,场馆教育则突出连贯性、传统性、保护性、敬畏性和诗意性,通过创设自愿、开放的教育环境鼓励整体、融合的经验生成。

在时空上,场馆教育是以"终身"和"全域"为核心的人本主义概念,包括民众启蒙、个人发展和公民教育。场馆教育通过创设丰富的资源环境,开放纵向时间维度的使用权限,扩大横向空间维度的覆盖场域,实现学习者从新手水平向专家水平的成长。

在价值指向上,场馆教育是以自我导向、自我维度、自我进程的非线性的学习为主的活动。目的是教会参观者如何建立个人经验与展品之间的联系,其核心是以学习者的价值判断为标准,而非场馆方的设计自满。

在学科上,场馆教育并不局限于历史或科学等具有较强关联性的课程,它是一个向多学科敞开的开放系统,与动、植物园的生物相关,与天文馆的科学相关,与艺术馆的美术相关,等等。置身其中,学生不仅接受各种新的信息,情感、态度、价值观同样会发生改变。

(二)场馆学习及其特点

当下的教育都强调知识贴近生活,力图使知识生活化。但传统的学校教育多采用知识灌输模式,学习者是以被动的角色接受概念、知识、公式,而忽略了态度、兴趣、技能等的发展。美国威斯康星州心理学教授 Screven 认为，场馆的学习环境提供了异于学校的非正式课程，它以实物代替书本展现了一个"非文字"的学习机会。

就学习心理而言，实物比文字更容易引发学习者的注意力及兴趣，并且实物的学习需要统合人不同的感知觉。场馆里的操作器材、展品以其形象趣味的活动内容和简易生动的操作方式吸引参观者的注意力，激发参观者参与学习、动手操作的兴趣。场馆以其丰富的资源，提供了参观者在离开校园后随时参与学习的机会。场馆环境以展品为媒介，通过寓教于乐的教育方式，使参观者潜移默化地受到环境的影响。参观者无论是参观展示还是操作互动，都在接受着隐藏在环境中的信息，能在自由开放的情境中快乐学习。

就学习环境而言，场馆是一个自由选择的学习环境。场馆是一个自我导向的学习环境，参观者进入场馆，可以自主选择参观路线、参观内容，参观过程中无评价、无竞争。参观者进入场馆参观的目的或许不同，但只要个体在参观过程中通过视觉、听觉、触觉等多种感官的交互而引起了认知或情感上的变化，从而获得了相关的经验，就可认为是学习的发生。因为，经历本身也是一种学习。相反，课堂教学由于缺少场景的支持，学习者获得的更多是惰性知识，不能很好地实现理论与实践的融合，再加上教材上抽象知识往往使学习者望而却步，学习效果并不尽如人意。

就教育对象来说，非正式环境所体现的一个非常重要的价值就是所有人共享。无论参观者的年龄层、教育背景是如何多元化，都不会成为场馆学习的阻碍因素，只要愿意，谁都可以进入场馆参与学习。

就学习资源来说，场馆为参观者提供了多元化的学习资源，主要包括导览手册、地图、简介等卡片资料以及多媒体、影像、幻灯、语音等视听资源，参观者可以根据自己的需要、兴趣自由选择参观地点、物品，场馆教育资源能够增加观众的真实体验与感受，激发学习的兴趣，强化学习的效果。

就教育目标来说，场馆教育的目的不只是知识上的获得，而是让

⊙ 第五篇 研究进展篇

学习者通过对展品及其情境的直接经验，促进他们在兴趣、态度、观念、技能上有所发展，赋予他们愉悦的学习体验；同时，场馆教育可以弥补正式教育的不足，它强调直接经验的学习效果可以补充学校教育偏重抽象思考的缺失，也强调以好奇心启发学习者的学习动机可以弥补学校教育功利性的学习动机。

场馆学习本质上是一种非正式学习，它不仅仅让人获得知识，同时也能帮助参观者提升兴趣、态度、观念等。参观者是以个体的认知发展、原有的知识建构以及参观动机为基础，与场馆里的展品和媒介进行交互，通过互动建构其个人化的参观经验。场馆内的各项互动操作着重于激发参观者的惊讶、好奇和激动，让他们产生一探究竟的兴趣，使他们主动参与到活动中。

（三）馆校合作：打破教育界限

作为公众教育机构的场馆，如何能够消除参观者与展品之间的隔阂，引领参观者进入自主学习的世界，进而创造属于个体自己的经验，甚至将这份经验带回家、体现在生活中？这是场馆必须面对的问题。场馆教育有别于其他形态的教育机构，它是通过展品的摆设、互动以及提示语为学习者提供了一个教科书、图表与学校实验室以外的实物世界，让学习者获得特殊的学习经验，激发他们的学习兴趣和想象力，提升他们进一步探究的欲望。因此，我们应该提倡场馆教育与各级各类学校教育紧密结合，以弥补学校教育的不足。

1. 鼓励课程研究者和学校教师开展合作。

虽然现在许多学校组织学生到博物馆、科技馆等场馆参观学习，但更多的是一种"蜻蜓点水"式的浅尝辄止，这是因为一线教师缺乏对"隐性课程"的感知和挖掘能力。而课程专家对课程的敏感度则能有效弥补这一点，如果两者建立课程开发共同体，就可以设计出主题适合、内容适切的教材来充实课堂教学内容，提升教学的品质。场馆拥有丰富的教学资源，可以和学校的课程进行整合，成立课程规划小组，通过主题活动，设置适合学生发展的课程，最后实施评估及修正。但大部分教师还没有充分发现场馆的丰富教育资源,以至于不能很好将之运用于教学中。因此,我们要引导教师积极主动利用场馆的教育资源,参与场馆活动。教师由一名参观者逐渐向教学者的角色转变,更能增进学生对场馆学习活动的热忱,进而拓展学生的视野,增进学习的深度与广度。

2. 设计开发以实物及活动为主的教育活动场馆。

尽量提供最新的教育资源,鼓励中小学教师与学生到场馆参观学习,把场馆作为正常教学的辅助机构。如上海科技馆在展厅"热带雨林之旅"中对小学生、初中生、高中生的参观学习分别做了不同的要求:小学生主要是感受丰富多彩的生物,初中生主要是了解生物的多样性和统一性,高中生主要是研究热带雨林与人类的关系。这些教育活动打破时空界限,不再局限在学校狭小的空间里,并且同一个展厅能够针对不同年龄段的学生提出各自的教学目标。这样的学习有利于打破学科间的隔阂,提升学生学习的兴趣,使学生得到完整的经验,获得知识的意义,从而达到更佳的学习效果。

第四章　教师和学生的信息素养研究进展

人类已经跨进信息化时代，教育信息化是一个运用现代信息技术，不断改进教育教学，培养学生的信息素养，促进教育现代化的过程。信息化时代的公民应该具有哪些信息素养，教育信息化对教师和学生的信息素养和能力有哪些要求，是该主题研究的关键问题。这一研究主题是在信息技术与课程整合大背景下应运而生的，因此比较一致的观点认为，教师的信息技术与课程整合能力、教师在信息技术环境下的教学设计能力是关键能力，也是整合成败的关键。而教师信息技术素养包含信息技术操作能力、信息技术环境下知识深化能力和知识创造能力。

关于学生的信息素养研究，有人主张从信息社会特征和未来就业能力角度展开研究，提出培养具有信息意识、计算思维、数字化学习与创新、信息社会责任的数字化公民是信息技术教育的重要任务。有人主张从互联网知识创新发展的视角展开研究，认为借助信息技术，知识性内容的获取更加便捷，教育将更多关注个体分析思维、批判思维和创造性思维的培养。学习力和思考力或将成为学生发展的核心素养和关键能力。也有人主张从当下和可预见的未来社会需要出发，提出计算能力和编程能力、批判性思维能力、创新能力是信息时代学生应该具备的核心素养和关键能力。而新兴的教育"未来主义"的关注点主要在于培养学生的前瞻能力或者预判性认知能力——对未来的预判、计划、构建甚至形塑能力。教育"未来主义"致力于把学生培养成不但精通本行，而且知道如何形塑未来的"超专才"。因未来具有动态性、不可捉摸性、无结构性，教育"未来主义"对教育者而言是一块极其难啃的硬骨头。随着信息化进程的加速和我国中小学生核心素养构成的发布，这一研究将不断深化并成为持续研究的热点。

第一节 教师信息素养

"信息素养"这一概念最早是在1974年由美国信息产业主席保罗·车可斯基提出来的。他把"信息素养"定义为"利用大量的信息工具及主要信息源使问题得到解答的技术和技能"，又于1979年解释为"人们在解答问题时利用信息的技术和技能"。1998年美国图书馆协会和教育传播与技术协会制定了信息素养的九大标准：能有效地、高效地获取信息；能熟练地、批判地评价信息；能精确地、创造性地使用信息；能探求与个人兴趣有关的信息；能欣赏作品和其他对信息进行创造性表达的内容；能力争在信息查询和知识创新中做到最好；能认识信息对民主化社会的重要性；能实行与信息和信息技术相关的符合伦理道德的行为；能积极参与活动来探求和创建信息。综合信息素养的九大标准，他认为，教师信息素养的内涵应包括以下四个方面：信息意识、信息知识、信息能力和信息伦理道德。

一 信息意识

信息意识指的是个体对信息的敏感性，体现在对信息价值的自觉认识及敏锐的判断力和分析力上。信息意识是人们在信息活动中产生的认识、观念和需求的总和，人们的信息意识对其信息行为必然起着控制性作用。信息意识的强弱将直接影响学习者信息行为的效果。教师作为教育信息的收集、整理和传播者，应该具有敏锐的信息意识，

⊙ 第五篇 研究进展篇

特别是要具有对有关教育教学信息的敏感性。教师应具有强烈的使用信息技术解决实际问题的意识，有为改进教学而积极学习和使用各种信息工具的欲望，并付诸行动；能意识到信息在信息化社会中的重大作用，时刻感受到自己对信息的需求，知道什么样的信息能促进教学；有经常上网搜寻信息或阅读有关纸质媒体、电视媒体、电子读物信息并能迅速从中发现并把握对教学有价值的信息的意识；有利用信息获取与传递为个人教育教学及更大范围的教育或社会发展服务的愿望；有把有效的信息整合到所教课程的教学当中去的意识；能积极正确地引导学生使用信息工具，注重对学生信息素养的培养。

二 信息知识

信息知识是人们在利用信息技术工具、拓展信息传播途径、提高信息交流效率中所积累的认识和经验的总和，是构成信息素质的基础。教师信息知识就是教师对信息学理论的理解以及对信息源和信息工具的知识的掌握。教师应具有现代的教育信息理论，掌握教育信息的特点、具体表现形式及传递信息的工具的使用知识。具体要求是：教师要能掌握不同的信息源（如教材、报纸杂志、录音录像、广播、电视、计算机、网络等）在教学中应用的知识；能熟练地使用投影仪、录音机、扩音机、影碟机、计算机、教学课件等电子教学媒体来开展教学；了解图书馆资源的分类知识；掌握信息检索知识，掌握从网络检索、下载和上传各种信息的方法；能用电脑进行阅读、画图、写作、交流、制作实用的电子教案和电子课件等电子作品；熟练掌握文本、图片、声音、视频等素材处理软件和教学常用软件及系统（如Word、Powerpoint、Excel、Explore、E-mail、Flash、Frontpage、Photoshop、BBS等）的使用方法和应用技巧。

三 信息能力

信息能力是人们运用信息知识进行信息活动的能力。信息能力是整个信息素养的核心。教师的信息能力包括教师对信息的选择、收集、处理、生成和传递的能力。教师的信息选择能力是指教师在纷繁庞杂的信息里选择自己所需要的、正确的信息的能力。教师的信息收集能力是指教师根据实际需要通过各种方法收集必要的教学信息的能力，如创作素材的能力、下载复制各种素材和资源的能力。教师的信息处理能力是指教师对所获得的信息进行评价、加工、变换、控制、合成、保存、创新的能力，要求教师能有效地整合信息，以创造性地解决工作、学习中的各种问题，工作中常有创新。教师的信息生成能力是指教师通过对诸多的信息的归纳，抽象出新的相关关系或因果关系，得出新的结论的能力及设计和开发新的信息系统的能力。教师的信息传递能力是指教师用一种通俗易懂且高效快捷的方式表达自己的研究成果或传递教育教学信息的能力。教师的信息生成和传递能力是指教师能根据自己的目的对信息进行组织、编辑，并通过思考处理信息，用多媒体方式表达出来，利用信息技术将有效的信息进行展示、发布、教学、交流和讨论的能力。教师具有较强的信息能力才能保障信息资源的充分有效利用，才能充分利用现代信息技术为教学服务。

四 信息伦理道德

信息伦理道德是指人们在获取、加工、利用、生成和传递信息的过程中必须遵守的一定的伦理道德，是人们在整个信息活动中应严格遵守的各种行为规范。教师的信息行为应在不侵犯别人的合法权益、不危害社会、不违反道德规范的情况下发生。教师要了解并遵守与信息文化相关的文化、法律法规和道德，具有较强的自控能力，能抵抗网络不良信息的诱惑和污染，能抵制违法信息行为；尊重他人知识产权；正确处理信息开发、传播、使用之间的关系。具体来说，教师作为信息的吸收者，要对那些会对学生产生负面影响的信息坚决抵制；教师作为信息的生成者，应选择那些对学生有用的、有正面影响的信息进行加工、合成，以生成有益于社会、有益于学生、也有益于自己的信息；教师作为信息的传递者，应把良莠不齐的信息先过滤，取其精华，去其糟粕，再将良好的信息传递给学生，以保证学生的身心健康，同时还要指导学生学会选择信息、判断信息和评价信息的好坏。教师要以身作则，做遵纪守法的表率，争做信息道德模范。

第二节 学生信息素养

学生信息素养由信息意识、计算思维、数字化学习与创新、信息社会责任四个核心要素组成。四个核心要素既相互区别，又相互联系，共同构成学生信息素养体系系统。

一方面，四个素养要素内涵不同、表现有差别，关注的是不同维度的素养发展需求：信息意识和计算思维是学生个体文化素养方面的基本表现；数字化学习与创新关注人与技术的关系，注重对数字化环境、资源的运用，体现技术对学生学习发展的促进作用，满足数字化环境下的学生发展需求；信息社会责任是超越学科界限的素养要求，是高中生发展社会化的普遍性要求，是个体参与社会生活所应必备的社会性品质，满足人的社会性需求。

另一方面，四个素养要素相互依存，相互贯通，互为联系，共同发展：信息意识是其他三个要素发展的前提，亦随着其他要素发展而发展，由低级状态向高级状态转变，逐渐由"感性"阶段向"理性"阶段演变，其发展的理性阶段又体现系统的整体水平；计算思维是学科核心素养系统的核心及关键要素，影响其他三个要素发展的质和量，一定程度上决定学科核心素养的优劣；数字化学习与创新基于信息意识、计算思维、信息社会责任而发展，是其他素养要素在学习、创新方面的直接行为表现，也是学生解决问题、进行创新创造的能力体现；信息社会责任是其他三个要素健康发展的保障，而对信息社会责任的认识能力及担当能力又受其他三要素发展水平的影响。

第四章 教师和学生的信息素养研究进展

一 信息意识

(一) 信息意识的概念理解

辩证唯物主义认为意识是人脑的机能和属性,是人脑对大脑内外表象的觉察,是人对客观存在的主观映像。现代心理学认为意识是人们对外界和自身的觉察与关注程度。可见,不同的领域对意识的理解存在一定的共性,即客观存在在人脑中的反映。

信息意识是意识的一种特殊表现形式,从哲学视角来看,信息意识是指意识主体对客观信息现象的能动反应,即对信息活动在社会中的地位、功能、作用及价值的认识。从心理学视角出发,有的学者认为信息意识由信息认知、信息情感、信息行为倾向等方面构成。也有学者通过外在表现对其进行界定,认为信息意识是对信息的感受力、注意力和对信息价值的判断力和洞察力。学者钟志贤则认为信息意识是对信息的认识、兴趣、动机、需求和理念等。

纵观各界观点,一般而言,信息意识具有以下含义:(1) 指客观存在的信息和信息活动在人们头脑中的能动反映;(2) 具有一定的主观性,即在认识信息的过程中,同样的信息对不同的个体而言具有不同的价值和意义,且不同的主体对信息反应的过程、态度、方法、程度等方面亦存在差异;(3) 表现为对信息的感受力、认知力、判断力、洞察力等。

(二) 信息意识的内涵界定

新修订的高中信息技术课程标准对信息意识素养内涵的界定如下:能够根据解决问题的需要,自觉、主动地寻求恰当的方式获取与处理信息;敏锐感觉到信息的变化,获取相关信息,采用有效策略对信息来源的可靠性、内容的准确性、指向的目的性做出合理判断;在合作解决问题的过程中,愿意与团队成员共享信息,实现信息的最大价值。

(三) 信息意识的表现描述

随着信息技术的发展及其普遍化,接受九年义务教育之后的高中

⊙ 第五篇 研究进展篇

生已经具备了一定的信息感受能力。然而，信息社会发展新时期，高中生面临着新的信息社会问题。要成为合格的信息社会人才，高中生在乐于接受信息，能够认识信息，具有信息需求的基础上，还应重点发展对信息的敏感性和判断力。

从生理学视角来看，信息敏感度标志着人脑生理机制对人体各感觉器官的信息刺激做出反应的速度和程度。而在心理学领域，敏感度则关注对信息反应的自觉性、主动性和有意识性，是人捕捉信息的自觉程度。高中生对信息的敏感度是指在有目的的信息获取过程中，敏锐感觉信息变化，于繁杂及快速变化的数据、信息中发现并以恰当的方式获取所需要的信息，不断更新自己的信息库。这是高中生应对互联网时代信息瞬息万变所应必备的能力。

对信息价值的判断力是指在信息获取、应用的过程中，以问题的解决为指向，对信息的可靠性、价值性等做出准确的判断，以确保信息的有用性，提高信息效率，避免"网络迷航""信息垃圾"等对工作和学习效率、效果的不良影响。在此基础上，能够判断他人信息行为的合理性，并给予一定的帮助与指导。此外，信息社会是信息共享的社会，复杂信息系统问题的解决往往不能仅靠一人之力，团队合作也是信息社会工作、学习的一种重要方式，而团队间的信息流通则成为影响合作质量的重要因素，因此，为实现问题解决效果的优化，就要求高中生能够在合作中具有与其他成员交流信息、分享信息的意识和愿望，以实现信息价值的最大化。

二 计算思维

（一）计算思维的概念理解

计算思维自古就是社会生产发展所必需的思维品质。计算工具从古代算盘、近代计算器发展到现代计算机、网络及云计算技术等，计算思维的内涵也随之不断拓展。2006 年，美国卡内基·梅隆大学周以真教授对计算思维做出了界定，他认为计算思维是运用计算机科学的基础概念进行问题求解、系统设计以及人类行为理解的涵盖计算机科学之广度的一系列思维活动。国际教育技术协会（ISTE）和计算机科学教师协会（CSTA）则认为计算思维是解决问题的一种过程。

随着计算机网络技术深度融入人们的社会生产、生活，计算思维也从计算机学科中的一个概念逐渐演化为信息公民在信息社会生存发展所必备的且最重要的思维品质。如李艺教授认为，计算思维是一个围绕"人"展开的，由科学思想所致的，关于刻画人的内在品质的概念，并将其视作信息技术之于人的核心素养的主体部分。

从信息技术课程的育人角度来看，计算思维作为信息素养的基础性部分，指的是学生在系统的学科学习过程中，运用计算机科学领域的思想、策略、方法、技术等解决真实信息系统问题的过程中所形成的一种内在思维品质。

（二）计算思维的内涵界定

新修订的高中信息技术课程标准对计算思维素养内涵的界定如下：能够采用计算机领域的学科方法界定问题、抽象特征、建立结构模型、合理组织数据；能够通过判断、分析与综合各种信息资源，运用合理的算法形成解决问题的方案；总结利用计算机解决问题的过程与方法，并能够迁移到与之相关的其他问题中解决。

（三）计算思维的表现描述

描述求解信息系统问题所需要的计算思维素养主要表现在四个方面：形式化、模型化、自动化、系统化。

其中，形式化是指以抽象思维的方式，将客观世界的现象或问题抽象为计算机可以处理的模型，即从特殊、具体、繁复的信息系统问题中，抽象出其隐含着的一般的、本质的内容、要素及它们之间的逻辑结构，从而为分析问题提供形象的认知材料，以发现问题内在的运动规律并予以把握。

模型化是指根据信息处理者解决问题的实际需要，选择特殊的分析角度和认知视角，对信息系统问题的某些特征与内在联系进行抽象

⊙ 第五篇　研究进展篇

化、形式化处理，在此基础上，选择已知的问题解决模型或者建立新的结构模型，根据模型组织并分析数据、信息，发现解决问题的方法、方式及途径。

自动化是指在把握信息系统运行规律的基础上，通过操作数字化工具，使相应的信息设备、信息系统或信息运算过程按照人的要求，经过自动检测、信息处理、分析判断、操纵控制等过程，实现预期目标，并通过迭代的方法对其（处理流程）进行不断完善和逐步优化。

系统化是指遵循一定的系统规律或方法，采用一定的信息处理方式，对零散的信息材料、数据、算法、流程或者信息系统进行系统有序的归类、整理、编排或加工，使其内部各部分相互联系、相互作用，进而形成具有解决特定信息系统问题功能的有机整体，并能够将这种思想、方法迁移到相关问题的求解中。

三　数字化学习与创新

（一）数字化学习与创新的概念理解

数字化环境下的学习与创新是当代社会对数字人才的基本要求，是学会学习和实践创新的综合体现。随着信息技术的发展，传统学习环境向数字化学习环境转变，数字化学习方式成为信息时代学生学习的重要方式，也对学生在数字化学习环境下的学习能力提出了要求。学者李克东认为数字化学习是指学习者能在数字化学习环境中，利用数字化学习资源，以数字化方式进行学习的过程。

创新是一个民族进步的灵魂，是一个国家兴旺发达的不竭动力，也是信息社会人才应具备的素养。创新人才被视作国家发展的战略资源，如何在数字化学习的基础上发展学生的创新精神和创新能力，也成为当今国际社会及教育领域关注的焦点。从学习与创新的关系来看，学习的目的是在掌握知识的基础上解决现实问题，而创新则体现在解决问题的思路、方式、方法的突破性和效益性上。综上所述，数字化学习与创新是指在真实的信息环境下，以问题解决为导向，选择

第四章　教师和学生的信息素养研究进展

恰当的数字化工具、资源等条件，以一种自由的状态开展自主探究或群体协作学习，在问题解决过程中实现学习及创新能力的发展。

（二）数字化学习与创新的内涵界定

新修订的高中信息技术课程标准对数字化学习与创新素养的内涵界定如下：能够认识数字化学习环境的优势和局限，适应数字化学习环境，养成相应的学习习惯；掌握数字化学习系统、学习资源与学习工具的操作技能，用于开展自主学习、协同工作、知识分享与创新创造。

（三）数字化学习与创新的表现描述

数字化学习与创新素养具体表现在三个方面，即数字化学习环境的创设、数字化学习资源的收集与管理、数字化学习资源的应用与创新。

数字化学习环境的创设是在适应数字化学习环境的基础上，根据解决实际问题的需要，合理利用计算机、移动设备、多媒体网络、网络学习空间、个人学习空间等环境开展学习活动，提高学习效果。此外，应形成在数字化学习环境下学习的习惯和选择倾向性，在此基础上能够根据需要进一步改造乃至创设更优的数字化学习环境以支持高阶学习活动的开展。自觉创设数字化学习环境不仅能体现一个人的自主学习意识与能力，也是数字创新人才适应社会化学习和终身学习的必然要求。

数字化学习资源的收集与管理是指学习者根据问题解决的需要，通过各种方式，收集各种类型的数字化学习资源，并对所收集的资源进行对比、评价、抉择、管理，将杂乱、零散、劣构的数字化学习资源组织成为具有一定主题、目标、功能、秩序、良构的资源库，为资源的应用做准备。资源的价值性不仅体现在其本体单位的信息量上，也体现在资源之间的连接结构、组织形式上，因此，对信息资源的管理过程亦是资源价值增长的过程。

数字化学习资源的应用与创新是指有效利用数字化学习资源、工

· 429 ·

具开展学习活动,创造性地解决现实问题,实现自身知识、技能和思维的发展。而创新、创造就是高阶思维个性化发展的表现。从这个角度来看,资源的应用是解决问题的前提,解决问题是资源应用的目标,创造性则是解决问题方法的优化。将数字化学习资源的应用与创新相联系并一同提出,体现了发展高中生创新、创造能力在高中信息技术学科教育中的重要地位。

四　信息社会责任

(一)信息社会责任的概念理解

一般而言,责任有两种含义:一种是指分内应做的事;另一种是指因本职工作未做好而应承担的后果。从这个意义出发,有学者认为社会责任是社会成员对社会所承担的与自己的社会角色相适应的行为,同时也是社会成员对自己的实际所为应承担一定后果的义务。社会存在决定社会意识,信息的生产、分配、交换、消费等信息活动催生了当今信息社会所特有的社会意识。

从社会层面来看,作为社会意识范畴内的信息社会责任是建设和谐社会的重要内容;从个人层面来看,信息社会责任是参与信息社会生产、生活活动的规范与约束。学者任友群认为,社会成员在享受信息技术带来的充分便利时,也被赋予新的社会责任,即信息社会责任。

通过研究可见,信息社会责任一般有两方面含义:一方面是对信息技术负责,即负责任、合理、安全地使用技术;另一方面是指对社会及他人负责,即信息行为不能损害他人权利,要符合社会的法律法规、道德伦理等。综上所述,信息社会责任一般是指个人对信息社会应尽的责任,即数字创新人才应以一种有利于信息社会的方式使用信息技术,开展生产、生活、学习等信息活动。

(二)信息社会责任的内涵界定

高中阶段是学生形成社会责任的关键时期,新修订的高中信息技术课程标准对信息社会责任素养的内涵界定如下：具有一定的信息安全意识与能力，遵守信息法律法规，信守信息社会的道德与伦理准则，在现实空间和虚拟空间中遵守公共规范，既能有效维护信息活动中个人的合法权益，又能积极维护他人合法权益和公共信息安全；关注信息技术革命所带来的环境问题与人文问题；对于信息技术创新所产生的新观念和新事物，具有积极学习的态度、理性判断和负责任地行动的能力。

（三）信息社会责任的表现描述

信息社会责任素养主要表现在三个方面：信息安全意识与能力、遵守信息法律法规、具有良好的信息道德与伦理。

信息安全问题一直是国家、社会关注的重点问题，一般而言，信息安全是指社会信息化状态和信息技术体系不受外来威胁和侵害，而展现出来的安全、稳定的良好状态。而信息安全意识与能力则是指保障信息空间、信息载体和信息资源等不受来自内外各种形式的危险、威胁、侵害和误导的意识和能力，比如认识到信息技术可能引发一些潜在问题，能够采用简单的技术手段保护数据、信息、设备的安全，以及掌握与之相关的技术性安全保障策略等。

遵守信息法律法规是信息社会对公民的基本要求，是每个公民应尽的责任和义务。在信息活动中，高中生不仅应该积极遵守、维护信息法律法规，还应自觉抵制违反信息法律法规的行为，针对违法行为，应能够运用法律方式解决问题。

信息道德与伦理是指信息领域中用以规范人与人、人与信息技术、人与社会之间相互关系的思想观念与行为准则。高中生应了解信息伦理道德，按照社会公认的信息伦理道德开展信息活动；应正确认识现实社会身份与虚拟社会身份之间的关系，合理运用虚拟社会身份；尊重不同的信息文化，积极主动地融入信息社会；在享受信息技术带来的便利时，也要警惕技术异化问题。

第五章　评价研究进展

　　评价研究不仅是信息技术与课程整合研究的热点，也是教学设计研究的亮点。进入21世纪，随着第四代评价的迅速崛起，教育评价领域正经历着方式转换和研究范式转型。由于信息技术与课程整合具有评价对象复杂、评价指标全面和强调过程性评价等特点，因此，二者整合评价在理念、功能、取向、策略等方面经历了全面的改革和转型。

　　在评价理念上，注重客观性立场、强调中立性以及强调评价对象的个性化和个别化。在评价功能上，更加关注学习者成长与发展过程、学生创造性思维发展、个体学习与合作学习的结合，既重视评价的筛选与鉴定的工具价值，也注重评价的促进学习力养成与个性发展的终极关怀价值。在评价取向上，强调过程性评价和多元主体评价。在评价方法上，档案袋评价、研讨式评价、表现性评价、学习契约评价、缝补性评价、电子化评价等已成为信息技术与课程整合评价的重要方法和工具。

　　有研究者从评价作为一种价值判断的过程，反映的是教育价值理解的多元性的角度出发，提出信息技术核心素养与学业水平的全面评价方法，注重多元评价方式，通过多途径收集学生学习信息，判断学生学习结果，提供学习支持。主张基于核心素养测试的试题设计应从学生的认知规律出发，通过创设与信息技术相关的问题情境，在不同能力层次上对学生进行全面的考查。在设计试题内容时，应围绕信息技术学科的四大概念：数据、算法、信息系统和信息社会，既要合理嵌入信息技术需要学习的知识与技能，也要使考试内容富有时代气息，反映社会热点，贴近学生生活经验。

信息技术与课程整合评价在移植和引进先进的评价理念和评价手段的同时，也注重对整合评价自身特点的研究，在评价地位、评价目的、评价主体、评价视野与价值观、评价方法、评价标准等方面，明确划定了研究边界，形成了独特的研究问题域。而基于大数据的评价模型研究和评价方式研究，不仅强烈冲击着评价的传统观念和方法，催生新型评价研究范式，也成为未来信息技术与课程整合评价改革研究的新突破口和生长点。

第一节　数字教育游戏评价

一　数字教育游戏评价的内涵

数字教育游戏评价是数字教育游戏评价主体为实现特定评价目的，从一定理论视角出发，运用特定评价标准、方法、技术、工具和流程等对数字教育游戏的优势或价值进行明确的过程，是一种具有游戏特性和教育功用的电子游戏，其从本质上讲是由游戏设计和制作人员创作、承载着具体教育和娱乐目的的计算机软件。

二　教育游戏评价方法

国内对于教育游戏评价方法的研究主要有如下两类：第一类是借助某个学习理论做定性评价，如华东师范大学叶长青等使用基于教育目标分类理论的三维教学游戏评价体系对教育游戏进行定性的评价；华东师范大学郁晓华等提出基于多元智能理论判断各游戏类型在多元智能培养方面的潜能优势。第二类是定量评价，如华东师范大学范云欢等从教育性、游戏性与技术性三个维度（15个具体指标）评价教育游戏；南京师范大学王蔚提出以多元智能理论先对教育游戏进行分类，再用不同的评价量规分别进行定量评价；浙江省多媒体大赛组委会从教育性、游戏性、艺术性、技术性四维度（18个具体指标）评价游戏化学习软件。

总的来说，国内主要关注教育游戏开发完成后的评价，即强调总结性评价。国外对于评价方法的研究已经初具规模，学者们从不同的视角研究解读教育游戏评价方法。国内倾向于从教育的视角来评价教育游戏且多是单一地运用定性或者定量的方式，因此国内学者所关注的实际上属于教育游戏评价过程中的一环，即对已经开发设计成型的教育游戏进行评价，而对于如何具体地实施评价、开展评价则没有详细的说明。国外则是以一种发展和动态的眼光对教育游戏进行评价，不但考虑到游戏成型可应用时的评价，而且在游戏最初设计阶段便对其设计模型进行评价，同时做到了定量与定性相结合，信度与效度大大提高，从而减少了各种问题的出现，有效节约了游戏从开发到应用的时间和成本。我们认为，评价教育游戏应把定性与定量的评价方法有机结合，以便获得既完整又真实的数据和资料，从而提高评价的信度与效度。

三 教育游戏评价量规

评价量规是一个真实性评价工具，由一系列指标构成，它是对教育游戏的特征属性进行评价或者等级评定的一套标准，同时也是连接教育游戏的开发、应用与评价的一个重要桥梁。国内学者对教育游戏评价量规的维度分类存在不同观点，见表5-5-1。

第二节 电子档案袋在教师评价中的应用

评价其实可以看成是一种聚焦信息，围绕信息的选择、收集、加工与展示形成评判的过程，同时对信息的反思、交流、反馈贯穿于整个评价过程。电子档案袋评价或许会令初次接触它的人感觉难以找到头绪，但是就如同舞蹈动作的分解一样，看似复杂的事物如果将其解

第五章 评价研究进展

表 5-5-1　学界对教育游戏评价量规的不同分类

作者	名称	量规维度		可使用人群	量规特点
范云欢、崔金英	网络教育游戏评价量规（2008）	3个维度	游戏性	教师、自主学习者、游戏开发者	每个维度的具体指标满分5分，最低1分，但无权重，属于定量评价
			教育性		
			技术性		
李艺、任秀平	游戏性软件分析七角度（2008）	7个维度	情境	未指明	指标涉及到一款游戏软件的教育机会的大小和教育因素的多少
			内容选择		
			学习氛围		
			反馈判断		
			挑战机会		
			晋级机会		
			评分		
王蔚	基于多元智能的电子游戏教育综合评价指标体系（2009）	3个维度	任务	教师、用户、教育游戏企业	任务二级指标11项，场景二级指标27项，交互二级指标25项。指标划分非常细微且有权重说明，有助于评价结果的精确性，属于定量评价
			场景		
			交互		
叶长青、王海燕、王萍	数字化教学游戏三维评价体系（2009）	3个维度	知识	教师、游戏设计人员	从教育教学的角度出发，能够帮助审查教育游戏在教学中的适用性、针对性和有效性。无权重，属于定性评价
			认知过程		
			游戏的属性		

· 435 ·

第五篇 研究进展篇

续表

作者	名称	量规维度		可使用人群	量规特点
郁晓华祝智庭	电子游戏的多元智能培养潜能量规（2011）	9个维度	语言语语智能 数理逻辑智能 视觉空间智能 身体运动智能 音乐律动智能 人际交往智能 自我认知智能 自然认知智能 生命存在智能	家长、教师	此量规基于电子游戏多支持智能发展，支持程度由易到难，分为表现、交互和创作三个层次，各层次再由不同评价项目描述细化。根据匹配程度分为三个等级，一级和显著三个等级，属于定性评价
浙江省多媒体大赛组委会	浙江省多媒体大赛游戏化学习软件评价量规（2013）	4个维度	教育性 游戏性 艺术性 技术性	评审人员	教育性与游戏性、美学与科学，四者通过权重的标注，有效结合，有所侧重。属于定量评价

· 436 ·

构为一系列环节和步骤，就会觉得容易很多。

一 电子档案袋创设的规范问题

想要有效使用评价工具（电子档案袋），就必须先要对其性能与使用规则有充分的了解。这里所说的规则是就档案袋创建行为本身而言，类似于工具的使用说明书。现代信息技术支持下的电子档案评价，通过网站信息的发布、教育数据库的创建，为教师充分准确地了解电子档案袋，并及时把握变化趋势提供了有力的支持，也使教师们在有着共同规则的空间自由展现个性成为可能。

二 电子档案袋信息的判断与评价

（一）评价的渗透性

信息的判断与评价行为并不是独立存在的，而是渗透于档案袋评价的全过程。尤其是信息技术的介入后，在电子文件之间创建超文本链接的功能极大地增强了教师与其他评价者对信息的整体把握能力。创建目标、作品、规则和反思之间的超级文本链接，可以将证据、目标、反思和价值判断之间的转换变得更加明晰。

（二）电子档案袋评价主体与方式的多元化

档案袋评价虽然以教师自我评价为核心，但是需要综合同行评价、行政人员评价、学生和家长评价、专家以及他人评价，依据多方面信息对教师的教学与发展形成全面立体的印象，从而形成真实有效的价值判断。电子档案袋评价充分地利用了IT应用的三大潜势：网络化、资源的分配与共享、管理信息与知识的数字化，因此，它能够超越时空限制，增加接触获取信息广度与随意性。传统档案袋评价主要是教师个人及相关评价参与者（如校长、同事、学生、家长、教育专家）的事情。而电子档案袋使教师评价的范围得到了极为广泛的延伸，任何人都可以在网络的虚拟空间（这些空间包括网上教育论坛、教育博客、BBS等）里自由地评论与交流。其中蕴含的一些观点和经

⊙ 第五篇　研究进展篇

验也许是教师个体难以从传统评价过程中学习到的。

（三）多元的评价主体及方式与统一的评价标准

游戏中必然存在游戏规则，评价也有其规则与标准。标准渗透在整个评价过程，是信息选择、收集、展示与评判的依据，是评价目的在具体操作层面的外化与显现，同时也表现出对教学的关注点。明确的评价标准不但能够指导行为，而且能够训练思考、交流与合作能力。

电子档案袋评价注重评价的多元参与和评价方式的灵活多样，这是对个体的尊重，体现了关注"人的发展"的理念。但是，会不会由于不同评价主体有着不同的利益与目的倾向，可能以不同的标准进行判断，从而造成评价的随意与混乱？我们认为，评价主体与方式的多元并不意味着对于同类评价对象标准的多元。在充分尊重各方评价参与者的同时，也要追求评价的专业化与规范化。评价时需要综合与参考多角度的信息，但是根据不同的评价目的，评价的最终判断总会有侧重，这样才能真正发挥评价的激励与促进功能。例如，美国的教师评价系统形式多样，但却非常注重统一标准与规范的制定。

三　评价结果的使用

（一）电子档案袋评价的反思与学习功能

价值判断与反思贯穿于整个电子档案袋创设过程。评价过程是教师个体获得学习与专业发展的过程，因此对评价结果的使用，既是档案袋评价过程的关键部分，也可以为持续性的过程评价提供丰富的证据支持。教师是一个"学习"的职业，电子档案袋能够反映教师工作的复杂性，是教师对自己教育教学理念、人生观、价值观反思的个性化肖像，它既是结果，也是学习过程。"评价最重要的意图不是为了证明，而是为了改进。"

（二）信息的共享与交流

信息技术的发展为个体随时随地地多样化学习提供了可能。档案袋的电子化能够高效收集、管理信息，通过数据库或者网络实现同行之间信息资源的共享，在技术操作层面很大程度地减轻教师的工作量，是教师间切磋和交流经验的有效工具。电子档案袋突破了长期以来教师封闭的工作模式，使教师彼此之间有了新鲜各异的教育教学信息以借鉴和效仿，真正促进了教师专业发展。一些教师也许会有这样的体会——在自己周围难觅学术或教法的知音。而电子档案袋通过其网络信息技术优势，能够将教师日常的思想灵感及时记录并发表，提取并链接全球最有价值、新兴前沿的信息与资源，使更多需要自我学习的教师能够提升自身的专业素养。

新型评价研究范式层出不穷，催促着传统评价的转变，使得传统评价更注重多元化及人文性。重视人文性评价主要表现为以下几点。

1. 以促进教师自主发展为目标，合理引导评价导向。

教学评价通过诊断、反馈、反省和批判等功能来对教育教学活动进行价值认识和质量监控，其最终目的是引导教育发展和教师发展。因此，发展性评价的导向是教学评价的根本性原则，也是评价的出发点和落脚点。依照促进教师发展的宗旨，评价不仅应注重教师的现实表现，而且要更加重视教师的未来发展；不仅要重视外部导向的督促作用，而且更要重视激发教师内部发展动力；不仅是在诊断基础上的反思和改进，而且也是激励教师自我完善和自主发展的过程。

由此可知，应充分挖掘教学评价的自我教育功能，唤醒教师的自觉意识以及对制度价值的认同，让教学评价变成教师主动参与、自我反思、自我建构、自我认同和自我提高的过程，使评价更好地促进教师专业的自主发展和自我价值的实现。这种发展性评价理念折射出的文化既反映了人们对民主和平等精神的追求，也反映了管理制度尊重教师自主人格的人性关怀意识的觉醒，它所倡导的教学评价是在他律引导下逐步走向自律的过程。

2. 确立教师评价主体的地位，保障教师主体权益的实现。

第一，要强调教师自我评价。自我评价是教师在自我认识的基础上，对自身教学业务能力和专业水平的过程性评估及反思。教师的教学活动本质上是一种自主活动，而不是"他主"活动，以教师自评为主强调的就是自主活动。所以，强调以教师自评为主才能营造有益于教师专业成长的职业环境。

自我评价一方面能使教师不再以局外人的身份对待评价，使教师由被动接受评价变为主动参与评价，充分发挥其主体作用；另一方面能使教师从自身发展出发，积极配合学生、同行或专家的外部评价，主动去获取多方评价信息，并在自我反思的基础上，有针对性地找出差距，明确努力方向。而恰恰是这种基于教师自评的反思性实践或反思性教学，才是教师获取实践智慧的重要途径，也是教师成为专家型教师的必由之路。同时，自我评价还有利于教师形成自律机制和自我激励机制，使教师在不断努力与追求中，实现更高层次的自我实现和自我发展。

第二，保障教师主体在评价中的合法权益。其一是参与权。既然评价的目的是改进教学，那就应该让每一位教师都知道评价标准和程序，让所有教师都参与到学校评价的标准制定、实施、修订和结果的反馈过程中，通过协商和沟通，达成评价主体间的共识，形成让教师认可的评价指标体系和评价结果。正如美国学者枯巴和林肯在《第四代教育评价》一书中认为的，评价应当是参与评价的所有人、特别是评价者与其对象的交互作用和共同构建统一观点的过程。其二是知情权。学校应建立信息反馈交流平台，将各方评价信息及时反馈给教师，使教师能够比较全面地了解当前课堂教学的长处及存在的问题，并有针对性地进行改进。其三是申诉权。应设立相对独立、具有权威性的教学质量监控机构，建立教师对评价结果异议的质疑机制和申诉机制，并完善相应的救济程序。在教学评价中，我们只有承认教师的权利，才有对教师主体的尊重，这样的教学评价才真正符合以人为本的原则。

第五章　评价研究进展

3. 突破单一和封闭的模式，将量化评价与质性评价有机结合。

从科学管理的角度看，尽管定量评价能够大大降低评价标准的模糊性，增大评价结果的区分度，但是并非所有的教学因素都可以进行量化，如一些对教学质量具有重要意义的、又不能用可操作性的定义去界定的内容，就有可能被排除在评价目标之外。而且，仅凭量化得到的一个抽象分数或等级并不能为教师提供他们所需的帮助，也无法有针对性地改进教学以及促进教师的专业成长。

因此，在评价实践中应重新重视质性评价的作用，量化评价能解决统一性和可测性的问题，而质性评价可通过全面充分的描述，解释评价对象的特征和实际，在保留差异性和多样化的基础上，较好地反映评价对象的情况，有利于评价客体对自身问题的了解，也便于评价主客体之间的双向交流。

因此，两种评价方式各有利弊，需要取长补短才能相得益彰，才能对教师教学质量做出较为全面的、准确的和辩证的分析和判断，从而有效地促进教师的成长和发展。一般来说，发展性评价观倾向于在定量与定性相结合的基础上，以定性评价为主导，从而更多地体现出人文关怀。

4. 兼顾个性和发展性，建立多元化的评价指标体系。

在评价实践中，要建立多元化的评价指标体系。在科学分析和论证的基础上，既要注重共性评价指标的合理性，还要注重评价指标的个性化设计。

教学的创造性特征，意味着教师劳动存在个别差异性。在教学活动中，每位教师都会形成自己的教学特点和实践倾向。通过建立相对统一的共性评价指标，可以整体规范教学行为，维持评价的可比性；通过个性化的评价方案，可以体现出教师个性化教学风格和教学特长，还能使教师对自己感兴趣的问题获得非常准确的反馈，以适应教师改进自己教学的需要。

同时，评价指标要尽可能考虑学科、专业和课程之间的差异，对

⊙ 第五篇 研究进展篇

不同类型课程教学的评价应当有不同的评价指标及不同的侧重。此外，对于教学方法和手段也要尽量不做硬性规定，不推崇某种公认的教学模式，要让教师在教什么和怎么教上有一定的自主权，要允许教师在能力特长、学术旨趣以及发展方式等方面表现出个体特点，使他们的教学专长得以充分展现，从而形成一种尊重差异、促进所有教师专业持续发展的多元性评价文化。

参考文献（五）

蔡宝来、张诗雅、杨伊：《慕课与翻转课堂：概念、基本特征及设计策略》，《教育研究》2015 年第 11 期。

陈巧芬：《认知负荷理论及其发展》，《现代教育技术》2007 年第 9 期。

范云欢、崔金英：《网络教育游戏评价量规的开发与应用研究》，《中国教育信息化》2008 年第 6 期。

冯小燕、王志军、吴向文：《我国教育技术领域眼动研究的现状与趋势分析》，《中国远程教育》2016 年第 10 期。

傅耀威、孟宪佳、王涌天：《可穿戴移动终端的多感官人机交互技术发展现状与趋势》，《科技中国》2017 年第 7 期。

何克抗：《运用"新三论"的系统方法促进教学设计理论与应用的深入发展》，《中国电化教育》2010 年第 1 期。

核心素养研究课题组：《中国学生发展核心素养》，《中国教育学刊》2016 年第 10 期。

胡铁生：《"微课"：区域教育信息资源发展的新趋势》，《电化教育研究》2011 年第 10 期。

胡旺、陈瑶：《自适应学习：大数据时代个性化学习的新推力》，《中国教育信息化》2018 年第 21 期。

胡卫红等：《虚拟现实技术在教育教学中的应用与研究》，《山东省青年管理干部学院学报》2007 年第 6 期。

黄荣怀、王晓晨、李玉顺：《面向移动学习的学习活动设计框架》，

⊙ 第五篇 研究进展篇

《远程教育杂志》2009年第1期。

黄荣怀等：《智慧校园：数字校园发展的必然趋势》，《开放教育研究》2012年第4期。

贾积有、克劳斯·迈因策尔：《运用自然语言人机交互技术创造英语对话语境》，《中国电化教育》2006年第1期。

贾天明、雷良海、王茂南：《众创空间生态系统：内涵、特点、结构及运行机制》，《科技管理研究》2017年第8期。

解月光、杨鑫、付海东：《高中学生信息技术学科核心素养的描述与分级》，《中国电化教育》2017年第5期。

金玉然、李新、戢守峰：《3D打印的研究热点及其演化：基于科学知识图谱的分析》，《科技管理研究》2019年第4期。

李克东：《数字化学习（上）——信息技术与课程整合的核心》，《电化教育研究》2001年第8期。

李克东：《数字化学习（下）——信息技术与课程整合的核心》，《电化教育研究》2001年第9期。

李青、王涛：《MOOC：一种基于连通主义的巨型开放课程模式》，《中国远程教育》2012年第3期。

李振等：《我国教育大数据的研究现状、问题与对策——基于CNKI学术期刊的内容分析》，《现代远距离教育》2019年第1期。

梁迎丽、刘陈：《人工智能教育应用的现状分析、典型特征与发展趋势》，《中国电化教育》2018年第3期。

刘繁华、于会娟、谭芳：《电子书包及其教育应用研究》，《电化教育研究》2013年第1期。

刘文辉等：《教育游戏评价指标的设计与开发》，《开放教育研究》2017年第2期。

马欣研、朱益明、薛峰：《教师信息素养分析框架构建与应用研究》，《开放教育研究》2019年第3期。

任秀平、李艺：《电子游戏的分级与分类问题的教育视角论证》，《远程教育杂志》2009 年第 6 期。

尚俊杰、张露：《基于认知神经科学的游戏化学习研究综述》，《电化教育研究》2017 年第 2 期。

沈芳珠、王蔚：《多元智能游戏化测试系统》，《中小学电教》2010 年第 Z1 期。

陶雪琼：《人机交互发展历史与趋势研究》，《科技传播》2019 年第 22 期。

王辞晓、李贺、尚俊杰：《基于虚拟现实和增强现实的教育游戏应用及发展前景》，《中国电化教育》2017 年第 8 期。

王乐、涂艳国：《场馆教育引论》，《教育研究》2015 年第 4 期。

王燕：《智慧校园建设总体架构模型及典型应用分析》，《中国电化教育》2014 年第 9 期。

王志军、陈丽：《联通主义学习理论及其最新进展》，《开放教育研究》2014 年第 5 期。

魏顺平、傅骞：《移动互联技术在远程教学交互中的应用》，《开放教育研究》2005 年第 4 期。

文军、张思峰、李涛柱：《移动互联网技术发展现状及趋势综述》，《通信技术》2014 年第 9 期。

谢安邦、李晓：《电子档案袋在教师评价中的应用》，《全球教育展望》2005 年第 11 期。

闫志明等：《教育人工智能（EAI）的内涵、关键技术与应用趋势——美国〈为人工智能的未来做好准备〉和〈国家人工智能研发战略规划〉报告解析》，《远程教育杂志》2017 年第 1 期。

杨现民：《信息时代智慧教育的内涵与特征》，《中国电化教育》2014 年第 1 期。

杨现民等：《区块链技术在教育领域的应用模式与现实挑战》，《现代远程教育研究》2017 年第 2 期。

叶长青、王海燕、王萍：《数字化教学游戏三维评价体系架构》，《远

第五篇 研究进展篇

程教育杂志》2009 年第 6 期。

余明华、冯翔、祝智庭：《人工智能视域下机器学习的教育应用与创新探索》，《远程教育杂志》2017 年第 3 期。

余胜泉、胡翔：《STEM 教育理念与跨学科整合模式》，《开放教育研究》2015 年第 4 期。

郁晓华、祝智庭：《电子游戏教育评价的新视角：基于多元智能的设计》，《中国电化教育》2011 年第 11 期。

袁磊等：《我国云计算教育应用的现状与发展趋势》，《现代远程教育研究》2011 年第 6 期。

张浩、吴秀娟：《深度学习的内涵及认知理论基础探析》，《中国电化教育》2012 年第 10 期。

张金磊、王颖、张宝辉：《翻转课堂教学模式研究》，《远程教育杂志》2012 年第 4 期。

赵呈领、阮玉娇、梁云真：《21 世纪以来我国教育技术学研究的热点和趋势》，《现代教育技术》2017 年第 3 期。

祝智庭、孙妍妍：《创客教育：信息技术使能的创新教育实践场》，《中国电化教育》2015 年第 1 期。